UTB 3156

Eine Arbeitsgemeinschaft der Verlage

Böhlau Verlag · Köln · Weimar · Wien
Verlag Barbara Budrich · Opladen · Farmington Hills
facultas.wuv · Wien
Wilhelm Fink · München
A. Francke Verlag · Tübingen und Basel
Haupt Verlag · Bern · Stuttgart · Wien
Julius Klinkhardt Verlagsbuchhandlung · Bad Heilbrunn
Lucius & Lucius Verlagsgesellschaft · Stuttgart
Mohr Siebeck · Tübingen
C. F. Müller Verlag · Heidelberg
Orell Füssli Verlag · Zürich
Verlag Recht und Wirtschaft · Frankfurt am Main
Ernst Reinhardt Verlag · München · Basel
Ferdinand Schöningh · Paderborn · München · Wien · Zürich
Eugen Ulmer Verlag · Stuttgart
UVK Verlagsgesellschaft · Konstanz
Vandenhoeck & Ruprecht · Göttingen
vdf Hochschulverlag AG an der ETH Zürich

Oliver Jens Schmitt

Kosovo

Kurze Geschichte einer zentralbalkanischen Landschaft

Böhlau Verlag Wien · Köln · Weimar

Gedruckt mit Unterstützung durch das
Bundesministerium für Wissenschaft und Forschung

Bibliografische Information Der Deutschen Bibliothek:
Die Deutsche Bibliothek verzeichnet diese Publikation in der
Deutschen Nationalbibliografie; detaillierte bibliografische Daten
sind im Internet über http://dnb.ddb.de abrufbar.

utb ISBN 978-3-8252-3156-9
Böhlau ISBN 978-3-205-77836-3

© 2008 by Böhlau Verlag Ges.m.b.H. und Co.KG, Wien · Köln · Weimar
http://www.boehlau.at
http://www.boehlau.de

Druck: CPI Moravia Books

Meinen albanischen und serbischen Studenten

Inhaltsverzeichnis

Vorwort

Es geschieht selten in der europäischen Geschichte, dass ein als Regional-
geschichte geplantes Buch durch politische Entwicklungen so überholt wird,
dass zumindest das Schlusskapitel die Anfänge eines zwischenzeitlich geschaffenen Staates zu schildern hat. Kosovo ist eine der ärmsten Regionen des Balkans und damit ganz Europas. Bis zu den bewaffneten Konflikten im letzten
Jahrzehnt hat es kaum je die Aufmerksamkeit einer größeren Öffentlichkeit
auf sich gezogen. Entsprechend schmal und oft unbefriedigend ist die Forschungslage. Das vorliegende Buch spiegelt diese Situation schon in seinem
Aufbau wider, welcher der besser untersuchten jüngsten Vergangenheit eine
letztlich unverhältnismäßige Bedeutung zumisst. Es erhebt daher nicht den
Anspruch, eine umfassende Gesamtdarstellung im Sinne eines Handbuchs zu
bieten. Viele Einzelheiten sind in anderen Werken, die der Leser am Schluss
dieses Buches aufgeführt findet, ausführlich dargelegt worden. Dieser Text
unternimmt vielmehr den Versuch, einen analytischen Aufriss der Geschichte
einer zentralbalkanischen Landschaft zu bieten, zu erklären und weniger zu
erzählen. Wenn dies wenigstens in Ansätzen gelungen sein sollte, so verdankt
sich dies den Arbeiten jener Historiker, auf deren Ergebnisse sich das vorliegende Buch im Wesentlichen stützt. Da kein ausführlicher Anmerkungsap-
parat geboten werden kann (nur wörtliche Zitate werden eigens belegt), seien
ihre Namen hier (in alphabetischer Reihenfolge) besonders genannt: Peter
Bartl, Rafael Biermann, Nathalie Clayer, Konrad Clewing, Ger Duijzings,
Eva Frantz, Denisa Kostovicova, Noel Malcolm, Robert Pichler, Jens Reuter,
Stephanie Schwandner-Sievers, Holm Sundhaussen und Stefan Troebst. Die
Studien der „International Crisis Group" waren ebenfalls von großem Wert,
wenngleich ihre politische Ausrichtung nicht übernommen werden konnte.
Das Manuskript wurde aus ganz unterschiedlichen Perspektiven von mehre-
ren Kollegen und Freunden kritisch gelesen; ihren Bemerkungen verdankt der
Text außerordentlich viel. Herzlichen Dank abzustatten habe ich: Nathalie
Clayer, Konrad Clewing, Stephan Eder, Eva Frantz, Aleksandar Jakir, Markus
Koller, Sándor Rozmán, Stephanie Schwandner-Sievers und Arnold Suppan.
Alle Fehler und Wertungen liegen in der Verantwortung des Verfassers.

Der vorliegende Text ist im Wesentlichen aus Lehrveranstaltungen hervorgegangen, die der Verfasser in den letzten Jahren an den Universitäten München, Bern und Wien sowie an der Diplomatischen Akademie in Wien abgehalten hat. Die Bibliothek des Albanien-Instituts München, die am Institut
für osteuropäische Geschichte der Universität Wien eine neue Heimat gefunden hat, bot ausgezeichnete Arbeitsmöglichkeiten. Wesentlich bereichert
wurde der Text durch zahlreiche Diskussionen mit Studenten – er ist nicht
zuletzt auch in Erinnerung an diese Gespräche besonders mit Studenten aus
Südosteuropa geschrieben worden. Daher soll er den albanischen und serbischen (auch dies in alphabetischer Reihenfolge) Teilnehmern dieser Kurse
gewidmet sein.

Wien, im April 2008

Hinweise zur Aussprache

Albanisch

C	z wie in „Zange"
Ç	tsch wie in „klatschen"
Dh	stimmhafter Lispellaut
Gj	dj
Ll	dumpfes l
Q	tch wie in „Kästchen"
Rr	stark gerolltes r
Sh	sch wie in „Schere"
Th	Lispellaut wie in engl. „thorn"
V	w
X	ds
Xh	dsch wie in „Dschungel"
Y	ü
Z	stimmhaftes s wie in „Sonne"
Zh	stimmhaftes sch wie in franz. „journal"

Serbisch

C	z wie in „ziehen"
Ć	tch wie in „Kästchen"
Č	„tsch" wie in „Kutsche"
Dž	dsch wie in „Dschungel"
Đ	stimmhafte Entsprechung von ć
S	stimmloses s wie in „Fass"
Š	stimmloses „sch" wie in „schieben"
V	w
Z	stimmhaftes „s" wie „Sonne"
Ž	stimmhaftes „sch" wie in franz. „jour"

Türkisch

C	dsch
Ç	tsch
Ğ	nach dumpfen Vokalen nicht hörbar, dient zur Verlängerung des davorstehenden Vokals; nach hellen Vokalen wie i; zwischen Vokalen kaum hörbar
İ	helles „i"
I	dumpfes „i"
J	stimmhaftes sch
Ş	stimmloses sch
Y	j
Z	stimmhaftes s

Zeittafel

6.–7. Jahrhundert	Einwanderung slawischer Gruppen
Ca. Mitte 9. Jahrhundert	Herrschaft des Ersten Bulgarischen Reiches
Um 1018	Eingliederung in das byzantinische Reich
Ende des 12. Jahrhunderts	Beginn der serbischen Südausdehnung
1253	Verlegung des Sitzes des serbischen Metropoliten nach Peć
1346	Krönung Stefan IV. Dušans zum Zaren; Erhebung des serbischen Metropoliten zum Patriarchen
28. Juni 1389	Erste Schlacht auf dem Amselfeld; Beginn der osmanischen Eroberung
1392	Einrichtung der osmanischen Oberherrschaft
1448	Zweite Schlacht auf dem Amselfeld; endgültige Sicherung der osmanischen Herrschaft
1455	Abschluss der osmanischen Eroberung des Kosovo
1557	Wiederherstellung des zwischenzeitlich verschwundenen orthodoxen Patriarchats von Peć
1689/90	Vorstoß habsburgischer Truppen in den Kosovo; christlicher Aufstand gegen das osmanische Reich; Massenflucht der orthodoxen Bevölkerung in das Habsburgerreich
1737	erneuter Aufstand der christlichen Bevölkerung und erneute Fluchtbewegung v. a. von orthodoxen Christen auf habsburgisches Gebiet
1766	Aufhebung des Patriarchats von Peć und Unterstellung der orthodoxen Kirche des Kosovo unter die unmittelbare Verwaltung des Patriarchen von Konstantinopel
1839–1855	Unruhen albanischer Muslime gegen Reformen (Tanzimat) im osmanischen Reich

1877/78	Russisch-osmanischer und serbisch-osmanischer Krieg; Vertreibung albanischer Muslime aus den von Serbien eroberten Gebieten um Niš, Leskovac und Vranje
1878	Berliner Kongress; Liga von Prizren als muslimisches Verteidigungsbündnis in den osmanischen Grenzgebieten.
1899	Liga von Peja
1908	Jungtürkische Revolution im osmanischen Reich
1912	Erster Balkankrieg: serbische und montenegrinische Eroberung des Kosovo
1915–1918	Verwaltung des Kosovo durch Österreich-Ungarn und Bulgarien
1918	Eingliederung des Kosovo in das „Königreich der Serben, Kroaten und Slowenen" (ab 1929 Jugoslawien)
1918–1924	bewaffneter albanischer Widerstand (Kaçaken)
Zwischenkriegszeit	serbisches Kolonisierungsprogramm im Kosovo
1938	Abkommen Jugoslawiens mit der Türkei zur Aussiedlung von Albanern
12. August 1941	Eingliederung weiterer Gebiete des Kosovo in das von Italien kontrollierte Königreich Albanien; deutsche bzw. bulgarische Besatzung im Norden bzw. Süden des Kosovo
1941–1943	Vertreibung und Ermordung serbischer Siedler
1943	Zusammenschluss des kommunistischen und nichtkommunistischen albanischen Widerstands in Mukje; Plan eines „ethnischen Albanien" mit Kosovo
1945	Wiedereingliederung des Kosovo in Jugoslawien (als Autonome Region Kosovo i Metohija)
1948	Bruch Titos mit Stalin und Ende der Pläne eines Anschlusses des kommunistischen Albanien an Jugoslawien
1945–1966	Herrschaft des Innenministers Aleksandar Ran-

	ković; Repression gegen die albanische Bevölkerung; Abwanderung von rund einer Viertelmillion Albaner und anderer Muslime
1966	Sturz Rankovićs und Beginn der Föderalisierung Jugoslawiens
1974	die neue Verfassung Jugoslawiens verleiht dem Kosovo den Status einer Autonomen Provinz mit faktischem Republikstatus
Seit 1968	beschleunigte wirtschaftliche und gesellschaftliche Modernisierung; beschleunigte Abwanderung von Serben
1981	zum Teil von Albanien gesteuerter albanischer Aufstand im Kosovo nach Titos Tod
1987	Machtaufstieg Slobodan Miloševićs
1989	Aufhebung des Autonomiestatus; friedlicher Widerstand der albanischen Bevölkerung
1990	Ausrufung der Republik Kosova innerhalb des jugoslawischen Staatsverbands
1991	Ausrufung der völligen Unabhängigkeit der Republik Kosova
Neunzigerjahre	Auswanderung von rund 400.000 Albanern nach West- und Mitteleuropa
1995	Abkommen von Dayton; die Kosovo-Frage wird nicht behandelt
1997	erste Anzeichen von bewaffnetem albanischem Widerstand
1998	gescheiterter Aufstand der „Befreiungsarmee des Kosovo" (UÇK)
1998/Frühjahr 1999	umfassende Vertreibung der albanischen Bevölkerung durch serbische Sicherheitsbehörden und Paramilitärs
März–Juni 1999	Eingreifen der NATO gegen Serbien; Abzug der serbischen Sicherheitskräfte; Flucht und Vertreibung von rund 100.000 Serben und Roma

1999–2008   Verwaltung des Kosovo durch die Vereinten Na-
                            tionen auf der Grundlage der Sicherheitsratsre-
                            solution 1244
17. Februar 2008   Unabhängigkeitserklärung des Kosovo; Beginn
                            einer EU-Mission im Kosovo

Zur Schreibung der Ortsnamen

Die Wiedergabe von Ortsnamen im Kosovo, für die stets serbische und albanische (daneben für die meisten größeren Ortschaften auch türkische) Ortsnamen zur Verfügung stehen, wirft erhebliche Schwierigkeiten auf, da die Entscheidung für eine der beiden Varianten unweigerlich als Parteinahme empfunden wird. Hinzu kommt, dass sich die albanische und die serbische Form lautlich oft kaum unterscheiden.

Festzuhalten ist, dass die überwiegende Mehrheit der Ortsnamen im Kosovo slawischen Ursprungs ist. Die albanische Form unterscheidet sich zumeist durch die Anfügung einer albanischen Endung.

Die serbische Form Priština wird auf Albanisch entweder als Prishtinë oder als Prishtina wiedergegeben. Im Albanischen wird der Artikel dem Substantiv angehängt. Prishtinë ist die unbestimmte Form, Prishtina die bestimmte (etwa: „das Prishtina"). Unterschiedlich ist auch oft die Betonung: so z. B. serb. Príština und alb. Prishtína.

Im 20. und 21. Jahrhundert erfolgten sowohl eine (im südosteuropäischen Vergleich bescheidene) Serbisierung (nach 1912) bzw. (nach 1999) eine an Intensität zunehmende Albanisierung von Ortsnamen, d. h. eine bewusste Ethnisierung der Toponyme.

Da die Wissenschaftstradition zu Kosovo lange Zeit serbisch geprägt war, haben sich in der internationalen Forschung die serbischen Formen eingebürgert. Erst in jüngster Zeit ist hier eine Veränderung feststellbar. Internationale Organisationen und die Diplomatie haben sich bis zur Unabhängigkeitserklärung des Kosovo (17. Februar 2008) zumeist an amtlichen, d. h. serbischen, Formen orientiert.

Demgegenüber ist der albanische Bevölkerungsanteil im Kosovo seit der Frühen Neuzeit stetig angestiegen. Gegenwärtig beträgt er über 90 % der Bewohner des Kosovo. Die albanische Bevölkerungsmehrheit ist in dieser Eindeutigkeit aber eine junge Erscheinung.

Die vorliegende Darstellung verwendet serbische und albanische Formen nebeneinander und versucht dabei, der demographischen Dynamik und dem thematischen Kontext Rechnung zu tragen. In rein serbischen Kontexten wird die serbische Form, in rein albanischen Bereichen die albanische Version verwendet. Während für das Mittelalter und die Frühe Neuzeit serbische Namen bevorzugt werden, sollen die ethnischen Kräfteverschiebungen durch einen verstärkten Gebrauch albanischer Formen zum Ausdruck gebracht werden. Diese Regelung mag zwar nicht konsequent sein, möchte aber verdeutlichen, dass Kosovo weder als rein albanische noch als rein serbische Region betrachtet werden kann.

Einleitung

Kosovo genießt derzeit wegen der Frage seines völkerrechtlichen Status und des ethnonationalen Konflikts zwischen Albanern und Serben erhebliche Aufmerksamkeit. Die Zukunft der Region gilt derzeit als eine der wichtigen weltpolitischen Fragen. In den letzten Jahren ist daher eine kaum überschaubare Zahl von politikwissenschaftlichen Analysen über die Region entstanden, der aber nur wenige geschichts- und kulturwissenschaftliche Untersuchungen gegenüberstehen, die sich nicht nur mit den jüngsten Konflikten, sondern mit den soziokulturellen Tiefenstrukturen der Region befassen. Wohl mehr als neun Zehntel aller wissenschaftlichen Veröffentlichungen zum Kosovo stammen aus der Feder albanischer oder serbischer Forscher, und nur wenige dieser Arbeiten sind von politischer Färbung frei. Die Zahl der Wissenschaftler, die sich mit dem Kosovo beschäftigen, selbst aber nicht aus der Region stammen, ist bescheiden. Ein Überblick zur Geschichte einer derart kontrovers wahrgenommenen Region muss daher die vorliegenden Arbeiten mit Vorsicht aufnehmen, um jede Einseitigkeit zu vermeiden. Er kann sich dabei auf einige wichtige Synthesen stützen, die von einzelnen Autoren oder von Wissenschaftlergruppen in den letzten Jahren erarbeitet worden sind. Viele dieser Werke sind mit Blick auf die gegenwärtige Krise entstanden und laufen so ungewollt Gefahr, die Vergangenheit des Kosovo lediglich als Vorgeschichte des heutigen Konflikts zu lesen, sie als teleologischen Prozess zu sehen, der „logisch" in eine Auseinandersetzung münden muss. Darüber hinaus konzentrieren sie sich stark auf Politik- und Ereignisgeschichte und folgen dabei der Tradition serbischer und albanischer Geschichtswissenschaft.

Das vorliegende Buch versucht einen anderen Zugang. Nicht eine rein chronologische Darstellung wird geboten – auch wenn sich dieser Zugriff nicht vermeiden lässt und die Zeitachse stets eine zentrale Dimension historischer Betrachtung ist –, sondern die räumlichen, gesellschaftlichen und kulturellen Strukturen der Geschichtsregion Kosovo stehen im Mittelpunkt. Es wird versucht, die soziokulturelle Entwicklung des Kosovo zu erklären.

Der Aufbau zerfällt in zwei Hauptteile und eine Übersicht über die jüngsten Entwicklungen (1999–2008): Im ersten Teil wird der Versuch unternommen, eine Strukturgeschichte der Vormoderne zu schreiben. Diese dauert im Kosovo mindestens bis zum Ende des letzten großen Imperiums, des osmanischen Reichs (1912). Angesichts der oft ungenügenden Forschungslage können die einzelnen Stränge der Analyse nicht über den gesamten Betrachtungsraum von der römischen bis zur Endzeit der osmanischen Herrschaft gleichmäßig durchgezogen werden. Bewusst werden nicht Sprache und Nation in den Vordergrund gestellt, die als Deutungs- und Wahrnehmungskategorien erst in den letzten 130 Jahren allmählich an Bedeutung gewonnen haben. Nicht verfeindete ethnische Gruppen, sondern eine nach komplizierten räumlichen, gesellschaftlichen, wirtschaftlichen und kulturellen Bruchlinien geschichtete Gesellschaft ist darzustellen, in welcher ethnonationale Identitäten erst seit dem Ende des 19. Jahrhunderts in einem langen und von Brüchen nicht freien Prozess entstanden sind. Damit öffnet sich zugleich auch ein anderer Blick auf die heutige Lage. Ohne die derzeitige Konfliktsituation zu bestreiten, wird diese doch in einen breiten historischen Rahmen eingefügt.

Der zweite Hauptteil wendet sich dem 20. Jahrhundert zu, als mit den beiden Jugoslawien (1918–1941; 1945–1999) ein neues Stadium von Herrschaftsverdichtung, politisch-administrativer Durchdringung, gewaltsamer Mobilisierung der Gesellschaft und staatlich betriebener Modernisierungsstrategien erreicht und die vormodernen Strukturen in ihren Grundfesten erschüttert wurden. Dieser zweite Teil legt ebenfalls mehr Wert auf langfristige Entwicklungen als auf eine reine Politikgeschichte. Er versucht, die Nationalisierung der Gesellschaft – also den Wandel vormoderner religiöser bzw. sozioökonomischer in ethnonationale Identitäten – im Kosovo vor dem Hintergrund vormoderner soziokultureller Strukturen darzustellen. Spätestens aber seit den Achtzigerjahren wirken politische Ereignisse derart stark auf die strukturelle Entwicklung ein, dass ihnen stärkere Aufmerksamkeit gewidmet werden muss. Entscheidende Brüche in den sozioökonomischen Strukturen wurden aus politischen Motiven herbeigeführt: Das beste Beispiel sind die Unruhen von 1981, als Kosovo-Albaner eine schwere Krise in Jugoslawien auslösten. Lange wurde dieser Aufstand vornehmlich als Ausdruck einer sozialen Misere gedeutet. Dies trifft zwar zu, doch wurde in jüngster Zeit deutlich, dass die Rebellion von der Staatsführung der Volksrepublik Albanien mit hervorgerufen wurde, um Jugoslawien zu destabilisieren. Albanien hatte ein Jahr vor den Unruhen bereits Angriffspläne gegen Jugoslawien ausgearbeitet. Die

Darstellung hat daher für den Schlussteil des Buches politische und Strukturgeschichte eng zu verknüpfen.

Im abschließenden Abschnitt wird die Schutzherrschaft der Vereinten Nationen dargestellt, für die ähnliche methodische Überlegungen gelten.

Wer sich mit der Geschichte des Kosovo beschäftigt, hat unweigerlich erhebliche methodische Probleme zu bewältigen: In seinen heutigen Grenzen
existiert der Kosovo im Wesentlichen erst seit 1945. Behandelt man frühere
Epochen, verwendet man gleichsam einen künstlichen räumlichen Rahmen.
Viele Entwicklungen lassen sich nicht mit der heutigen Grenzziehung erfassen:
So bildeten der nördliche Kosovo und das Gebiet des Sandžaks von Novi Pazar (heute Serbien) über Jahrhunderte eine räumliche und kulturelle Einheit,
waren die Beziehungen der westlichen Peripherie des heutigen Kosovo z. B. in
das albanische Hochland und mit dem nordalbanischen Hauptort Shkodra
bedeutsamer als zum Ostteil des heutigen Kosovo; der Südteil des Kosovo gehörte zum Einzugsbereich der heutigen makedonischen Hauptstadt Skopje.
Heutige Grenzen zurückzuprojizieren, ist daher methodisch unangebracht.

Noch schwieriger gestaltet sich die Forschungslage: Zu ethnonationalen
Konflikten und der – ethnisch gedeuteten – Demographiegeschichte liegen
zahlreiche Arbeiten vor; gut untersucht ist auch die Geschichte der mittelalterlichen serbischen Herrschaft. Demgegenüber existieren nur wenige aussagekräftige Untersuchungen für die viereinhalb Jahrhunderte der osmanischen Herrschaft. Die beiden Jugoslawien (1918–1941; 1945–1999) wurden
überwiegend mit Blick auf ethnische Konflikte untersucht; Themen wie
Siedlungspolitik und Bildungswesen sind eingehend erforscht worden. Dagegen fehlen sozial- und wirtschaftsgeschichtliche Arbeiten fast völlig. Alltags-,
Geschlechter- und Umweltgeschichte bilden brachliegende Forschungsfelder.
Die tiefgreifenden gesellschaftlichen Veränderungen besonders im sozialistischen Jugoslawien (Industrialisierung, Verstädterung, Änderung der Ge-
schlechterrollen, Wandel der materiellen Kultur) werden von den regionalen Historikern kaum berücksichtigt. Ein Buch, das gerade diesen Bereich
schwerpunktmäßig erfassen will, betritt daher schwankenden Boden. Dem
Verfasser ist bewusst, dass viele Themenbereiche nur angesprochen werden,
um den Leser darauf hinzuweisen, dass die Geschichte des Kosovo sich nicht
in einer Konfliktgeschichte erschöpft und dass weite Forschungsgebiete erst
noch zu erschließen sind. Dafür müssen Lücken und Unvollkommenheit der

Ausführungen in den strukturgeschichtlichen Teilen in Kauf genommen werden.

Schließlich ist eine Erklärung des Buchtitels erforderlich: Die Geschichte
des Kosovo kann nicht als die isolierte Geschichte einer Region oder eines
Landes geschrieben wird. Diese Raumstruktur besteht erst seit 1945 bzw. (in
umstrittener Gestalt) seit 2008. Nur wenig, was auf den folgenden Seiten
dargestellt wird, ist für diese Region spezifisch, vieles aber typisch für den
byzantinisch-osmanischen Balkan in seiner Gesamtheit oder in großregiona-
len Teilbereichen (so den serbischen und den albanischen Kulturraum). Es
ist daher sinnvoller, den Kosovo in größere räumliche Zusammenhänge zu
stellen, ihn im Rahmen einer zentralbalkanischen Geschichte zu betrachten.
Den Begriff „zentralbalkanische Landschaften" hat Edgar Hösch geprägt: Er
meint das frühere Jugoslawien (und dort v. a. Bosnien-Herzegowina, Serbien,
Kosovo, Montenegro und Makedonien), Albanien, Bulgarien und Nordgriechenland (Epirus, Griechisch-Makedonien, Thrakien). In der Diskussion um
den Südost-Europa-Begriff hat Holm Sundhaussen die Herrschaftsmodelle
von Byzanz und des osmanischen Reichs als konstitutiv für die soziokulturellen Strukturen eines südosteuropäischen Raumes im engeren Sinne (d. h.
ohne das historische Ungarn und den slowenischen Siedlungsraum) herausgearbeitet. In diesen räumlichen und methodischen Rahmen versucht sich
dieses Buch einzufügen. Nicht die isolierte Geschichte einer klar umgrenzten
Region, sondern die bewusst regional verwobene, in der räumlichen Abgrenzung offen gestaltete Entwicklung einer zentralbalkanischen Landschaft wird
im Folgenden dargestellt.

Konkurrierende Geschichtsbilder

Die Geschichte des Kosovo wird von den beiden wichtigsten Bevölkerungsgruppen, Albanern und Serben, derart unterschiedlich wahrgenommen, dass die konkurrierenden Interpretationen sich nicht nur gegenseitig ausschließen, sondern vor allem auch die jeweils andere Gruppe an den Rand zu drängen versuchen, indem sie als unbedeutend, unzivilisiert und gewalttätig dargestellt wird. Da diese Sichtweisen in beiden Bevölkerungsgruppen tief verankert sind und durch Massenmedien und besonders auch das Internet weite Verbreitung erlangt haben, sollen sie – in ihrer idealtypischen Form – bereits an dieser Stelle dargelegt werden. Damit soll vermieden werden, dass bei jedem der folgenden Schritte stets auch die Metaebene der konkurrierenden Deutungen ausgeführt werden muss.

Der derzeitige Konflikt um das Kosovo wird auch deswegen so erbittert geführt, weil Serben wie Albaner der Region eine Schlüsselstellung in ihrem nationalen Geschichtsbild zuweisen, das Kosovo als Kerngebiet ihrer jeweiligen Kultur betrachten. Dieses Verständnis der Region allein schon muss den jeweils anderen als Eindringling und als elementare Bedrohung erscheinen lassen. Die Denkmuster beider nationaler Geschichtsbilder sind sich – trotz der inhaltlichen Unterschiede – in vielem erstaunlich ähnlich, folgen sie doch Schemata, die auch bei anderen Nationalismen zu beobachten sind. Die wesentlichen Deutungsfiguren dabei sind:

Autochthonität – die eigene Gruppe ist alteingesessen; zeitliche Priorität – sie war zuerst da; Siedlungskontinuität – sie hat immer in dem Gebiet gesiedelt; kulturelle Überlegenheit bzw. im serbischen Fall: Zivilisationsmission – die eigene Gruppe ist kulturell höherwertig und zivilisiert im Gegensatz zum als barbarisch betrachteten Anderen.

Das serbische Geschichtsbild hat sich seit dem 19. Jahrhundert entwickelt und speist sich überwiegend aus einer national umgeformten volkstümlichen, d. h. mündlich, vor allem im Volkslied, überlieferten Tradition und einer seit dem späten 19. Jahrhundert aufblühenden geisteswissenschaftlichen Forschung. Diese trug wesentlich zur Verbreitung der serbischen Sichtweise außerhalb des Balkans bei. Da im albanischen Siedlungsraum vor 1945 keine wissenschaftlichen Einrichtungen wie Universitäten oder Akademien bestanden, besaß die serbische Elite einen erheblichen Vorteil und einen zeitlichen Vorsprung bei der Propagierung ihres Kosovobildes. Da einige serbische Gelehrte international hohes Ansehen genossen, gelangten ihre Interpretationen auch in die internationale Forschungsdiskussion und fanden so Eingang in zahlreiche bedeutende Darstellungen zu Südosteuropa.

Im Folgenden werden die Geschichtsbilder von Serben und Albanern skizziert, dabei werden bewusst die in den jeweiligen Deutungstraditionen üblichen Begriffe verwendet. Es muss hervorgehoben werden, dass hier nur Grundlinien dargestellt werden und sowohl bei Serben wie Albanern zahlreiche Nuancen insbesondere bei der Bewertung der jüngeren Geschichte zu beobachten sind. Auch werden die inneren Widersprüche der jeweiligen Deutungen nicht unterschlagen. Die folgenden Skizzen geben ein bewusst zugespitztes Bild wieder, wie es vor allem in Massenmedien und (besonders im Falle der Kosovo-Albaner) in Schulbüchern verbreitet ist. Die dabei übliche emotionale und wenig differenzierende Sprache wird ebenso übernommen wie logische Brüche in der Argumentation. Die beiden folgenden Abschnitte werden kursiv gesetzt, um sie als besonderen Teil dieses Buches zu kennzeichnen und graphisch erkennbar vom Rest des Buches abzusetzen.

Kosovo im serbischen Geschichtsbild

Kosovo wurde im 6. Jahrhundert von einwandernden Serben besiedelt und bildet daher die Wiege der serbischen Nation. Gegen Ende des 12. Jahrhunderts entstand das Reich (seit 1217 Königreich) der Nemanjiden mit einer eigenen (autokephalen, d. h. „eigenhäuptigen", vom Patriarchat von Konstantinopel autonomen) Kirchenstruktur. Der erste König, Stefan der Erstgekrönte (Prvovenčani), und der Begründer der serbischen Nationalkirche, der heilige Sava, waren Brüder. Dies symbolisiert das in der byzantinisch-orthodoxen Tradition enge Zusammenspiel von Staat und Kirche. Ab dem späten 13. Jahrhundert eroberten serbische Könige ehemals byzantinische Gebiete im heutigen Kosovo und in Makedonien. Im 14. Jahrhundert wurde Kosovo zum Mittelpunkt des serbischen Königreiches, das 1346 zum Zarenreich aufstieg. In dieser Zeit stifteten die Herrscher zahlreiche Kirchen und Klöster. Das Zentrum der serbischen Kirche wurde nach Peć verlegt, der serbische Metropolit 1346 zum Patriarchen erhoben. Der osmanische Vormarsch auf dem Balkan setzte dieser Blütezeit ein Ende. Den entscheidenden Umschwung markiert dabei die Schlacht auf dem Amselfeld, einer Ebene nahe Priština, wo am 28. Juni (nach dem julianischen Kalender: 15. Juni) 1389 in einer gigantischen Schlacht ein Heer serbischer Fürsten dem osmanischen Sultan Murad I. unterlag. Der serbische Heerführer, der Fürst (knez) Lazar, starb den Heldentod, aber auch Murad I. fiel, getötet von der Hand des Miloš Obilić. Die Schlacht ist Sinnbild serbischer Geschichte und Identität, als Ort, an dem die Serben das „himmlische Jerusalem" der Unterwerfung unter die Osmanen vorgezogen haben. Sie verloren zwar ihren Staat, hielten aber an Glauben und Tradition fest. Mit der Niederlage beginnt das jahrhundertelange Martyrium des serbischen Volkes unter osmanischer Herrschaft, das bis zum Herbst 1912 andauerte. Diese Epoche zerfällt in zwei Teile, den Einschnitt bildet das Jahr 1690. Bis dahin lebten die Serben zwar in Unterdrückung, aber immerhin als vorherrschende Gruppe. Albaner gab es nur in geringer Zahl im äußersten Westen des heutigen Kosovo. Als aber im Zuge der großen Offensive der Heiligen Liga, bestehend aus Kaiser Leopold I., Venedig, dem Kirchenstaat, Polen und später auch Moskau, kaiserliche (d. h. habsburgische Truppen) von der Donau aus tief in den Balkan vorstießen, erhob sich die orthodoxe Bevölkerung gegen die muslimischen Unterdrücker. Im Kosovo stellte sich der orthodoxe Patriarch Arsenije III. Crnojević an die Spitze des Aufstands. Allein, dieser wurde nach der Niederlage der Kaiserlichen unterdrückt. Dies löste eine gewaltige Fluchtbewegung von bis zu 40.000 serbischen Familien aus, die sich nach Norden auf habsburgisches Gebiet (in die heutige Vojvodina, der Ebene nördlich von Belgrad) retteten, wo sie von Kaiser Leopold I. mit Privilegien ausgestattet und angesiedelt wurden. In das menschenleere Kosovo strömten von den westlich angrenzenden Bergen muslimische Albaner ein, die die ethnischen Verhältnisse grundlegend veränderten. Aus dem serbischen Kernland wurde ein Gebiet, in dem barbarische Türken hausten und die verbliebenen Serben quälten. Der serbische Aufstand gegen das osmanische Reich (1804–1815) vermochte den derart in die Minderheit versetzten Kosovoserben keine Hilfe zu bringen. Der serbische Staat, der 1815 entstand, schrieb aber die Befreiung der unter dem osmanischen, d. h. im Kosovo albanischen Joch schmachtenden Serben schon früh auf seine Fahnen. Die Albaner als Handlanger der Türken mussten aus dem Kosovo verdrängt werden. Nach langen Anstrengungen wurde dieses Streben im ersten Balkankrieg (im November 1912) von Erfolg gekrönt. Serbische Truppen eroberten das Kosovo, nach Jahrhunderten erfüllte sich der sehnlichste Traum der Nation. Die Wiedergewinnung des Kosovo läutete den Aufstieg Serbiens zur führenden Macht auf dem Balkan ein. Der Erste Weltkrieg aber brachte einen Umschwung. Von den Mittelmächten und deren bulgarischem Verbündeten geschlagen, musste sich die serbische Armee im Winter 1915/16 durch die eisigen albanischen Berge den Weg an die rettende Adria freikämpfen. Tausende kamen dabei um, viele von den Albanern getötet, die den geschwächten Serben jede Hilfe verweigerten. Zwischen 1915 und 1918 litt die serbische Bevölkerung des Kosovo unter österreichisch-ungarischer und bulgarischer Besatzung sowie unter albanischen Übergriffen. 1918 aber wurde die serbische Herrschaft wiederhergestellt. Terroristische Aktionen der Albaner wurden niedergeworfen. Dennoch bedrohten die Albaner weiterhin die serbische Bevölkerung. Um dem zu begegnen, entwickelte die serbische Elite zur Selbstverteidigung zwar einige Pläne (z. B. die Ansiedlung von Serben), doch erwiesen sich diese als ungenügend. Das serbische Land Kosovo war auch unter serbischer Herrschaft in Gefahr. Dass die Albaner unzuverlässig waren, erwies sich im Zweiten Weltkrieg: nach dem Zusammenbruch Jugoslawiens 1941 wurde das Kosovo an das von Italien kontrollierte Königreich Albanien angeschlossen – ein kleiner Teil unterstand deutscher Verwaltung –, und sogleich begann eine blutige Verfolgung und Vertreibung von Serben. Erst mit dem Einzug der Tito-

partisanen im Winter 1944/45 endete diese Leidenszeit. Zwar kam das Kosovo wieder an Jugoslawien, Tito aber verbot den vertriebenen serbischen Kolonisten die Rückkehr und beging damit schweres Unrecht an den Serben. Die albanische Gefahr wurde wieder deutlich, nachdem im Kominformkonflikt zwischen Stalin und Tito (1948) die Volksrepublik Albanien für die Sowjetunion Partei ergriffen hatte. Dank dem Innenminister Aleksandar Ranković konnten aber albanische Diversanten und Separatisten in Schach gehalten werden. Eine neue Leidenszeit begann nach Rankovićs Sturz (1966) und der Gewährung weitreichender Autonomie an Kosovo (1974). Nun kamen die Albaner an die Macht und drängten die Serben systematisch aus der Region. Ein eigentlicher Exodus begann, der einen Genozid am serbischen Volk darstellt. Da die Staatsleitung in Belgrad den Klagen der Kosovoserben kein Gehör schenkte, wurde ein Kadermitglied, das Abhilfe versprach, bald zum Volkshelden: Slobodan Milošević. Die Aufhebung der Autonomie des Kosovo (1989) war ein Akt der Selbstverteidigung des von Feinden umringten serbischen Volkes. Dasselbe gilt für die Ausschließung von Albanern aus der staatlich kontrollierten Wirtschaft und aus staatlichen Einrichtungen sowie die Polizeimaßnahmen gegen albanische Terroristen. Der imperialistische Angriff der NATO (1999) entriss Kosovo der serbischen Verwaltung und verstärkte das Leiden der Kosovoserben. Serbien unternimmt jede diplomatische Anstrengung, um mit Hilfe Russlands die völkerrechtswidrige Abtrennung von nationalem Territorium zu verhindern.

Das albanische Bild von Kosova

Die Albaner sind das älteste Volk auf dem Balkan. Sie stammen von den Illyrern ab, die im Altertum das gesamte Gebiet des früheren Jugoslawien, von der heutigen Südgrenze Österreichs bis an die heutige Westgrenze Bulgariens, besiedelten. Widrige Umstände und genozidale Verbrechen von Griechen, Römern und seit dem frühen Mittelalter von Slawen aber haben zu einer massiven Zurückdrängung der Albaner auf ihr heutiges Siedlungsgebiet geführt. Die bedeutendsten Herrscher des Altertums waren Illyrer oder illyrischstämmig, so Alexander der Große, Konstantin der Große oder Justinian. Das Kosovo besaß als römische Provinz Dardania eine blühende städtische Kultur und war in der Spätantike weitgehend christianisiert. Die Albaner hatten allen ethnischen Assimilierungsversuchen der Römer widerstanden und ihre eigene Sprache und Kultur bewahrt. Die Dardaner bildeten einen Teil des illyrischen Volkes und damit der albanischen Nation. Ihr Widerstand zwang die Römer zur Einrichtung einer eigenen Provinz Dardania (279 n.Chr.). Die Einfälle barbarischer slawischer Horden zerstörten diese wirtschaftliche und kulturelle Blüte. Trotz drückender slawischer Herrschaft verteidigten die Albaner ihre Sprache und ihre Identität. Auch blieben sie dauerhaft im gesamten Kosovo ansässig und stellten gegenüber den slawischen Invasoren stets die Bevölkerungsmehrheit. Ab dem 13. Jahrhundert begann die gewaltsame Slawisierungsstrategie des serbischen Staates. Die serbische Orthodoxie diente dabei als Büttel, doch widerstanden dem die Albaner, da sie nach der Kirchenspaltung der katholischen Kirche anhingen. Da die Albaner autochthon und katholisch sind, gehören die als serbisch bezeichneten Kirchen eigentlich ihnen, denn die orthodoxen Kirchen und Klöster wurden auf Fundamenten katholischer albanischer Kirchen errichtet oder sind leicht umgestaltete katholische Gotteshäuser. Die osmanische Eroberung (endgültig 1455) beendete die serbische Unterdrückung. Der ohnehin geringe serbische Einfluss ging zurück, und die albanische Bevölkerung, die zuvor hatte slawische Namen annehmen müssen, konnte sich frei entfalten. Besonders die rasche Bekehrung zum Islam stärkte die albanische Identität, die zuvor von der serbischen Orthodoxie bedroht worden war. Kosovo blühte im osmanischen Reich wirtschaftlich auf. Zahlreiche Albaner durchliefen im osmanischen Heer und der Verwaltung glänzende Karrieren. Albaner bilde-

ten daher eine politisch und kulturell dominierende Gruppe im Kosovo. Dennoch stellte die osmanische Herrschaft eigentlich eine Unterdrückung dar, da sie den Albanern einen eigenen Nationalstaat vorenthielt. Die Unzufriedenheit der Albaner brach sich Bahn, als 1689 kaiserliche Truppen im Kosovo erschienen: der albanische Bischof Pjetër Bogdani führte die Erhebung der katholischen Albaner gegen die osmanische Fremdherrschaft an. Nach der Niederwerfung des Aufstands wurden einige katholische Stämme von den Osmanen deportiert. Serben hatten keinen nennenswerten Anteil an der Rebellion. Die nächste bedeutende Epoche beginnt im zweiten Drittel des 19. Jahrhunderts: die Wiedergeburt (Rilindja) der albanischen Nation. Die Nationalbewegung kämpfte sowohl gegen die osmanische Unterdrückung, die die politische und kulturelle Selbständigkeit der Albaner verhinderte, wie gegen die expansionistische Politik Serbiens. Als 1878 Kosovo und andere albanische Siedlungsgebiete in Gefahr waren – in der Großen Orientkrise (seit 1875) hatte das osmanische Reich gegen Russland eine schwere Niederlage erlitten –, schlossen sich die Führer der albanischen Nation in Prizren zu einer Liga zusammen. Diese plante die Gründung eines albanischen Staates nach Jahrhunderten der Fremdherrschaft. Doch erstickte der Sultan 1881 die Liga. Die Nationalbewegung ließ sich aber nicht beirren. 1899 kam es in Peja zu einer erneuten Ligagründung, und auch deren Niederwerfung hinderte die Entwicklung hin zur Entfaltung der nationalen Identität nicht. Die Albaner verlangten den Zusammenschluss der vier albanischen Vilayets (Großprovinzen) Shkodra (heutiges Nordalbanien), Janina (griech. Ioannina; heutiges Südalbanien und Westgriechenland), Monastir (maked. Bitola; heutiges Südmakedonien und zentrales Nordgriechenland) sowie Kosovo (umfasste auch nordmakedonische Gebiete um Skopje, türk. Üsküp). Die Katastrophe erfolgte im ersten Balkankrieg, als serbische Truppen Kosovo und Makedonien eroberten und den albanischen Volkskörper zerschnitten. Die 1913 auf der Londoner Konferenz von den Großmächten gebilligte Grenzlinie ist ein historisches Unrecht, das besonders Russland und Frankreich, die Serbien unterstützten, zu verantworten haben. Es beginnt eine Leidenszeit, die mit wenigen Unterbrüchen bis 1999 andauert. Die Serben begingen jahrzehntelang einen Genozid an den Albanern, und zwar zwischen 1912 und 1915, zwischen 1918 und 1941, 1945 bis 1966 und 1989 bis 1999, indem sie von Massakern, Vertreibungen, Zwangsaussiedlungen, Polizeirepression, systematischer Diskriminierung und Kolonisationsmaßnahmen alle Machtmittel ausschöpften. Friedliche Phasen bildeten lediglich die Vertreibung der serbischen Behörden im

Ersten Weltkrieg (1915–1918) und insbesondere der Anschluss an Albanien (1941–1945). Gegen die serbische Herrschaft erhoben sich die Albaner wiederholt (1912, 1918–1924, 1945), doch wurden diese Freiheitskämpfe brutal niedergeworfen. Die erweiterte Autonomie nach 1968/1974 bot den Albanern zwar bessere Entwicklungsmöglichkeiten, doch verweigerte die jugoslawische Führung dem Kosovo die Aufwertung zu einer eigenen Republik innerhalb Jugoslawiens. Albaner blieben in Jugoslawien diskriminiert, auch weil ihnen das Selbstbestimmungsrecht, das anderen Teilrepubliken zustand, verweigert wurde. Dagegen regte sich 1981 legitimer Unmut, der von den jugoslawischen Behörden hart bekämpft wurde. Die nationalistische Bewegung in Serbien erreichte 1989 durch massiven Druck die Aufhebung der Autonomie des Kosovo. Das letzte Jahrzehnt der serbischen Verwaltung zerfällt in die Phase des pazifistischen Widerstands und des Aufbaus eines Parallelstaates nach Ausrufung der Unabhängigkeit (1991) (1989–1995) sowie die Phase des bewaffneten Widerstands durch die Befreiungsarmee von Kosovo, die angesichts der Unfähigkeit der internationalen Gemeinschaft, das Kosovoproblem auf der Konferenz von Dayton zu lösen, das Heft in die Hand nahm. Die Helden der Untergrundarmee erzwangen schließlich durch ihre Angriffe auf serbische Sicherheitskräfte, die eine massive Vertreibung der Albaner durch die Regierung Slobodan Miloševićs auslöste, das Eingreifen der NATO, die zusammen mit den Guerillakämpfern Kosovo befreite. Seit 1999 verwaltet die UNO die Region. Da den Albanern aber lange Zeit Unabhängigkeit und Selbständigkeit verwehrt wurden, können die drängenden gesellschaftlichen und wirtschaftlichen Probleme nicht gelöst werden. Die Unabhängigkeit ist der Schlüssel zu einer neuen Blüte eines albanischen Kosovo.

Der nun folgende Teil dieses Buches kann zum Teil als Kommentar zu diesen gegensätzlichen Thesen verstanden werden.

Kosovo als Raum

In seinen heutigen Grenzen besteht der Kosovo im Wesentlichen erst seit 1945. Zwar ist Kosovo seit dem Hochmittelalter als Raumbegriff belegt, doch bezeichnete er im Laufe der Zeiten höchst unterschiedliche Gebiete. Der Begriff ist also nicht eindeutig und als Bezeichnung für den heutigen Kosovo jung. Zu unterscheiden ist außerdem zwischen der Verwendung als Terminus zur Bezeichnung eines Raums und zur Bezeichnung einer Verwaltungseinheit (teilweise in osmanischer Zeit und in Jugoslawien nach 1945). Im engeren Sinne bezeichnet Kosovo nur das Amselfeld, d. h. die große Ebene um Priština, wobei im Mittelalter keine klaren Grenzen dieses Raumbegriffs bestimmt werden können. Ein Verwaltungsgebiet mit Namen Kosovo wurde erst sehr spät geschaffen: 1877 richtete das osmanische Reich ein gleichnamiges Vilayet ein, das aber weite Teile der heutigen Republik Makedonien und auch Teile des heutigen Serbien und Montenegros umfasste, also nicht mit dem wesentlich kleineren Gebiet des heutigen Kosovo übereinstimmt. Das Zentrum dieses Vilayets lag zunächst in Priština, später in der heutigen makedonischen Hauptstadt Skopje.

Das heutige Gebiet von Kosovo umfasst 10.877 qkm, d. h. es ist rund zweimal kleiner als Hessen, viermal kleiner als die Schweiz und rund achtmal kleiner als Österreich. Im südosteuropäischen Vergleich zählt es aber besonders im 20. Jahrhundert zu den am dichtesten besiedelten Gebieten, mit entsprechenden Folgen etwa für Grundstückspreise.

Das heutige Kosovo ist von unterschiedlich hohen Gebirgsketten umgeben. Im Westen grenzt es an die Republik Albanien. Diese 1913 festgesetzte Grenze folgt vor allem damaligen strategischen Interessen Serbiens. So ist die Stadt Gjakova im Kosovo von ihrem gebirgigen Hinterland auf heute albanischem Territorium getrennt worden. Die Grenzlinie wird von mehreren hohen Bergen (von NW nach SO Junik 2656 M.ü.M. und Pashtrik 1889 M.ü.M.) gebildet und geht im Süden in das große Šar (alb. Sharr)-Gebirge über, das mit Gipfeln zwischen 2500 und 2750 eine massive natürliche Trennwand zwischen Kosovo und der heutigen Republik Makedonien darstellt.

Das Šar-Gebirge

Die steil aufragende Wand des Šar markiert im Südwesten die Grenze, im Südosten erfüllen diese Funktion die „Schwarzen Berge von Skopje" (mak. Skopska Crna Gora; alb. Mali i Zi i Shkupit, türk. Karadag, davon die ältere alb. Variante: Karadak). Die Ostgrenze zum serbischen Staatsgebiet wird von Mittelgebirgen geprägt (mit Höhen von rund 1180 M.ü.M.). Den keilförmig ausgebuchteten Norden begrenzen im NO das Kopaonikgebirge (rund 1300 M.ü.M.) und im NW eine in Richtung SO stetig ansteigende Gebirgskette (von rund 1200 M.ü.M. westlich von Leposavić bis zu 2400 M.ü.M. im Hochgebirge westlich der Quelle des Weißen Drin).

Das von diesen Hoch- und Mittelgebirgen umschlossene Gebiet ist im Innern in zwei Hauptsiedlungskammern unterteilt. Kosovo im engeren Sinne entlang des zentralen Flusssystems von Ibar/alb. Ibër und Sitnica bildet die östliche Siedlungskammer.

Diese ist durch eine Mittelgebirgskette mit Höhen von rund 1000 bis 1200 M.ü.M. von der westlichen Siedlungskammer getrennt, einer Ebene, welche

Das Amselfeld von Süden – im Hintergrund Prishtina und die Kraftwerke Kosovo A und B

die Albaner „Dukagjinebene" (Rrafsh i Dukagjinit) und die Serben Metohija nennen. Der albanische Begriff leitet sich von der nordalbanischen spätmittelalterlichen Adelsfamilie der Dukagjin bzw. dem gleichnamigen Stamm ab, der serbische Begriff bedeutet „Klosterland" (metochion = byzantinisch-griechisch für Klosterbesitz). Diese westliche Ebene ist breiter und flacher als das eigentliche Amselfeld; das Gewässersystem ist am Weissen Drin (alb. Drin i Bardhë, serb. Beli Drim) orientiert, der westlich von Prizren durch das Gebirge auf heute albanisches Territorium durchbricht und sich kurz hinter der Grenze bei Kukës mit dem aus dem Ohridsee entspringenden Schwarzen Drin (alb. Drin i Zi; serb. Crni Drim) zum Drinfluss vereinigt, dem wohl wichtigsten Fluss an der ostadriatischen Küste.

Ideologische Bedeutung der Raumbegriffe

Kosovo (von serb. Kósovo polje = Amselfeld) wird von Serben wie von Albanern (mit unbestimmten nachgestelltem Artikel: *Kosóvë*, mit bestimmten Artikel: *Kosóva*) als Raumbegriff benützt. Albaner lehnen hingegen den Raumbegriff *Metohija* für die westliche Siedlungskammer ab und verwenden ausschließlich den albanischen Terminus *Rrafsh i Dukagjinit*. Im serbischen Sprachgebrauch findet man auch bisweilen den in der Nachkriegszeit eingeführten Verwaltungsbegriff „Kosovo i Metohija" in der abgekürzten Form *Kosmet*. Auch dieser wird von Albanern als serbischer Terminus wahrgenommen.

Für Kosovo verwenden Serben wie Albaner weitere Begriffe mit stark nationalistischer Konnotation: Seit dem ausgehenden 19. Jahrhundert hat sich der Begriff *„Alt-Serbien"* eingebürgert, der die Funktion des Kosovo als „eigentliches" Serbien, als „Wiege der serbischen Nation" zum Ausdruck bringt. Erst im letzten Vierteljahrhundert aufgekommen ist der albanische Gegenbegriff *„Dardania"*, der sich vom antiken illyrischen Stamm der Dardaner ableitet, nach dem eine römische Provinz benannt war. „Dardania" soll als albanischer Begriff den Terminus Kosovo ersetzen, da dieser aus dem Serbischen stammt. Bislang hat sich dieser Begriff bei den Kosovoalbanern aber nicht durchgesetzt. Sehr jung, d. h. erst im letzten Jahrzehnt in breiterem Gebrauch, ist der Terminus *„Ost-Kosovo"* (alb. Kosova lindore), der von albanischen Extremisten, aber auch in Teilen der weiteren Öffentlichkeit zur Bezeichnung der auf serbischem Territorium im Moravatal liegenden teilweise oder mehrheitlich albanisch besiedelten Gemeinden Preševo, Bujanovac und Medvedja verwendet wird.

Siedlungsstruktur

Die Siedlungsstruktur des heutigen Kosovo ist von der Formation der Höhenzüge geprägt. In der westlichen Ebene liegen die Hauptorte Prizren, Gjakova/serb. Đakovica und Peja/serb. Peć in einem sanften Bogen am Rande der Hügelzone, die dem Hochgebirge westlich vorgelagert ist. Prizren und Peć sind seit dem Mittelalter bedeutende städtische Siedlungen.

Prizren zu Beginn des 20. Jahrhunderts

Weniger bedeutsam waren die am Ostrand der Ebene gegründeten Siedlungen im Vorland des Binnengebirges, das die beiden Ebenen trennt (von Süden nach Norden: Suhareka/serb. Suva reka, Rahovec/serb. Orahovac, Klina, Istog/serb. Istok). Erhebliche kulturelle Bedeutung weisen das in schönen Waldtälern an den Ausläufern des westlichen Hochgebirges erbaute orthodoxe Kloster von Dečani (im Tal der Bistrica) sowie der Patriarchensitz von

Mitrovica zu Beginn des 20. Jahrhunderts

Peć auf. In der östlichen Ebene, dem eigentlichen Amselfeld, ist ebenfalls eine Aufreihung der wichtigsten Orte entlang einer Nord-Südachse festzustellen: zentraler Ort ist die heutige Hauptstadt Prishtina, in deren Nähe die antike Ruinenstadt Ulpiana (heute: Lipjan/serb. Lipljan) liegt. Nach Süden hin dient Ferizaj/serb. Uroševac als regionales Zentrum an der Grenze zu Makedonien, im Norden übernimmt Mitrovica diese Funktion.

Im südöstlichen Hügelland ist Gjilan/serb. Gnjilane der wichtigste Ort; bis in das späte Mittelalter aber bekleidete die Bergwerkstadt Novo brdo/alb. Novobërda (heute ein kleines Dorf) diese Funktion.

Die Siedlungsstruktur des heutigen Kosovo setzt sich so aus zwei parallelen an einer Nord-Süd-Achse aufgereihten Systemen größerer Siedlungen zusammen. Weitgehend städtelos ist das zentrale Mittelgebirgsgebiet, das Hochgebirge, das in einem weiten Bogen den Westen begrenzt, sowie das höhere Hügelland im Osten. Nördlich von Mitrovica verengt sich das Ibartal (alb. Ibër) so stark, dass es nur eine spärliche Besiedlung der Höhen zulässt.

Städte und Dörfer des Kosovo besitzen in ihrer überwältigenden Mehrheit slawische Namen, deren albanische Formen von der serbischen sich meist nur durch die Rechtschreibung und eine albanische Endung unterscheiden. Wie in anderen Regionen Europas sind Ortsnamen Gegenstand politischer Auseinandersetzungen. Umbenennungen von Orten erfolgten im Balkan im ausgehenden 19. und im 20. Jahrhundert in großem Stile in Bulgarien, vor allem aber in Griechenland. Nach der Eroberung des Kosovo (1912) hatte die serbische Verwaltung wegen des slawischen Charakters der Ortsnamen wenig Veranlassung, historische Spuren nichtserbischer Präsenz zu beseitigen; eine Ausnahme sind etwa die Umbenennung des Ortes Ferizaj in Uroševac oder von Skënderaj in Srbica. Die Dörfer späterer serbischer Kolonisten erhielten aber programmatische Namen, die der serbischen Geschichts- und Kultur-tradition entnommen waren (etwa: Devet Jugovići). Anders verhält sich die Lage in albanischer Perspektive. Slawische Toponyme scheinen dem Bild albanischer Alteingesessenheit und Siedlungskontinuität zu widersprechen. Daher wurde vor Kurzem eine Kommission zur Umbenennung der Orts-namen eingesetzt. Faktisch handelt es sich dabei um eine Albanisierung als Form der symbolischen Inbesitznahme des Landes. Betroffen waren zunächst serbische Neuschöpfungen des 20. Jahrhunderts (so Uroševac). Dann ging man aber dazu über, serbisch klingende albanische Varianten zu „entserbisie-ren". So entspricht die serbische Endung -ovac im Albanischen -ofc (bzw. die Zwischenstufe -ovc, bei der das serbisch wirkende -v- noch nicht durch ein „albanisches" -f- ersetzt worden ist); durch die bewusste Eliminierung des -f (-oc) versucht man neuerdings, die Toponyme albanischer zu gestalten. Zu beobachten ist auch der Versuch, illyrische (oder auch Phantasie-) Namen, die in antiken Quellen belegt sind, anstelle slawischer Toponyme zu setzen: Suhareka (serb. Suva reka, „trockener Fluss") wurde zu Theranda, Mališeva (serb. Mališevo) zu Malasi, Podujeva (serb. Podujevo) zu Besian. Eine Über-setzung aus dem Serbischen ist Burim (albanische Nebenform: Istog, serb. Istok, „Quelle"). Diese politisch motivierten Namensänderungen sind Teil eines Ringens um die historische Deutungshoheit, zugleich auch der Versuch, das deutlich wahrnehmbare Andere zu verdrängen, eine neue „mentale Karte" (d. h. in diesem Falle national geprägte Raumdeutung) zu schaffen.

Pässe und Straßen

Die Gebirge schließen Kosovo freilich nicht nach außen ab. Vielmehr erlauben eine ganze Reihe von Pässen einen auch überregional wichtigen Verkehr. Die strategische Bedeutung Kosovos erklärt sich auch aus seiner Lage an einer eigentlichen Drehscheibe von Handel und Verkehr. Eine der wichtigsten West-Ost-Transversalen des Balkans verbindet die albanischen Küstenstädte Lezha und Shkodra (bis 1912 die wichtigste Stadt im albanischen Siedlungsgebiet) mit Prizren. Im Mittelalter als Zeta-Straße (Zeta ist die mittelalterliche Bezeichnung für das heutige Montenegro und Nordalbanien) bekannt, diente diese Route den Karawanen, die Salz von der Küste in den inneren Balkan brachten und Silber aus den Minen im Kosovo zur Verladung nach Italien. Derzeit wird in der Nähe dieser uralten Straße eine Autobahn gebaut, die die albanische Hauptstadt Tirana mit Prishtina/Priština verbinden wird.

Strategisch noch wichtiger ist die Nord-Süd-Transversale, die über das Amselfeld führt. Diese Straße ist eine Abzweigung von der seit dem Altertum bestehenden Heerstraße Saloniki–Skopje–Belgrad. In Skopje teilt sich die Straße in einen östlichen und einen westlichen Zweig: Der östliche Zweig verläuft durch das Moravatal und endet in Belgrad. Von der Römerzeit bis heute ist dies die wichtigste Straßenverbindung von der Ägäis zur Donau. Hier verlaufen der unter Tito errichtete sog. Autoput (Autobahn) und eine wichtige Bahnlinie. Beide durchqueren in der Region von Preševo das Gebiet der albanischen Minderheit in Serbien, was das große strategische Interesse an diesem wirtschaftlich rückständigen Gebiet erklärt. Die westliche Verzweigung der alten Heerstraße verbindet Skopje mit Prishtina/Priština und Mitrovica und folgt von dort aus dem Ibër-/Ibartal auf serbischem Staatsgebiet. Die strategisch wichtigste Stelle ist die unmittelbar hinter der heutigen Grenze zwischen Makedonien und Kosovo liegende langgezogene Schlucht von Kaçanik/serb. Kačanik, die leicht von Guerillakriegern gesperrt werden kann und, berühmt wegen der vielen Straßenräuber, im Volkslied besungen wurde. Noch zu Beginn des 20. Jahrhunderts kämpften sich modern ausgerüstete osmanische Truppen an dieser Stelle den Weg nur mühsam frei.

Neben diesen überregionalen Straßenverbindungen kommt allen anderen Straßen nur regionale oder lokale Bedeutung bei. Fahrbare Passverbindungen bestehen besonders nach Westen und Osten. Nach Westen hin ermöglicht der Pass von Morina (Qafa e Morinës) die Verbindung zwischen dem armen Nordostalbanien (um Tropoja und Bajram Curri) und Gjakova/serb. Đakovica. Durch die nördlich anschließende Landschaft Rugova/serb. Rugovo führt die Straße von Peja in das montenegrinische Hochgebirge (in die mehrheitlich muslimisch besiedelten Gemeinden Plav und Gusinje, die 1912 von Montenegro annektiert wurden) und hinab in die montenegrinische Hauptstadt Podgorica. Im Osten liegen die Passstraßen in serbischem Staatsgebiet im äußersten SO (Gjilan/Gnjilane–Bujanovac) und NO (Podujeva/Podujevo–Prokuplje). Im Süden riegeln Šargebirge und Skopska Crna Gora Kosovo mit Ausnahme der Schlucht von Kaçanik/Kačanik völlig ab. Nach Norden steht ebenfalls nur ein Hauptweg (über Mitrovica) offen.

Es wäre aber eine Fehleinschätzung, wenn man die Verkehrslage nur nach größeren Straßen und Pässen bewerten würde. Bis in die jüngste Zeit befanden sich selbst Überlandstraßen in einem äußerst schlechten Zustand; viele Zufahrten zu Dörfern waren (und sind es teilweise immer noch) nicht asphaltiert und nur bei gutem Wetter benützbar. In höheren Lagen ist ein Vorankommen oft nur mit Geländewagen möglich. Bis weit in das 20. Jahrhundert erfolgte der regionale Handel nicht mit Wagen, sondern mit Tieren, und diese kleinen Karawanen oder Säumerzüge überwanden auch schwierigste Naturhindernisse. So zirkulierten von der westmakedonischen Pologebene Händler nach Prizren, wobei sie den steilen Šar in rund sieben Stunden überquerten. Die Berge behinderten so nur den Wagen- und Eisenbahnverkehr: Die derzeit wichtigen Straßen stimmen nicht immer mit den historisch bedeutsamen Pfaden überein. Im Zeitalter des Automobils aber verlieren diese für den zivilen Verkehr an Bedeutung. Dies gilt nicht für Guerillagruppen, die alte Wege in den Auseinandersetzungen der Neunzigerjahre benützten, weswegen serbische Sicherheitskräfte an der Grenze des Kosovo zu Albanien breite Minengürtel anlegten.

Kosovo im Jahr 2008

Erster Hauptteil

Herren und Beherrschte
in der Vormoderne:
die Grenzen imperialer Macht

Im Laufe der letzten beiden Jahrtausende war Kosovo Teil dreier großer Reiche (Rom, Byzanz und osmanisches Reich). In den Intervallen zwischen Niedergang eines und dem Aufstieg eines anderen Großreichs in Südosteuropa gehörte die Region meist vergleichsweise kurzlebigen südslawischen Nachfolgestaaten an, die mit der Aufgabe überfordert waren, das imperiale Erbe zu verwalten und selbst eine Ordnungsfunktion zu übernehmen. Da die Herrschaft der serbischen Krone und ihrer Nachfolgeherrschaften im Kosovo verhältnismäßig kurz dauerte, wird sie nicht im Rahmen imperialer Machtbildungen besprochen.

Imperiale Herrschaft

Imperiale Herrschaft: Rom

Für Rom gehörte in republikanischer Zeit der innere Balkan – im Gegensatz zum hochentwickelten Griechenland und zum makedonischen Königreich – nicht zu den bevorzugten Zielen der Eroberung. Das Gebiet des heutigen Kosovo wurde daher erst im Jahre 44 n. Chr. in die Provinzialordnung eingefügt, als Teil der Moesia superior (Obermösien). Die Römer trafen auf verschiedene illyrische Stämme, von denen die bekanntesten die Dardaner waren. Antike Geographen und Geschichtsschreiber beschrieben die Dardaner mit typischen Barbarentopoi: Sie seien ungesittet, wild, aber auch tapfer und widerstandsfähig. Die römische Elite der beiden ersten nachchristlichen Jahrhunderte zählte diese Provinz nicht zum Kernland des Imperiums. Seine Herrschaft setzte Rom mit militärischen Mitteln durch. In Scupi (dem heutigen Skopje) wurde eine Legion, die legio VII Claudia, stationiert. Die Anwesenheit römischer Legionäre förderte die Verbreitung der Reichskultur, wobei Legionslager als Strahlpunkte wirkten. Als zweites Instrument der Eingliederung in den Reichsverband diente die Rekrutierung von Dardanern für das Heer. Schon unter den flavischen Kaisern wurde die *ala I Vespasiana Dardanorum* als eigene Truppeneinheit geschaffen. Eine dardanische Kohorte wurde in Naissus (dem heutigen Niš in Serbien) stationiert. Die Quellenlage zu den inneren Verhältnissen ist ungenügend, doch deutet die Maßnahme Marc Aurels, der „*dardanische Räuber*" in Heeresverbände einfügte, darauf hin, dass das Imperium nicht durchgehend die öffentliche Sicherheit gewährleisten konnte. Rom sollte nicht das einzige Imperium bleiben, das Räuber als Polizisten oder Soldaten einsetzte; rund 1400 Jahre später sollten auch die Osmanen diese Methode zur Verbesserung der Sicherheitslage anwenden.

Seit der Reform des Bürgerrechts durch Kaiser Caracalla (212) genossen alle Einwohner der Provinz das römische Bürgerrecht, d. h. dass rechtliche Unterschiede zwischen den Untertanen des Kaisers beseitigt worden waren. Dies stellt einen abschließenden Schritt bei der Integration peripherer Provinzen in das Imperium dar. Der Balkan rückte bald darauf in den Mittelpunkt des Reichsinteresses: Die Angriffe der Germanen und iranischer Steppenvölker konnten im 3. und 4. Jahrhundert im Wesentlichen nur mit Hilfe der in den Balkanprovinzen ausgehobenen Legionen abgewehrt werden. Mit dem Gotensieger Claudius II. (268–270) stellte die Provinz Dardanien sogar einen Kaiser. Konstantin der Große stammte aus Naissus. Die engere Anbindung an das Reich verlief aber nicht nur über das Heer, sondern auch über eine gemeinsame Verwaltungs- und Kultursprache (Latein), eine einheitliche städtische Kultur und Architektur sowie über einen einheitlichen Glauben: Auch die Provinz Dardania wurde in der Spätantike christianisiert, wobei der Glaubenswechsel wohl oft im Heerdienst erfolgte, wo der neue Glaube kulturelle Einheitlichkeit und militärischen Erfolg gewährleisten sollte. Ausgrabungen wie jene jüngst erfolgte in der Nähe des Flughafens Prishtina belegen die Blüte des städtischen Lebens in der Spätantike. Dardania war ein vollwertiger Teil des römischen Imperiums. Seine Bewohner waren Christen, die zumindest in den Ebenen eine stark latinisierte altbalkanische Sprache oder sogar eine aus dem Latein hervorgehende balkanromanische Sprache verwendeten. Die Provinz stellte dem Imperium Soldaten, dann auch Kaiser. Diese Epoche endete mit dem Vordringen slawischer Gruppen im späten 6. und dann vor allem im 7. Jahrhundert. Die städtische Kultur ging weitgehend unter, und die eng an die Städte gebundene christliche Reichskirche verschwand.

Imperiale Herrschaft: Byzanz

Wegen des Quellenmangels ist die politische Geschichte zwischen dem Ende der römischen Herrschaft (um 600) und der Eingliederung des Kosovo in das byzantinische Reich (1018) kaum fassbar. Über Herrschaftsbildungen der im Frühmittelalter einsickernden slawischen Kleingruppen ist nichts bekannt, ebenso schemenhaft ist die Einfügung des Kosovo in das Erste Bulgarische Reich im 9. Jahrhundert. Es ist davon auszugehen, dass vor dem 9. Jahrhundert keine weiträumigeren Verwaltungseinrichtungen bestanden haben. Auch die bulgarische Herrschaft war nur eine oberflächliche. Anzumerken ist, dass im 9. Jahrhundert das bulgarische Reich kein slawischer Staat war. Vielmehr wurde er von einer bis 864/65 heidnischen turksprachigen Oberschicht, den sogenannten Proto-Bulgaren, beherrscht. Diese wandelten sich erst in einem langen Prozess v. a. im 10. Jahrhundert zu einem slawischen Volk. Ausschlaggebend war die Übernahme des orthodoxen Christentums aus Byzanz, welche das bulgarische Reich starken byzantinischen Kultureinflüssen öffnete. Nachdem die im heutigen östlichen Bulgarien liegenden Zentren des Ersten Bulgarischen Reiches 971 von Byzanz erobert worden waren, verlagerte sich bis 1018 der Schwerpunkt des Reiches in den zentralen Balkan (makedonische Seen), wo Zar Samuil 1014 nach blutigen Kriegen von Byzanz unterworfen wurde.

Die erste imperiale Herrschaft des Mittelalters, die wenigstens in Ansätzen analysiert werden kann, ist die von 1018 bis 1204 dauernde byzantinische Verwaltung. Diese hatte Probleme zu bewältigen, die auch dem osmanischen Reich dauerhaft zu schaffen machten. Als Imperium, das durch römische Staatstradition, den orthodoxen Glauben und die griechische Sprache bestimmt war, übernahm Byzanz eine Region, in der keine größeren Städte bestanden, die römische Tradition vollkommen untergegangen und das Griechische unbekannt war. Hingegen gehörte die Bevölkerung dem orthodoxen Glauben an, jedoch nicht der byzantinisch-griechischen Tradition, sondern der bulgarisch-slawischen. Es bestanden also kaum Anknüpfungspunkte für eine imperiale Durchdringung, zumal der politische und sozioökonomische Schwerpunkt des Reiches im Ägäisraum und dem westlichen Kleinasien lag. Byzanz verfügte weder über die militärischen noch über die demographischen Möglichkeiten zu einer völligen Unterwerfung des zentralen Balkans und damit auch des Kosovo (das damals als Region keine Rolle spielte). Imperiale Herrschaft stützte sich in den ehemals bulgarischen Gebieten auf zwei Säulen, Heer und Kirche. Byzanz wandelte das orthodoxe bulgarische Patriarchat in ein autonomes Erzbistum mit Sitz im heute makedonischen Ochrid um. Damit beseitigte es zwar die Eigenständigkeit der bulgarischen Kirche, achtete aber die besondere orthodoxe Tradition des zentralen Balkans, die nicht einfach dem Patriarchat von Konstantinopel unterworfen wurde. Byzanz räumte der Region eine gewisse kulturelle Autonomie ein, stellte aber an die Spitze dieser regionalen Tradition byzantinisch-griechische Geistliche. Dieses subtile System und die Pflege regionaler Heiligenkulte verfestigte das Christentum und sicherte die byzantinische Herrschaft. Die militärische Herrschaft war ganz auf die Grenzverteidigung ausgerichtet, die im Westen in Prizren und auf dem Amselfeld in Lipljan ihre Stützpunkte hatte, also je eine – aus der Antike stammende – befestigte Ortschaft in den beiden Hauptsiedlungskammern des heutigen Kosovo. Diese Grenzgarnisonen hatten im 11. und 12. Jahrhundert einen zähen Kleinkrieg gegen die beiden serbischen Fürstentümer zu führen, die im heutigen Montenegro (Dioclea, serb. Duklja) und im heutigen Gebiet von Novi Pazar (Ras, serb. Raška) im 11./12. Jahrhundert entstanden waren. Doch auch im Innern des Reichsgebiets kam es wiederholt zu Unruhen: Die Kombination aus äußerer Gefahr und regionalen Erhebungen von Notabeln sollte auch im späten 19. Jahrhundert die wesentliche Herausforderung für imperiale Herrschaft im Kosovo darstellen. Kennzeichnend dabei ist häufig die Zusammenarbeit von Führergestalten im Kosovo mit Notabeln der Nachbarregionen, d. h. im heutigen Makedonien, im heutigen Nordalbanien, in der Region von Novi Pazar. 1072 etwa brach eine Erhebung in Prizren aus, die auch die Region von Skopje und Duklja erfasste (Aufstand des Georg Vojteh, Michaels von Duklja und dessen Sohn Konstantin Bodin). Zur Grenzsicherung richtete Byzanz den sogenannten „Zygos" (Passgrenzgürtel) ein, der den Engpass bei Mitrovica (Burg Zvečan/alb. Zveçan) und die nordöstliche Grenze des Kosovo am Kopaonikgebirge gegen serbische Angriffe absichern sollte. Die Krise des byzantinischen Reiches gegen Ende des 11. Jahrhunderts führte – ähnlich wie im osmanischen Falle am Ende des 19. Jahrhunderts – zu einem allmählichen Rückzug der Reichsherrschaft nach Süden: 1093/94 nahm der serbische župan (Gebietsfürst) Vukan die Burg Lipljan ein, wurde aber nach Norden zurückgedrängt. Es gelang den Serben aber im 12. Jahrhundert, aus dem Ibartal im Norden des Kosovo auszubrechen und die wichtige Grenzburg Zvečan einzunehmen (das serbisch-byzantinische Grenzgebiet verlief also genau in der Zone, wo sich heute die faktische Grenze zwischen dem albanisch und dem serbisch kontrollierten Teil des Kosovo durchzieht). Das Gebiet des Kosovo blieb bis gegen Ende des 12. Jahrhunderts zweigeteilt: Den äußersten Norden hielten die Serben, die Ebene verteidigte Byzanz, gestützt auf die Burg Lipljan. Im Rahmen des byzantinischen Reiches kam dem Kosovo aber, wie gezeigt, lange Zeit nur eine Grenz-, d. h. Randfunktion zu. Den Höhepunkt byzantinischer Machtentfaltung im Kosovo sahen die Jahre um 1170, als Kaiser Manuel I. Komnenos – vergleichbar den osmanischen Anstrengungen sieben Jahrhunderte später – sich entschloss, den serbischen Unruheherd zu beseitigen. Seine Feldzüge gegen den serbischen župan Stefan Nemanja führte er vom Kosovo aus. Auf Manuels Tod (1180) folgte aber eine Krise des Reiches, die 1204 ihren Höhepunkt erreichte, als im Vierten Kreuzzug die Hauptstadt Konstantinopel erobert wurde. Es entstand also ein sich stetig vergrößerndes Machtvakuum. Und in dieses stieß das serbische Fürstentum von Raška vor. 1190 erreichten die Serben erstmals das Šargebirge, wurden aber noch einmal zurückgeworfen. Prizren blieb noch für einige Jahre byzantinisch, den zentralen Kosovo aber räumten die Serben nicht mehr. Der byzantinische Staatszusammenbruch öffnete dann die Schleusen: Unter Stefan dem Erstgekrönten (1195–1227) gelangte Kosovo für rund 180 Jahre unter unbestrittene serbische Herrschaft. In weiterer Perspektive bildete diese Zeit aber nur ein Zwischenspiel zwischen der byzantinischen und der osmanischen Herrschaft. Byzanz konnte Kosovo nie wirklich zu einer zentralen Provinz (wie etwa Thessalien, Thrakien oder das anatolische Bithynien, östlich von Konstantinopel) gestalten – und wollte dies wohl auch nicht. Byzanz war ein Vielvölkerreich mit griechischer Kultursprache; als Erbe hinterließ es eine gefestigte orthodoxe Kirchenstruktur, nicht aber eine tiefer gehende Gräzisierung der Bevölkerung, was auch in der Strategie von Byzanz nie angelegt war. Die Elite des Reiches setzte sich aus orthodoxen Griechen, Slawen, Armeniern, Georgiern und Arabern sowie aus Westeuropäern zusammen; geprägt durch eine einheitliche Reichskultur und das orthodoxe Christentum, erhielt diese heterogene Gruppe ihren Zusammenhalt durch die Treue zu Kaiser und Staatsidee. Ähnliche Strukturen wies auch das osmanische Reich als Erbe von Byzanz auf.

Am Übergang zwischen zwei Imperien: Die serbische Herrschaft im Mittelalter

Die Herrschaft der mittelalterlichen serbischen Krone im Kosovo stellt in weiterer historischer Sicht eine verhältnismäßig kurze Periode des Überganges zwischen zwei Imperien dar. Das mittelalterliche Serbien gehörte zum „byzantinischen Commonwealth" (der byzantinischen Kulturwelt außerhalb der byzantinischen Reichsgrenzen). Es ist im 9. Jahrhundert am Rande der byzantinischen Welt entstanden, und je stärker es sich ab den letzten beiden Jahrzehnten des 12. Jahrhunderts politisch von Byzanz abwandte, desto tiefer wirkte der byzantinische Einfluss in Kirche und Hochkultur. Um die Mitte des 14. Jahrhunderts verschmolzen im zentralen und südlichen Balkan byzantinische und serbische Eliten zu einer regionalen griechisch-slawischen orthodoxen Führungsschicht, die eine hochentwickelte höfische Kultur pflegte. Seit dem frühen 13. Jahrhundert unterlag die serbische Elite einem Prozess der Byzantinisierung – d. h. die Übernahme der höfischen und materiellen Kultur des byzantinischen Reiches –, die es ihr um 1350 erlaubte, Anspruch auf das byzantinische Erbe zu erheben. Dies scheiterte letztlich an der inneren Instabilität des zwischen ca. 1330 und 1350 schnell zusammengerafften serbischen Großreichs auf dem Balkan, das dem osmanischen Ansturm nicht standhalten konnte. Wie im Falle der Imperien soll auch am serbischen Beispiel die Perspektive der Herrschenden eingenommen, das serbische Königreich als weiteres Modell der Machtausübung vorgestellt werden.

Das mittelalterliche Serbien hatte neben den vorherrschenden byzantinischen auch immer wieder abendländische Einflüsse empfangen, von Norden über Ungarn, von Westen über das sog. Küstenland (Primorje, das heutige Montenegro und die nordalbanische Ebene um Shkodra). Die politische und kulturelle Orientierung nach Osten zeichnete sich erst im zweiten Jahrzehnt des 13. Jahrhunderts ab und ist wesentlich mit der politischen Schwäche von Byzanz und der Machtausdehnung des Papsttums im östlichen Mittelmeerraum (nach 1204) zu erklären. Die erwähnte enge Verbindung von Dynastie und Kirche stabilisierte eine Herrschaft, die ohne kirchlichen Rückhalt durch die häufigen Verwandtenkämpfe in der herrschenden Familie der Nemanjiden wesentlich geschwächt worden wäre. Erst die Eroberungen der serbischen Könige im Kosovo und Makedonien brachten die Serben in Berührung mit städtischer Kultur byzantinischer Prägung. Künstlerische Einflüsse hatten hingegen bereits um 1200 auf das serbische Kerngebiet in der Raška gewirkt, wo die Könige bedeutende Kirchen errichten ließen. Kosovo bot der serbischen Krone eine völlig neue Grundlage der Herrschaftsausübung: Dort lagen landwirtschaftlich reiche Ebenen, vor allem aber Silberminen in Trepča und Novo Brdo. Diese Bergwerke betrieben die serbischen Herrscher nicht selbst. Da es an Kapital und Technologie fehlte, luden die Könige Kaufleute aus dem dalmatinischen Dubrovnik und deutsche Bergleute aus der Zips (heute Slowakei) ein. Diese brachten den Bergbau zur Blüte und ermöglichten so die Machtentfaltung der serbischen Könige und deren umfassendes kirchliches Bauprogramm im Kosovo. Dieses begleitete die Verlagerung des Machtmittelpunkts von Staat und Kirche von der Raška in den Kosovo: 1253 wurde der Sitz des serbischen Erzbischofs (des Oberhaupts der autokephalen – d. h. selbstständigen – Kirche) von Žiča (wo er seit 1219 bestanden hatte) nach Peć in der Metohija verlegt.

Wie die deutschen Könige besaßen die serbischen Herrscher keine feste Residenz, sondern wanderten mit ihrem Hofstaat von Pfalz zu Pfalz. Diese Königshäuser befanden sich in großer Zahl im Kosovo (Nerodimlje, Pauni, Štimlje, Svrčin, später auch Priština). Während sich von ihnen nur wenig erhalten hat, zählen die orthodoxen Kirchenbauten der serbischen Herrscher zum Weltkulturerbe. In der Kirchenkunst des Kosovo verschmolzen byzantinische und abendländische Einflüsse, letztere kamen aus dem Küstenland über die Berge: Die beiden reichen katholischen Hafenstädte Dubrovnik und vor allem Kotor vermittelten die adriatische Kirchenkunst in den zentralen Balkan. Von Süden her strömten byzantinische Künstler, die nach 1204 neue Beschäftigungsmöglichkeiten suchten, in das serbische Königreich. Zugleich stärkte die serbische Krone ihre Beziehungen zum Mittelpunkt des orthodoxen Klosterlebens, dem heiligen Mönchsberg Athos. In diesem kulturellen Umfeld entstanden die Apostelkirche in Peć, ab 1253 Mittelpunkt der serbischen Reichskirche, die Stefanskirche in Banjska (bei Mitrovica) und die Klosterkirche in Dečani, die von einem Franziskanermönch aus Kotor in einem romanisch-gotisch-byzantinischen Mischstil ausgemalt wurde. Der bedeutendste Herrscher des serbischen Mittelalters, König, ab 1346 Zar, Stefan

Kloster von Peć (oben), Klosterkirche von Peć (unten)

Dečani zu Beginn des 20. Jahrhunderts

Peć Fresken

Dušan (1331–1355), hielt sich mit Vorliebe in der Metohija, besonders in der Gegend von Prizren, auf, das am Ende der erwähnten großen Karawanenstraße an die nordalbanische Küste lag (wo Stefan einen Teil seiner Jugend verbracht hatte). Im nahen Bistricatal ließ er sich eine prachtvolle Grablege errichten, das Erzengelskloster.

Die Herrscher, aber auch regionale serbische Adlige wie die Musići, Branković und Lazarevići, stifteten im Westteil des Kosovo derart viele Kirchen und statteten sie so reich mit Landschenkungen aus, dass das Gebiet fortan „Klosterland" hieß. Klöster und die Kirche wurden so zu den eigentlichen Besitzern dieser Siedlungskammer. Im eigentlichen Kosovo, der Ebene des Amselfelds, hatte um 1320 König Milutin auf den Grundmauern einer spätantiken Kirche (bei Ulpiana/Lipljan) das herrlich ausgeschmückte Kloster Gračanica erbauen lassen.

Die Freskenmalerei der Kirchen diente nicht nur der Verherrlichung Gottes, sondern auch der Erinnerung an die Herrscherfamilie, deren Mitglieder in zahlreichen Porträtdarstellungen abgebildet sind. Die enge Verflechtung von Reich und Kirche wurde so für jedermann sichtbar gemacht. Mit dieser Konzentration an künstlerisch hochwertiger Kirchenarchitektur und Malerei bildete der Kosovo ein Kernland der orthodoxen Kultur auf dem Balkan.

Mit diesem Bauprogramm prägten die serbischen Herrscher das kulturelle Antlitz des Kosovo bis heute. Ihr kulturelles Erbe ist weit bedeutsamer als die wenigen materiellen Spuren der eigentlichen byzantinischen Herrschaft. Die mittelalterliche serbische Krone hat – wenigstens der schwierigen Quellenlage nach zu schließen – das Kosovo politisch weit stärker durchdrungen als Byzanz. Ab der Mitte des 13. Jahrhunderts stieg die Region zum Kerngebiet eines balkanischen Königreichs auf, das zum Zeitpunkt seiner – freilich äußerst kurzen – maximalen Machtausdehnung um 1350 von der Donau bis an die Ägäis reichte. Diese günstige räumliche Lage, fernab von umkämpften Grenzen, verschaffte der Region eine ihrer längsten und kulturell fruchtbarsten Epochen (zu vergleichen am ehesten mit dem osmanischen 16. Jahrhundert). Der Kirchenbau brachte eine weitgehende religiöse Einheitlichkeit der Bevölkerung zum Ausdruck, die mit wenigen Ausnahmen der orthodoxen Kirche angehörte. Über die ethnische Identität der südslawischen Bevölkerungsmehrheit im Kosovo liegen keine Quellen vor. Als Serben verstand sich

die weltliche und geistliche Elite des Königreiches, doch kann diese Eliten-
identität nicht unbesehen auf die bäuerliche Bevölkerung übertragen werden
– wie fließend deren ethnische Identitäten noch um 1900 waren, soll unten
gezeigt werden.

Im Gegensatz zur späteren osmanischen Herrschaft kannte das mittelalterliche Serbien die Leibeigenschaft (serb. Meropsi = Leibeigene): Freie und
unfreie Bauern bestanden nebeneinander. In sprachlicher und ethnischer
Hinsicht war Kosovo zwar weniger einheitlich als das serbische Kernland,
doch sprachen die meisten Untertanen der Könige im Kosovo wohl südslawisch (s.u. S. 131–133). Die Verwaltung folgte alten byzantinischen Mustern,
zumindest in der Begrifflichkeit. In größeren Ortschaften saß ein „kefalija"
(eigentlich „Haupt"(mann), von byz. „kephale"). Wie in Byzanz bestand
zwischen Stadt und Land kein rechtlicher Unterschied; Selbstverwaltung genossen nur die privilegierten Bergbauorte mit ihrer zum Teil deutschen Bevölkerung, so Novo Brdo, das über ein eigenes Stadtrecht, eine Seltenheit auf
dem Binnenbalkan, verfügte. Dies hatten die Könige nur zugestanden, um
die deutschen Bergleute, die ihre gewohnten Privilegien mitgebracht hatten,
dauerhaft im Land zu halten. Rechtliche Einheitlichkeit bestand also auch
im mittelalterlichen Serbien nicht – nur war die Zahl der Privilegierten viel
kleiner als im osmanischen Reich. Im Rechtsbereich führte das Gesetzbuch
(Zakonik) des Zaren Stefan Dušan zu einer wichtigen Vereinheitlichung; 1412
wurde zudem ein eigenes Bergrecht ausgearbeitet. Dušan verstand sich als
betont orthodoxen Herrscher, als Anwärter auf das Erbe von Byzanz. Sein
Wille zur Vereinheitlichung der Macht ist erkennbar, doch überforderte eben
dieser Machtdurst Dušans die Möglichkeiten des serbischen Reiches. Sein
Sohn und Nachfolger Zar Uroš (1355–1371) vermochte nicht zu verhindern,
dass sich an den Rändern des balkanischen Großreiches einzelne serbische
Adlige selbständig machten, auch wenn das in der traditionellen Geschichts-
schreibung verbreitete Bild eines steten Niedergangs nicht haltbar ist. Die
zahlreichen Fehden serbischer Herren schwächten das Reich aber in dem Augenblick, als es zur Abwehr der seit den 1360er Jahren gefährlich rasch vorrückenden Osmanen der politischen Einheit bedurft hätte. Im Kosovo setzten
sich gleich drei Adelsgeschlechter fest, im Osten Fürst Lazar, der die Minen
von Novo Brdo sein Eigen nannte; im Nordwesten, im Hügelland von Drenica, saßen die Söhne des Sebastokrators (ein hoher byzantinischer Hofwür-

dentitel) Branko Mladenović, die Brankovići. Die beiden Familien sollten das letzte Jahrhundert der serbischen Staatlichkeit im Mittelalter bestimmen. Im äußersten Westen, in der Metohija, trat ein weiteres Geschlecht auf, dessen Herkunft (serbisch, albanisch, vlachisch) unklar ist: die Balšići (albanisch: Balsha). Ihr Ehrgeiz sollte den Kosovo in den Untergang reißen.

Die erste Schlacht auf dem Amselfeld am 28. Juni 1389 – das historische Ereignis und seine Umformung in einen nationalen Mythos

Zwei Straßen bestimmten den osmanischen Vormarsch auf dem Balkan: die von Westen nach Osten verlaufende Via Egnatia und die Süd-Nord-Transversale in den Tälern des Vardar und der Morava (Strasse Saloniki – Belgrad). Nachdem die Osmanen 1385 den zentralen Balkan entlang der Ost-West-Achse überrannt hatten (1385/87), war es nur eine Frage der Zeit, bis sie einen Angriff gegen Norden unternehmen würden. Was 1389 geschah, folgte dieser strategischen Logik; die genauen Umstände werfen aber ein bezeichnendes Licht auf den christlichen Balkan des 14. Jahrhunderts. Georg II. Balšić, dessen Machtschwerpunkt im heutigen Montenegro lag, führte eine Fehde mit dem König von Bosnien. Da er allein zu schwach war, rief er osmanische Truppen zu Hilfe, mit denen er 1388 den Bosniern unterlag. Sultan Murad I. schwor Rache. Um Bosnien zu bestrafen, musste er durch Kosovo marschieren, das den genannten serbischen Adligen untertan war. Diese gingen ein Bündnis mit dem bosnischen König Tvrtko I. ein, um die Osmanen abzuwehren. Im Juni 1389 fand sich so ein Heer aus serbischen und bosnischen Adligen (und einem südalbanischen Adligen) zusammen[1]. Am 28. Juni 1389 stießen beide Heere aufeinander; beide erlitten schwere Verluste; der serbische Fürst Lazar fiel, Sultan Murad I. wurde von einem serbischen Krieger (dem die Legende den Namen Miloš Obilić zuweist) erschlagen. Da im osmanischen Reich Thronkämpfe ausbrachen, zogen sich die Osmanen nach

---

1   Georg II. Balšić, den albanische Historiker als albanischen Teilnehmer an der Schlacht betrachten, blieb wohlweislich zu Hause in der Hafenburg Ulcinj (Montenegro): er hätte den Zorn beider Parteien auf sich gezogen.

Süden zurück. Auf dem Balkan und in Europa herrschte Unklarheit über den Schlachtausgang. Die Osmanen erwiesen sich jedoch als die stärkere politische Einheit; der serbische Adel konnte sich von den Verlusten nicht mehr erholen und musste bald nach der Schlacht dem neuen Sultan Bayezid I. den Vasalleneid schwören und ihm Heerfolge leisten. Unter den Vasallen ragte Vuk Branković hervor, der in der Schlacht tapfer gefochten hatte: Ihn begann die Legende als Verräter zu betrachten.

Beinahe unmittelbar nach dem Kampfgeschehen setzt die Erinnerung und Überhöhung der Schlacht ein. Zu unterscheiden ist zwischen verschiedenen Strängen des Andenkens: zum einen die kirchliche Tradition. Fürst Lazar wurde alsbald heiliggesprochen, sein Tod als geistiger Sieg über die Muslime gedeutet, ja Lazar sogar als „zweiter Christus" verherrlicht. Neben dieser hochkulturellen Erinnerung lebte die Schlacht in der bedeutendsten Form der Vergegenwärtigung und Verarbeitung von Geschehenem auf dem Balkan, dem Lied, weiter. Der vielschichtigen – zum einen christlich-legendären, zum anderen heroischen – Liedtradition entstammen prägende Motive der Kosovolegende, die Erzählung von Miloš Obilić, dem Königsohn Marko und seinen neun Söhnen (den Jugovići), dem Mädchen von Kosovo, das einen sterbenden Krieger labt. Zur Kosovoerinnerung gehört auch die Verehrung des heiligen Veit (des Heiligen des Schlachttages), der offenbar mit dem Kult des vorchristlichen (heidnischen) Slawengottes Vit in Zusammenhang steht. Im serbischen Geschichtsdenken bildet der Veitstag (Vidovdan; 15. [julianischer Kalender]/28.6. [gregorianischer Kalender]) einen schicksalhaften Bezugspunkt bis in jüngste Zeit (von der Ermordung Erzherzog Franz Ferdinands in Sarajevo 1914 über die Vidovdanverfassung 1921 bis zur Auslieferung S. Miloševićs an das Haager Tribunal 2001). Eine neue und bis heute anhaltende ethnonationale Stoßkraft erhielt diese Erinnerung durch ihre Bündelung und Neudeutung im Zeitalter des Nationalismus. Das 1847 erschienene Epos „Der Bergkranz" (Gorski vijenac) des montenegrinischen Fürstbischofs Petar Petrović Njegoš feierte in Kosovo den Fluchtpunkt serbischer Kultur. Im seit 1815 autonomen (ab 1878 souveränen) serbischen Nationalstaat wurde dieses Denkmuster aufgenommen und besonders seit den Achtzigerjahren des 19. Jahrhunderts zu einem Kernelement ethnischer Identität gedeutet: Kosovo war die „Wiege des Serbentums", das „serbische Jerusalem". Lazar wurde gefeiert, weil er seine irdische Herrschaft für das Himmelreich hingegeben habe.

Aufgabe des wiedererstandenen Serbien sei Rache an den Muslimen. Weite Verbreitung fand die derart umgedeutete und gebündelte Erinnerung in Formen einer nationalen Gedächtniskultur, die west- und mitteleuropäischen Mustern folgte: Gedenkfeiern, Standbilder, Broschüren und Schulbücher. Hatte Kosovo in den Vierzigerjahren des 19. Jahrhunderts in der serbischen Außenpolitik – im Gegensatz zu serbischen Siedlungen in Bosnien und im Habsburgerreich – keine größere Bedeutung besessen, rückte es in den Mittelpunkt des politischen Denkens, als 1878 mit der österreichisch-ungarischen Besetzung Bosniens und der Herzegowina die erhoffte Machtausdehnung nach Westen vorerst gescheitert war und Serbien sich gegen das militärisch schwächere osmanische Reich im Süden wandte. Die Erinnerung an Kosovo war so in der serbischen Gesellschaft stets vorhanden. Ihre für Außenstehende nicht leicht zu erfassende ideologisch dominante Stellung erlangte sie aber erst vor verhältnismäßig kurzer Zeit.

Das Ende der serbischen Staatlichkeit

Nach 1389 bestand im Kosovo eine Doppelherrschaft von serbischem Adel und osmanischen Würdenträgern. Die Osmanen hatten die wichtigsten Burgen entlang der Nord-Süd-Achse mit Garnisonen belegt, ihre Macht aber noch nicht flächendeckend ausgebreitet. Zurückgeworfen wurde die Eingliederung des Kosovo durch die schwere Reichskrise, die Bayezids I. Niederlage gegen den Mongolenherrscher Timur Lenk bei Ankara (1402) ausgelöst hatte – wobei serbische Adlige als Vasallen auf osmanischer Seite gekämpft hatten. Zwar gelang es dem serbischen Despoten (ein hoher byzantinischer Hofwürdentitel) Stefan Lazarević (gest. 1427), seine Macht zu stabilisieren, die osmanische Vasallität schüttelte er aber nicht ab. Sein Nachfolger Georg Branković, dessen Tochter die Gattin des Sultans Murad II. war, wurde 1439 aus dem Land verdrängt, die serbischen Gebiete dem osmanischen Reich einverleibt. Branković trieb aber zusammen mit dem ungarischen Heerführer Johann Hunyadi und unzufriedenen albanischen Adligen, die teilweise zum Islam konvertiert waren (darunter der heute von den Albanern als Nationalheld verehrte Georg Kastriota Skanderbeg), die Osmanen 1443 derart in die Enge, dass sie ihm sein Vasallenfürstentum zurückgaben. Branković hielt als orthodoxer Fürst Abstand zu katholischen Kreuzzugsbemühungen. Er hoffte, als osmanischer Vasall sowohl westlichen (d. h. v. a. ungarischen) Einfluss wie eine osmanische Übermacht vermeiden zu können. Daher beteiligte er sich an der zweiten Großoffensive Hunyadis und Skanderbegs nicht. Im November 1448 schlug Murad II. das ungarische Heer auf dem Schlachtfeld von 1389 vernichtend. Skanderbeg hatte sich in kleine Fehden in Nordalbanien verwickelt und war zu spät nach Osten geeilt. Erst diese zweite Schlacht auf dem Amselfeld entschied das Schicksal des Kosovo. Der serbische Despot hatte das katholische Heer nicht unterstützt und bezahlte mit dem Verlust des Kosovo (1455) und – nach seinem Tod – mit dem Untergang des ganzen serbischen Fürstentums. Ein Teil seiner Familie floh zu Skanderbeg, der selbst mit den Brankovići verwandt war. Einen ethnischen Gegensatz zwischen Serben und Albanern kann man in der Elite im Mittelalter nicht feststellen – die engen Verbindungen des serbischen und albanischen orthodoxen Adels allein schon standen dem entgegen: Skanderbegs Mutter war wohl eine Branković, und sein Sohn Ivan heiratete eine Branković (Irene).

Imperiale Herrschaft: das osmanische Reich

Die Ausgestaltung imperialer Herrschaft lässt sich erst am Beispiel des osmanischen Reiches auf einer festen Quellengrundlage darstellen. Wie das
römische Imperium und Byzanz wandten auch die Osmanen ein fein entwi-
ckeltes Instrumentarium von Herrschaftsmethoden an, um Kosovo in einen
größeren politischen Rahmen zu integrieren. Als Grundlage diente dabei die
Gliederung der Untertanen nach Religion und fiskalischem Status. Vom 15.
bis in das frühe 18. Jahrhundert wurden Gesellschaft und Wirtschaft ganz
überwiegend in den Dienst des Heeres gestellt. Im Gegensatz zu Byzanz, das
zwar die verlorenen Provinzen auf dem Balkan zurückzugewinnen versuchte,
stets aber der Diplomatie den Vorrang einräumte, war das osmanische Reich
bis zu seinen schweren Niederlagen gegen das Habsburgerreich und Russland
(seit dem ausgehenden 17. Jahrhundert) ein Imperium, das seine Grenzen
durch stete Angriffe auf seine Nachbarn auszudehnen versuchte.

Kosovo kam durch militärische Gewalt unter osmanische Herrschaft.
Auch wenn die Osmanen bis 1455 Formen serbischer Vasallität bzw. lokale
Selbstverwaltung duldeten, fiel mit der endgültigen Eroberung nach osmanischem Verständnis der gesamte Boden an den Sultan. Der größte Teil wurde
zu Staatsland (osman. mirî). Privateigentum (osman. mülk) und islamische
religiöse Stiftungen (vakıf) umfassten einen kleineren Teil des Landes. Zwar
hatten auch in vorosmanischer Zeit Byzanz und die serbische Krone umfangreichen Landbesitz ihr Eigen genannt, doch war der Privatbesitz (serb. bašti-
na) wohl weiter verbreitet als in osmanischer Zeit. Der Herrschaftswechsel
führte auch zu einem Einschnitt in der Bodenbesitzstruktur. Die verschiedenen Formen der Vergabe von Steuereinnahmen und der Überlassung zur
Bearbeitung an Bauern änderten an dem grundsätzlichen Besitzanspruch des
Staates nichts. Die Bauern bewirtschafteten den Boden aufgrund eines Nut-
zungsrechtes, d. h. dass sie ihn solange bebauen und auch an ihre Erben wei-
tergeben durften, wie sie ihn bestellten und dafür Abgaben entrichteten. Zu
einer faktischen Privatisierung von Staatsland kam es seit dem 17. Jahrhundert, als sog. Çiftlik-Güter entstanden. 1858 ermöglichte eine Gesetzesreform
die formelle Umwandlung von Mirî-Land in Privateigentum.

Muslime und Zimmis

Das osmanische Reich unterschied sich von seinen Vorgängerreichen vor allem dadurch, dass es nicht alle Untertanen in eine einheitliche religiös geprägte Reichskultur einordnen wollte – und konnte. Das Verhältnis von Muslimen und Christen war im Verlauf der rund fünfhundertjährigen osmanischen Herrschaft gewiss nicht statisch, folgte aber einem Grundmuster, von dem zwar zu bestimmten Zeitpunkten Abweichungen zu beobachten sind, das in seinen Grundzügen – die hier herausgearbeitet werden sollen – aber letztlich, allen Reformbemühungen des 19. Jahrhunderts zum Trotz, faktisch bis 1912 Bestand hatte.

Die Osmanen folgten dem Staatsaufbau anderer islamischer Reiche und unterteilten ihre Untertanen in Muslime und Nichtmuslime (osman. zimmis; im Kosovo ganz überwiegend Christen), deren Gemeinschaftsleben, solange es nicht in Berührung mit der Lebenswelt der Muslime gelangte, von religiösen Würdenträgern (wie dem orthodoxen Patriarchen von Konstantinopel, im Kosovo zwischen 1557 und 1766 dem Patriarchen von Peć) geleitet wurde. Die Selbstverwaltung der nichtmuslimischen Gemeinschaft wird in seiner im 19. Jahrhundert voll ausgebildeten Form als Millet-System bezeichnet. Der christliche Glaube wurde im osmanischen Reich zwar geduldet, doch waren Christen Untertanen zweiter Klasse. Theorie und Herrschaftspraxis im Umgang mit den Christen klafften je nach Region und Zeit auseinander. In der Forschung herrschen unterschiedliche Ansichten, ob es sich dabei um Unterdrückung oder Toleranz (so die beiden Pole der Interpretation) gehandelt habe. Quellennahe Untersuchungen vermitteln ein differenziertes Bild. Die orthodoxe Bevölkerung genoss in kirchlichen und zivilrechtlichen Angelegenheiten, die innerhalb der orthodoxen Gemeinschaft ausgetragen wurden, weitgehende Autonomie. Sie unterstanden dabei kirchlichen Würdenträgern, d. h. dass die orthodoxe Hierarchie an die Stelle der von den Osmanen vernichteten weltlichen Elite der Christen getreten war (zu Einzelheiten s.u. S. 98–101). Christen waren jedoch benachteiligt, sobald sie in Berührung mit dem islamisch geprägten Staat und mit Muslimen gerieten: Sie hatten eine zusätzliche Steuer (Kopfsteuer; osman. cizye) zu entrichten; sie durften vor Gericht nur dann gegen Muslime auftreten, wenn sie muslimische Zeugen beiziehen konnten; sie wurden in Kleidung und ihrer Stellung im öffentlichen Leben diskriminiert – sie hatten auf der Straße Muslimen den Vortritt zu lassen; sie durften nicht an Muslimen vorbeireiten; sie durften keine neuen Kirchen errichten, die Renovierung baufälliger Kirchen war stark eingeschränkt. Doch wurden diese Vorschriften nicht immer gleich streng gehandhabt. Die Pflege und auch der Neubau von Kirchen sind auf dem Balkan unter osmanischer Herrschaft in vielen Landschaften festzustellen. Es war durchaus möglich, ein neues christliches Gotteshaus zu errichten, in der Regel durch erhebliche Bestechungsgelder an muslimische (weltliche wie geistliche) Würdenträger. Nur handelte es sich um die Umgehung bzw. großzügige Auslegung des islamischen Rechts. Ein Rechtsanspruch bestand nicht; und in Zeiten gespannter interreligiöser Beziehungen hatten die Christen keine Sicherheit, dass ihre erkauften Ansprüche von den muslimisch dominierten Behörden auch berücksichtigt würden. Das System konnte, auch zugunsten von Christen, von der muslimischen Elite dehnbar interpretiert werden; die Deutungshoheit, die auch willkürlich sein konnte, lag aber stets in den Händen von Muslimen, welche die entscheidenden Verwaltungsämter bekleideten. Auch die Abgabenlast besaß nicht immer die gleiche Bedeutung: In den ersten beiden Jahrhunderten der osmanischen Herrschaft stellte sie offenbar keine übermäßige Belastung der christlichen Bevölkerung dar. Erst die gewaltige Erhöhung von Sondersteuern gegen Ende des 17. Jahrhunderts – das osmanische Reich befand sich wegen der Kriege gegen die Habsburger in finanzieller Not – führte zu einer fiskalischen Diskriminierung der Christen.

Die Unterteilung der Untertanen in Muslime und Nichtmuslime sollte das Reich auf lange Sicht schwächen, denn eine Integration aller Untertanen erwies sich als unmöglich. Ein erheblicher Teil der Bevölkerung lebte in dem Bewusstsein, von der muslimischen Herrenschicht geringgeschätzt zu werden, und sonderte sich daher von den Interessen des Reiches ab. Der Islam wurde im Kosovo noch zu Beginn des 20. Jahrhunderts im Kosovo als Religion der Herren, das Christentum als Religion der Beherrschten angesehen. Nichtmuslime konnten sich so in ihrer Mehrheit nicht dauerhaft mit dem osmanischen Reich identifizieren.

Steuerzahler und Privilegierte

Die osmanische Gesellschaft kannte aber auch eine zweite gesellschaftlich, wirtschaftlich und steuerlich bedingte Unterteilung der Untertanen, und zwar in Angehörige der Gruppe der Askeri und die Reaya. Die erste Gruppe umfasste all jene, die im weitesten Sinne in Heer und Verwaltung dienten, also nicht nur Soldaten und Beamte, sondern auch Bauern und Handwerker mit besonderen Kenntnissen, die für die Versorgung und Ausrüstung des Heeres von Bedeutung waren, sowie Bewohner strategisch wichtiger Siedlungen, schließlich auch Angehörige von Hilfstruppen. Zu den Begünstigten zählten auch die Ulema (muslimische Geistlichkeit). Askeri wurde aus Staatsmitteln entlohnt und genossen Steuerfreiheit; bestimmte Gruppen erhielten ihre Dienste nur mit Steuerprivilegien abgegolten. Die Reaya, die aus Christen wie Muslimen bestanden, bildeten den zahlenmäßig deutlich überwiegenden Rest der Bevölkerung. Ungeachtet ihrer Glaubenszugehörigkeit hatten alle Reaya dieselben Steuern zu entrichten und Dienstpflichten (Fronen) wahrzunehmen. Unterschiede bestanden zum Teil jedoch in der Höhe der Abgaben.

Das Heer als Mittel zur Integration

Die Schicht der Askeri erfüllte eine entscheidende Aufgabe bei der Eingliederung der regionalen Bevölkerung in das osmanische Reich. Zwar setzte sich die übergroße Mehrheit der Inhaber wichtiger Ämter aus Muslimen zusammen, doch bestanden die Sultane zumindest im 15. Jahrhundert nicht unbedingt auf einem Glaubenswechsel. Die osmanische Reiterei setzte sich aus sogenannten Sipahi (auch Timarioten genannt) zusammen. Ein Timar ist ein Dienstlehen, d. h. einem Soldaten wurden die Abgaben eines Gebietes zugewiesen, nicht aber die Herrschaft über Land und Menschen. Ein ähnliches System hatten Byzanz und das serbische Königreich ebenfalls gekannt (Pronoia). Diese Dienstlehen übten auf dörfliche Eliten im 15. Jahrhundert eine starke Anziehungskraft aus. Die Osmanen rekrutierten so auch im Kosovo ihre Reiterei aus Einheimischen, die nur zum Teil zum Islam übergetreten waren. Freilich erhielten Christen kleinere Geldlehen, und diese und andere Formen der Benachteiligung sowie die Aussicht auf weiteren Aufstieg bewogen bis zu Beginn des 16. Jahrhunderts die meisten christlichen Timarioten zum Glaubenswechsel. Eine zentrale Funktion bei der Integration besaß auch die sogenannte Knabenlese (devşirme), d. h. die oftmals gegen den Willen der Betroffenen erfolgte Aushebung christlicher Burschen für den Dienst in der Eliteinfanterieeinheit der Janitscharen. In besonderen Ausbildungslagern wurden diese Knaben zum Glaubensübertritt veranlasst. Hier bestand keine Möglichkeit, weiter Christ zu bleiben. Bis in das frühe 17. Jahrhundert bildeten die Janitscharen eine besonders privilegierte, ursprünglich zölibatär und in eigenen Kasernen lebende Gruppe innerhalb der Askeri, weswegen eine Aufnahme in dieses Korps zunehmend attraktiv erschien. In der Spätzeit des osmanischen Reiches, besonders im 18. Jahrhundert, verschmolzen die Janitscharen mit städtischen Handwerker- und Kaufmannsgruppen und wandelten sich so in bewaffnete und privilegierte Einheiten, die eng an örtliche Interessen gebunden waren und zudem – besonders in Istanbul – wiederholt gegen Sultane rebellierten. 1826 wurde das Korps blutig unterdrückt und abgeschafft.

Die Janitscharen bestanden vorwiegend aus jüngeren Männern aus dem Balkan, Bosniern und Albanern. Es zeichnete sich ab, dass Männer aus dem Kosovo wie einst im Imperium Romanum nun auch im osmanischen Reich eine ähnliche Aufgabe übernahmen: Sie stellten den Kern imperialer Elitetruppen, gewannen also eine weit über ihre Heimatregion hinausreichende Bedeutung. Muslimische Albaner aus dem Kosovo dienten in den Heeren, die vom 16. bis in das frühe 18. Jahrhundert Mitteleuropa angriffen, so auch bei der zweiten Belagerung Wiens im Jahre 1683. Sie wirkten zunehmend auch als Ordnungsfaktor im Innern des Reiches. Die christliche Bevölkerung nahm diese als „Arnauten" bezeichneten Albaner daher als ausführendes Organ der osmanischen Herrschaft wahr. Hier liegen auch tiefere Wurzeln – wenn auch nicht die einzige Erklärung – für den im 20. Jahrhundert ethnisch umgedeuteten Konflikt zwischen mehrheitlich muslimischen Albanern und orthodoxen Serben.

Eine Gesellschaft im Dienst des Kriegsapparats

Der christlichen Bevölkerung offen standen die zahlreichen steuerprivilegierten Hilfsdienste. Im 15. Jahrhundert setzten sich die osmanischen Heere, die

Brücke von Mitrovica, um 1930

die christlichen Herrschaften des Balkans unterwarfen, zu erheblichen Teilen aus derartigen christlichen Hilfsvölkern zusammen. Die steuerliche Begünstigung wirkte offenbar auf einen Teil der ländlichen Bevölkerung als inte-
grationsfördernder Anreiz. Unter den bewaffneten Hilfsgruppen, die hier in
ihrem Zustand um 1500 beschrieben werden, deren Korps aber später zum
Teil erheblichen Veränderungen unterworfen waren, sind zu nennen: die
Martolos, die als Polizeieinheit Straßen, Brücken und auch Vorratslager zu
bewachen hatten; sie unterstanden einem eigenen Befehlshaber, dem marto-
losbaşı. Kriegsdienst leistete die Gruppe der Voynuks, und zwar zu Fuß wie
zu Pferd. Den Unterhalt von Brücken, so an der Bistrica und am Drin, be-
sorgten die Köprücüler (Brückenmeister).

Wie in anderen Teilen des osmanischen Reiches findet man auch im Kosovo
Christen als Teil von Festungsbesatzungen. Die Osmanen aber hatten die Zahl
der Burgen – in serbischer Zeit hatte man deren 80 gezählt – auf drei verringert: Zvečan, Prizren und Novo Brdo reichten aus, um eine zentral gelegene

Provinz des Reiches zu beherrschen, die bis um 1700 keine fremden Angreifer zu befürchten hatte. Wo keine Burgen unterhalten wurden, übertrug der Sultan den Straßen- und Passschutz den Anrainern: Dörfer an wichtigen Pässen erhielten als Gemeinschaften den Status von Passwächtersiedlungen (Derbend-Dörfer). Derbenddörfer lagen an allen oben erwähnten Straßenverbindungen, im Westen etwa in Rugovo und Morina; in Rogozna und Banjska am Weg nach Novi Pazar; im Südosten in Gnjilane; in Mušutište an der Straße von Priština nach Prizren, und besonders die neun Wächterdörfer an der Schlucht von Kačanik. Bei Podujevo ist auch eine eigene Einheit von Bergwerkwächtern belegt. Die vlachische (s. u. S. 102–103) Bevölkerung, die überwiegend aus semi-nomadischen Hirten bestand, wurde aufgrund ihrer besonderen Wirtschafts- und Lebensweise ebenfalls als Gruppe einer besonderen Steuerkategorie zuge-wiesen; ihre Anführer trugen den aus vorosmanischer Zeit stammenden Titel „primikür". Im minenreichen Kosovo begünstigten die Osmanen auch die Bergarbeiter (madenci) in Orten wie Novo Brdo und Trepča. Um 1530 waren im Sancak (Bezirk) Vučitrn (alb. Vuçitërn oder Vushtrria) 5417 christliche und 306 muslimische Bergarbeiter verzeichnet. Einen Sonderstatus genossen auch die Falkner (doğancı); Jagdfalken aus den Bergen des Balkans hatten schon im Mittelalter in Europa Berühmtheit genossen. Da Reis den osmanischen Heeren als Grundnahrungsmittel diente, stellte der Staat auch die Reisbauern (çeltük-çi) besser. Im 19. Jahrhundert verliehen die Osmanen katholischen Albanern, die aus den Bergen des heutigen Mittelalbanien in den Kosovo eingewandert waren (sog. Fandi), einen besonderen Status als Hilfspolizisten (E. Frantz).

Auf diese Weise warf der osmanische Staat ein feinmaschiges Netz über den Kosovo, das wie andere Provinzen in den Dienst eines bis in das 17. Jahrhundert militärisch geprägten Reiches gestellt wurde. Durch die Einbindung von Teilen der Bevölkerung sicherte er strategisch wichtige Punkte und den Straßenverkehr, er sorgte für Ausrüstung und Verpflegung der Truppen und förderte den wichtigen Bergbau. So schöpfte das osmanische Reich die militärischen und fiskalischen Ressourcen des Kosovo ab, ohne darüber hinaus in dessen gesellschaftliche Strukturen – besonders auf dem Land und in höheren Lagen – aktiv einzugreifen. Weite Teile der Bevölkerung des Kosovo, besonders die Albanischsprachigen, nahmen im Laufe eines sich über Jahrhunderte er-streckenden Prozesses (s. u. S. 116–121) das Integrationsangebot des Imperiums an.

Osmanische Verwaltungsstrukturen

Das osmanische Reich richtete neben dem Militärapparat auch geordnete Verwaltungsstrukturen ein. Bereits in den Sechzigerjahren des 14. Jahrhunderts hatte das damals noch junge Reich als umfassende Verwaltungseinheit auf dem Balkan das Beylerbeylik von Rumeli („Römerland", nach der Selbstbezeichnung der Byzantiner, „Romäer", d. h. Römer) geschaffen. Zwischen der Unterwerfung der serbischen Herren (1389/92) und der endgültigen Eroberung des Kosovo (1455) bestanden osmanische und serbische (freilich in Vasallenabhängigkeit) Verwaltungseinrichtungen nebeneinander. Die Osmanen aber hatten schon vor 1455 strategisch wichtige Plätze (Kačanik und Zvečan, nicht aber Novo Brdo) unter ihre Herrschaft gebracht. Als erster Bezirk (vilayet) wurde das Vilayet des Vuk eingerichtet. Die Osmanen scheuten sich nicht, neue Provinzen nach dem Namen des letzten christlichen Herrschers (in diesem Falle des serbischen Adligen Vuk Branković) zu benennen; es handelte sich dabei um das Kerngebiet des heutigen Kosovo zwischen Priština im Süden, Vučitrn und dem Lab- (alb. Llap-)fluss im Nordosten sowie der Region um die Flüsse Ibar und Klina im Nordwesten. Nach 1455 wurde das Territorium des heutigen Kosovo auf fünf Provinzen aufgeteilt, die Sancaks Vučitrn im Nordosten; Prizren (Mitte); Dukagjin (der äußerste Westen); den bosnischen Sancak (nördlich von Mitrovica und Zvečan) sowie den Sancak Skopje (Kačanik). Die osmanische Verwaltungseinteilung folgte so den naturräumlichen Grenzen, betrachtete also die Schlucht von Kačanik als nördliche Peripherie des großen Zentralortes Skopje und das Engtal des Ibar nördlich von Mitrovica als Teil Bosniens. Der Austritt der Straßen aus den Bergen in die Ebene bestimmte im osmanischen Raumdenken die Grenze der Verwaltungseinheit. In diesem Sinne wird auch der östliche Abhang der nordalbanischen Alpen dem Zentralort Shkodra nahe der Adria zugewiesen. In der Tat zerschnitt erst die Grenzziehung nach den Balkankriegen (1912) den kulturellen und gesellschaftlichen Zusammenhang der nordalbanischen Berge mit der westlichen Siedlungskammer des heutigen Kosovo (Dukagjinebene/Metohija). Die einzelnen Provinzen wurden in der Frühen Neuzeit verschiedenen übergeordneten Verwaltungseinheiten zugeordnet. Diese großen Einheiten wechselten im Laufe der osmanischen Geschichte wiederholt den Namen (liva, sancak, eyalet, vilayet) und waren ihrerseits in Gerichtsbezirke (kaza) und Bezirke (nahiye) unterteilt. So wurde der Sancak Vučitrn nach 1541 dem neugeschaffenen Eyalet (Großprovinz) Ofen (Buda, in Ungarn) zugeschlagen, wechselte aber bis 1582 zwischen der Zuordnung unter Ofen und Temeschwar (heute: Timişoara in Westrumänien) bis zur Rückgliederung an das Eyalet Rumelien. Der Sancak Prizren wechselte zwischen dem rumelischen und dem bosnischen Eyalet und blieb von 1607 an rumelisch. Eine Einheit bildete der Kosovo so in der Blütezeit der osmanischen Herrschaft nicht. Wie erwähnt, wurde eine Verwaltungseinheit dieses Namens erst 1877 geschaffen.

Indirekte Herrschaft in Randgebieten

Der eindrucksvolle osmanische Behördenapparat beherrschte im Wesentlichen aber nur die Städte und die Ebenen. Das Bergland entzog sich dem osmanischen Zugriff weitgehend. Nur unter dem Eroberersultan Mehmed II. hatten die Osmanen unter Anspannung aller Kräfte und Einsatz äußerster Gewalt (Massenmord und ausgedehnte Deportationen) das albanische Hochland für einige Jahre (besonders 1466/67) tatsächlich unter ihre Herrschaft gebracht. Danach aber waren sie zu dem kräftesparenderen Modell einer indirekten Herrschaft über schwer zugängliche und arme Berggebiete übergegangen, einem Modell, das bereits die beiden Vorgängerreiche auf dem Balkan angewandt hatten. Die Bergbewohner erkannten die Herrschaft des Sultans an, stellten bei Bedarf Krieger und entrichteten einen rein symbolischen Tribut; im Gegenzug wurde ihnen weitestgehende Selbstverwaltung unter eigenen Anführern zugestanden, die vom Sultan Amtstitel und Pensionen erhielten. Diese regionalen Führer wurden Bayraktare genannt, die das Kommando über Angehörige von Stämmen (dazu s. u. S. 91–95) ausübten. Ein Kommandobezirk (Bayrak) konnte einen oder mehrere Stämme, zum Teil auch nur Teile von Stämmen umfassen. Die Herrschaft des Reichs in den Hochländern war so rein nominell, und oft zahlten die Angehörigen dieser autonomen Berggebiete nicht einmal die eigentlich vorgeschriebenen Abgaben. In den westlichen Randgebieten des Kosovo bildete sich so über Jahrhunderte eine besondere Tradition der Selbstverwaltung und Staatsferne heraus.

Getrennte Welten des Rechts

Imperiale Herrschaft beruhte vor allem auf der Einziehung von Steuern und der Durchsetzung von staatlich bestimmtem Recht. Während über beide Bereiche in byzantinischer Zeit wenig bekannt ist, kann der osmanische Versuch, die Gesellschaft des Kosovo durch sein Rechtswesen zu durchdringen als Fallstudie gut erfasst werden. Hier steht wiederum die imperiale Perspektive im Vordergrund; die gesellschaftsgeschichtliche Dimension wird an anderer Stelle (s. u. S. 91–95) besprochen. Im Kosovo zeichnen sich dabei verschiedene Ebenen des Rechts ab: zum einen schriftliches Recht und mündliches Gewohnheitsrecht; innerhalb der Dimension des schriftlichen Rechts weltliches und religiöses Recht; letztere Ebene ist wiederum zu gliedern nach islamischer und christlicher (d. h. v. a. orthodoxer) Rechtstradition.

Die Macht des mündlichen Rechts

In allen peripheren Gebieten, insbesondere den Bergländern, des Balkans ist anzunehmen, dass schon in römischer und byzantinischer Zeit Formen des mündlich überlieferten Gewohnheitsrechts neben dem Reichsrecht bestanden hatten. In osmanischer Zeit kann man dies mit Gewissheit feststellen, insbesondere für Teile der albanischsprachigen Bevölkerungsgruppe im Hügel- und Bergland. Die Höhenlage und verkehrsgeographische Zugänglichkeit eines Ortes sind oft ausschlaggebend dafür, ob das von städtischen Zentren ausgehende – da an Verwaltungsbehörden gebundene – schriftlich kodifizierte Recht oder Gewohnheitsrecht (osmanisch: örf) galt. Das Bestehen eines mündlichen Gewohnheitsrechts erklärt sich vor allem durch die Abwesenheit des Staates. Wo kein staatlicher Richter Recht spricht, nehmen Menschen die Regelung von Streitigkeiten selbst in die Hand und entwickeln dafür ihre eigenen Rechtsbestimmungen, und zwar jenseits des staatlichen oder kirchlichen Rechts. Besonders verschärft wird die Staatsferne bzw. Abwesenheit des Staates in Krisenzeiten. Die albanische Gebirgsgesellschaft wurde von der osmanischen Eroberung (ca. 1380–1480) vor allem im Gebiet des heutigen Mittelalbanien (zwischen dem Hafen Durrës und dem gegenwärtigen albanisch-makedonischen Grenzgebiet) besonders getroffen. Heftige

Kämpfe riefen enorme Bevölkerungsverluste und Fluchtbewegungen hervor. Die ohnehin schwache staatliche Präsenz in bergigen Randgebieten brach ganz zusammen.

Ein regionales Regelwerk zur Konfliktbeilegung trat an die Stelle. Dieses wurde „kanun" (aus dem byzantinisch-griechischen „kanon" – es handelt sich dabei um eine Außenbezeichnung; Albaner verwenden oft den aus dem Slawischen stammenden Begriff „zakon" [Gesetz]) genannt und bis zu Beginn des 20. Jahrhunderts nur mündlich von Generation zu Generation weitergegeben. Der Kanun bestand aus kurzen Merksätzen. Im albanischen Raum herrschte im Gewohnheitsrecht keine Einheitlichkeit, vielmehr entwickelten sich regional unterschiedliche Gewohnheitsrechte. Für Nordalbanien und Teile des Kosovo maßgeblich wurde der Kanun, der nach dem charismatischen nordalbanischen Adligen Leka Dukagjin († nach 1481) benannt ist. Es ist unklar, ob Leka tatsächlich der Schöpfer des Kanun ist. Verschriftlicht und gegliedert wurde das Gewohnheitsrecht erst von dem kosovarischen Franziskaner Shtjefën Gjeçovi, der 1933 in Jugoslawien einem politischen Attentat zum Opfer fiel. Gjeçovi unterteilte den Kanun in zwölf Bücher mit insgesamt 1263 Paragraphen. Hauptthemen sind Kirche (deren Bedeutung Gjeçovi als katholischer Priester sehr hervorhob), Familie, Heirat, Haus, Arbeit, Darlehen und Schenkungen, die Besa (das gegebene Wort), Ehre (mit Bereichen wie Gastfreundschaft, Verwandtschaft), Sachschäden, Verbrechen, das Recht der Ältesten, Befreiungen und Privilegien. Der Kanun erstreckte sich so auf alle wesentlichen Teile des gesellschaftlichen Lebens und machte Reichsrecht überflüssig. Er diente als Mittel zum Ausgleich von Interessen, zur Vermittlung in Streitfällen. Im Gewohnheitsrecht stimmen – im Gegensatz zum staatlich bestimmten Recht – Recht und Moral, d. h. die Vorstellung von Gerechtigkeit überein – dies erklärt den über Jahrhunderte starken Widerstand gegen als „ungerecht" empfundenes, da moralischen Vorstellungen zuwiderlaufendes Recht von Imperien und Staaten (wie den beiden Jugoslawien im 20. Jahrhundert).

Die nach dem Kanun lebende Gesellschaft kann zwar räumlich neben Gemeinschaften existieren, die schriftlichem Recht folgen, sie bewegt sich aber in einem völlig unterschiedlichen Rechtsraum und Rechtsverständnis. Der Kanun ist auch der deutlichste Ausdruck der großen Distanz zum Staat und dessen Einrichtungen. Zur Beilegung von Streitigkeiten sieht der Kanun eine ganze Reihe von Möglichkeiten vor (Schlichtung, Schadenersatz), darunter auch das sogenannte „Blutnehmen" (die wörtliche Übersetzung des albanischen „gjakmarrja"; serbisch: krvna osveta), oft als Blutrache bezeichnet. Blutrache findet sich auch in anderen gesellschaftlich ähnlich aufgebauten Gegenden Europas (z. B. Kreta, Korsika), ist also keine Besonderheit der albanischen Gesellschaft. Die Blutrache folgte festen Regeln, die dem Reichsrecht entgegenstanden, zumal der Staat als Rechtsinstanz ausgeschlossen wurde. Im Gegensatz zu einer Rache, die allein den Schuldigen eines Verbrechens trifft, wird die Gruppe der möglichen Opfer des Blutnehmens auf alle männlichen Verwandten des Täters ausgedehnt. Der gesellschaftliche Druck, Rache zu nehmen, ließ Geschädigten kaum Auswege: Zum einen musste angesichts des gesellschaftlichen Umfelds das Gesicht gewahrt werden, zum anderen herrschte die Furcht, die durch die Bluttat beleidigten Ahnen könnten den Beleidigten strafen, wenn dieser die Ehre der Abstammungsgemeinschaft nicht wiederherstellte.

Die weite Verbreitung des Kanun bei der albanischsprachigen Gesellschaft des Kosovo und das Blutnehmen als Konfliktregulativ entwickelten sich zu einer Herausforderung für jede staatliche Verwaltung des Kosovo bis in die jüngste Zeit. Ein erheblicher Teil der Bevölkerung entzog sich so traditionell der staatlichen Justiz. Der Kanun bildete aber nicht die Ursache, sondern den Ausdruck einer Staatsferne, die in ähnlich strukturierten Gesellschaften auf dem Balkan Konfliktregulierungen unter Umgehung imperialer Rechtsprechung hervorbrachte.

Reichsrecht und religiöses Recht

Im osmanischen Reich als islamischem Staat galt das islamische Religionsrecht (Scharia, osman. şeriat), das von sultanischem Reichsrecht (kanun, nicht zu verwechseln mit dem gleichnamigen regionalen Gewohnheitsrecht) ergänzt wurde. Das Reichsrecht befasste sich vor allem mit Angelegenheiten des Grundbesitzes und der Abgaben, daneben bestanden auch Strafrechtsbücher. Von den großen islamischen Rechtsschulen galt im osmanischen Reich die hanafitische als maßgebend; in der Rechtspraxis wurden beispielsweise in der ländlichen Wirtschaft, aber auch oft regionale Rechtstraditionen berücksichtigt. Obwohl der Kanun das religiöse Recht höchstens erklären und gegebenenfalls ergänzen sollte, beinhaltete er auch der Scharia widersprechende Bestimmungen, zum Beispiel mildere Strafen. In der islamischen Rechtstheorie kommt aber der Scharia der Vorrang zu, zumal im Islam keine Trennung der Gesellschaft in eine religiöse und eine weltliche Sphäre vorgesehen ist. Das Bestehen des Kanun zeigt freilich, dass sich dies in der Praxis nicht vollständig umsetzen ließ. Für die Bewohner des osmanischen Kosovo erwies sich aber als bedeutsam, dass Reichsrecht auf jeden Fall entweder unmittelbar religiöses oder von der Reichsreligion stark beeinflusstes Recht darstellte. Umgesetzt wurde das Recht von einer eigenen Verwaltungselite, den Kadıs, die neben dem Richteramt auch andere Aufgaben wahrnehmen konnten. Kadıs wurden in dem fein strukturierten System der Ilmiye ausgebildet. Zusammen mit den Muftis stellten sie neben dem Heer eine der Stützen des osmanischen Reichs dar. Die Kadıs waren für die muslimische Bevölkerung zuständig, doch konnten sich auch Christen an sie wenden, zumal wenn sie sich dabei Vorteile gegenüber einem Prozess vor einem kirchlichen Gericht versprachen.

Damit ist die Trennung der Gerichtsbarkeit nach Religionen berührt. Das Rechtssystem des Reiches spannte sich zwar wie ein Dach über die gesamte Bevölkerung, doch befanden sich darunter auch eigene Rechtsräume der Nichtmuslime. Die südslawische orthodoxe Bevölkerung des Kosovo unterstand in zivilrechtlichen Dingen kirchlicher Gerichtsbarkeit, in die osmanische Behörden nicht eingriffen. Auseinandersetzungen mit Muslimen wurden aber vor osmanischen Gerichten ausgetragen. So behielt die orthodoxe Kirche ein gewisses Maß an Selbstverwaltung. Dadurch wurde ein erheblicher Teil der Bevölkerung des Kosovo in einigen Rechtsbereichen dem Reichsrecht entzogen – dies war weder unter Rom noch unter Byzanz der Fall gewesen, die alle Untertanen nach römischrechtlicher Tradition vor Gericht gleich behandelt hatten.

Anwendung des Rechts: zwei Fallbeispiele aus der Region Dečani/Deçan

Wie sich die Rechtspraxis gestaltete, soll anhand zweier Beispiele aus einer Randregion des Kosovo verdeutlicht werden, der Zone, wo das Hügelland in das Hochgebirge übergeht. Noch heute prägen ausgedehnte Wälder den Westteil der Dukagjinebene/Metohija. Bereits in der Frühen Neuzeit wurden diese Wälder von der regionalen Bevölkerung ausgebeutet. Konflikte entstanden dabei oft bei der genauen Abgrenzung der Waldparzellen. Zu Beginn des 18. Jahrhunderts musste eine derartige Grenzziehung in den Dörfern Dečani/ Deçan, Ločane/Lloqan und Carabreg/Carrabreg durchgeführt werden. Vorgenommen wurde sie vom Kadı (Richter) des Kaza (Gerichtsbezirks) Gjakova und seinen Kollegen aus dem westlich angrenzenden Bezirk Altun ili sowie im Beisein von muslimischen Zeugen (darunter auch religiöse Würdenträger wie şeyhs (Scheiche) und kâtip/Schreiber). Unter den Anwesenden bei der Ausfertigung des Rechtsakts befanden sich 33 albanischsprachige Muslime, ein albanischsprachiger Katholik, fünf südslawische orthodoxe Christen, ein südslawischer Muslim und ein wahrscheinlich vom Judentum zum Islam konvertierter Mann. Der Rechtsakt wurde also von einem osmanischen Richter vorgenommen; Spuren des albanischen Kanun sind nicht zu beobachten. Auch spielten Stämme keine Rolle. Knapp zwei Jahrhunderte später stellte sich die Lage anders dar:

Im Jahre 1890 beauftragte Sultan Abdül Hamid seinen kommandierenden General im Kosovo, Ethem paşa, einen Streit der albanischen Stämme Gashi und Shala beizulegen. Der General versammelte zahlreiche albanisch-muslimische Notabeln aus Gjakova und Peja sowie die Führer der Stämme von Junik und Vokshi. Gegenstand des Konflikts war ein von Staatssteuern befreiter Wald, der dem orthodoxen Kloster von Dečani gehörte. Die Einwohner der umliegenden Dörfer besaßen das Recht, in diesem Wald Holz zu schlagen. Im Jahre 1716 aber hatten die Dorfbewohner mit Angehörigen des Stammes der Shala einen Streit um die genaue Abgrenzung des jeweiligen Landbesitzes begonnen. Im Jahre 1870 war ein offener Kampf ausgebrochen, der durch Vermittlung der Stämme Berisha und Thaçi vorübergehend zum Stillstand gekommen war. Zwanzig Jahre später flammte der Konflikt wieder auf, diesmal um die Ableitung von Wasser aus dem Fluss Bistrica zur Bewässerung der Felder. Innerhalb eines Jahres waren im Dorf Isniq (Shala) 38 Männer verwundet und 24 getötet worden, das Dorf Deçan beklagte 43 Verwundete und 23 Tote. Insgesamt hatte die Rachefehde in einem Jahr 128 Opfer gefordert.

Dieses Beispiel zeigt Grundzüge des Rechtsdenkens am Übergang von der Ebene zur Bergwelt auf: einmal die erstaunliche zeitliche Ausdehnung des Konflikts, das Nichtvergessenkönnen. Zum Vergleich: In Albanien waren derartige Blutfehden, die wie in diesem Falle zumeist um Landfragen geführt wurden, 1945 verboten worden; nach dem Sturz des Kommunismus (1991/92) knüpften viele Familien nahtlos an den Rechtsstand von 1945 an. Die Konflikte waren gleichsam nur eingefroren worden. Der Streit zwischen Gashi und Shala um Wald und Bewässerung kann daher als beinahe klassisch bezeichnet werden. Festzuhalten ist die hohe Opferzahl, die auf einen erbitterten Kampf hindeutet. Die Schwäche des osmanischen Reiches zeigt sich daran, dass die Konfliktregulierung von nichtbeteiligten Stämmen übernommen wurde, die das Gewohnheitsrecht, und nicht etwa Reichsrecht, zur Anwendung brachten – und dies nach mehreren Jahrzehnten osmanischer Reformpolitik (S. 79–81), ein deutlicher Rückschritt gegenüber dem ersten geschilderten Fall. 1890 wirkte der osmanische General eher als Vermittler denn als ausführendes Organ eines Imperiums. Der osmanische General prangerte zwar *„die Unwissenheit und die rückschrittlichen Gewohnheiten"* an – dies entsprach dem osmanischen Reformdenken –, musste aber zugeben, dass die Blutrache bei den Albanern dieser Region (Dukagjinebene/Metohija) vorherrschte, die Reformen also gescheitert waren[2]. Er handelte zusammen mit den Ratsmitgliedern (idare-i meclis) der Städte Gjakova und Peja sowie den angesehensten Männern der örtlichen städtischen bzw. Stammesgesellschaft. Diese Form der Versöhnung folgte albanischem Gewohnheitsrecht – mit anderen Worten: Das osmanische Reich war auch an der Wende des 20. Jahrhunderts nicht imstande, sein Gewaltmonopol selbst in der Ebene durchzusetzen. Im Hochland war sein Einfluss völlig unbedeutend. Im Vergleich zum frühen 18. Jahrhundert hatten die Stämme und deren Gewohnheitsrecht Einfluss und Rechtssystem des osmanischen Reichs zurückgedrängt.

---

2   I. Rexha, Një dokument arkival mbi pajtimin e gjaqeve midis fiseve të Gashit dhe të Shalës më 1890 [Ein Archivdokument zur Beilegung von Blutrachefällen zwischen den Stämmen Gashi und Shala im Jahre 1890]. *Arkivi i Kosovës – Arhiv Kosova. Vjetar – godišnjak* 4–5 (1968/69) 245–258, 249. Das Beispiel aus dem Beginn des 18. Jahrhunderts in der selben Zeitschrift, 235–243: Sk. Rizaj, Një dokument i fillimit të shekullit XVIII mbi kufizimin e bjeshkës së Deçanit dhe mbi popullësinë (sic) e Deçanit, Lloqanit dhe Carabregut [Ein Dokument vom Beginn des 18. Jahrhunderts über die Grenzziehung der Almweide von Dečani und über die Bevölkerung von Dečani, Ločane und Carabreg].

Materielle Kultur als Faktor imperialer Vereinheitlichung

Das osmanische Erbe im Kosovo ist trotz der schweren Zerstörungen, für die
serbische Truppen bei ihrem Abzug im Jahre 1999 verantwortlich zu machen
sind, noch an vielen Orten sichtbar. Wie einst Rom kannte auch das osmanische Imperium eine typische städtische Architektur mit Bauwerken, die in
den meisten wichtigen osmanischen Städten anzutreffen waren. Dazu zählten
Moscheen, Medresen (religiöse Schulen), Hamam (Bäder – jenes von Mitrovica war bis in die Fünfzigerjahre des 20. Jahrhunderts in Betrieb) und Armen-
küchen (Imaret), die sich oftmals im Besitz islamischer religiöser Stiftungen
(vakıf) befanden. Auf dem Balkan verdankt sich diese Bautätigkeit zum einen
bedeutenden regionalen Familien, zum anderen den genannten religiösen Stiftungen. Diese Bautätigkeit diente der Herrschaftslegitimation. Sie verwandelte
aber auch das Antlitz der städtischen Siedlungen und verlieh ihnen ein eindeutig osmanisches Gepräge. Die osmanische Stadt bildete auch im Kosovo das
Rückgrat der osmanischen Herrschaft. Hier lagen die Zentren von Heer und
Rechtswesen, hier wurde Handel und Handwerk getrieben, hier entwickelten
sich Mittelpunkte der osmanischen Hochkultur. Osmanisch als Verwaltungs-
und Literatursprache ersetzte die mittelalterliche serbische Kanzleisprache.
Wie einst Latein oder das byzantinische Griechisch diente das Osmanische
im Kosovo als Idiom des Reichs, das bis weit in das 20. Jahrhundert hinein für
alle gebildeten und städtischen Muslime, ungeachtet ihrer Haussprache, maßgebend bleiben sollte. Das Kosovo brachte auch einige Gelehrte und Dichter
von überregionalem Rang hervor (z. B. Prizrenası Suzi çelebi, gest. 1524; der
Historiker Celalzade Salih çelebi, gest. 1570). Prizren stieg zu eine der schöns-
ten und bedeutendsten Städte des osmanischen Reichs auf und war bis tief in
das 19. Jahrhundert hinein das einzige wirkliche städtische Zentrum auf dem
Gebiet des heutigen Kosovo. Die Stadt zählte 28 Moscheen, von denen die
älteste, die Namazgâh, unmittelbar nach der osmanischen Eroberung im Jahre
1455 errichtet wurde. Kein Neubau ist hingegen die Fethiye cami: Eine große
vom serbischen König Milutin zwischen 1307 und 1315 erbaute Kirche, die
Bogorodica Ljeviška, war von den Siegern in eine Moschee umgewandelt worden[3]. Den größten Ruhm genießt die Moschee, die Sofu Sinan paşa 1614 hatte

---

3   Die Geschichte dieser Kirche spiegelt die Entwicklung des Kosovo wider. 1912

errichten lassen. Die Moschee des Gazi Mehmed paşa, 1573/74 erbaut, bildete den Mittelpunkt einer ganzen Reihe wohltätiger Einrichtungen: angegliedert waren eine Armenküche, eine Volksschule und eine Bibliothek. Die jüngste der großen Moscheen wurde 1831/32 von Rotulla Emin paşa erbaut. Diese islamischen Gotteshäuser bestimmen mit einem Hamam (errichtet von Gazi Mehmed paşa), Derwischklöstern, Grabmälern, Steinbrücken und Privathäusern auch heute noch den weitgehend osmanischen Charakter Prizrens. Eine – freilich auf die Städte konzentrierte – Durchdringung mit imperialer Kultur erfolgte aber auch in zentralen Bereichen des Alltagslebens: in der Kleidung, der Küche, der Musik entstand ein osmanisches Erbe, das zum Teil bis heute besteht. Dies äußert sich besonders in der Musik, die stark an orientalischen Vorbildern ausgerichtet ist, was freilich für den gesamten Balkan gilt und nicht etwa eine Besonderheit des Kosovo oder gar einer einzelnen ethnischen oder religiösen Gruppe ist. Die materielle Kultur des osmanischen Reiches erfasste alle balkanischen Provinzen. Bleibende Spuren hinterließ die osmanische Herrschaft auch in der Sprache: sowohl das Serbische wie das Albanische weisen Tausende von Turzismen auf.

Das Experiment der imperialen Integration im 19. Jahrhundert

Die Bevölkerung des Kosovo war in ihrer Gesamtheit nicht in einer einheitlichen osmanischen Gesellschaft und Kultur eingegliedert. Vielmehr zogen sich zahlreiche religiöse, rechtliche und fiskalische Bruchlinien durch die Gesellschaft, die deutlich in Privilegierte und Nichtprivilegierte unterteilt war. Privilegien waren an die Religionszugehörigkeit gebunden. Eine weitgehend

---

stellte die serbische Verwaltung den orthodoxen Kultus in der Kirche wieder her. Da unter der osmanischen Bemalung zu Recht mittelalterliche Fresken vermutet wurden, führte man im sozialistischen Jugoslawien Restaurierungsarbeiten durch. Dabei kam ein altes osmanisches Graffiti zum Vorschein, das offenbar von einem mit der Übermalung der Fresken betrauten muslimischen Arbeiter angebracht worden war: „Ich verhülle dein schönes Gesicht, damit es für immer bewahrt bleibe". M. Kiel, Un héritage non désiré: le patrimoine architectural islamique ottoman dans l'Europe du Sud-Est, 1370–1912. Beiheft der „Cahiers Pierre Belon". Paris 2005, 74.

gemeinsame materielle Kultur vermochte im Alltag Unterschiede bisweilen abzuschwächen, nicht aber zu überbrücken. Die Vorherrschaft der osmanischen Muslime auf dem Balkan ließ sich aber nur so lange aufrechterhalten, wie das osmanische Reich seine Außengrenzen zu verteidigen vermochte. Das erfolgreiche Vordringen christlicher Großmächte – Österreich von Nordwesten und Russland von Nordosten – veränderte diese Verhältnisse seit dem ausgehenden 17. Jahrhundert grundlegend. Besonders das orthodoxe Russland rief die zumeist slawischsprachigen orthodoxen Christen des osmanischen Balkans zum Aufstand gegen die Sultane auf. Mit dem nach seinem Sieg über die Osmanen (1774) gewaltig erstarkten russländischen Reich erwuchs den Osmanen ein Gegner, der ihre Herrschaft über den mehrheitlich orthodoxen Balkan ernsthaft bedrohte. Hinzu trat eine schwere innere Krise des Reichs, die um 1800 zur Ausbildung zahlreicher muslimischer Regionalherrschaften auf dem Balkan führte. Das Ansehen der Sultane bei der christlichen Bevölkerung wurde erschüttert; es sank bei jeder Niederlage der osmanischen Heere gegen äußere (z. B. das napoleonische Frankreich in Ägypten 1798) und innere (muslimische Rebellen) Gegner. Innere Krise und äußere Bedrohung ließen osmanische Eliten in Istanbul erkennen, dass nur eine tiefgreifende Reform des Reiches Rettung verheißen könnte. In einem ersten Anlauf (um 1800) wurde versucht, das Heer nach europäischen Mustern neu aufzustellen. Doch zeigte sich im Jahre 1806, dass konservative Muslime notfalls mit äußerster Gewalt gegen die ebenfalls muslimischen Modernisierer vorzugehen bereit waren. Es sollte drei Jahrzehnte dauern, bis 1839 im Edikt von Gülhane ein Reformprogramm verkündet wurde, das den Schutz von Eigentum und Leben, eine Neufestlegung der Steuern und eine Neuregelung des Heeressystems wieder nach europäischem Muster vorsah. Den muslimischen Reformern ging es um eine Stärkung der Reichszentrale, die über Jahrzehnte das Gewaltmonopol in vielen Provinzen an regionale muslimische Machthaber verloren hatte. Zu den Unruheregionen im Imperium zählte auch der Kosovo. Konservative Muslime hatten 1831 im stark islamisch geprägten Bosnien die Macht an sich gerissen und waren im Kosovo eingefallen, wo sie die Unterstützung reformfeindlicher albanischsprachiger Muslime fanden. Zusammen besiegten die konservativen Muslime ein großes osmanisches Heer. Zwar stellten Truppen des Sultans 1831/32 die Macht des Reiches wieder her. Doch hatte sich zweierlei gezeigt: Kosovos Muslime gehörten zu den erbittertsten Feinden jeder Modernisierung des Imperiums; und sie schlossen sich mit anderen Muslimen im osmanischen Balkan (in Nordalbanien und Bosnien) zu regionalen Bündnissen zusammen. Es bildete sich also ein reformfeindlicher muslimischer Block auf dem Balkan gegen die muslimischen Reformer in Istanbul heraus. Und dieser Block sollte die osmanische Herrschaft im Jahre 1912 indirekt zu Fall bringen – und damit ihre eigene Vorherrschaft über die Christen beenden, die er um jeden Preis verteidigen wollte.

Die Kosovomuslime als Reformgegner

So wandelte sich die Stellung der muslimischen Bewohner des Kosovo in der Wahrnehmung der osmanischen Eliten: Aus loyalen Untertanen wurden allmählich Rebellen. Aus Sicht der kosovarischen Muslime aber waren die Reformer in der Hauptstadt von alten Traditionen abgewichen. Bis 1912 hatte kaum ein Muslim im Kosovo die Herrschaft des Sultans in Frage gestellt; im Gegenteil, die Treue zum Sultan und Kalifen blieb der entscheidende politische und religiöse Außenbezug. Aus dieser Spaltung der reichsweit privilegierten Schicht der Muslime entstanden wiederholt heftige Konflikte zwischen den mit Truppen vorgehenden Reformern und regionalen muslimischen Anführern. Die Reformer versuchten, ein Herrschaftsmodell durchzusetzen, das tief in alte Strukturen eingriff. Sie wollten unter der muslimischen Bevölkerung umfassend Truppen ausheben – ungeachtet alter Privilegien; sie wollten ein einheitliches Steuersystem einführen und das Gewaltmonopol des Staates gegen die Sitte des Gewohnheitsrechts und des allgemeinen Waffentragens, das freilich – abgesehen von katholischen nordalbanischen Stämmen – fast ausschließlich Muslimen vorbehalten war, durchsetzen. Die Reformer hatten erkannt, dass die angestrebte Modernisierung nur durch eine Verfestigung der bis dahin recht losen Herrschaftsstrukturen zu erreichen war. Die Maßnahmen zielten auf die engere Anbindung der Muslime an das Reich, die mehrheitlich unbewaffneten und rechtlich und gesellschaftlich diskriminierten Christen spielten in diesen Plänen vor 1850 kaum eine Rolle. Die Reichseliten sahen die Balkanmuslime als regionalen Ordnungsfaktor an: Genauso wie in Ostanatolien kurdische Muslime die christliche Bevölkerung mit harter Hand

im Griff hielten, sollten albanische und südslawische Muslime die Balkanchristen in Schach halten. Unter diesen Umständen musste die Reichszentrale
Autonomiebestrebungen von Muslimen mit besonderem Nachdruck unter-
drücken. Umso gefährlicher wirkte sich der Kleinkrieg zwischen Behörden
und den Muslimen im Kosovo aus. Die osmanischen Maßnahmen hatten
Lebensbereiche der regionalen Bevölkerung betroffen, zu deren Verteidigung
bereits zu Beginn der osmanischen Herrschaft die damals noch christliche
Bevölkerung der Berggebiete Aufstände unternommen hatte, die das osmanische Reich schwer bedroht hatten (ca. 1430–ca. 1470). Bemerkenswerterweise
endete im frühen 20. Jahrhundert die osmanische Herrschaft genau so, wie
sie fünf Jahrhunderte zuvor begonnen hatte: mit großen Erhebungen gegen
Zentralisierungsmaßnahmen. Dass das Kosovo zwischen dem Ende des 15.
und dem frühen 19. Jahrhundert ruhig geblieben war, lag vor allem an der
losen Herrschaftsform der Osmanen, die der regionalen Bevölkerung erhebliche Spielräume der Selbstverwaltung gewährte.

Die Reformer des 19. Jahrhunderts beseitigten diese Freiräume, sie wollten die Bevölkerung erfassen und vereinheitlichen. Sie unterschätzten aber
den sehr alten Unwillen der Bevölkerung, Steuern zu zahlen und die Waffen abzugeben – Letzteres war mit einem nicht hinnehmbaren Ehrverlust für
die muslimischen (und die wenigen bewaffneten christlichen) Männer verbunden, da im Gewohnheitsrecht Männlichkeit auf das engste an das Tragen
einer Waffe gebunden war. Die Reformen stießen so nicht nur auf einen wirtschaftlich, sondern auch einen kulturell bedingten Widerstand der Muslime.
In den 1830er und 1840er Jahren flackerten immer wieder Unruhen auf, die
sich gegen den neuen Wehrdienst und gegen Steuern richtete. Neben dieser
Gewalt von Großgruppen stieg auch die Alltagsgewalt deutlich an. Mit dem
nach dem Edikt von 1839 entscheidenden Reformschritt, dem sog. Hatti-hu-
mayun von 1856, stießen die Istanbuler Reformer die konservativen Muslime endgültig vor den Kopf. Das Edikt sah vor, dass Muslime und Christen
gleichberechtigte Untertanen des Reiches sein sollten. In einer noch späteren
imperialen Entwicklungsphase als einst das Imperium Romanum (212) hatten
sich die Osmanen zu diesem Schritt durchgerungen, der für sie viel einschnei-
dender war als die Reform des Caracalla. Denn das osmanische Reich hatte
sich als islamischer Staat verstanden; die Ungleichheit zwischen Muslimen
und Christen war in diesem System von Anfang an festgelegt. Nach Jahrhun-

derten der Vorherrschaft war die überwältigende Mehrheit der Balkanmuslime nicht bereit und – bei der Geschwindigkeit der Reformpolitik und angesichts der von den neuen Balkanstaaten praktizierten Verdrängungspolitik gegenüber den muslimischen Bevölkerungsteilen – wohl auch mental nicht in der Lage, die Christen als gleichberechtigt anzusehen. Die Reform, die alle Bewohner des Reiches gleichstellen und damit die Nichtmuslime integrieren wollte, scheiterte in der Praxis am Widerstand der Muslime, besonders in konservativen Regionen wie dem Kosovo. Sie erreichte nicht eine Verbesserung, sondern eher eine Verschlechterung der Lage der Christen, denn die Muslime reagierten zunehmend aggressiv auf die Gefährdung ihrer Privilegien. Doch auch die Christen wurden nicht für das Reich gewonnen: Die Reform kam zu spät, denn Russland und junge Balkanstaaten wie Serbien (nach 1815) und Bulgarien (ab 1878) boten eine politische Alternative zum osmanischen Reich.

Nach 1870 erlahmte der osmanische Reformeifer. Zwischen 1876 und 1908 regierte Sultan Abdül Hamid mit repressiven Mitteln. Zur Abwehr von Gebietsverlusten in der Großen Orientkrise und auf dem Berliner Kongress (1878) förderte er heimlich einen Zusammenschluss albanischer und südslawischer Muslime des Kosovo und des Sancaks von Novi Pazar in Prizren. Als die muslimischen Notabeln jedoch Forderungen nach Autonomie erhoben und zeitweise Teile der zentralbalkanischen Provinzen des Reiches unter ihre Kontrolle brachten, wurden sie rasch unterdrückt (1881) (s. auch unten S. 168–171). Ein zweiter regionaler Zusammenschluss der Muslime in Peja (1899), wieder unter dem Einfluss der osmanischen Regierung, richtete sich dann gegen Reformen, die dem Sultan nach schweren Massakern an der armenischen Bevölkerung in Kleinasien von den europäischen Großmächten aufgezwungen wurden. Beide Male setzte der Sultan die Kosovomuslime zur Abwehr äußerer Einflüsse ein, wenn ihm selbst die Hände wegen des Drucks der Großmächte gebunden waren.

Der politische Stillstand stellte zwar die meisten sultanstreuen konservativen Muslime im Kosovo zufrieden, doch entglitt dem osmanischen Reich die christlich-orthodoxe Bevölkerung, die ihre Zukunft in Serbien sah, endgültig. Als 1908 die Reformer im sog. Jungtürkenputsch wieder an die Macht kamen, den Sultan absetzten, die 1876 suspendierte Verfassung wiederherstellten und die Zentralisierungspolitik wieder aufnahmen, erhoben sich die Kosovomuslime von neuem. 1909 unterstützten sie den – gescheiterten – Gegenputsch konservativer sultanstreuer Muslime gegen die Jungtürken. Sie sahen sich als treue Verteidiger von Sultan und Glauben. In der Folge stürzten sie in den Jahren 1909–1912 das Kosovo in ein allgemeines Chaos, wobei 1911 die serbische Regierung mit umfangreichen Waffenlieferungen die Destabilisierung des Kosovo förderte. Die Aufstände richteten sich gegen die Zentralisierungs- und Turkisierungspolitik der jungtürkischen Regierung, d. h. gegen Steuern und Rekrutenaushebungen. Im Gegensatz zum Gebiet des heutigen Albanien kam nationalpolitischen Forderungen geringere Bedeutung zu. Osmanische Truppen unternahmen regelrechte Feldzüge gegen die Aufständischen, die so stark waren, dass die Osmanen sich ihren Weg, so am Pass von Kaçanik, mit schwerer Artillerie freischießen mussten. Die muslimischen Albaner feierten diese Kämpfe im Lied, dem wichtigsten Medium einer ganz mündlich geprägten Gesellschaft.

Als im Herbst 1912 die verbündeten Balkanstaaten Serbien, Montenegro, Griechenland und Bulgarien das osmanische Reich angriffen und serbische und montenegrinische Truppen auf das Kosovo vorrückten, trafen sie dort nur auf schwachen und wenig organisierten Widerstand. Die gescheiterte Reichsreform hatte konservative Muslime und die christliche Bevölkerung dem Reich entfremdet. Den politischen Preis hatte das Reich, vor allem aber die muslimische Bevölkerung des Kosovo zu entrichten, die mit Erfolg fast ein Jahrhundert lang jede Erneuerung bekämpft hatte. Dass die osmanische Herrschaft nicht schon früher zusammengebrochen war, ist auch mit der Osmanen wie albanischen Muslimen gemeinsamen Furcht vor der serbischen Expansion zu erklären, die zeitweise zu einem Burgfrieden geführt hatte.

Kosovo unter imperialer Herrschaft – Versuch eines Vergleichs zu Staatlichkeit und Staatsferne vor 1912

Drei Reiche haben in den vergangenen beiden Jahrtausenden versucht, dem Kosovo ihren Stempel aufzudrücken. Wenngleich die Quellenlage eine in Einzelheiten gehende Analyse erschwert, kann doch ein Vergleich über jenes imperiale Erbe vorgenommen werden, mit dem Kosovo in das 20. Jahrhundert eintrat. Erfolgreich waren Imperien dann, wenn sie den Bewohnern der Region weitgehende politische Selbstverwaltung auf lokaler und regionaler Ebene gewährten und ihnen zugleich Aufstiegsmöglichkeiten in Heer und Verwaltung eröffneten. Rom und das osmanische Reich gewannen aus dem Gebiet des heutigen Kosovo ausgezeichnete Soldaten und Verwaltungsbeamte. Beide Imperien prägten das Gebiet auch in der materiellen Kultur, besonders der Architektur. Während römische Spuren von der Archäologie zutage gefördert werden, hat Byzanz in seiner unmittelbaren Herrschaft wenig hinterlassen; das osmanische Erbe ist hingegen allgegenwärtig. Auch kulturell – religiös und sprachlich – haben die Imperien dauerhaft gewirkt: Das spätantike Rom und Byzanz haben dem Kosovo das Christentum gebracht (Byzanz freilich indirekt über das von ihm christianisierte Bulgarien); später schloss sich die Mehrheit der Bevölkerung der osmanischen Reichsreligion, dem Islam an. Die Reichssprachen Latein und Osmanisch (kaum aber das byzantinische Griechisch) haben tiefe Spuren im Wortschatz des Albanischen hinterlassen, das Osmanische auch im Serbischen. Zweimal also fand eine weitgehende kulturelle Überschichtung der Bewohner des Kosovo statt. Byzanz wirkt bis heute in der orthodoxen Kultur der Serben fort. Die byzantinischen Vorbildern nachempfundenen serbischen Kirchen und Klöster gehören zu den herausragenden Beispielen orthodoxer Architektur überhaupt.

Diese imperiale Überschichtung wandelte sich aber nie zu einer imperialen Durchdringung: Im Gegensatz zu anderen Teilen des Imperium Romanum behielten die antiken Bewohner des Kosovo ihre eigene Sprache, ein Vorgang, der sonst nur in ganz abgelegenen Reichsteilen wie dem Baskengebiet und in den Keltengebieten der britischen Inseln zu beobachten ist. Auch im osmanischen Reich blieb die Bevölkerung ihren eigenen Sprachen weitgehend

treu. Besonders deutlich wird die Beschränkung imperialer Macht aber in
den Herrschaftsmodellen: Ruhe herrschte nur dann, wenn Randzonen in den
Bergen ihr Eigenleben führen durften und nur durch symbolische Akte das
Imperium anerkannten; die Imperien blieben mit ihrer Verwaltung und ihrer
Reichskultur auf die Städte und die Ebenen beschränkt. Hügel- und Berggebiete sowie die meisten Dörfer lebten daneben in einer parallelen, aber völlig verschiedenen Welt. Parallelstrukturen zwischen Staat und weiten Teilen
der Bevölkerung sind tief verwurzelt, und damit auch die Distanz zum Staat,
der kein Gewaltmonopol dauerhaft durchsetzen konnte, ebenso wenig seine
Steuerhoheit und eine Rekrutierungspflicht. Jeden Versuch der Zentralisierung beantwortete die Bevölkerung des Kosovo über Jahrhunderte mit Aufständen. Und dieser Bevölkerung wurde bislang noch kein Staat dauerhaft
Herr. Dass Kosovo dennoch lange Perioden verhältnismäßiger Ruhe genoss,
lag an seiner lockeren Einbindung in großräumige Machtstrukturen, die sich
die Vorzüge der Bevölkerung – besonders ihre militärischen Fähigkeiten und
ihre Loyalität zu den Imperien – zunutze machten, daneben aber auf eine
Verwaltungszentralisierung verzichteten und stattdessen die Bewohner des
Kosovo durch wirtschaftliche und kulturelle Anreize in einen größeren Rahmen integrierten.

Kosovo als Zentrum und Peripherie

Das Kosovo gehört zu den zentralbalkanischen Binnenlandschaften. Seine Bedeutung rührt aus den genannten Balkantransversalen und aus seinen Bodenschätzen (Silberminen, die im Spätmittelalter weitgehend erschöpft waren; dann aber auch Blei und Kohle). Seine Position im Herzen des Balkans bedeutet aber nicht, dass Kosovo stets auch eine zentrale Rolle in den politischen Gebilden übernahm, denen es unterstand. Im Laufe der Geschichte gehörte Kosovo mehrfach zur Peripherie und zum Zentrum größerer Reiche. Im Imperium Romanum zählten die Balkanprovinzen abseits der Meere bis zur Mitte des 3. Jahrhunderts zu Randgebieten der Alten Welt. In der Reichskrise des 3. Jahrhunderts wurde diese Region zum wichtigsten Rekrutierungsgebiet für die Legionen, und auch die militärische, bald auch die politische Elite des spätantiken Imperiums entstammte dieser Binnenregion. Außenpolitische Veränderungen schoben die Provinz Dardania in eine zentrale Position. Dies änderte sich mit dem Zusammenbruch der spätrömischen bzw. frühbyzantinischen Herrschaft auf dem Balkan (um 600). Es dauerte bis in das frühe 9. Jahrhundert, dass ein neues Reich, diesmal das Erste Bulgarische Reich (681–1018), sich die Region einverleibte. Kosovo bildete freilich nur eine Randprovinz. Diese Funktion behielt es auch nach der Rückeroberung durch Byzanz (1018). Bis zum frühen 13. Jahrhundert verlief im heutigen Nordkosovo die unruhige byzantinische Grenze mit dem aufstrebenden serbischen Fürstentum. Die serbische Südexpansion im 13. Jahrhundert und die Verlagerung der serbischen Königsmacht auf das Amselfeld wandelten die Region wieder, freilich nur für etwas mehr als ein Jahrhundert (ca. 1280–Beginn des 15. Jahrhunderts), zum Mittelpunkt eines machtvollen Reiches. Die osmanische Eroberung erstreckte sich von 1389 bis 1455; während dieser Zeit war Kosovo eine umkämpfte Peripherie. Danach rückte es in das räumliche Zentrum der osmanischen Besitzungen in Europa, deren Grenzen bis zum Ende des 17. Jahrhunderts hart vor den Toren Wiens verliefen. Zwar lag das Reichszentrum am Bosporus, doch gehörte Kosovo neben Bosnien zu den bedeutenden osmanischen Provinzen auf dem Balkan. Der osmanische Rückzug in Südosteuropa, der von 1699 bis 1912 dauerte, wandelte Kosovo freilich wieder zu einem bedrohten Grenzgebiet. Spätestens als Serbien 1878 das heutige Südserbien eroberte (Region zwischen Niš und Vranje), verlor Kosovo seine zentrale Lage. Seitdem hat es seine periphere und daher auch wirtschaftlich marginalisierte Stellung beibehalten. Bis 1912 bildete es im osmanischen Reich eine Unruheprovinz. Im ersten und im zweiten Jugoslawien gehörte Kosovo zu den politisch instabilsten und sozioökonomisch rückständigsten Gebieten. Im neuen Machtsystem der Europäischen Union stellt ganz Südosteuropa nur eine politische und wirtschaftliche Peripherie dar, und in diesem marginalisierten Gürtel kommt dem Kosovo nur eine Randstellung zu. Ob ein neuer politischer Status und verbesserte Verkehrswege besonders nach Westen daran etwas ändern, muss skeptisch beurteilt werden.

Soziale Lebenswelten: Gesellschaft, Wirtschaft, Umwelt

Gesellschaft

Der Perspektive vormoderner Imperien und Staaten auf das Kosovo ist die gesellschaftliche und kulturelle Struktur der Region gegenüberzustellen. Die Bewohner des Kosovo nehmen sich heute selbst in ethnischen Kategorien wahr, und auswärtige Betrachter denken ebenfalls in diesen Einheiten. Eine historisch angelegte Analyse der Gesellschaft des Kosovo könnte daher mit dieser Einteilung beginnen, und in der Tat wurde in der bisherigen Darstellung von Serben und Albanern gesprochen. Doch würde dies vielleicht einer Interpretation der neuesten Geschichte, ungefähr der letzten 130 Jahre, dienlich sein, nicht aber einem historischen Längsschnitt. Auch überdeckt eine einseitige Konzentration auf ethnische Kategorien tiefe gesellschaftliche und kulturelle Bruchlinien, die nicht parallel, sondern quer zu heutigen Abgrenzungen verlaufen. Die Gesellschaft des Kosovo ist weit vielschichtiger, als eine schlichte Einteilung in ethnische Gruppen vermuten ließe. Eine Analyse hat vielmehr Phänomene der langen Dauer zu berücksichtigen, wie Familienstruktur, Siedlungsweise, Wirtschaftsformen. In einem zweiten Schritt hat sie jenen kulturellen Bereich zu betrachten, der bis tief in das 19., zum Teil auch bis in das 20. Jahrhundert die Identität der Bewohner des Kosovo weit mehr prägte als Sprache und ethnische Zugehörigkeit: Religion und christliche bzw. islamische Konfession. Das Kosovo war seit jeher mehrsprachig, wenn auch die Mehrheitsverhältnisse sich bis in die Gegenwart verschoben haben. Aus verschiedenen Sprachgruppen mit eigenen kulturellen Traditionen entwickelten sich – mit erheblichen Phasenverschiebungen zwischen den einzelnen Gemeinschaften – im Lauf der letzten 130 Jahre ethnisch definierte Nationen. Dieser Prozess ist ohne eine Einbettung der Analyse in gesellschaftliche und kulturelle Strukturen nicht verständlich. Es wäre freilich ein gefährlicher Trugschluss, die Geschichte der Region ausschließlich unter dem Aspekt ethnonationaler Rivalitäten zu betrachten, auch wenn die gegenwärtige Lage dies nahelegt. Die Ausbildung rivalisierender ethnonationaler Großgruppen darf nicht als Fluchtpunkt der Geschichte des Kosovo aufgefasst werden. Kosovo ist kein „klassisches Krisengebiet", sondern, wie eingangs ausgeführt, eine zentralbalkanische Landschaft. Aus der folgenden Analyse wird vielmehr hervorgehen, dass die Bewohner des Kosovo ein kompliziert geschichtetes Gemenge an Gemeinsamkeiten und Unterschieden aufweisen.

Familie

Außenstehenden Betrachtern gelten die Großfamilien im Kosovo und der Kinderreichtum als besonderes Kennzeichen der Region. In den letzten Jahrzehnten hat sich die anthropologische Forschung eingehend mit der Familiengeschichte des Balkans beschäftigt und dabei gesellschaftliche Organisationsmuster freigelegt, die ein tieferes Verständnis der Gesellschaft ermöglichen. Grundlegend für das Verständnis der Familienverhältnisse ist die Beziehung zwischen Staat und dem Einzelmenschen. In Staaten mit starken Institutionen schreitet die Vereinzelung von Menschen voran, da sie nicht auf mächtige Beschützer oder eine einflussreiche Verwandtschaft angewiesen sind, um in Sicherheit zu leben oder vor Gericht zu ihrem Recht zu gelangen. Wie gezeigt, gewährleistete das osmanische Reich aber eben keine rechtliche Gleichheit seiner Untertanen. Vielmehr schloss es die Nichtmuslime, also die christliche Bevölkerung, aus einem System aus, das von Muslimen für Muslime geschaffen worden war und in dem Andersgläubige in sozialen Nischen geduldet wurden. Als entscheidend erwies sich die Regel, dass nur Muslime (mit wenigen Ausnahmen, so die katholischen Hochlandbewohner und die katholischen Fandi, s. S. 124–125) Waffen tragen durften, die meisten Christen hingegen nicht. Auch wenn in der Herrschaftspraxis, wie gezeigt, der osmanische Staat seine christlichen Untertanen zeitweise schützte, blieb die Tatsache der Ungleichheit bestehen – und diese bestimmte wesentlich auch das Selbstverständnis der Menschen, die entweder zur herrschenden oder zur beherrschten Gemeinschaft gehörten. Hinzu kam, dass besonders im westlichen Balkan die osmanische Eroberung mit großer Gewalt erfolgt war, dass viele Menschen entweder getötet oder verschleppt worden waren. Die osmanische Eroberung bedeutete in vielen Regionen besonders des Hochlandes einen tiefen kulturellen und gesellschaftlichen Bruch.

Im Spätmittelalter hatten sich ältere Formen komplexer Familien[4] unter

---

4   Gemeint ist damit, vereinfacht ausgedrückt, eine Abstammungsgemeinschaft, deren männliche Mitglieder aller Generationen unter einem Dach leben; umgangssprachlich spricht man von „Großfamilien". In der anthropologischen Forschung wird darunter aber nur ein Paar mit zahlreichen Kindern verstanden.

dem Schutz der serbischen Herrschaft im Kosovo wie im heutigen Nordalbanien weitgehend aufgelöst. Der Staat sorgte in einem Maße für Recht und Sicherheit, das einen Selbstschutz von größeren Verwandtschaftsverbänden unnötig machte. In den Dörfern der Ebenen herrschten einfach strukturierte Familien vor, während die komplexe Familie vor allem bei albanischen und vlachischen Viehzüchtern in den gebirgigen Randzonen festzustellen ist.

Die osmanische Eroberung zerstörte diese alte Sicherheit, und auch als in den unterworfenen Gebieten Ruhe einkehrte und osmanische Richter eingesetzt wurden, blieben die Folgen der politischen Umwälzung, die auch eine gesellschaftliche war, sichtbar. Die Bewohner der Hochländer, aber auch der Ebenen, die bis in das 17. Jahrhundert hinein in ihrer überwiegenden Mehrheit dem Christentum angehörten, zogen sich auf familiäre Beziehungen zurück bzw. bauten diese stark aus. Der osmanische Staat, der den Christen Selbstverwaltung innerhalb ihrer Religionsgemeinschaft bot, erwies sich als schwacher, da abwesender Staat; die kirchlichen Würdenträger vermochten die alten christlichen Verwaltungseliten nicht zu ersetzen. Dieses Ordnungsvakuum hatten Verwandtschaftsbeziehungen zu füllen. Die Staatsferne der Gesellschaft des Kosovo, die heute noch ausgeprägt ist, wurzelt demnach tief in der Geschichte. Es entstand das, was Sozialhistoriker die segmentäre Gesellschaft nennen, eine Gesellschaft, in der größere Gemeinschaften, die sich als Abstammungsgemeinschaften verstehen, für sich bestehen und vom Staat oder anderen größeren politischen und gesellschaftlichen Einheiten nicht durchdrungen werden. Der Mensch definiert sich über seine Zugehörigkeit zu einer Abstammungsgemeinschaft (und nicht etwa einer Sprachgruppe). Diese Gemeinschaften waren patrilinear, exogam und patrilokal gegliedert, d. h. dass sie sich von einem gemeinsamen Urahnen ableiteten und die Verwandtschaft nur in männlicher Linie weitergegeben wurde; dass nur Frauen geheiratet werden durften, mit denen keine Blutsverwandtschaft bestand. Um dies sicherzustellen, werden Stammbäume über viele – im Höchstfall bis zu 14 oder 15 Generationen zurück – erinnert; schließlich lebt die Frau bei der Familie des Mannes, wird aber nicht ein vollwertiges Mitglied derselben: eine Heirat schafft in diesem Verständnis keine Verwandtschaft zwischen zwei Familien. Diese Gesellschaftsform ist ausgesprochen patriarchalisch, da sie ganz auf die Weitergabe von Name und Erbe in der männlichen Linie konzentriert ist. Innerhalb der Abstammungsgemeinschaft sind die erwachsenen Männer

gleichgestellt, auch wenn sie den Angesehensten (nicht unbedingt den Ältesten) zum Familienoberhaupt bestimmen. Jeder Mann vertritt die gesamte
Abstammungsgemeinschaft, was besonders bei Blutrache von Bedeutung war,
die nicht nur den Täter, sondern alle seine männlichen Verwandten traf – im
Körper eines Verwandten bestrafte man in diesem Verständnis unmittelbar
den Täter. Diese Gemeinschaften handelten auch als wirtschaftliche Einheit;
sie besaßen gemeinsam Land (v. a. Wald, Wiesland) und landwirtschaftliches
Gerät und schlossen als Kollektiv Verträge ab. So stark der Zusammenhalt
der Abstammungsgemeinschaft nach innen war, so deutlich grenzte sie sich
nach außen ab: Jeder Außenstehende galt prinzipiell als Feind. Eine Veränderung dieser grundsätzlichen Ablehnung von Nichtblutsverwandten erfolgte
in eigenen Ritualen: Da Heirat keine Verwandtschaft schuf, hatten Paten-
schaften und Bluts-/Wahlbruderschaft eine erhebliche Bedeutung, um ver-
lässliche zwischenmenschliche Bande zu schaffen. Laut der Anthropologin
S. Schwandner-Sievers kommt im albanischen Denken den Begriffen „besa"
und „mik" (von lat. amicus) zentrale Bedeutung zu: Der „mik" (eigentlich
„Freund", aber auch „Gastfreund"; Wahlverwandter durch eines der genannten Rituale; oder ehemaliger Gegner in einem Blutrachefall, mit dem eine
Versöhnung stattgefunden hat) ist ein Mann, auf den die Loyalität, die sonst
nur Blutsverwandten gilt, übertragen wird. Die „besa" ist eigentlich das gegebene Wort und meint die Fähigkeit, dem „mik" Schutz zu bieten, zu seinem
eigenen Wort zu stehen und Solidarität zu üben, und zwar sowohl auf der
Ebene der Abstammungsgesellschaft wie der regionalen Gesellschaft. In den
späten Achtziger- und den Neunzigerjahren des 20. Jahrhunderts wurden im
Kosovo die zahlreichen Blutrachefälle durch eine „besa"-Bewegung beendet.
So stark das Treueverständnis ist, so lässt es keinen Raum für neutrale oder
kritische Haltung. Das Gegenstück zum „mik" ist der Verräter (tradhëtar;
von lat. tradere). Dieses Schwarz-Weiß-Schema erleichtert die Zuordnung
von Menschen in der jeweiligen sozialen Umwelt, führt aber in entwickel-
ren Gesellschaftsstufen zur Unterdrückung jeglicher Form dissidenten Verhaltens, zumal „Verrat" zumeist gewaltsam bestraft wird.

In diesem Denken spielt der Staat überhaupt keine Rolle. Ebenso wenig
wird dem Menschen ein Spielraum als Individuum gewährt. Der Mensch
definiert sich über seine Zugehörigkeit zu einer Abstammungsgemeinschaft.
Diese bestimmt seinen Platz in der Gesellschaft; verlässt er sie, fällt er gleich-

sam aus allen gesellschaftlichen Strukturen heraus. Für die Geschichte des Kosovo ist dieses soziale Grundmuster von kaum zu überschätzender Bedeutung. Es ist Serben (die die komplexe Familie „zadruga" nennen) und Albanern gemeinsam. Denn beide Gruppen hatten als Christen auf die Zerstörung christlicher Herrschaften dieselbe Antwort gegeben, den „Rückzug ins Private", der zur Ausbildung besonders fester Verwandtschaftsbeziehungen geführt hatte. Die christlichen Bewohner des Kosovo entzogen sich so dem fremden – osmanischen – Staat dauerhaft. Doch auch jene Menschen, die im Verlauf der Neuzeit zum Islam übertraten, passten ihre Verwandtschaftsverhältnisse nicht islamischen Traditionen an. Mit anderen Worten: In ihrer Familienstruktur setzten die meisten Muslime im Kosovo Traditionen der christlichen Gemeinschaft fort und bewahrten damit ein regionales Element in der muslimischen Gesellschaft des osmanischen Reiches, der sie nach dem Glaubenswechsel angehörten. Die engen Verwandtschaftsbindungen fanden auch ihren Niederschlag in der Siedlungsstruktur: In den Dörfern wohnten Angehörige derselben Abstammungsgemeinschaft in eigenen Vierteln. Die Verwandtschaftszugehörigkeit war so auch im täglichen Leben prägende Wirklichkeit und zudem für Außenstehende als eigentliches Gliederungsprinzip der Gesellschaft deutlich wahrnehmbar. Bemerkenswerterweise galt im 19. Jahrhundert die komplexe Familie als typisch südslawische Erscheinung (der serbische Gelehrte und Sprachreformer Vuk St. Karadžić hatte enge Beziehungen zu Goethe und Leopold von Ranke gepflegt, die sein Wissen über serbische Tradition und Gesellschaft verbreiteten), während im 20. Jahrhundert dieselbe gesellschaftliche Struktur von Anthropologen am albanischen Beispiel erforscht wurde und nun – auch wegen des Zerfalls der serbischen Zadruga im Zuge der gesellschaftlichen Modernisierung – als spezifisch albanisches Phänomen empfunden wurde.

Die Territorialisierung von Abstammungsgemeinschaften konnte aber noch weit größeren Umfang annehmen, dann nämlich, wenn nicht nur ein paar Häuser in einem Dorf, sondern ein umfangreiches Gebiet von Männern einer derartigen Gemeinschaft dauerhaft beherrscht wurden. In diesem Fall spricht man von Stämmen (albanisch: fis); diese waren eine albanische Besonderheit, eine Besonderheit des Berglandes im Westen des Kosovo, dort, wo die Hügel und Berge hinüberführten in die Nordalbanischen Alpen und das mittelalbanische Bergland. Dort gab es keinen Staat. Vielmehr hatten sich nach den Verwüstungen der osmanische Eroberung im 15. Jahrhundert zahlreiche Menschen in die Berge geflüchtet: Bauern mussten zur Viehzucht übergehen, da ihnen das rauhe Klima keine andere Wahl ließ. Weideland war knapp, und um die Herden vor rivalisierenden Hirten zu schützen, schlossen sich Männer zusammen; aus diesen Hirtenzusammenschlüssen und Bruderschaften (alb. vëllazëri) bildeten sich um 1500 Abstammungsgemeinschaften. Es ist kein Zufall, dass keine der mündlich überlieferten Stammbäume über die Zeit der osmanischen Eroberung zurückreicht. Namengebend waren zumeist die vorherrschenden Bruderschaften innerhalb eines Stammes (z. B. Shala, Berisha, Krasniqi, Gashi, Bytyçi). Die Angehörigen der nordalbanischen Stämme, deren östliche Teile bis an den Abhang der Berge bei Prizren reichten, hatten durch eine grundlegende Veränderung ihrer Wirtschaftsweise und der Familienstruktur ihr Überleben in einem feindlichen Umfeld bis in das 20. Jahrhundert gesichert. Auch wenn im Kosovo die Stämme ein albanisches Spezifikum sind, gehörte ihnen schon im ausgehenden Mittelalter nur eine Minderheit der Albaner an.

Vielmehr herrschte bei den albanischsprachigen Bewohnern der Ebenen die komplexe Familie, also nicht das Stammessystem, vor. Daneben siedelten sich im Laufe der Frühen Neuzeit Stammesangehörige aus Mittel- und Nordalbanien im Kosovo an, wobei sie aber keine festen Stammesterritorien bildeten. In der Organisationsform des Bayraks, der wichtigsten kleinregionalen Verwaltungseinheit in osmanischer Zeit, konnten zwar Angehörige eines Fis zusammengefasst sein, aber eben auch gemeinsam siedelnde Männer verschiedener Fis, dies im Unterschied zum albanischen Hochland. Die Serben kannten die Stammesstruktur nicht, wohl aber die Montenegriner, die ebenfalls in der Frühen Neuzeit in die Ebenen des Kosovo einwanderten. Das Fissystem ist also bei Südslawen wie Albanern aus dem Hochland in die Ebenen gelangt, während die dort ansässigen Serben und Albaner in komplexen Familien ohne Stammesstruktur lebten.

Geschlecht

In der geschilderten im Kosovo vorherrschenden Familienordnung sind die Rechte zwischen Mann und Frau sehr ungleich verteilt. Rechtlich, gesellschaftlich und wirtschaftlich nimmt der Mann eine eindeutige Machtstellung ein: Da die Fortsetzung der Familie in männlicher Linie von größter Bedeutung ist, hat der Mann die Ehre der Familie – d. h. die Kontrolle über die weibliche Sexualität – unbedingt zu verteidigen. Die Geburt eines Sohnes ist deutlich mehr wert als diejenige eines Mädchens, denn nur ein Knabe führt die Abstammungsgemeinschaft fort. Anthropologen haben festgestellt, dass in patrilinear organisierten Familien deutlich mehr Knaben geboren werden und Männer eine deutlich höhere Lebenserwartung aufweisen. Ersteres kann v. a. mit einer geringeren Fürsorge für Mädchen, Letzteres mit der einseitigen Verteilung von Arbeit erklärt werden. Insbesondere in der albanischsprachigen Gesellschaft, und dort wieder besonders im Hochland, hatten Frauen zahlreiche schwere Arbeiten zu übernehmen; Männer behielten sich die Pflege der Waffen und den Kampf vor. Bei den häufigen Blutfehden durften Frauen nicht angegriffen werden, was bedeutete, dass sie die Arbeit zu übernehmen hatten, die von Männern, die sich vor Feinden versteckten, nicht ausgeführt wurde. Die Heirat bedeutete für Frauen einen tiefen Einschnitt: Während Männer bei ihren Familien blieben, hatten sich Frauen in einen ihnen fremden Haushalt einzugliedern, in dem ihnen in ihrer Jugend in der Hierarchie der Frauen nur ein niedriger Platz eingeräumt wurde. Ihr Ansehen stieg erst bei der Geburt eines Sohnes. Heiratsriten (z. B. die Brautbeschau, bei der sich die Braut eine gewisse Zeit den Männern der Familie ihres Bräutigams zeigen musste und sich dabei besonders zurückhaltend und demütig zu verhalten hatte) veranschaulichten der Abstammungsgemeinschaft die Position der Frau. In einer patrilinearen und patrilokalen Gesellschaft konnten Frauen nicht erben – der Besitz blieb stets bei der Familie des Mannes. Spielraum erlangten Frauen beim Aufstieg in der geschlechtsspezifischen Altershierarchie: Wie die Männer kannten auch die Frauen ein Oberhaupt, das den Haushalt, d. h. die Frauen des Haushalts, regierte. Die Trennung zwischen den Geschlechtern schlug sich auch im Wohnraum nieder; besonders sichtbar wurde sie beim Empfang von Gästen, wo Frauen höchstens als Bedienende auftraten. Eine deutliche Geschlechtertrennung im Wohnbereich ist auch in den Städten festzustellen, mit eigenen Frauenbereichen in den Häusern. In wohlhabenden Haushalten beobachten Frauen hinter dicht vergitterten Balkonen das gesellschaftliche Leben der Männer im Empfangsraum für Gäste. Die außerordentlich schlechte Stellung der Frau ist ein gemeinsames Element der albanischen wie der serbischen Gesellschaftsstruktur im vormodernen Kosovo.

Die Gesellschaft ist daher ganz von Männern und Männlichkeitsvorstellungen geprägt. Im albanischen Denken sind Männlichkeit und Waffentragen untrennbar miteinander verbunden. Die Waffe erlaubt erst die Verteidigung der persönlichen Ehre, die als soziales Grundkonzept verstanden werden kann. Alle Versuche von Staaten, ein Gewaltmonopol durchzusetzen, indem die männliche Bevölkerung entwaffnet wird, stießen so auf unüberwindliche Widerstände, denn eine Entwaffnung kam einer völligen Entehrung bzw. Entmannung gleich. Zuletzt machten die Behörden der Vereinten Nationen nach 1999 diese Erfahrung. Demgegenüber versuchten staatliche Behörden zeitweise, besonders die albanische männliche Bevölkerung an sich zu binden, indem sie gezielt hochwertige Waffen verteilten. Ein geradezu affektives Verhältnis zu Waffen kennzeichnet die patriarchalische Bevölkerung des Kosovo. Es wird geschätzt, dass im Jahre 2003 60–70 % der Haushalte im Kosovo Waffen besaßen.

Die Verteidigung der Ehre erfolgte oft offensiv, was ein erhebliches Gewaltpotenzial schuf.

Mächtige und Machtlose

Die osmanische Eroberung bedeutete auch einen Einschnitt in der Entwicklung von Eliten und Bevölkerungsmehrheit. Im Mittelalter bildeten große serbische Adelsfamilien und die Äbte der reichen Klöster die gesellschaftliche Oberschicht. Ein Kleinadel, daneben Dorfhauptleute und Dorfpriester stellten die Elite auf lokaler Ebene auf der Landschaft; in den wenigen Bergbaustädten genossen die Einwohner Selbstverwaltung mit eigenen Räten. Die weltliche Elite, Hoch- und Mitteladel, wurde bis 1455 zumeist von den Osmanen vernichtet, entweder im Kampf oder durch Vertreibung bzw. Flucht. Ein Teil der serbischen Adelsschicht rettete seine Stellung, indem er zum Islam übertrat. Die neue osmanische Elite setzte sich um 1500 zu erheblichen Teilen aus konvertierten Balkanchristen zusammen. Die mehrheitlich orthodoxen Christen des Kosovo verloren so ihre weltliche Elite. Lediglich die Geistlichkeit verband das Zeitalter osmanischer Herrschaft mit der untergegangenen serbischen Staatlichkeit. Im osmanischen System, das der christlichen Gemeinschaft gewisse Selbstverwaltungsrechte einräumte, führte dies dazu, dass der orthodoxe Klerus über Jahrhunderte auf der Ebene des Dorfes, der (orthodoxen) Stadtviertel und mit dem Patriarchat von Peć auch auf überregionaler Ebene eine alleinige Führungsstellung bekleidete. Wie in anderen Teilen des osmanischen Balkans wählten Christen eigene Dorfvorsteher (hoca-başi). Erst das langsame Aufkommen wohlhabender orthodoxer Kaufleute gegen Ende der osmanischen Herrschaft stellte die Vorherrschaft des Klerus über die orthodoxe Gemeinschaft in Frage, wobei der Kosovo nur ähnlichen Entwicklungen in anderen Teilen des osmanischen Reiches folgte.

In serbischer Zeit gehörten wohl zahlreiche Bauern zur Schicht der Hörigen. Formen persönlicher Unfreiheit bzw. beschränkter Freiheit kennzeichnen die ländliche Gesellschaft im mittelalterlichen Serbien. Das osmanische Reich schaffte den Hörigenstatus in rechtlicher Form ab; dies bedeutete eine Verbesserung der rechtlichen Lage vieler Bauern und kann als bedeutsamer Unterschied zwischen serbischem und osmanischem Gesellschaftsmodell gelten. Die bäuerliche Mobilität wurde erleichtert, Natural- in Geldabgaben

Stiefelputzer in Gjakova

Ein „Verrückter" in Prizren

umgewandelt, Frondienste verringert – dafür aber trat die Kopfsteuer für Christen als neue Belastung auf.

Kontinuitäten der neuen muslimischen Oberschicht zu den serbischen Eliten sind trotz des politischen Bruchs zu beobachten: Es überwogen mächtige Regionalherrscher, die sich auf ihnen ergebene Gefolgschaftsverbände stützten. Führer war, wer „viele Gewehre" (d. h. bewaffnete Anhänger) ernährte und besoldete. Diese regionalen Chefs waren in der Vormoderne in der Regel albanischsprachige Muslime. Das gesamte albanischsprachige Südosteuropa wurde (und wird de facto in gewandelter Form auch heute noch) von derartigen machtbewussten Chefs beherrscht, die weitverzweigte Klientelnetzwerke kontrollieren. Die Grenzen der Einflusszonen richteten sich nicht nach den heutigen Außengrenzen des Kosovo, sondern folgten Ebenen und Verkehrswegen: Um 1900 erhob der albanische Muslim Isa Boletini zwischen Mitrovica und Novi Pazar (heute Serbien), also in einem mehrheitlich muslimischen, sprachlich aber gemischten (serbisch-albanischen) Gebiet, einen Herrschaftsanspruch; Ali Draga pasha von Mitrovica und seine Söhne dehnten ihr Einflussgebiet bis nach Rožaje (heute Montenegro), Peć und im Süden bis nach Skopje aus, auch sie in einem mehrheitlich muslimischen Gebiet.

In der Struktur der Eliten ist zwischen Führern in den Ebenen und jenen im Hochland zu unterscheiden. In den Ebenen besaßen Großgrundbesitzer die Macht, die durch wechselseitige Heiraten untereinander verbunden waren; sie pflegten einen bewusst osmanischen Lebensstil. Aus ihrer Gruppe gingen zahlreiche hohe Offiziere und Beamte des osmanischen Reichs hervor. Sie zählten damit zur Elite des osmanischen Imperiums. Auf dem Land und in der Hügel- und Bergzone hingegen dominierten Bayraktare und Führer großer Fis-(„Stämme"). Bayraktare genossen als Heerführer und Schlichter bei Konflikten auf kleinregionaler Ebene hohes Ansehen.

Manche dieser regionalen und örtlichen Chefs befehligten Räuberbanden, die von Raub und der Erpressung von Schutzgeld lebten. Insbesondere die kaum zu überwachenden Pässe von Kačanik und im Bergland hinter Peć galten für Karawanen als gefährlich; in Zeiten osmanischer Schwäche waren auch die Straßen in den Ebenen vom Räuberunwesen bedroht. Der osmanischen Verwaltung blieb meist nichts anderes übrig, als diese Räuberführer zu Polizeichefs zu ernennen, um sie wenigstens äußerlich in das Staatsgefüge einzubinden. Im Gegensatz zur Elite der Ebenen waren diese Hochlandchefs von der osmanischen Kultur (und überhaupt von Schriftlichkeit) kaum berührt. Vielmehr regierten sie nach dem Kanun in weitgehender örtlicher Selbstherrlichkeit. In den mehrheitlich muslimischen Städten schließlich setzte sich die Elite aus dort lebenden Grundbesitzern und Großhändlern zusammen, die kulturell am osmanischen Leitbild ausgerichtet waren. Im Ringen um Einfluss schlossen sich konkurrierende Gruppen zu Interessengemeinschaften (tarafe) zusammen. In den regionalen Auseinandersetzungen erwiesen sich Beziehungen zur osmanischen Verwaltung, die oft lediglich eine Vermittlerrolle einnahm, oder unmittelbar zum Sultanshof von ausschlaggebender Bedeutung. Zur Lösung politischer Probleme (z. B. bei einer Bedrohung von außen) bildeten sich zeitlich begrenzte Zusammenschlüsse der muslimischen Notabeln, die in der Regel von der osmanischen Regierung gesteuert wurden (so 1878 und 1899). Die muslimischen Eliten des Kosovo waren durch zahlreiche oft persönlich motivierte Fehden und eine geringe Fähigkeit zu einem langfristigen kohärenten politischen Handeln gekennzeichnet. Die Führer von Ebenen und Bergen gehörten eigentlich verschiedenen Kulturen an. Der innere Konflikt nahm gegen Ende des 19. Jahrhunderts zu, als sich aus der kleinen städtischen Elite die Anhängerschaft der reformorientierten Jungtürken rekrutierten und die Söhne analphabetischer Hochlandchefs in osmanischen Militärschulen eine moderne Ausbildung erhielten. Die alten charismatischen Regionalherrscher akzeptierten die z. T. aus weniger vornehmen Familien stammenden jungen Modernisierer nicht: Unterschiede von Prestige, Bildung und Generation schufen um 1900 erhebliche Spannungen.

Sesshafte und Seminomaden

Da staatliche Behörden, die Akten – und damit Quellen für die historische Forschung – hervorbringen, in den Ebenen angesiedelt sind, entziehen sich jene gesellschaftlichen Lebensformen, die wenig Berührung mit Städten und dem Flachland aufweisen, der Welt der Schriftlichkeit. Dies bedeutet aber nicht, dass sie nicht von ausschlaggebender Bedeutung gewesen wären. Am klarsten tritt dies bei der Unterteilung der Gesellschaft in Sesshafte und Seminomaden zutage. Die bisherigen Ausführungen haben sich fast ausschließlich auf Sesshafte bezogen. Der gesamte Balkan ist aber bis in das frühe 20. Jahrhundert hinein von seminomadischer Wanderweidewirtschaft mitgeprägt gewesen, dem Wechsel von Viehzüchtern zwischen Sommerweiden im Gebirge und Winterweiden in warmen Flussebenen bzw. an den Meeresküsten. Das Hochland im heutigen Mittel- und Nordalbanien stellt eines der klassischen Viehzuchtgebiete des Balkans dar, mit reichem Almland im Sommer und nahen Winterweiden, im Westen an der Adria, im Osten auf der Dukagjinebene/Metohija bzw. dem Amselfeld. Bereits serbische Königsurkunden des 14. Jahrhunderts belegen das Bestehen von Hirtengemeinschaften (Katunen) zweier Gruppen, der Albaner und der Vlachen. Aus den albanischen Hirtengemeinschaften entwickelten sich – durch vor den Osmanen ins Bergland geflohene Bauern verstärkt – um 1500 die Fis („Stämme").

Bei den Vlachen handelt es sich um Nachfahren der romanisierten altbalkanischen Bevölkerung, ein typisches provinzialrömisches Phänomen. Vlachen lebten teils sesshaft in Städten (v. a. als Kaufleute), teils als Seminomaden auf der Landschaft. Im Unterschied zu reinen Nomaden besitzen Seminomaden ein Stammdorf, in dieser Region oft im Hochland, in dem sie einen Teil des Jahres verbringen. Ihr Leben ist dem jahreszeitlichen Rhythmus des Viehtriebs unterworfen. In Spätantike und Mittelalter lebten Vlachen und Albaner in einer kulturellen und wirtschaftlichen Symbiose in den Bergländern des heutigen Albanien, Kosovo und Makedonien. Am Ostabhang des albanischen Hochgebirges, also dort, wo die serbischen Klöster lagen, kamen sie in Berührung mit der Gesellschaft der Ebene. Die osmanische Eroberung des südlichen und zentralen Balkans löste eine gewaltige Wanderungsbewegung von Vlachen aus, die sich in das Hügel- und Bergland Bosniens und der Herzegowina zurückzogen. Wie die Bewohner der Ebenen waren die Vlachen orthodox. Ihre pendelartigen Wanderungsbewegungen zwischen Hochland und Tälern kennzeichnen die Balkangeschichte, bleiben für die Historiker wegen des Mangels an Schriftquellen jedoch zumeist „stumm". Der osmanische Reisende Evliya Çelebi beschrieb um die Mitte des 17. Jahrhunderts ein großes Hirtenfest auf dem Šargebirge, wo die Gäste Schaffleisch, Joghurt und andere Speisen verzehrten. Gewöhnlich war das Hirtenleben aber hart und entbehrungsreich; um sich gegen wilde Tiere und Räuber zu schützen, waren die Hirten (auch die Christen) bewaffnet, was ihnen gegenüber den Bewohnern der Ebenen eine überlegene Stellung verlieh. Im 18. Jahrhundert erlebten die vlachischen Gemeinschaften in einigen Städten des westlichen Balkans einen bemerkenswerten Aufschwung als Fernhändler. Durch ihre Beziehungen besonders in das österreichische Kaiserreich kamen sie in Kontakt mit mitteleuropäischer Kultur; im 19. Jahrhundert stellten sie einen wichtigen – wohlhabenden und verhältnismäßig gut gebildeten – Teil der orthodoxen Elite im Kosovo.

Berg und Tal – Stadt und Land

Wohl mehr als religiöse und sprachliche Unterschiede kennzeichnet das gewaltige Gefälle zwischen Hochland und Tälern bzw. Ebenen sowie zwischen Stadt und Land den gesamten Balkan. Dort wo Hochgebirge und Ebene so hart aufeinanderstoßen wie im Kosovo (Šargebirge im Süden, albanische Alpen im Westen), wird dieser Gegensatz besonders spürbar. Natürliche Oberflächengestalt und Klima bewirken eine deutlich unterschiedliche Form von Staatlichkeit, Familienorganisation und Wirtschaft: Im Gebirge waren der Staat und seine Reichskultur, seine Beamten und sein Recht kaum vertreten; es herrschte das Gewohnheitsrecht, es überwog die Abstammungsgemeinschaft in Gestalt der mitgliederstarken komplexen Familie, die allein Schutz gegen Feinde bot; der Getreideanbau trat vor der Viehzucht zurück; alle Männer trugen ungeachtet ihrer Religion Waffen. Das Hochland litt strukturell an Getreide- und Salzmangel. Was nicht durch den Verkauf von Vieh und Viehprodukten auf den Märkten der Ebenen an Nahrung erworben werden konnte, holten sich gut bewaffnete Hirten von den Bauern der Ebene nicht selten mit Gewalt. Bauern und Städter fürchteten die Hochländer, betrachteten sie als wild und unkontrollierbar, und zwar auch dann, wenn diese dem gleichen Glauben und der gleichen Sprachgruppe angehörten. Noch im 19. Jahrhundert betrachteten die osmanischen Behörden das Bergland als gefährliche Wildnis, als Peripherie des Reiches. Staat, Verwaltung, Schriftkultur, Handwerk, städtisches Leben konzentrierte sich in der Ebene. Das Hochland besaß eine ausgeprägte eigene Mentalität; hier lag das Zentrum der patriarchalisch-heroischen Lebenswelt des Balkans, in der der Landwirt nichts, der Krieger aber alles galt, wo Männlichkeit und Waffenbesitz untrennbar miteinander verbunden waren (und oft noch sind). Diese kriegerisch-männliche Tradition war dort noch stärker verwurzelt als in der Ebene, wo die bewaffneten Muslime im Protokoll der sog. „Liga von Prizren" 1878 festhielten, sie seien *„unbesiegbare Helden* (…), *Männer, die von Geburt auf kein anderes als das Waffenspiel kennen"*[5]. Diese eigengesetzliche

---

[5]   S. Pulaha – K. Prifti, La Ligue albanaise de Prizren 1878 – 1881. Documents I. Tirana 1988, 55–57.

heroische Lebenswelt bildete das Gegenstück zum imperialen Gewaltmonopol in den Ebenen.

Doch auch dort klafft bis in die Gegenwart ein sehr großes Entwicklungsgefälle zwischen Stadt und Dorf. Bis weit in das 20. Jahrhundert besaß Kosovo nur eine einzige wirkliche Stadt, das osmanisch geprägte Prizren. Alle anderen bevölkerungsreicheren Orte waren bessere Marktflecken, in denen die osmanische Reichskultur nur ansatzweise Eingang fand. Die orthodoxe Kultur war in ausgebildeter Form auf die zumeist in abgelegenen Waldtälern versteckten Klöster beschränkt.

Im Gegensatz zu anderen Regionen des zentralen Balkans schwächte sich der sonst typisch sprachliche und religiöse Unterschied zwischen (überwiegend muslimischer türkischsprachiger) Stadt und (mehrheitlich christlicher) Landschaft (wo Regionalsprachen verwendet wurden) durch die Islamisierung der Landschaften ab dem 17. Jahrhundert deutlich ab: In der späten Phase der osmanischen Herrschaft lebte in Stadt und Land eine albanischsprachige muslimische Mehrheit, die in sich aber durch die Zugehörigkeit zur städtisch-osmanischen bzw. einer ländlich albanischsprachigen Kultur gegliedert war. Die Städte bildeten aber keine muslimisch-osmanischen Inseln in einem christlichen Umland.

Zahlreiche Dörfer waren bis in die Gegenwart kaum in regionale Marktstrukturen eingebunden, sondern betrieben Subsistenzwirtschaft; dies galt besonders für die Dörfer im Hügelland am Abhang der Berge. Die Gesellschaft war nicht in Fis organisiert, sondern in komplexen Familien, die in der Verwaltungseinheit des Bayrak zusammengeschlossen waren. Bayraks setzten sich aus Angehörigen verschiedener Abstammungsgemeinschaften zusammen, so lebten Ende des 19. Jahrhunderts im Bayrak Suhareka 200 Haushaltungen der Kabashi, 150 der Krasniqi, 250 der Gashi, 200 der Sopa, 100 der Elman, 150 der Bytyçi, 50 der Shala und 100 der Berisha – d. h. hier bestanden keine fest umgrenzten Stammesgebiete. Die orthodoxen Bauern lebten in ähnlich strukturierten komplexen Familienstrukturen (sog. Zadruga).

Das kulturelle Gefälle zwischen Stadt und Land wird auch heute noch auf dem Balkan besonders tief empfunden. Städtische Lebensweise gilt als unbedingt überlegen, das Dorf wird mit Rückständigkeit, Armut und Kulturlosigkeit gleichgesetzt. „Şehirli" (d. h. Städter, aus dem türk. şehir, Stadt) zu sein, wird als gesellschaftliches Leitbild betrachtet. Es bildeten sich eigene städtische Identitäten heraus, so etwa die „Turk-Albaner", die die Historikerin Nathalie Clayer als albanischsprachige Muslime definiert, die im städtischen Umfeld einen stark osmanisch geprägten Habitus angenommen hatten und sich von ländlichen albanischsprachigen Muslimen deutlich abgrenzten.

Die Stadt ist so gesellschaftlich und mental das Gegenmodell zur dörflichen Gesellschaft. Im Kosovo konzentrierte sich städtisches Leben auf Prizren, das bis in die Gegenwart auch gegenüber den im 20. Jahrhundert entstandenen neuen urbanen Zentren ein Bewusstsein der Überlegenheit pflegt. Das Stadt-Land-Gefälle spiegelt sich in Wohlstand, Vielgestaltigkeit des Handwerks, Zugang zu Bildung und Hochkultur, zu Verwaltung und Heer wider. Zwischen den 55 Handwerkszweigen in Prizren (16. Jahrhundert) und dem damit verbundenen Zunftwesen (osman. esnaf) und der bäuerlichen Hauswirtschaft lagen Welten. Die herausragende Stellung Prizrens auf dem zentralen Balkan zeigt ein Blick auf die Einwohnerzahlen um 1870, als die Stadt rund 30.000 Menschen zählte, Skopje als alter Vorort des Vardar-Moravagebietes rund 45.000, die anderen Orte des Kosovo aber mit Ausnahme Prištinas (etwas mehr als 12.000) alle unter 10.000 Einwohner aufwiesen.

Wirtschaft

Bis in die jüngste Zeit lebten die meisten Bewohner des Kosovo von der Landwirtschaft. Wie in anderen Teilen des Balkans zeichnete sich diese bis in die Gegenwart überwiegend durch Subsistenzwirtschaft, geringe bis fehlende Marktanbindung und ein niedriges Niveau landwirtschaftlicher Kenntnisse und Technologie aus. Innerhalb des Balkans, der im 19. und 20. Jahrhundert einen erheblichen Rückstand in der landwirtschaftlichen Entwicklung zu West- und Mitteleuropa aufwies, gehört Kosovo zu den besonders unterentwickelten Gebieten. Bis in das 20. Jahrhundert verharrte die Landwirtschaft weitgehend auf dem technischen Stand des Mittelalters. Stallhaltung des Viehs, Dreifelderwirtschaft und später Fruchtwechsel, der Eisenpflug, Bodendüngung und ähnliche Mittel einer intensiven Landwirtschaft waren lange unbekannt. Wie z. B. auch in Serbien wurde der Holzpflug verwendet, herrschte in abgelegenen Gebieten die Einfeldwirtschaft vor.

Büffelwagen

Spezialisierungen bestanden im Obst- und Weinbau. Rebkulturen blühten bereits im späten Mittelalter (im 20. Jahrhundert war der „Amselfelder" ein Ausfuhrgut des zweiten Jugoslawien), und der Anbau wurde nicht nur von Christen, sondern später auch von Muslimen gepflegt. Ein wichtiges Nebenprodukt des Obst- und Weinbaus war die Herstellung von Schnaps. Um 1450 scheint der Weinbau den Getreideanbau an Bedeutung übertroffen zu haben.

Getreide (Weizen, Roggen, Hafer, Hirse) bildete die Grundlage der Ernährung; ab der zweiten Hälfte des 16. Jahrhunderts fand der in der osmanischen Küche so wichtige Reis Eingang in den Kosovo (v. a. um Gjakova). Als Grundnahrungsmitteln sind im Gartenbau seit dem 15. Jahrhundert Linsen, Zwiebeln, Knoblauch und Kohl, an Obst Walnüsse, Kastanien, Kirschen, Pflaumen und Äpfel belegt. In der Frühen Neuzeit kamen an neuen Grundnahrungsmitteln Mais, Kartoffeln, Paprika und Tomaten hinzu. An Sonderkulturen sind der weitverbreitete Anbau von Flachs, von Safran (um Peja) und die in Prizren beheimatete Seidenraupenzucht zu nennen. Schon im Mittelalter bedeutsam war die Bienenzucht. In der Viehwirtschaft überwog im Hochland die Schafzucht, in den Ebenen hielten die christlichen Bauern Schweine (was noch im 20. Jahrhundert zu einem höheren Fleischkonsum von Christen gegenüber Muslimen beitrug). Osmanische Quellen legen nahe, dass im Laufe des 16. Jahrhunderts Ackerland in großem Stile zugunsten der ertragreicheren Viehzucht aufgegeben wurde: Fleisch und Wolle wurden in Europa und in Istanbul stark nachgefragt. Die Viehzucht wurde dabei nicht nur von Seminomaden, sondern offenbar auch von sesshaften Bauern betrieben. Im Gerichtsbezirk Priština wurden allein im Jahre 1595 rund 150.000 Stück Kleinvieh von der Steuerverwaltung erfasst. Die Ernährung der ländlichen Bevölkerung beruhte noch in der zweiten Hälfte des 20. Jahrhunderts überwiegend auf (Weizen- und Mais-)Brot und Milchprodukten, ergänzt um Gemüse; Fleisch wurde besonders bei Muslimen nur in der kalten Jahreszeit konsumiert; in den warmen Monaten traten Bohnen und Kartoffeln an seine Stelle.

Die oben erwähnten (S. 63) Bodenbesitzverhältnisse im osmanischen Reich waren allmählichen Änderungen unterworfen, die sich in der Herausbildung von Großgrundbesitz, sog. Çiftlikgütern, besonders deutlich zeigten. Es entstand so eine Schicht muslimischer Großgrundbesitzer, die ihr Land von Pachtbauern bewirtschaften bzw. Teile oder die Gesamtheit dörflicher

Gemeinschaften auf ihrem Land arbeiten ließen, selbst aber als Rentiers in den Städten lebten. Ein reicher Grundbesitzer wie Ali Sulejmani konnte im 19. Jahrhundert zwanzig Häuser in Priština und Gutsbesitz in neun Dörfern sein eigen nennen; seine Frau besaß ebenfalls vier Dörfer. Neben diesen muslimischen Latifundien aber bestand auch – christlicher wie muslimischer – faktischer bäuerlicher Eigenbesitz fort.

Fallbeispiele sollen das Nebeneinander verschiedener Bodenbesitzsysteme veranschaulichen: Zu Beginn des 20. Jahrhunderts bestanden im Dorf Ljubiżde bei Prizren 28 serbische und 16 albanische Haushaltungen. 6 der serbischen Familien bearbeiteten ihr eigenes Land; 9 besaßen so wenig Boden, dass sie auch auf dem Land Dritter ackerten, 10 Familien schließlich standen im Dienst des Çiftlikbesitzers. Als Taglöhner arbeitete der serbische Bauer Vasilj Trup auf dem Land von Sava Popović aus Prizren, von dem er Saatgut, Zugvieh und Gerät erhielt und dafür die Hälfte der Ernte ablieferte. Serben arbeiteten auch auf dem Land muslimischer Albaner, so beschäftigte Jusuf Uki aus der Familie der Kabashi vier serbische Bauern. Typisch für die Çiftlikwirtschaft ist, dass die Landbesitzer und Arbeitgeber alle in der Stadt lebten. In Orahovac hingegen, einem besonders großen Dorf, besaßen alle 150 serbischen Haushaltungen ihr eigenes Land. Innerhalb der orthodoxen Bauernschaft gab es daher ein erhebliches Gefälle zwischen faktischem Eigenbesitz und Abhängigkeit von einer Gutswirtschaft.

Neben der Landwirtschaft bildete der Bergbau bis in die Gegenwart den Hauptwirtschaftszweig des Kosovo. Die Minen von Novo Brdo, Janjevo, Trepča und im Kopaonikgebirge lieferten Silber und Blei. Im Spätmittelalter zählte Novo Brdo zu den größten und reichsten Städten des Balkans. Der serbische Staat wie das osmanische Reich förderten durch eigene Bergrechtsvorschriften die Erschließung der Bodenschätze und verliehen den Bergleuten weitreichende (rechtliche und steuerliche) Privilegien. Der Bergbau trug im Wesentlichen auch das städtische Handwerk, das bereits im Mittelalter stark ausgebildet war. In den Bezeichnungen einzelner Handwerkszweige ist über den Bergbau vermittelter deutscher Kultureinfluss erkennbar (Šuster, Šnajder). Die osmanische Eroberung führte auch in diesem Bereich deutliche Veränderungen herbei, zum einen durch das Auftreten orientalischer Handwerkszweige (z. B. Halva-Konditoren, Pantoffelmacher), die zum Teil auch von Christen übernommen wurden (was die Ausbreitung des osmani-

Frauen beim Wollespinnen

schen Lebensstils belegt), dann aber durch die – regional nicht gleichmäßig
– wachsende muslimische Vorherrschaft im Handwerksbereich. Das Gefälle
zwischen christlichen und muslimischen Handwerken wird am Beispiel Prizrens in der zweiten Hälfte des 16. Jahrhunderts deutlich: 192 muslimische
Handwerker waren in 39 Handwerkszweigen vertreten; ihnen standen nur
19 christliche Handwerker in 8 Handwerken gegenüber. Mit Gjakova bildete
Prizren ein Zentrum des Handwerks von überregionaler Bedeutung (Silber-
waren, Waffen). Auf der Landschaft bestanden außer Mühlen und Schmieden
kaum eigene Handwerksstätten.

Als letzter bedeutender Wirtschaftszweig der Vormoderne ist der überregionale Durchgangshandel hervorzuheben, der in west-östlicher (Shkodra-
Kosovo) und nord-südlicher Richtung (sog. Bosnische Straße; Verbindung
nach Istanbul) geführt wurde; dieser Karawanenhandel lag bis in das 17.
Jahrhundert zu erheblichen Teilen in den Händen von Kaufleuten aus Dubrovnik. Serbische wie osmanische Herrscher förderten ihn durch Handels-
privilegien, die Osmanen auch durch die Einrichtung der erwähnten Pass-

Musizierende Frauen

schutzdörfer. Die Dubrovniker brachten vor allem Wolle, Safran, bisweilen auch Getreide an die Adria; bedeutsam waren auch Leder und die Seidenraupenzucht. Innerregional wurde die Güterverteilung auf Märkten bewerkstelligt, die ebenfalls vom serbischen und besonders vom osmanischen Staat eingerichtet wurden. Besondere Bedeutung erlangten auf dem ganzen Balkan osmanische Jahrmärkte; im Kosovo wurde dieser in Priština (ab dem 16. Jahrhundert) abgehalten.

Klima

„Die Zeit der Gewalttaten ist gewöhnlich im Frühling, wenn das Volk aufs Feld geht, um zu arbeiten, oder im Herbst, wenn der Bauer von seiner Arbeit Geld vom Markt trägt", notierte der serbische Konsul in Priština im Jahr 1896[6]. Wenngleich Umwelt- und Klimageschichte des Kosovo noch kaum erforscht sind, soll an dieser Stelle auf die elementare Bedeutung des jahreszeitlichen Wechsels für die Gesellschaft in Ebene und Hochland hingewiesen werden. Kosovo besitzt ein kontinentales Klima mit kalten Wintern und heißen, trockenen Sommern (Januardurchschnittstemperatur -1°C; Julidurchschnittstemperatur 20°C). Der Niederschlagsdurchschnitt schwankt zwischen 600 mm/Jahr (Amselfeld) und 800–900 mm/Jahr (Dukagjinebene/Metohija). Letztere Ebene genießt wegen der Nähe zur Adria ein etwas milderes Klima als das eigentliche Amselfeld. Das Klima bedingt nicht nur Rhythmus und Anbauprodukte der Landwirtschaft, sondern auch Politik und Gesellschaft. Der Winter machte mit seinen Schneemengen besonders die Wege im Hochland unpassierbar und schnitt ganze Dörfer für Wochen und Monate von der Außenwelt ab; auch in den Ebenen kamen besonders militärische Unternehmungen zum Erliegen. Die Osmanen hielten einen eigentlichen Feldzugskalender ein, der einen Aufmarsch im Frühjahr und Kampfhandlungen im (Früh-)Sommer vorsah, auf die die Entlassung der Geldlehensreiter im Spätsommer (zur Erntezeit) erfolgte. Kosovo wurde davon betroffen, wenn osmanische Heere in der Frühen Neuzeit über das Amselfeld zur Donau marschierten und von der Bevölkerung verpflegt werden mussten. Als ab dem Ende des 17. Jahrhunderts osmanische Soldaten von christlichen (österreichischen) Heeren besiegt zurückfluteten, wuchs damit für die christliche Bevölkerung die Gefahr von Repressalien. Der Sommer konnte daher in Krisenjahren für die christliche Bevölkerung eine Zeit der Bedrohung werden, in der sie in Wald- und Bergverstecke auszuweichen hatte. *„Im Sommer ist das Land verlassen und in der Hand des schlimmsten Gesindels, es wird von Räubern überflutet;*

---

6   B. Peruničić, Pisma srpskih konsula iz Prištine 1890–1900 [Briefe serbischer Konsuln aus Prištine]. Belgrad 1985, 194.

im Winter, wenn das vor Zorn rasende (osmanische, O. S.) Heer zurückkommt,
begraben wir uns lebend in den Höhlen", schrieb im Kriegsjahr 1688 der katholische Bischof Peter Bogdani[7]. Die beiden Zitate zeigen, dass örtliche und
regionale Konflikte einem jahreszeitlichen Rhythmus folgten: Blutracheakte,
die oft aus dem Hinterhalt geführt wurden, häuften sich, wenn im Frühling
Blätterwerk dem Schützen Deckung bot. Die warme Jahreszeit, oft Beginn
der Feldzugssaison, ermöglichte es, Konflikte wieder im Freien auszutragen.
In der warmen Jahreszeit bewegten sich Räuberbanden leicht durch Wälder
und Berge. In Jahren, als Kosovo selbst umkämpft war (Ende des 17. Jahrhunderts; bei der gewaltsamen Durchsetzung der osmanischen Reformpolitik;
den Partisanenkämpfen 1918–24/7, 1945, 1997–1999) füllten sich die Ebenen
in den warmen Monaten mit regulären Truppen, während sich Einheimische,
die Widerstand leisteten, in höhere Lagen zurückzogen. Im Herbst, wenn
Kälte und Nässe klassische Armeen in die Ebenen zurückdrängten, folgten
ihnen die leichtbewaffneten Krieger aus dem Hochland auf dem Fuß. Im
Winter kamen Kämpfe bis in die jüngste Vergangenheit völlig zum Erliegen.
Noch in den Jahren 1997 und 1998 hinderte die miserable Infrastruktur die
serbische Armee, im Winter größere Operationen in entlegenen Gebieten
durchzuführen. Konflikte und Kriege waren so einem natürlichen Rhythmus
unterworfen.

---

7   O. Marquet, Pjetër Bogdani, Letra dhe dokumente nga Arkivi i Kongregatës „de
     Propaganda fide" si dhe nga Arkivat Sekrete të Vatikanit [Peter Bogdani. Briefe
     und Dokumente aus dem Archiv der Kongregation „de Propaganda fide" und
     aus dem Vatikanischen Geheimarchiv]. Shkodër 1997, 490.

KULTURELLE LEBENSWELTEN: RELIGIONEN UND SPRACHEN

Religionen und Konfessionen

Eine alte christliche Landschaft

Ausschlaggebendes Element für die Identität der vormodernen Gesellschaft im osmanischen Kosovo war die Religion. Im Kosovo gehört heute die Bevölkerungsmehrheit dem sunnitischen Islam an; islamische Derwischorden spielen hingegen nur eine verhältnismäßig geringe Rolle. Die Christen verteilen sich auf die orthodoxe und die katholische Glaubensrichtung. Der gegenwärtige Zustand ist das Ergebnis eines Islamisierungsprozesses sowie von Wanderungs- und Fluchtbewegungen, die sich über mehrere Jahrhunderte erstreckten.

Zu unterscheiden ist zwischen einer ersten und einer zweiten Christianisierung. Wie gezeigt, war die römische Provinz Dardania in das Bistumssystem des spätantiken Imperiums eingebunden. Als Teil der christlich-römischen Welt nahm sie am Glaubensleben, auch an wichtigen theologischen Diskussionen, der Spätantike, etwa dem sog. Dreikapitel-Streit in der ersten Hälfte des 6. Jahrhunderts, teil. Dardania gehörte dabei zur lateinischsprachigen Kirchentradition. Die Einwanderung heidnischer slawischer Gruppen unterbrach die christliche Tradition zumindest in institutionalisierter Form: Die Kirchenverwaltung, die eng an die Staatsverwaltung gebunden war, verschwand; die altbalkanische christliche Bevölkerung zog sich aus den Ebenen ins Bergland zurück. Die zweite Christianisierung, die wohl gegen Ende des 9. Jahrhunderts einsetzte, wurde getragen von einer neuen Mission, diesmal nicht mehr in lateinischer (oder byzantinisch-griechischer) Tradition, sondern gestützt auf die neue kirchenslawische Liturgiesprache, die sich im weitgespannten ersten bulgarischen Reich ausbreitete. Diese kirchenslawische Tradition, die stark von Byzanz geprägt war, wurde von der serbischen Orthodoxie, die 1219 ihre Autonomie vom orthodoxen Patriarchat von Konstantinopel erlangte, übernommen. Kosovo gelangte in der zweiten Christianisierung also unter den Einfluss der kirchenslawischen Schriftkultur. Die ganz überwiegende Mehrheit der Bewohner des Kosovo, ungeachtet ihrer Sprache und Wirtschaftsweise, gehörte bis zum Einsetzen der Islamisierung (zweite Hälfte des 15. Jahrhunderts) dieser Form der Orthodoxie an. Kosovo zählte mit seinem Reichtum an Kirchen und Klosterbauten zu den kulturellen Kernländern der Orthodoxie auf dem Balkan.

Eine Ausnahme bildeten die katholischen Einwohner in den Minenorten: Sie waren zugewandert, ob als Deutsche aus dem Königreich Ungarn oder als Kaufleute aus dem dalmatinischen Dubrovnik. Betreut wurden diese Gemeinden oft von katholischen Priestern aus wichtigen nordalbanischen Städten. Zwar hatte der serbische Zar Stefan Dušan in seinem Zakonik Bestimmungen gegen Nichtorthodoxe aufgenommen, die von modernen albanischen Historikern als gegen die albanische Bevölkerung gerichtete Maßnahme dargestellt werden, und zwar weil die Albaner mehrheitlich katholisch gewesen wären. Doch lässt sich dies erstens nicht belegen (zu den Konfessionen s. u.) und zweitens ist es methodisch unzulässig, von einer Verordnung, die eine Norm vorgibt, auf die tatsächlichen Verhältnisse zu schließen. Zudem ist es problematisch, mittelalterliche Kirchen als Motoren einer ethnischen Assimilierung zu betrachten. Es handelt sich dabei um eine Rückprojizierung von Verhältnissen des späten 19. und des 20. Jahrhunderts auf das 14. Jahrhundert.

Islamisierung als jahrhundertelanger Prozess

Den eigentlichen Einschnitt markiert die osmanische Eroberung. Es wäre aber verfehlt, die damit einsetzende Islamisierung als raschen kollektiven Übertritt einer größeren Bevölkerungsgruppe zum Glauben der neuen Herren darzustellen. Die Islamisierung begann im späten 15. Jahrhundert und kam zu Beginn des 20. Jahrhunderts zu einem Ende. Sie verlief zwischen Stadt und Land, Ebenen und Bergen, bei verschiedenen Sprach- und Konfessionsgruppen in sehr unterschiedlicher Weise. Festzuhalten ist einmal, dass das erste Jahrhundert der unmittelbaren osmanischen Herrschaft (1455–ca. 1550) kaum von Islamisierung gekennzeichnet war. Im Gegenteil: Um 1480 lebten in den Dörfern um Prizren nur Christen. Zwischen 1520 und 1535 erfasste der osmanische Fiskus in den vier Sancaks, die ganz oder teilweise auf dem Gebiet des heutigen Kosovo liegen, folgende Verhältnisse: Sancak Vučitrn: 96,5 % Christen; Sancak Prizren: 98 % Christen; Sancak Shkodra: 95,6 % Christen; Sancak Dukagjin: 100 % Christen. 1530/31 bestanden im Sancak Vučitrn gerade vier Moscheen (Vučitrn, Priština , Trepča und Novo Brdo); 1566/67 gab es im selben Sancak gerade 46 muslimische Haushalte, die auf 30 Dörfer verstreut waren. Eine Beschleunigung erfuhr die Islamisierung zwischen ca. 1550 und 1600 besonders in den Städten: 1582/91 stellten die Muslime in Peć 90%, in Priština 60 %, in Prizren 56 %, in Novo Brdo 37 %, in Trepča 21 % und in Janjevo 14 % – die Bergbauorte wiesen also einen besonders niedrigen Anteil von Muslimen auf. Der Islam war zudem ganz auf die größeren Siedlungen beschränkt. Weitere Islamisierungsschübe erfolgten offenbar in den 1640er Jahren – und zwar vom heutigen Nordalbanien bis in den Kosovo –, um 1670 und gegen Ende des 17. Jahrhunderts. Wann genau die Muslime die Bevölkerungsmehrheit bildeten, lässt sich nicht mit letzter Sicherheit feststellen, doch dürfte um 1800 eine muslimische Mehrheit bestanden haben. Nach 1878 strömten muslimische Flüchtlinge aus Bosnien und Südserbien in den Kosovo. Damit bewirkte erstmals die Zuwanderung von Muslimen eine Veränderung der Bevölkerungsstruktur – und nicht mehr nur die Konversion einheimischer Christen. In vielen muslimischen Familien wird heute noch die Erinnerung an christliche Vorfahren gepflegt.

Die Gründe für den Übertritt zum Islam sind in den südosteuropäischen Historiographien sehr umstritten. Die extremen Pole bilden die Meinung einer gewaltsamen Konversionspolitik der Osmanen auf der einen, die Vorstellung der Attraktivität eines kulturell überlegenen Friedensreiches auf der anderen Seite. Festzuhalten ist die schwierige Quellenlage: Daten zur religiösen Zugehörigkeit liefern osmanische Steuerregister, die naturgemäß fiskalische Pflichten verzeichnen, nicht aber Motive für einen Glaubenswechsel; Berichte katholischer Geistlicher hingegen vermitteln bisweilen Stimmungseindrücke, doch betreffen diese eine sehr kleine Gruppe und erhalten erst gegen Ende des 19. Jahrhunderts durch differenzierte Beobachtung einen höheren Wert. Aussagekräftigere Texte – als Gattung kommen Diplomatenberichte hinzu – stehen erst für das ausgehende 19. Jahrhundert zur Verfügung. Interpretationen haben daher mit Vorsicht zu erfolgen. Wiederum ist nach gesellschaftlichem Milieu, nach Geschlecht und nach Epochen zu differenzieren. Zu beobachten ist, dass rein religiöse Gründe in den Quellen nicht erwähnt werden. Vielmehr überwiegen gesellschaftliche und wirtschaftliche Motive, die mit der Diskriminierung von Nichtmuslimen erklärt werden können. Kerne der Islamisierung bildeten sich früh in den größeren Städten und dort offenbar besonders im Handwerksmilieu. Diese frühen muslimischen Gemeinschaften speisten sich nur zum geringsten Teil aus muslimischen Zuwanderern. Die Mehrzahl der Muslime bestand aus konvertierten Christen. Die erwähnten Islamisierungsschübe sind oft mit militärischen Krisen des osmanischen Reiches verbunden, die zum einen den Steuerdruck auf Christen erhöhten (besonders gegen Ende des 17. Jahrhunderts), bei osmanischen Niederlagen auch die Aggressivität von Muslimen gegen Christen. Um 1700 wechselten zahlreiche Christen unter enormem Druck der Steuerverwaltung, die die Abgaben für Christen als Strafmaßnahme für Aufstände massiv erhöht hatte, den Glauben. Neben diesen von außen geprägten Faktoren schufen gesellschaftliche Aufstiegsmöglichkeiten – v. a. in Heer und Verwaltung – starke Anreize für einen Übertritt zum Islam. Nicht zu unterschätzen ist auch, dass, sobald der Islam zahlenmäßig einen bedeutenden Umfang erreicht hatte, er durch die schiere Masse katholische Zuwanderer aus den albanischen Bergen anzog: Dies gilt besonders für die letzten drei Jahrzehnte der osmanischen Herrschaft. Schließlich gingen auch jene Menschen zum Islam über, die von ihrer christlichen Gemeinschaft ausgeschlossen wurden (z. B. von ihren Familien verstoßene Frauen; Menschen, denen die Kirche die Sakramente verweigerte, weil sie im Konkubinat lebten oder ihre Töchter an Muslime verheirateten).

Der Glaubenswechsel an sich ist ebenfalls ein komplexer Vorgang. Aus den Quellen wird deutlich, dass oft nur die steuerpflichtigen männlichen Haushaltsvorstände den Glauben wechselten, um dem fiskalischen Druck zu entgehen, während Frau und Kinder Christen blieben. In einigen Gemeinden v. a. im westlichen (bei Peja) und südlichen Kosovo (Skopska crna gora) entstand das Phänomen des Kryptochristentums, von Christen, die äußerlich den Islam annahmen, um Diskriminierung zu vermeiden, im Familienleben aber weiterhin ihrem alten Glauben anhingen. Diese Erscheinung wurde

Bajramfest in Mitrovica

wegen ihrer Besonderheit sehr beachtet, in ihrer Bedeutung aber weit überschätzt (gegen Ende des 19. Jahrhunderts werden kaum mehr als 1 % aller
muslimischen Albaner im Geheimen weiterhin dem Christentum, ob orthodox oder katholisch, angehört haben). Wie gefährlich es war, seinen alten
Glauben öffentlich zu bekennen, zeigt die Hinrichtung mehrerer Krypto-Ka-
tholiken in Rugova bei Peja im Jahre 1817.

Bei vielen Zuwanderern aus den albanischen Bergen bildete im 19. Jahrhundert der Glaubenswechsel den Endpunkt eines langsamen Prozesses der
Annäherung an die damals schon stark muslimisch geprägte Gesellschaft der
Ebenen, ihrer neuen Heimat: Zuerst nahmen sie neue Namen an, legten also
ihre alten christlichen Taufnamen ab; dann übernahmen sie von den Muslimen Bräuche und Alltagssitten, und als letzten Schritt traten sie zum Islam
über. Bei orthodoxen Serben bot gegen Ende des 19. Jahrhunderts der Glaubenswechsel Schutz gegen Übergriffe der Muslime und stellte eine Alternative
zur Auswanderung nach Serbien dar.

Die Islamisierung erklärt sich demnach aus dem Übertritt einheimischer – südslawischer wie albanischsprachiger – Christen, der besonders vom 18. bis zum frühen 20. Jahrhundert bedeutsamen Konversion zugewanderter katholischer albanischer Bergbewohner und – in geringerem Maße – der Zuwanderung von Muslimen aus dem Süden (Türken im Spätmittelalter) sowie aus dem Norden (besonders 1878: Bosnjaken und albanische Muslime aus von Serbien eroberten Gebieten).

Die Frage, aus welchen Gruppen sich die Anhänger des neuen Glaubens zusammensetzten, ist aber noch weiter zu vertiefen. Heute wird albanische nationale Identität und Islam, serbische nationale Identität und Orthodoxie gleichgesetzt. Albanische Historiker erklären die Annahme des Islam bei Albanischsprachigen mit der angeblichen Assimilierungspolitik der mittelalterlichen serbischen Kirche. Diese lässt sich aber in den Quellen nicht nachweisen. Religions- und Sprachgrenzen verlaufen nicht parallel, sondern oft quer zueinander.

Eine Sozialgeschichte der Islamisierung steht vor erheblichen methodischen Schwierigkeiten. Sie hat sich auf die genannten osmanischen Steuerregister zu stützen, die die Namen von steuerpflichtigen Haushaltsvorständen aufführen. Muslime tragen dabei religiöse Vornamen (Ali, Abdullah, Hasan usw.), die keinen Rückschluss auf die Sprache zulassen, die von diesen Männern gesprochen wurde. In einigen Fällen ist bei Konvertiten der Name des christlichen Vaters angeführt, der bisweilen Vermutungen über die Sprachzugehörigkeit erlaubt. Obwohl heute die meisten Muslime im Kosovo albanisch sprechen, bedeutet dies nicht, dass nur Albanischsprachige zum Islam übergetreten wären. Wie gezeigt, erwiesen sich bei Konversionen nicht Sprachzugehörigkeit, sondern vielmehr gesellschaftliche Strukturen als ausschlaggebend: Stadtbewohner der Ebenen, und dort vor allem Handwerker, daneben Teile der Elite gehörten zu früh islamisierten Gruppen; wobei nicht einmal alle Städte gleichmäßig von diesem Prozess erfasst wurden. Zum Islam traten Albaner wie Serben über. Im Bergland südlich von Prizren leben heute noch serbischsprachige Muslime, die sog. Gorani („Bergler"). Im Laufe der Frühen Neuzeit wanderten slawischsprachige Muslime aus Bosnien ein, deren Zahl 1878 durch Flüchtlinge vor der österreichisch-ungarischen Besetzung ihrer Heimat stark anwuchs.

Dass die Albanischsprachigen mehrheitlich dem Islam angehören, ist Ergebnis des geschilderten sehr langen Prozesses der Islamisierung. Bedeutsam waren hier die rasche Islamisierung von Katholiken, die aus dem mittel- und nordalbanischen Hochland (s. u.: Migration) vom 17. bis 19. Jahrhundert in den Kosovo eingewandert waren, sowie der Zustrom muslimischer Flüchtlinge aus dem nördlichen Balkan nach 1878. Innerhalb der muslimischen Gemeinschaft waren kulturell nicht die Albanischsprachigen tonangebend, sondern die osmanisch-türkische Elite Prizrens. Die Muslime des Kosovo erweisen sich so als eine sprachlich gemischte (albanisch, türkisch, serbisch), wenn auch zahlenmäßig überwiegend albanische und gesellschaftlich stark ausdifferenzierte (Stadt-Land-Unterschied; gesellschaftliche Schichtung innerhalb der Städte und Dörfer) Gemeinschaft.

Derwischorden

Auf dem Balkan trat der Islam nicht nur in Gestalt seiner sunnitischen Ausprägung auf, sondern wurde auch durch Derwischorden verbreitet, die aus Anatolien kommend zum Teil heterodoxe Glaubensmeinungen und religiöse Praktiken vertraten (v. a. die Bektaşi), sich aber mehrheitlich in den Rahmen einer islamischen „Orthodoxie" einfügten. Derwischmönche sprachen besonders wenig gebildete Christen an. Sie legten u. a. dar, dass die wichtigen Lehren des Islam bereits in christlichen Glaubensvorstellungen zu finden seien. Es entstanden Tekke (Klöster) verschiedener Derwischorden (wie der Halveti in Prizren, der Rifa'i, der Sa'di in Gjakova, der Kadiri und der Melami), die im Kosovo oft später als im heutigen Albanien auftraten (im 17. und 18. Jahrhundert). Die besonders in Südalbanien weit verbreiteten Bektaşi, die die albanische Nationalbewegung mittrugen, sind im Kosovo weniger bedeutsam gewesen, zudem sind sie nur im äußersten Westen (Gjakova, daneben in Prizren) aufgetreten. Evliya Çelebi sah 1660 eine ihrer Tekke auch in Kaçanik.

Die orthodoxen Christen

Eine Mehrheit der Bevölkerung war bis tief in das 18. Jahrhundert hinein christlich geblieben. Dies ist mit der starken Stellung der orthodoxen Kirche im Kosovo zu erklären. Nach dem Ende der serbischen Staatlichkeit (1459)

Brunnenszene in Peć

verschwand vorübergehend auch die serbische Eigenkirchlichkeit, die von dem bedeutenden zentralbalkanischen orthodoxen Zentrum in Ochrid nicht ersetzt werden konnte. 1557 aber wurde das serbische Patriarchat in Peć offiziell wiedererrichtet, wobei der serbischstämmige Großwesir Mehmed Sokolović (im Amt 1565–79) die treibende Kraft war; er ernannte seinen Bruder, den Athosmönch Makarije, zum Patriarchen; Staat und Kirche wirkten wie schon unter den Nemanjiden als familiäre Einheit; der Glaubensunterschied wurde durch gemeinsame Herkunft wett gemacht.

Die Unterstützung der Orthodoxie lag ganz im osmanischen Interesse, denn westlich des Kosovo lagen mehrheitlich katholische albanischsprachige Berggebiete, die wiederholt, mit Unterstützung aus dem Abendland, Aufstände gegen die Osmanen unternahmen. Die Osmanen benützten den tiefen konfessionellen Graben zwischen Orthodoxen und Katholiken, um ihre eigene Macht zu sichern. So stand das orthodoxe Patriarchat nicht etwa im Gegensatz, sondern – zeitweise – im Dienst des osmanischen Reiches. Unter osmanischem Schutz erweiterten die Patriarchen ihre kirchliche Gerichtsbarkeit über das heutige Serbien, Montenegro, Bosnien, Westbulgarien und Nordmakedonien, sie erhoben Anspruch auf die orthodoxen Südslawen im venezianischen Dalmatien und im habsburgischen Südungarn und bildeten damit einen bedeutsamen Machtfaktor im osmanischen Balkan. Wie erwähnt, übernahm die Kirche politisch und kulturell eine Führungsrolle in der orthodoxen Gemeinschaft ihres Jurisdiktionsgebietes. In der zweiten Hälfte des 16. Jahrhunderts blühte die kirchliche Literatur auf; an mehreren Kirchen wurden Erweiterungen und Verschönerungen vorgenommen und rund zwei Dutzend Kirchen neu errichtet. Eine politische Neuorientierung setzte ein, als das osmanische Reich (um 1600 und um 1700) militärische Schwäche zeigte und den Steuerdruck auf die orthodoxe Kirche erhöhte. Hohe Vertreter der orthodoxen Geistlichkeit wandten sich zunächst nach Westen (Spanien, Habsburgerreich), mit dem Auftreten des russischen Reiches auf dem Balkan (um 1700) immer mehr nach Osten um Hilfe. Damit begann eine bis heute zu beobachtende Option der kulturellen und politischen Ausrichtung der serbischen orthodoxen Gesellschaft. Die Patriarchen verstanden sich in orthodoxer Tradition als Ethnarchen (Oberhaupt einer orthodoxen serbischen Nation). 1689 und 1737 führten Patriarchen (Arsenije III. und Arsenije IV.) Aufstände gegen die osmanische Herrschaft an. Dies zerrüttete das ursprüngliche Verhältnis zwischen Reich und Patriarchat. Als im 18. Jahrhundert die griechischsprachige Geistlichkeit des orthodoxen Patriarchats von Konstantinopel ihren Einfluss auf dem Balkan ausdehnen wollte, kam dies dem osmanischen Reichsinteresse entgegen: 1766 wurde das Patriarchat von Peć aufgehoben und der Bistumssitz nach Prizren verlegt. Die hohe Geistlichkeit stand in der Folge stark unter griechischem Kultureinfluss. Die Aufhebung des Pećer Patriarchats stärkte die Stellung des serbischen orthodoxen Erzbischofs von Karlowitz (Sremski Karlovci, heute Serbien) auf habsburgischem Territorium.

Wie die muslimische Gemeinschaft stellten auch die Orthodoxen keine sprachliche und gesellschaftliche Einheit dar. Südslawischsprachige[8], albanischsprachige und vlachische Orthodoxe bildeten bis ins 19. Jahrhundert eine konfessionell definierte Einheit.

---

8   Wie zu zeigen sein wird, dürfen die südslawischsprachigen Orthodoxen nicht einfach als Serben bezeichnet werden.

Die Katholiken

Die katholische Gemeinschaft im Kosovo ist wesentlich durch Einwanderung aus dem albanischen Hochland und dem südslawischen Raum entstanden. Die heute oft zu hörende Behauptung, die Kosovo-Albaner seien vor der Islamisierung katholisch gewesen, ist in dieser Absolutheit nicht korrekt: Die autochthonen Albaner, die im Mittelalter im Kosovo lebten, gehörten überwiegend dem orthodoxen Glauben an.

Heute besteht eine kleine serbokroatisch sprechende katholische Gemeinschaft in Janjevo; albanischsprachige Katholiken leben in verschiedenen Teilen des Kosovo, besonders massiert am Abhang des albanischen Gebirges, zwischen Prizren, Gjakova und Peja sowie im Südosten des Kosovo.

In der Frühen Neuzeit zerfiel die katholische Gemeinschaft in Albanischsprachige in den Ebenen und den im Laufe der Frühen Neuzeit zugewanderten albanischen Hochlandbewohnern, in der Regel Angehörige von Stämmen. Letztere wurden auch von den katholischen Klerikern in der Ebene wegen ihrer Gewalttätigkeit gefürchtet, bisweilen auch offen abgelehnt. Im Gegensatz zu den Katholiken in den Ebenen setzten die Zuwanderer es durch, dass sie ihre Waffen behalten durften. Wie gezeigt, wurden sie im 19. Jahrhundert als sog. Fandi (benannt nach ihrem Herkunftsgebiet im Flusssystem des Großen und Kleinen Fani in der nordalbanischen Landschaft Mirdita) von den Osmanen als Hilfspolizei rekrutiert. Katholische albanischsprachige Hochländer dienten so dem Sultan treu, auch gegen muslimische Albaner, die 1878 gegen den Sultan rebellierten. Das Beispiel der Fandi zeigt die ganze Komplexität balkanischer Geschichte auf: Die katholische Gemeinschaft zerfiel in Angehörige verschiedener sozialer Gruppen; eine sprachliche Solidarität zwischen muslimischen und katholischen Albanern bestand nur ansatzweise; und Katholiken wurden vom islamischen osmanischen Reich gegen illoyale Muslime eingesetzt. Obwohl die katholische Gemeinschaft stets klein war (um 1900 schätzte man sie auf 10–20.000 Menschen), besaß sie eine ungewöhnlich starke kulturelle Bedeutung: Über ihre Priester und Bischöfe standen die Katholiken weit mehr als die Orthodoxen in Beziehung zur Außenwelt, v. a. zum Abendland. Der Klerus bildete gleichsam eine Nabelschnur zwischen der kleinen Gemeinschaft und dem südlichen und westlichen Europa. Dann unterstanden die Katholiken seit dem frühen 17. Jahr-

Gjakova

hundert dem sog. Kultusprotektorat (Schutzmachtstatus) der Habsburger Dynastie im osmanischen Reich, d. h. sie verfügten im Haus Österreich über einen mächtigen Fürsprecher ihrer Anliegen beim Sultan. Bei den Orthodoxen vermochte Russland diese Stellung 1774 zu erlangen, aber erst gegen Ende des 19. Jahrhunderts auch wirklich durchzusetzen.

Religiosität und Volksreligion

Die Quellen erlauben einen Überblick über die institutionelle Ausgestaltung
der verschiedenen Religionen und Konfessionen. Aussagen über die Religio-
sität, d. h. die Intensität des Glaubenslebens sind wesentlich schwieriger zu
treffen. Hier haben anthropologische Forschungen wichtige Ergebnisse ge-
zeitigt: Bei Serben wie Albanern ist mit einem Fortdauern vorchristlicher und
vorislamischer popularer Glaubensformen zu rechnen, die nicht selten beiden
Sprachgruppen, ungeachtet ihrer Religionszugehörigkeit, gemeinsam waren.
Bei dem jahrhundertelangen engen Zusammenleben aller Sprach- und Reli-
gionsgemeinschaften wird dies kaum erstaunen; in den meisten nationalge-
färbten Darstellungen werden diese Gemeinsamkeiten aber nicht erwähnt. Es
ist davon auszugehen, dass nicht allein das von der Kirche gelehrte Christentum oder der orthodoxe Islam die Glaubenswelten der Bevölkerungsmehrheit
im Kosovo prägten, sondern auch eine Vielzahl traditioneller Vorstellungen
von Feen, Wundern, Drachen, Hexen; Albaner wie Serben verwendeten zum
Teil die selben Begriffe (vila für die Fee) oder ähnliche Gestalten (drangue
bzw. zmaj; „Drache"; für ein Fabelwesen). Die starke kulturelle Symbiose der
Balkanbewohner unterhalb der hochreligiösen und hochkulturellen Ebene
tritt hier zutage. Synkretistische Erscheinungen, also Formen des Zusammen-
fließens christlicher und muslimischer Bräuche, waren daher weitverbreitet,
gemeinsame Prozessionen etwa oder das Feiern der Feste der anderen Religion. Daneben führten Muslime alte christliche Bräuche weiter (wie etwa
das Wassersegnen). Es wäre auch verfehlt, die starke religiöse Identität bei
Muslimen wie Christen mit der genauen Kenntnis von Glaubensinhalten
und der Befolgung aller Glaubensregeln gleichzusetzen: Viele Muslime beachteten das Gebot, täglich fünfmal zu beten, nicht, hielten Riten wie die
Beschneidung und den Ramadan – als punktuelle und zudem der Unter-
scheidung stärker dienende Elemente – jedoch strenger ein. Wie gezeigt, erklärt sich die ausgeprägte muslimische Identität auch durch das Bewusstsein,
einer überlegenen Gemeinschaft anzugehören; sie ist also stark soziokulturell
und weniger religiös geprägt. Die Grenzen von dominanten Muslimen und
diskriminierten Christen wurde durch gemeinsame Volksbräuche und Feiern

nicht verwischt, doch schuf die gemeinsame volksreligiöse Grundierung der Gesellschaft einen Rahmen für soziale Beziehungen. Auch hier zeigt sich, dass starre Grenzlinien zwischen religiös definierten Gruppen allein zum Verständnis der osmanischen Provinzgesellschaft nicht ausreichen. Verfehlt wäre aber auch, das Bild einer interreligiösen Harmonie zu entwerfen, die wegen der rechtlichen Ungleichstellung nie entstehen konnte. Welche Ablehnung die christliche Bevölkerung den Osmanen entgegenbrachte, zeigt eine Erzählung des osmanischen Weltreisenden Evliya Çelebi aus dem Jahre 1660; demnach soll das Grabmal Sultan Murads I. auf dem Amselfeld stets verschmutzt gewesen sein, da christliche Bauern noch fast drei Jahrhunderte nach der Schlacht von 1389 dort absichtlich ihre Notdurft verrichteten[9]. Auch muss hervorgehoben werden, dass synkretistische Phänomene oft nur punktuelle Bedeutung hatten: Es kam vor, dass Muslime aus gemischtreligiösen Familien christliche Priester um schutzbringende Amulette baten, den Priestern aber den Zugang zu ihren christlich gebliebenen Familienmitgliedern verwehrten.

---

9   R. Dankoff – R. Elsie, Evliya Çelebi in Albania and Adjacent Areas (Kosovo, Montenegro, Ohrid). Leiden – Boston – Köln 2000, 19.

Sprachen

Die im heutigen Selbstverständnis zentrale und identitätskonstitutive Dimension der Sprache wird bei der Betrachtung vormoderner Verhältnisse bewusst nicht an erster Stelle behandelt. Dies soll die Bedeutung von Sprache nicht in Frage stellen, doch hervorheben, dass bei allem Bewusstsein um sprachliche Unterschiede diese bis in das 19. Jahrhundert nicht in erkennbarer Form als vorrangige oder gar einzige Kategorie zur Binnendifferenzierung der Bevölkerung des Kosovo verwendet wurde. Die folgende Analyse geht vom heutigen Bestand an Sprachen auf dem Gebiet des Kosovo aus und widmet sich dann der Sprachgeschichte und deren ideologischer Überformung. Den Sprachgruppen, den Sprechern als gesellschaftlicher Einheit, geht das nächste Kapitel nach, das der Bevölkerungsgeschichte gewidmet ist.

Im Kosovo bestehen derzeit folgende Sprachgemeinschaften: das Albanische, das Serbische, das Türkische und Romanes (Romasprache). Das Albanische wird von muslimischen Albanern und albanischsprachigen Romagruppen verwendet; das Serbische von orthodoxen Serben, den muslimischen Gorani sowie den muslimischen Bosnjaken; die slawischen Katholiken von Janjevo bezeichnen ihre Sprache als Kroatisch. Das Türkische schließlich ist in Prizren neben Albanisch und Serbisch dritte Amtssprache.

Sprache und ethnonationale Identität sind eng miteinander verbunden. Sprachgeschichte und Sprachwissenschaft sind daher stark von außerwissenschaftlichen Faktoren beeinflusst. Dies lässt sich besonders am Beispiel des Albanischen zeigen. Das Albanische ist eine indogermanische altbalkanische Sprache. Dies ist in der Wissenschaft Konsens. Umstritten war aber, von welcher altbalkanischen Sprachgruppe – dem Thrakischen in der östlichen Hälfte oder dem Illyrischen im Westen des Balkans – es abstammt. Unklar ist, ob das Albanische und seine Vorformen (sog. Proto-Albanisch) seit dem Altertum 1) auf dem heutigen Sprachgebiet, 2) auf einem größeren als dem derzeitigen Territorium oder 3) in einem anderen Gebiet Südosteuropas verwendet wurde. Es geht um die Frage, ob die Albaner in ihren heutigen Gebieten altansässig oder zugewandert sind. Da Schriftquellen zur Beantwortung dieser Fragen weitgehend fehlen, sind Historiker ganz auf die Ergebnisse der

Linguistik angewiesen, die die Sprache selbst als Quelle auswertet. Einige, wenn auch deutlich weniger wichtige Hinweise vermag auch die Archäologie zur Verfügung zu stellen. Die albanische Sprachwissenschaft geht von einer Kontinuität vom Illyrischen zum heutigen Albanischen aus. Die These kann zwar mit Indizien erhärtet, aber nicht zweifelsfrei bewiesen werden, da keine illyrische Sprachdenkmäler vorliegen. Die von einigen nichtalbanischen Gelehrten vertretene Auffassung, wonach das Albanische aus dem Thrakischen abzuleiten sei – und die Albaner demnach in ihre heutigen Siedlungsgebiete, wohl im Früh- und Hochmittelalter, eingewandert seien, konnte sich ebenfalls nicht durchsetzen. Derzeit geht die internationale Forschung davon aus, dass antike Vorformen des heutigen Albanischen im Gebiet des heutigen Kosovo und des nordwestlichen Makedonien bestanden haben. Das Proto-Albanische hat in der Spätantike die romanischen Sprachen des zentralen Balkan (v. a. Rumänisch und Aromunisch/Vlachisch) stark beeinflusst: der nachgestellte Artikel (also „Mann-der" statt „der Mann"), der sich im Albanischen und Rumänischen findet (aber auch im Bulgarischen, das sich im Frühmittelalter ausbildete), dient dafür als wichtiges Indiz. Bedeutsam ist auch ein gemeinsamer Wortschatzbereich im heutigen Albanischen und Rumänischen. Beide Sprachen haben mehrere Dutzend Begriffe aus der Welt der Viehhirten gemeinsam. Da beide Sprachgruppen heute nicht mehr räumlich aneinander grenzen, müssen sie in früherer Zeit zusammen gelebt haben. Diese Vorstellung einer proto-albanisch – proto-rumänisch – vlachischen Symbiose verursacht bei Wissenschaftlern in Rumänien wie im albanischsprachigen Südosteuropa Unbehagen, denn sie erschüttert die in Rumänien wie in Albanien vertretene These von der ungebrochenen Kontinuität und der Autochthonität der jeweils eigenen Gruppe. Es erstaunt daher nicht, dass in beiden Ländern abweichende Beiträge ausländischer Wissenschaftler zu dieser für das nationale Selbstverständnis zentralen Frage zumeist ignoriert werden. Endgültige Gewissheit über die Frühgeschichte der albanischen Sprache kann die Forschung derzeit nicht bieten.

Der Wortschatz des Albanischen weist auf starke kulturelle Kontakte mit Sprechern des Lateinischen (bzw. vom Latein abgeleiteter balkanromanischer Sprachen), südslawischer Sprachformen (aus denen das Serbische und das Bulgarische hervorgegangen sind) und später des Türkischen auf. Die Sprache spiegelt so die kulturelle Überschichtung der Albanischsprachigen in der

Vormoderne wider. Der Anteil von aus dem Latein stammenden Wörtern ist so hoch, dass man einst sogar von einer halblatinisierten Sprache gesprochen hat. Hervorzuheben ist aber, dass das Proto-Albanische eben nicht vollständig latinisiert wurde: Nur das Keltische und das Baskische vermochten sich im Imperium der Übermacht der lateinischen Reichssprache in ähnlicher Weise zu entziehen. Der slawische Wortschatz im Albanischen betrifft die Bereiche Ackerbau (Begriffe wie Egge, Hacke, Schaufel, Sichel, Furche), Haus und Hausrat, Staat, Gesellschaft und Recht (Gewohnheitsrecht „zakon"; Eidhelfer, Leibeigener, Adliger, Statthalter, Dorfvorsteher, Provinz). Die ältesten Übernahmen stammen aus dem Bulgarischen – und nicht etwa dem Serbischen –, mit dem das Proto-Albanische im Gebiet des heutigen Westmakedonien (Landschaft Debar/alb. Dibra) in Berührung gelangte. Umgekehrte Entlehnungen – aus dem Albanischen ins Serbische – existieren außerhalb der angrenzenden serbischen Dialekte demgegenüber nur sehr wenige. Der Einfluss ist demnach recht einseitig von den Slawischsprachigen zu den Albanischsprachigen verlaufen. Dasselbe gilt für das Verhältnis mit dem Türkischen; hier kommt dem Bereich der materiellen Kultur (Möbel, Kochgerät usw.) erhebliche Bedeutung zu.

Die albanische Sprache zerfällt in zwei Hauptdialektgruppen, die auch eigene Kulturräume bilden: die Tosken im heutigen Südalbanien und die Gegen, derzeit rund 2/3 der Albanischsprachigen, deren Gebiet sich vom heutigen Nordalbanien bis in den Kosovo erstreckt. Diese beiden Hauptdialektgruppen zerfallen weiter in Unterdialekte. Im Kosovo wird das Nordostgegische gesprochen. Bis in das 20. Jahrhundert wurde das Albanische im Kosovo kaum geschrieben. In der Geschichte der Schriftlichkeit der albanischen Sprache nimmt das Kosovo eine Randstellung ein. Schriftkundige Muslime verwendeten das Osmanisch-Türkische, Christen (auch Nichtserben) das Serbische (bei Katholiken auch das Italienische). Das Albanische ist daher bis zur Massenalphabetisierung der Bevölkerung nach 1945 eine weitgehend mündlich gepflegte Sprache gewesen, die vom Osmanischen und Serbischen als Schriftsprachen überwölbt wurde. Eine – freilich sehr bedeutsame – Ausnahme stellt der katholische Erzbischof von Skopje, Peter Bogdani (ca. 1630–1689) dar, dessen theologisches Hauptwerk, der „Cuneus prophetarum" 1685 in Padua albanisch und italienisch gedruckt wurde. Bogdani ist ein typisches Beispiel für die Verbindungen der katholischen Gemeinschaft mit dem

Abendland: Er hatte das sog. Illyrische Kolleg im italienischen Loreto ab-
solviert und besaß damit eine vorzügliche klassische Bildung, was auch aus
seinem – italienischen – Briefwechsel mit Kirchenoberen hervorgeht.

Der besonderen – isolierten – Stellung ihrer Sprache waren sich die Sprecher des Albanischen offenbar schon früh bewusst, wie die Abgrenzung
gegenüber Slawischsprachigen zeigt, die mit dem alten Begriff „shqau" erfolgt. Seit der Frühen Neuzeit verwenden die Albaner eine Eigenbezeichnung
(shqiptar, Albaner), die von dem Verb „shqiptoj" (aussprechen) abgeleitet ist.
Sprache diente in der Vormoderne als Mittel der Abgrenzung, im Gegensatz
zum Zeitalter des Nationalismus aber nicht als vorrangiges Kennzeichen von
Identität.

Die Sprachgeschichte des Serbischen ist demgegenüber weit weniger umstritten. Das Serbische hat sich aus Sprachformen herausgebildet, die slawische Einwanderergruppen ab dem 6. Jahrhundert in den zentralen Balkan
getragen hatten. Als Schriftsprache wurde das Kirchenslawische verwendet,
von dem sich die gesprochene Sprache immer weiter entfernte. Serbische
Sprachreformer der ersten Hälfte des 19. Jahrhunderts (Vuk Karadžić, Dositej
Obradović) brachen mit der kirchenslawischen Tradition und kodifizierten
eine neue Schriftsprache auf der Grundlage der gesprochenen Sprache. Regionale Varianten des Kosovoserbischen (der sog. Kosovo-Resava-Dialekt)
wurden im 20. Jahrhundert in einem eigenen linguistischen Projekt erfasst
(G. Elezović, Rečnik kosovsko-metohiskog dialekta. 2 Bde. 1932–1936). Die
Aussage, alle Südslawischsprachigen im Kosovo sprächen serbisch, ist aber
problematisch, und zwar nicht nur mit Blick auf die südslawischsprachigen
Katholiken, die im 20. Jahrhundert eine kroatische Identität entwickelten,
sondern mit Bezug auf die große Mehrheit der südslawischen Bevölkerung.
Ost- und südostserbische Dialekte gehen im Kosovo in nordwestbulgarische
Dialekte über und die Isoglossen sind so ausgeprägt, dass es kaum möglich
ist, eine klare Grenze zwischen beiden Sprachen zu ziehen, zumal sich die beiden modernen Schriftsprachen (Serbisch und Bulgarisch) von den im Kosovo
gesprochenen Dialekten unterscheiden. Wie zu zeigen sein wird, orientierten
sich noch um 1900 zahlreiche Südslawischsprachige im Kosovo in kulturell-
religiöser Richtung an Bulgarien und nicht an Serbien. Daher kann vor 1900
die südslawischsprachige Bevölkerung nicht ungeschmälert als „Serben" bezeichnet werden.

Prishtina

Schon die Sprachgeschichte des Albanischen und die erwähnten Turzismen im Serbischen weisen auf außerordentlich enge Kontakte zwischen den Sprechern der genannten Sprachen hin. Mehrsprachigkeit war in Südosteuropa in der Vormoderne weitverbreitet, und im ethnisch stark gemischten Kosovo bis in das 20. Jahrhundert hinein besonders bei Männern, die sich im öffentlichen Raum bewegten, die Regel. Über die gesprochenen Sprachen (Albanisch, Serbisch, Türkisch) wölbte sich die Ebene der Schriftsprache. Nicht die Sprache der größten Gruppe (der Albaner), sondern die Sprache mit dem größten Prestige – das Osmanische – übte bei den Muslimen eine hochkulturelle Leitfunktion aus. Über das Osmanische hatten gebildete Muslime Anteil an der Reichskultur, an Verwaltung und Heer. Innerhalb der mehrsprachigen orthodoxen Gemeinschaft kam dem Serbischen diese Funktion zu. Selbst führende Vertreter der albanischen Nationalbewegung des 20. Jahrhunderts wie Hasan Prishtina (gest. 1933) verfassten ihre Privatkorrespondenz auf Osmanisch; der ebenfalls prominente national eingestellte Politiker Nexhip Draga sprach und schrieb auch Serbisch.

Bevölkerungsgeschichte und Wanderungsbewegung

(Proto-)Albaner, Vlachen und Slawen im Frühmittelalter

Sprachgeschichte und Bevölkerungsgeschichte sind eng miteinander verbunden. Die heutigen ethnonational verfassten Gemeinschaften der Albaner und Serben sind aus entsprechenden Sprachgemeinschaften hervorgegangen. Eine Kontinuität dieser Identität, die sich nahtlos in fernste Vergangenheit zurückführen ließe, kann aus den Quellen aber nicht herausgelesen werden. Beide Gruppen haben einen Prozess der Ethnogenese im Früh- und Hochmittelalter durchlaufen. Im 6. Jahrhundert war kein „serbisches Volk" auf dem Balkan eingewandert. Belegt sind die Serben als größere christianisierte Gruppe im 9. Jahrhundert. Für die Zeit zuvor hat man von slawischen Einwanderergruppen zu sprechen – bis zu den Nationalisierungsprozessen seit der zweiten Hälfte des 19. Jahrhunderts sowie angesichts konkurrierender bulgarischer und serbischer Identitäten ist es angebracht, für den vormodernen Kosovo den Begriff „Südslawen" zu verwenden. Diese slawischen Einwanderergruppen waren meist klein und nicht in größeren Herrschaftsverbänden zusammengeschlossen. Sie drangen also nicht als zahlenstarke Völker auf dem Balkan ein, vielmehr muss man sich ein Einsickern zahlreicher kleiner Verbände vorstellen, die sich im Laufe von rund drei Jahrhunderten in der Raška (Gebiet von Novi Pazar, heute Serbien) zu einer größeren Gemeinschaft mit eigenem Volksnamen ausbildeten. Nicht im Kosovo, sondern im Gebiet des Sandžak von Novi Pazar liegen die Ursprünge der Sprachgemeinschaft der Serben. Kosovo unterstand bis zum Ende des 12. Jahrhunderts dem bulgarischen Reich und Byzanz. Allein schon aus diesem Grund kann es nicht als Kerngebiet einer frühmittelalterlichen serbischen Herrschaftsbildung angesehen werden.

Einzelheiten des slawischen Vordringens im frühmittelalterlichen Südosteuropa werden kaum von Schriftquellen erhellt. Wieder sind die Sprache, genauer die Ortsnamen, als Quelle heranzuziehen. Wie eingangs erwähnt, sind
die meisten Ortsnamen slawischen Ursprungs. Die linguistische Analyse gibt
einige Hinweise darauf, welche Bevölkerungsbewegungen und -kontakte in
dieser Frühzeit stattfanden; diese können kurz skizziert werden, freilich nicht
ohne den Hinweis auf den hypothetischen Charakter historischer Aussagen,
die ausschließlich auf dem sprachwissenschaftlichen Befund fußen.

Die flächendeckende Schicht slawischer Ortsnamen lässt den Schluss zu,
dass die Einwanderer die alteingesessene altbalkanische Bevölkerung in den
Siedlungskammern in der Ebene und im Hügelland verdrängten und dass
sie anstelle der vergessenen antiken Siedlungsnamen neue – slawische – setzten. Der Verdrängungsprozess im Einzelnen lässt sich nicht nachvollziehen;
wahrscheinlich sind Teile der altbalkanischen Bevölkerung in den Ebenen geblieben. Die meisten Bewohner der Provinz Dardania hatten sich dagegen in
höhere Lagen zurückgezogen, und zwar Vlachen wie Proto-Albaner. Im rau-
en Hochlandklima stellten sie ihre Wirtschaftsform auf Viehzucht um und
scheinen dabei den Ackerbauwortschatz weitgehend vergessen zu haben. In
diesem Hirtenmilieu bildete sich die erwähnte albanisch-vlachische Symbiose
aus, ein Zusammenleben der halb- bzw. ganz romanisierten vorslawischen
Bevölkerung in gebirgigen Rückzugsgebieten. Slawische Gruppen drangen
im Frühmittelalter dem Vardar entlang bis an die Ägäis vor, nach Westen gelangten sie in das heutige Albanien, das mit Ausnahme der mittelalbanischen
Siedlungskammer von Mati und der angrenzenden Berggebiete ebenfalls
einen hohen Anteil slawischer Ortsnamen aufweist – der freilich mit Ausnahme weniger Gebiete im heutigen Ostalbanien nirgends jene Dichte besitzt
wie im Kosovo. Auf die Kontraktionsbewegung der altbalkanischen Bevölkerung folgte – zu einem nur schwer bestimmbaren Zeitpunkt, aber wohl
bereits im 9. Jahrhundert einsetzend – eine Gegenbewegung: Albaner und
auch Vlachen stiegen von den Bergen herab und nahmen Teile der Ebenen
wieder in Besitz: Weitgehend erfolgte dies im heutigen Süd- und Mittelalbanien. Es bildete sich aber keine klare slawisch-albanische Sprachgrenze aus,
vielmehr bestand bis mindestens in das 16. Jahrhundert eine hunderte Kilometer lange breite Überlappungszone von slawischen und albanischen Spre-
chergruppen, die sich von Montenegro über den Kosovo bis in das westliche

Makedonien herabzog. Slawen (im Süden Bulgaren, im Norden Serben) siedelten noch im 15. Jahrhundert weit westlich der heutigen Sprachgrenze (im Tal des Schwarzen Drin, in geringerem Ausmaß im Shkumbintal), während Albaner besonders im heutigen Makedonien verstreut östlich der heutigen Sprachgrenze lebten. Weniger kompakte Gruppen im Raum bestanden, vielmehr ergaben sich Sprachunterschiede nach Siedlungslage: im Talgrund hielt sich das Slawische länger, während auf den umliegenden Höhen die Dörfer Albanisch sprachen (so z. B. im Tal des Schwarzen Drin; oder in den Höhen hinter Gjakova, Peć und Prizren). Kartographisch lässt sich diese Schichtung nach Höhenmetern nur schwer erfassen. Wie so viele Elemente der zentralbalkanischen Gesellschaft läuft sie modernen Vorstellungen von klaren Abgrenzungen zuwider.

Bevölkerungsstrukturen im Hoch- und Spätmittelalter

Dies trifft auch für ein Element von geradezu elementarer Bedeutung zu: Die Bevölkerungsgeschichte des Kosovo ist nicht statisch, sondern höchst dynamisch, eine Bewegung, die alle Sprachgruppen betraf. Albaner wie Serben gehen heute von einem Geschichtsbild aus, das der jeweils eigenen Gruppe Statik (Kontinuität und Autochthonität) zuweist, der anderen aber Bewegung (Einwanderung und daher ein geringeres „historisches Recht"). Gewiss ist, dass die altbalkanischen Vorfahren der heutigen Albaner bereits vor der slawischen Landnahme im Kosovo wohnten. Diese Bevölkerung aber als Albaner zu bezeichnen und eine direkte Verbindung zwischen Gegenwart und Spätantike zu ziehen, ist aber ebenso problematisch wie die Gleichsetzung der slawischen Einwanderer des 6. und 7. Jahrhunderts mit dem später entstandenen serbischen Volk. Ebenso klar ist, dass die slawischen Vorfahren der Serben im 6. und 7. Jahrhundert auf den Balkan eingewandert sind. Die weitere Bevölkerungsgeschichte erweist sich dagegen als äußerst komplex. Als gegen Ende des 19. Jahrhunderts der serbische Anthropogeograph Jovan Cvijić Forschungen über die Siedlungsstruktur des serbischen Staatsgebietes unternahm, stellte er fest, dass in vielen Dörfern die Bewohner nicht mehr als 150 Jahre ansässig waren. In den Dreißigerjahren des 20. Jahrhunderts setzte sich die serbische Bevölkerung in Dörfern des östlichen Kosovo fast zu gleichen Teilen aus Alteingesessenen und Zuwanderern aus dem gesamten serbischsprachigen Raum (von Bosnien bis hinab nach Makedonien) zusammen.

Mit anderen Worten: Im von Serben besiedelten Raum erfolgten im 18. und frühen 19. Jahrhundert gewaltige Bevölkerungsbewegungen. Kosovo bildete davon keine Ausnahme. Die Vorstellung von Autochthonität wird angesichts dieses Befundes fraglich.

Doch auch auf albanischer Seite ist die Vorstellung einer ausschließlichen, stabilen Siedlungskontinuität kaum haltbar. Die slawischen Toponyme, die starken slawischen Spracheinflüsse auf das Albanische, die erhebliche kulturelle serbische Überschichtung der Albaner im spätmittelalterlichen Kosovo lassen kaum einen anderen Schluss zu, als dass die Serben im Mittelalter im

Kosovo die Bevölkerungsmehrheit gestellt haben. Dies bedeutet aber nicht, dass es keine Albaner im Kosovo gegeben hätte. Die Frage der albanischen Präsenz im vorosmanischen und frühosmanischen Kosovo ist umstritten. Die Mehrzahl der serbischen Forscher spricht von einer sehr späten Einwanderung der Albaner (seit dem ausgehenden 17. Jahrhundert) in den Kosovo – die Albaner erscheinen so als vor verhältnismäßig kurzer Zeit immigrierte Eindringlinge. Albanische Forscher streiten ab, dass Zuwanderung eine größere Bedeutung angenommen hätte. Die Quellenlage lässt auf einen komplizierten Ablauf schließen. Wie gezeigt, setzte wohl ab dem 9. Jahrhundert eine Expansionsbewegung der überwiegend zu Viehzüchtern gewordenen altbalkanischen Bevölkerung in die mehrheitlich slawisch besiedelten Ebenen ein. Dabei erlernten Albaner und Vlachen den Ackerbau von slawischen Bauern; sie übernahmen daher den slawischen Landwirtschaftswortschatz. Im slawischen Milieu der Ebenen gelangten sie in Berührung mit slawischen Herrschaften und eigneten sich deren Terminologie an. Schließlich kannten sie auch die alten Namen der Siedlungen nicht mehr, die einst im römischen Imperium in den Ebenen bestanden hatten, sondern verwendeten in leicht abgewandelter Form die neuen slawischen Ortsnamen. Es entstand eine enge albanisch-slawische Symbiose. Auf dem Gebiet des heutigen Albanien führte dies zur erwähnten weitgehenden Assimilierung der Slawen durch das albanische Milieu – der Ablauf bleibt aus Quellenmangel unklar. Im Kosovo erfolgte diese Assimilierung nicht, weil die Albaner dort im Spätmittelalter nicht die Bevölkerungsmehrheit stellten. Sie sind aber bereits im 14. Jahrhundert in serbischen Urkunden für die Dukagjinebene/Metohija belegt, und zwar als Hirten, zusammen mit den Vlachen. Andere Quellen, v. a. aber osmanische Steuerregister, die Ende des 15. Jahrhunderts erstellt wurden, zeigen sesshafte Albaner in Dörfern und Städten besonders im heutigen westlichen Kosovo.

Methodische Fragen der Quellenauswertung

An dieser Stelle ist eine besonders kontroverse Frage der Auswertung dieser Steuerregister zu erläutern: Die osmanischen Beamten verzeichneten die Namensform, die der Steuerpflichtige ihnen angab. Als Beispiel soll einige Haushaltsvorstände des Dorfes Junik bei Peć im Jahre 1485 dienen[10]:

Radoslav, Sohn des Bratoja
Božidar, Sohn des Radoslav
Nikola, sein Bruder
Dejan, Sohn des Menko
Radoslav, Sohn des Gjon
Prebil, Sohn des Bogin
Mimoman, Sohn des Stjepan
Radič, Sohn des Radšar
Radič, Sohn des Brisav
Progon, sein Bruder
Gjon, sein Bruder
Rajko, sein Bruder
Bogdan, Sohn des Novak
Božidar, Sohn des Gjon
Mihailo Sohn des Menko
Dimitri, sein Bruder
Nenko, Sohn des Đurin
Vedaš, Sohn des Pera
Radoslav, Sohn des Nenada
Nenko Nenkoja, sein Sohn
Goga, Sohn des Radič
Radoslav, Sohn des Gjon
Gjon, Sohn des Mima
Radič, Sohn des Radšar
Gjon, sein Bruder

Nikola, Sohn des Radšar
Damjan, Sohn des Nikola
Progon, sein Bruder
Nikola, Sohn des Progon
Radovan, Sohn des Bogošar
Rajko, sein Bruder
Vlad, Sohn des Gjon
Gjon, Sohn des Vasili
Menko, Sohn des Dimitri
Bardo, Sohn des Bardaš
Branko, Sohn des Gjon
Pepa Đovan
Andrija, Sohn des Dimitri
Gjon, Sohn des Bardo
Stjepan, Sohn des Leka
Radič, Sohn des Dubko
Vasili, Sohn des Bogdan
Gjon, Sohn des Tole
Nenko, Sohn des Mrko
Radovan, Sohn des Bogoj
Ivan, sein Bruder
Nikola, Sohn des Ledif
Pepa, Sohn des Bardo
Gjorgj Mazaraku
Nenko, Sohn des Gjorgji

---

10   S. Pulaha, Popullsia shqiptare e Kosovës gjatë shek. 15.–16 [Die albanische Bevölkerung des Kosovo im 15.–16. Jhd.]. Tirana 1984, 128, slawische Namensformen werden, abweichend von Pulaha, in serbischer Schreibweise wiedergegeben.

Vasili, Sohn des Đuro

Pepa, Sohn des Dubko

Gjon, Sohn des Leka

Novak, Sohn des Bogdan

Menko Siromah

Vukota, Sohn des Gjorgji

Jovan, Bruder des Nenko

Mlajko, sein Bruder

Pepa, Sohn des Menko

Goga, Bruder des Nikola

Nikola, Sohn des Bratas

Dimitri, Sohn des Bardo

Pejan, Sohn des Bratas

Dimitri, Sohn des Siromah

Die Witwe Vukosava

Die Witwe Danica

Goga, Bruder des Gjon

Die Witwe Marija

Die Namen der Haushaltsvorstände sind überwiegend typische serbische Taufnamen (Božidar, Radič), ergänzt um christliche Heiligennamen (Vasili, Nikola, Mihailo). Als dritte Gruppe treten Namen auf, die nur bei Albanischsprachigen vorkommen: Gjon (Johannes), Leka (Alexander), Progon, Bardo (alb. bardh, weiss). In der Forschung ist unbestritten, dass Träger albanischer Namen der albanischen Sprachgruppe zugewiesen werden. Dass ein Träger eines slawischen Namens nicht unbedingt Slawe sein muss, legen – abgesehen von der Erfahrung in anderen Gesellschaften (wenn jemand in Deutschland Mike heißt, bedeutet dies noch lange nicht, dass er auch Englisch spricht, sondern es sagt vor allem etwas über kulturelle Vorlieben seiner Eltern aus) – Fälle nahe, wo der Vater (Gjon) einen albanischen, der Sohn (Radoslav) aber einen serbischen Namen trägt. Offenbar waren serbische Taufnamen bei Albanischsprachigen beliebt; schließlich herrschte bis zur osmanischen Eroberung in der Verwaltung, danach auch im kirchlichen Leben der serbische Einfluss vor. Albaner wie Serben besuchten die gleiche orthodoxe Kirche; beliebte Taufnamen gingen über die Sprachgrenzen von Serben zu Albanern.

Betrachtet man nun beide Kategorien (1. albanischer Vorname; 2. slawischer Vor- und albanischer Vatersname) als Albanischsprachige, stellt sich die Frage, wie Männer einzuordnen sind, deren Vor- und Vatersname (Bogdan, Sohn des Novak) slawisch sind. Albanische Historiker haben geschlossen, dass es sich auch bei ihnen um Albanischsprachige handeln müsse.

Würde man diese Regel ausweiten, geriete man in die absurde Lage, bei jedem Träger eines slawischen Namens einen Albaner zu vermuten. Es bliebe im Ermessen des Historikers, wie die räumliche Grenze der Anwendung dieser Regel zu ziehen ist; in der Praxis fiele diese mit maximalen modernen Gebietsansprüchen zusammen. In der Tat vertreten albanische Historiker die Auffassung, dass das Kosovo seit jeher eine albanische Mehrheit besessen hätte. Sie folgen damit der These des bekannten albanischen Linguisten Eqrem Çabej, wonach das albanische Siedlungsgebiet seit der Antike dauernd an Ausdehnung verloren habe. *„[Diese] Auffassung [ist] nicht nur ahistorisch, sondern auch gefährlich und in der konkreten ethnopolitischen Konfliktlage für eine Entspannung abträglich, weil mit ihr aller auch nur teilweise albanisch besiedelter Raum der Gegenwart als „eigentlich“ von alters her albanisch definiert werden kann, in dem andere nur Eindringlinge jüngeren Datums sind; und weil damit auch auf albanischer Seite ein historischer Opferdiskurs unterfüttert wird, der für den heutigen Balkan immer noch typisch ist und jeweils im eigenen Volk den in die Defensive getriebenen Verlierer der Geschichte sieht, ein Verlierer, der seinen Nachbarn niemals Unrecht getan haben noch heute tun kann, solches von diesen aber ständig zu erfahren hat“*, urteilt ein Kenner der Materie[11].

Es liegt auf der Hand, dass diese Methode kaum einen gangbaren Weg eröffnet. Übertragen auf das Fallbeispiel von Junik darf man also schließen: Das Dorf wurde mehrheitlich von Männern mit slawischen Vornamen bzw. Vatersnamen bewohnt. Daneben trugen mehrere Männer auch albanische Namen. Vom Namen allein kann auf die Sprache des Betreffenden nicht mit Sicherheit geschlossen werden. Zwei Dinge sind aber deutlich: Einmal ein starker serbischer Kultureinfluss, dann aber, dass um 1480 sesshafte albanische Bauern in diesem Dorf lebten. Junik lag im äußersten Westen des heutigen Kosovo, am Übergang zu den nordalbanischen Bergen, eine Region, in der schon im 14. Jahrhundert Albaner belegt sind, die als Hirten aus dem Gebirge herabgestiegen waren.

Dehnt man die Untersuchung auf andere in osmanischen Steuerregistern verzeichnete Dörfer aus, wird deutlich, dass Albaner bereits im Mittelalter nicht nur als Hirten, sondern als Bauern in der Dukagjinebene/Metohija lebten. Eine Analyse der osmanischen Register belegt aber auch, dass sich die albanische Präsenz nach Osten hin deutlich ausdünnte, d. h. dass sie in der westlichen Siedlungskammer deutlich stärker war als auf dem eigentlichen Amselfeld. Doch auch in der westlichen Siedlungskammer bildeten die Al-

---

11   K. Clewing, An den Grenzen der Geschichtswissenschaft: Albaner, Thraker und Illyrer, in: M. Genesin – J. Matzinger (Hrsg.), Albanologische und balkanologische Studien. Festschrift für Wilfried Fiedler. Hamburg 2005, 215–225, hier 224f.

baner im ausgehenden Mittelalter zwar eine wahrnehmbare Gruppe, wohl aber nicht die Bevölkerungsmehrheit. In der östlichen Siedlungskammer wird es um 1500 nur vereinzelt albanischsprachige Bewohner gegeben haben. Die südslawische Bevölkerung stellte um 1500 die Bevölkerungsmehrheit im ganzen Kosovo, wobei diese Majorität von Westen nach Osten deutlich zunahm.

Um 1500 waren die Albaner nicht jene unbedeutende Randgruppe, als die sie in vielen serbischen Werken dargestellt werden; aber eben auch nicht jene eindeutige Mehrheit, die albanische Historiker postulieren. Vielmehr ist eine Konzentration albanischsprachiger Dorfgemeinschaften im äußersten Westen des Kosovo, also am Übergang zur albanischen Bergwelt zu beobachten, von wo aus über Jahrhunderte Albaner nach Osten auswanderten.

Die mit diesem Phänomen zusammenhängende These, wonach die osmanische Eroberung die Siedlungsausbreitung der Albaner erleichtert hätte, ist jedoch in Zweifel zu ziehen. Albaner hatten unter Skanderbeg in den mittelalbanischen Bergen den Osmanen viel längeren und heftigeren Widerstand entgegengesetzt als die serbischen Adligen in den Ebenen. Der Bevölkerungsrückgang in den albanischen Kernsiedlungsgebieten (Mati, Hügelland von Unter-Dibra, heute: Ostalbanien) betrug bis zu 75 % und war damit unvergleichlich viel höher als im serbischen Kernland. Die Bevölkerung im heutigen Albanien benötigte – mit starken regionalen Unterschieden – 70 bis 100 Jahre, um sich demographisch von der osmanischen Eroberung zu erholen. Ein Potenzial albanischer Auswanderer nach Kosovo war um 1500 daher kaum vorhanden (dies sollte sich aber ab dem 17. Jahrhundert deutlich ändern). Die Bevölkerung des Kosovo wurde hingegen – mit Ausnahme der umkämpften Region von Novo Brdo – um 1450 weniger von kriegsbedingten Bevölkerungsverlusten getroffen. Im zentralen Balkan hatten die Fluchtwellen der christlichen (nicht nur der südslawischen) Bevölkerung bereits viel früher, Ende des 14. Jahrhunderts, eingesetzt.

Bei den Südslawen wie den Albanern des Kosovo hatte die osmanische Eroberung massive demographische Verschiebungen bewirkt: Südslawen waren der Morava entlang nach Norden, zur Residenz der Despoten (bis 1459) an der Donau (Smederevo; und zur ungarischen Grenzfestung Belgrad) und weiter nach Südungarn abgewandert, wo im 15. und 16. Jahrhundert eine sehr starke orthodoxe südslawische Bevölkerungsgruppe entstand. Doch rückten

Peja

keine Albaner an ihre Stelle nach. Vielmehr waren die 1480 in den osmanischen Registern verzeichneten Albaner im Kosovo altansässig. In den 646
ganz überwiegend südslawisch besiedelten Dörfern im Vilayet Vılk (dem ehemaligen Gebiet der Branković) wurden im Jahre 1455 679 Familien als „Zuwanderer" bezeichnet. So erfolgten südslawische Wanderungen nicht nur in
Richtung Norden; die osmanische Eroberung hatte auch eine starke südslawische Binnenmigration innerhalb des Kosovo ausgelöst.

Bevölkerungsbewegungen in der Frühen Neuzeit

Die Bevölkerungsgeschichte in der Frühen Neuzeit besteht bei Albanern wie Serben aus Statik und Dynamik. Die heutige albanische Bevölkerung des Kosovo setzt sich aus zwei wesentlichen Gruppen zusammen: zum einen aus einer Minderheit von Nachfahren einer autochthonen Bevölkerung, zum zweiten aus einer Mehrheit von Nachkommen der schon mehrfach erwähnten Einwanderer aus dem mittel- und nordalbanischen Bergland, ein Modell, das auch auf die heute auf makedonischem Territorium siedelnde albanische Gemeinschaft zutrifft. Die Bedeutung der Zuwanderung hebt der bereits erwähnte katholische Bischof Peter Bogdani hervor, wenn er 1685 deutlich zwischen „Albanien" (dem albanischen Kernsiedlungsgebiet) und „Serbien" (Kosovo) unterscheidet, und zu Letzterem bemerkt: *„[Sie, gemeint ist die Bevölkerung „Serbiens"] spricht (...) großteils Albanisch, indem sie aus dem Land Albanien ausgewandert ist und somit den heiligen Glauben [den katholischen Glauben] im Lande des Despoten [gemeint sind die mittelalterlichen serbischen Despoten] verbreitet hat: Deshalb nennen die Shkiete [albanischer Begriff für Südslawen] zur Antonomasie den katholischen Glauben arbanaska vera [den albanischen Glauben]"*[12]. Aus diesem Zitat wird die Verbindung von albanischer Einwanderung und der Verbreitung des katholischen Glaubens in das von Bogdani als südslawisch-orthodoxes Gebiet wahrgenommene Kosovo deutlich. Doch ist bei der Analyse der albanischsprachigen Bevölkerung im Kosovo ein differenziertes Interpretationsmodell anzuwenden.

Weder reine Autochthonität noch reine Zuwanderung erklären die Präsenz der Albaner im Kosovo, vielmehr ist von einem gemischten Modell auszugehen. Wie das weiter oben angeführte Zitat von Bogdani (oben S. 113) zeigte, bestand zwischen autochthonen und zugewanderten Albanern keine ethnische Interessengemeinschaft. Im Gegenteil, die Zuwanderer stiegen aus zwei Gründen aus ihren Bergen in die Ebenen des Kosovo hinab: Das Berg-

---

12   B. Demiraj, „Der Slawe", shqau, im Albanischen. Eine ethnolinguistische Fallstudie zu Herkunft und Aussagekraft einer Fremdbezeichnung. Südost-Forschungen 65/66 (2006/2007), 406–421 (Übersetzung von B. Demiraj).

land war bitterarm und vermochte die Menschen nicht zu ernähren; und das
Bergland war die Brutstätte der Blutrache, die, weil sie alle männlichen Angehörigen einer Abstammungsgemeinschaft traf, größere Menschengruppen
aus ihrer Heimat trieb. So gelangten Angehörige vieler Stämme in den Kosovo, wo sie sich nicht in geschlossenen Großterritorien niederließen, sondern
dorfweise oder in Dorfvierteln zusammenlebten. Die Alteingesessenen lehnten die Neuzuzüger oft ab, und diese holten sich nicht selten mit Gewalt, was
ihnen verweigert wurde. Von diesen Konflikten waren altansässige Serben wie
Albaner gleichermaßen betroffen. Einen ethnischen Konflikt zwischen albanischen Hochländern und Serben in den Dörfern gab es so nicht; vielmehr
standen die Bewohner der Ebene ungeachtet von Sprache und Religion gegen
die Männer aus den Bergen, von denen sie Mentalität, Wirtschaftsweise, Ge-
sellschaftsaufbau trennten. Unbestritten ist, dass diese Zuwanderung das zah-
lenmäßige Verhältnis zwischen Albanisch- und Serbischsprachigen zugunsten
der Ersteren verschob, und zwar auch räumlich: in einem langsamen Prozess
schob sich die Sprachgrenze allmählich nach Osten vor, bis ihre äußersten
Ausläufer das Preševotal im Osten und im Nordosten das Gebiet im Moravatal zwischen Vranje, Leskovac und Niš erreichte. Auch auf dem eigentlichen
Amselfeld hatte es im Mittelalter vereinzelte albanische Bewohner gegeben,
mehrheitlich albanisch wurde die östliche Siedlungskammer aber erst im Verlauf der Frühen Neuzeit. Hinweise auf die Sprachsituation auf dem Amselfeld bieten Reisende wie Evliya Çelebi, der im Jahre 1660 Vuçitërn besuchte
und die Bevölkerung als albanisch- und türkischsprachig bezeichnete; Serben
scheint er dort nicht mehr begegnet zu sein. Das südlicher gelegene Priština
hingegen wies um 1690 noch eine starke serbische Bevölkerung auf.

Nicht nur Einwanderung erhöhte den albanischen Bevölkerungsteil, sondern auch ein Assimilierungsprozess, der nunmehr in umgekehrter Richtung
verlief; nicht mehr der serbische, sondern der albanische Einfluss überwog
nun. Erklärt werden kann dies mit der Tatsache, dass ab dem 17. Jahrhundert
deutlich mehr Albaner den Islam annahmen als Serben und im muslimischen
Milieu die kleinere Gruppe sich in der gesprochenen Sprache tendenziell der
stärkeren anpasste (dies trifft, wie gesehen, nicht auf die Schriftkultur zu, die
bei allen Muslimen osmanisch-türkisch war). Islamisierte und albanisierte
Serben nannte man im Serbischen „arnautaši" (von osmanisch arnavud, Albaner, im Deutschen kannte man auch den Begriff Arnauten). Dieses Phäno-

men wurde gegen Ende des 19. Jahrhunderts von serbischen Nationalisten als Argument für die Behauptung benützt, dass die meisten oder gar alle Albaner „eigentlich" Serben seien, die von eingewanderten albanischen Bergbewohnern zuerst islamisiert und dann albanisiert worden wären. Diese These ist vor dem Hintergrund des hier Ausgeführten nicht haltbar. Doch haben derartige Prozesse stattgefunden, die aber nicht die Mehrheit der Vorfahren der heutigen albanischen Bevölkerung des Kosovo betroffen haben.

Wanderungsbewegungen fanden im Rahmen des osmanischen Reiches ohne Hindernisse durch die Behörden statt; sie folgten natürlichen Stoßrichtungen, wichtigen Straßen entlang in Richtung fruchtbarer Landwirtschaftsgebiete. Wie einst Byzanz betrieb das osmanische Reich aber auch eine Politik gezielter Deportationen (osman. sürgün) unruhiger Bevölkerungsteile, und dies traf besonders die rebellischen katholischen albanischen Fis im Hochland westlich der Dukagjinebene/Metohija. „(…) *Siedlungen der albanischen Hochlandbewohner, die von den Türken zur Übersiedlung gezwungen werden, um ihnen die Möglichkeit zum Plündern zu nehmen, aber auch um das kriegszerstörte Land zu besiedeln*", beschrieb im Jahre 1703 der katholische Erzbischof von Bar (heute Montenegro) die Lage bei Gjakova[13]. Am bekanntesten ist der Fall des Bergstammes der Këlmendi, die vom Hochland in die Ebene bei Peć umgesiedelt wurden, wo sie, wohl kaum freiwillig, zum Islam übertraten (1700). Die genauen Ausmaße der Umsiedlungen albanischer Hochlandbewohner sind schwer abzuschätzen, doch werden einige tausend Menschen um 1700 zwangsweise im Flachland sesshaft gemacht worden sein.

---

13   P. Bartl, Quellen und Materialien zur albanischen Geschichte im 17. und 18. Jahrhundert. Bd. 2. München 1978, 131.

Die „Große Wanderung" der Serben (1690) in Geschichte und Mythos

Unbestrittenermaßen veränderte sich die ethnische Struktur des Kosovo auch durch die Abwanderung orthodoxer Serben. Im serbischen Geschichtsbild wird die albanische Bevölkerungsmehrheit mit einem Katastrophenszenario erklärt, der sog. „Großen Wanderung" der Serben auf habsburgisches Gebiet in Südungarn (der heutigen Vojvodina, nördlich von Belgrad). Demnach soll der Patriarch von Peć, Arsenije III. Crnojević, im Jahre 1689 beim Einrücken habsburgischer Truppen, die die osmanischen Stellungen an der Donau überrannt hatten, einen Aufstand der orthodoxen Serben geleitet haben. Nach dessen Niederschlagung soll sich Arsenije an die Spitze von 40.000 serbischen Familien gesetzt und diese nach Norden geführt haben, um sie vor osmanischen Racheakten zu retten. In das menschenleere Kosovo seien dann aus den Bergen Albaner eingerückt. In Liedern und auch in Historiengemälden des ausgehenden 19. Jahrhunderts verewigt, bildet die Vorstellung von diesem Exodus ein Kernelement des serbischen historischen Selbstverständnisses.

Neue Forschungen besonders des britischen Historikers Noel Malcolm haben aber ein recht unterschiedliches Bild der Ereignisse rekonstruiert: Zum Zeitpunkt des christlichen Aufstands hielt sich Arsenije III. nicht im Kosovo, sondern in Montenegro auf; er konnte den Aufstand nicht ins Werk setzen, weil er sich gar nicht vor Ort befand, sondern erst später zu den Aufständischen stieß. Ebensowenig führte er eine Fluchtbewegung an, da er in Belgrad weilte, als die Flüchtlinge im Sommer 1690 an die Donau strömten. Dort freilich übernahm er die Leitung und überquerte mit 30–40.000 Menschen (nicht Familien) den Strom. Die Flüchtlinge kamen aus ganz Serbien, nicht nur aus dem Kosovo, und ließen sich in Südungarn (der heutigen Vojvodina), in Szentendre bei Budapest (rund 6000 Menschen) und bei Komorn (ung. Komárom; rund 12–14.000 Menschen) nieder. Die „Große Wanderung" fand also nicht so statt, wie sie in Serbien erinnert wird. An der Spitze des Aufstands gegen die Osmanen stand auch nicht der serbische Patriarch, sondern der katholische Erzbischof von Skopje, der Albaner Peter Bogdani. Schwer zu bestimmen ist die ethnische Zugehörigkeit der Rebellen, doch war Prizren, Zentrum des Aufruhrs, damals mehrheitlich albanisch; Bogdani wird vor allem katholische und orthodoxe Albaner, dazu wohl auch orthodoxe Serben sowie zahlreiche katholische Hochlandbewohner mobilisiert haben – es handelte sich also um einen christlichen und nicht um einen nationalen (ob serbischen oder albanischen) Aufstand, und auch eine konfessionelle (orthodoxe oder katholische) Kennzeichnung ist kaum möglich. Die Niederlage habsburgischer Verbände bei Kaçanik ließ den Aufstand zusammenbrechen. Die Repressalien der Osmanen waren außerordentlich brutal: Wie gezeigt, folgten Ende des 17. Jahrhunderts eine neue Islamisierungswelle sowie Massenumsiedlungen. Davor haben Christen beider Konfessionen und beider Sprachen die Flucht ergriffen. Zu einer Entvölkerung des Kosovo und einem massenhaften Einströmen von Albanern ist es um 1690 nicht in jener Form gekommen, wie das serbische Geschichtsbild es darstellt. Der Einbruch habsburgischer Truppen und der große Aufstand der Christen haben aber gezeigt, dass die christliche Bevölkerung das osmanische Reich zutiefst ablehnte und auch nach fast 250 Jahren osmanischer Herrschaft jede aussichtsreiche Gelegenheit zur Erhebung benützte.

Wanderungsbewegungen im 18. und 19. Jahrhundert (bis 1878)

Wenn auch die „Große Wanderung" nicht jene tiefgreifenden Folgen zeitigte, so ist über einen Zeitraum von rund zwei Jahrhunderten ein Rückgang der serbischsprachigen orthodoxen Bevölkerung festzustellen. Dieser ergab sich aus mehreren Faktoren: 1) der Zunahme der Albanischsprachigen durch sporadische Zuwanderung aus Mittel- und Nordalbanien; 2) dem Übertritt von Serben zum Islam, der albanischsprachig geprägt war, was mitunter zu einer Albanisierung der Konvertiten führte; 3) der allmählichen Abwanderung von Serben. Diese Abwanderung hatte mehrere Gründe: wirtschaftliche – die Armut vieler orthodoxer Bauern; gesellschaftliche – der zunehmende Druck der vorherrschenden Muslime auf Christen (was auch katholische Albaner traf); politische – ein zweiter wiederum letztlich erfolgloser Vormarsch österreichischer Verbände im Jahre 1737 löste eine erneute christliche Erhebung aus, angeführt von Patriarch Arsenije IV. Jovanović, der einem Aufruf Kaiser Karls VI. gefolgt war. Zentren der Erhebung orthodoxer und auch einiger katholischer Christen waren Priština und Vučitrn, also der damals noch wahrnehmbar serbisch besiedelte Osten des heutigen Kosovo, während die Osmanen ihre – v. a. muslimisch-albanischen – Truppen in der westlichen Siedlungskammer bei Gjakova sammelten. Nach der raschen Niederschlagung der Erhebung flohen mehrere tausend orthodoxe Serben und rund 4000 katholisch gebliebene Këlmendi (die den Muslimen durch Überfälle besonders zugesetzt hatten) auf habsburgisches Gebiet.

Als wichtiger Faktor ist schließlich die Unfähigkeit (manchmal auch der Unwille) der muslimischen osmanischen Behörden zu nennen, Christen dauerhaft gegen Gewalttaten von Muslimen zu schützen, wobei zu bemerken ist, dass viele muslimische Räuber auch muslimische Bauern nicht verschonten und einzelne muslimische Regionalchefs Christen verteidigten. Dennoch nahm die Alltagsgewalt in dem Maße zu, wie das osmanische Reich die Kontrolle über seine balkanischen Provinzen verlor. Um 1800 befanden sich weite Teile des osmanischen Südosteuropa in der Hand – oft albanischstämmiger – muslimischer Regionalherrscher sowie, so in der Region Belgrad, von Janitscharen, unter deren Willkürherrschaft Christen besonders zu leiden hatten. Diese Übergriffe lösten 1804 im serbischen Kerngebiet – dem Waldland der Šumadija im Moravatal, südlich von Belgrad – einen Aufstand aus, der zunächst vom Sultan unterstützt wurde, da er mit Hilfe seiner – nunmehr bewaffneten christlichen Untertanen – rebellische Muslime zu bändigen hoffte. Bald aber erweiterten die Aufständischen ihr Programm und strebten Autonomie, dann die Unabhängigkeit vom osmanischen Reich an. Das osmanische Reich setzte gegen die aufständischen orthodoxen Serben v. a. regionale muslimische Einheiten in Marsch, Bosnjaken wie muslimische Albaner aus dem Kosovo und Nordalbanien. Aus serbischer Sicht waren diese „Arnauten" der eigentliche Feind, waren muslimische Albaner „Türken", d. h. Vertreter der osmanischen Herrschaft, die die Serben abschütteln wollten. Kosovo, wo die Serben nicht kompakt siedelten, sondern vom muslimischen Bevölkerungsteil scharf kontrolliert wurden, beteiligte sich nicht am Aufstand; Kosovoserben – und vereinzelt christliche Albaner – unterstützten aber die Rebellen in deren Kerngebiet. In stärker südslawisch besiedelten Randgebieten des nordöstlichen Kosovo (Labgebiet) ersetzten osmanische Würdenträger die orthodoxe Bevölkerung durch muslimische Albaner. Der Aufstand war den Wandlungen der internationalen Politik im Zeitalter der napoleonischen Kriege ausgesetzt: Österreich, Russland und Frankreich wirkten direkt oder indirekt auf die Ereignisse ein. Erstmals seit dem Spätmittelalter wurde eine Erhebung im osmanischen Balkan zum Gegenstand der internationalen Großmachtpolitik. 1815 wurde ein autonomes serbisches Fürstentum im Rahmen des osmanischen Reichs gegründet, in dem bis 1867 in einigen Städten osmanische Garnisonen stationiert waren. Die Wiederherstellung serbischer Staatlichkeit nach beinahe vier Jahrhunderten der osmanischen Herrschaft veränderte die Haltung der orthodoxen Südslawen in Kosovo grundlegend: Sie besaßen nun einen neuen politischen und kulturellen Bezugspunkt, der außerhalb des unmittelbaren osmanischen Zugriffs lag; und viele orthodoxe Südslawen, die die schwierige wirtschaftliche Lage und anhaltende Alltagsgewalt im Kosovo nicht mehr ertrugen, wanderten nach Norden in das serbische Fürstentum ab, wo ihnen keine Gefahr durch muslimische Übergriffe mehr drohte. Die Gewalterfahrung im Kosovo verhärtete auch die Haltung von orthodoxen Südslawen gegenüber den muslimischen Albanern.

Südslawische Wanderungsbewegungen bestanden aber nicht nur aus einer

endgültigen Abwanderung; die Armut trieb viele Männer dazu, als Saison-
wanderarbeiter (pečalbari) in die Fremde, nach Österreich, Bulgarien und
Rumänien – also in christliche Staaten – zu gehen. Ihre Familien blieben
zuhause; das Erlebnis des Wanderarbeitertums wurde im Lied (pečalbarske
pesme) verarbeitet. Festzuhalten ist aber auch, dass es neben einer Abwanderung – die zahlenmäßig wohl bedeutsamer war – auch zu Zuwanderung von
Serben, aus anderen Teilen des osmanischen Reichs, in den Kosovo kam, dass
also die Wanderungsbewegungen von orthodoxen Südslawen nicht nur in
eine Richtung verliefen. So gelangten orthodoxe Montenegriner – wie katholische albanische Hochlandbewohner auf der Flucht vor Blutrache und auf
der Suche nach einem besseren Leben – und orthodoxe Vlachen gegen Ende
des 18. Jahrhunderts in das Kosovo und verstärkten das orthodoxe Element.
Gerade die montenegrinischen Zuwanderer wiesen eine hohe Geburtenrate
auf – ebenso wie die gesellschaftlich strukturverwandten albanischen Hochlandbewohner. Zudem entstanden auch neue Siedlungen, so Čaglavica, das
im 18. Jahrhundert von einem türkischen Grundbesitzer aus Priština gegründet und mit orthodoxen südslawischen Familien besiedelt wurde, die auf dem
Çiftlikgut arbeiteten. Die orthodoxe südslawische Bevölkerung veränderte
sich so in Zahl und Bestand durch Ab- und durch Zuwanderung.

Kleinere Zuwanderergruppen: Roma und Tscherkessen

Roma sind auf dem Balkan seit dem 14. Jahrhundert von Dalmatien bis nach Bulgarien und hinab nach Südgriechenland belegt. Wann genau Roma in den Kosovo gelangten, ist nicht festzustellen. In osmanischen Steuerregistern erscheinen sie als eigene Gruppe und werden so für die Forschung fassbar. 1520 lebten nur kleinere Gruppen von Roma im Kosovo (164 Haushaltungen in Priština; 145 in Novo Brdo; weitere in Streusiedlungen). Die Roma zerfielen in Sesshafte und Nomaden, wobei naturgemäß vor allem die Ersteren Spuren in den schriftlichen Quellen hinterlassen haben.

Für die Roma im Kosovo typisch ist, dass sie sich der jeweils stärksten Sprach- und Religionsgemeinschaft anpassten. Anthropologen sprechen von „ethnischer Mimikry", die eine Eingliederung in die Gesellschaft und beruflichen Aufstieg ermöglichen soll (Ger Duijzings). Um 1520 bildeten im Kosovo südslawischsprachige Orthodoxe die Leitgruppe, weswegen die meisten Roma als Christen serbische Taufnamen trugen. Sie ließen sich aber als Hilfstruppen in die osmanische Armee eingliedern. Unter osmanischem Einfluss nahmen die meisten Roma allmählich den Islam an und dienten dem Reich als Soldaten: 1737 verteidigten Romasoldaten den Kosovo gegen habsburgische Truppen, nachdem das reguläre osmanische Heer die Region geräumt hatte. Daneben übten sie bestimmte Berufe aus; sie arbeiteten als Schmiede, Bärentreiber, Korbmacher, Pferdehändler und Wunderheiler. Die zunehmende Stärkung des muslimisch-albanischen Elements im Kosovo fand seinen Niederschlag in der Islamisierung und Albanisierung der meisten Roma. 1877 zählte eine österreichisch-ungarische Konsulatsstatistik für die Sancaks Priština und Prizren 16.500 Roma, wovon 14.500 Muslime und 2000 orthodoxe Christen waren[14]. Neben albanisch- und serbischsprachige Roma traten als dritte Gruppe die „lingurari" (Löffelmacher), die sowohl die Romasprache Romanes wie Rumänisch sprachen und wohl aus dem rumänischen Sprach-

---

14   Haus-, Hof- und Staatsarchiv Wien. Politisches Archiv XXXVIII Konsulate. Karton 219. Konsulat Prizren. Bericht Lippich an Andrássy, Prizren, 17. März 1877, Nr. 9. Beilage; freundlicher Hinweis von Eva Frantz, Wien.

gebiet zugewandert waren. Wie in anderen Gegenden grenzten sich die sess-haften von den nomadisierenden Roma deutlich ab; und auch innerhalb der Gruppe der Sesshaften bestehen ausgeprägte Hierarchien. Im Kosovo beson-ders bedeutsam ist die Gruppe der Ashkali vor allem auf der Dukagjinebene/Metohija, die gegen Ende der osmanischen Herrschaft auf muslimisch-alba-nischen Çiftlikgütern arbeiteten und dabei – wohl recht spät – albanisiert worden sind. Die Ashkali befolgen das albanische Gewohnheitsrecht und üben eine strenge Endogamie, d. h. dass sie keine Angehörigen anderer Ro-magruppen heiraten. Die Ashkali wiederum bilden eine Untergruppe der Ar-lije, sesshafter muslimischer Roma, die sich durch eine ausgeprägt islamische Identität auszeichnen. Der Versuch der Romagemeinschaften, sich der jeweils stärksten Gruppe im Kosovo anzupassen, sollte sie in den wechselnden Kons-tellationen des 20. Jahrhunderts in tragische Konflikte verwickeln.

Eine Folge der russischen Machtausdehnung am Schwarzen Meer war die Ansiedlung von Tscherkessen, einer im 18. Jahrhundert islamisierten Gruppe aus dem nordwestlichen Kaukasus, mit ebenfalls starker islamischer Identität. Auch sie brachten die Erfahrung von Kampf und Niederlage gegen einen sla-wisch-orthodoxen Gegner in den Kosovo (in den 1850er und 1860er Jahren). Die erwähnte Statistik von 1877 zählte im Sancak Priština 7000 Tscherkessen, die zumeist kompakt in eigenen Dörfern lebten.

Für die Bevölkerungsgeschichte des Kosovo bedeutsam ist, dass die Islami-sierung und Albanisierung der Roma und die Einwanderung der Tscherkes-sen das muslimische – im Falle der Roma speziell auch das albanische – Ele-ment stärkten.

Die Muhaxhir und die Entstehung ethnoreligiöser Spannungen

Den wichtigsten Einschnitt – im Sinne eines singulären Ereignisses – in der Bevölkerungsgeschichte des Kosovo vor 1912 bildete die Massenflucht zumeist albanischsprachiger Muslime aus der Region von Niš, Leskovac und Vranje. In diese Region im Moravatal waren im Zuge der Großen Orientkrise (1875–1878) serbische Truppen einmarschiert, die im Winter 1877/78 rund 80.000 Muslime vertrieben. Dies ist ein frühes Beispiel einer systematisch betriebenen gewaltsamen Veränderung der Bevölkerungsstruktur in Südosteuropa. Rund 50.000 dieser Muslime ließen sich im Kosovo nieder. Zu ihnen stießen weitere muslimische Flüchtlinge aus Bosnien und der Herzegowina, die nicht unter österreichisch-ungarischer Verwaltung leben wollten. Kosovo wurde durch die Eingliederung der Region von Vranje bis Niš in den serbischen Staat, die österreichische Okkupation Bosniens-Herzegowinas und den Einmarsch von Truppen der Donaumonarchie in den Sancak von Novi Pazar innerhalb kurzer Zeit zu einer bedrohten Grenzprovinz, in der sich eine große Zahl muslimischer Flüchtlinge (alb. muhaxhir, von türk. muhacir, genannt) aus dem Norden stauten. Die osmanischen Behörden waren außerstande, diese Flüchtlinge daran zu hindern, die Christen des Kosovo – südslawische Orthodoxe wie albanisch- und südslawischsprachige Katholiken – zu Zielscheiben ihres Zorns zu machen. Denn als Muslime trugen die Flüchtlinge Waffen und nutzten dieses Privileg gegen die unbewaffnete christliche Bevölkerung aus. Eine dauerhafte Verschlechterung der Beziehungen zwischen Muslimen und Christen war die Folge. Es zeigte sich, dass interreligiöse und später interethnische Konflikte oft durch die Ansiedlung von Angehörigen einer Großgemeinschaft in den Kosovo getragen wurden – ob 1878 durch die Muhaxhir oder nach 1918 durch serbische Kolonisten.

Die muslimischen Flüchtlinge wurden in den Städten und Dörfern des Kosovo angesiedelt, d. h. sie drangen in bestehende – oft gemischtreligiöse und gemischtethnische – dörfliche Strukturen ein und trugen dort zu jener religiösen Polarisierung bei, die für die Ebene der gesamten Region nach 1878 kennzeichnend ist. Freilich bilden diese Flüchtlinge nicht den alleinigen

Grund für interreligiöse und interethnische Spannungen. Eine – lückenhafte – Statistik aus dem Jahre 1912 gibt Einblick in die geographisch unterschiedlich starke Ansiedlung der Muhaxhir[15]. Im neugebildeten Kreis (okolina) Mitrovica mit einer sehr starken serbischen Bevölkerung ließen sich so gut wie keine Muslime nieder. Im Kreis Priština hingegen veränderten die Neuankömmlinge das soziokulturelle Gleichgewicht in zahlreichen Dörfern:

Kreis Priština

Verzeichnete Dörfer: 40

Davon ohne muslimische Bewohner:	7
Dörfer mit zugewanderter muslimischer Bevölkerung:	8
Dörfer mit ausschließlich eingesessener muslimischer Bevölkerung:	6
Dörfer mit eingesessener und zugewanderter muslimischer Bevölkerung:	19
Dörfer ohne serbische Bevölkerung:	0

Veränderung der Bevölkerungsstruktur in Dörfern mit muslimischer Bevölkerung/Kreis Priština

Dorf (jeweils Haushalte)	Serbische Haushalte	eingesessene Muslime	Muhaxhir
Kruševac	10	-	24
Kuzmin	19	-	1
Globoder	8	-	15
Leskovčić	5	15	16
Crvena Vodica	20	4	1
Dolna Brnjica	28	28	27
Gorna Brnjica	9	9	60
Ugljare	35	17	-
Bresje	19	19	22
Matičane	10	10	10
Zlatare	7	7	6

---

15   Đ. Mikić, Društvene i ekonomske prilike kosovskih Srba u XIX i početkom XX veka [Gesellschaftliche und wirtschaftliche Verhältnisse bei den Kosovo-Serben im 19. und zu Beginn des 20. Jahrhunderts]. Belgrad 1988, 229–230.

Safalija	6	6	-
Kojlovica	10	10	7
Preoce	27	-	2
Dobrotin	53	-	1
Slovina	8	49	29
Smoluša	11	18	9
Robovce	40	4	27
Glogovce	10	20	10
Čelopek	7	8	-
Gračanica	60	-	13
Sušica	26	5	4
Novo Selo	11	2	5
Labljane	5	27	3
Lipljane	40	-	14
Konju	9	-	22
Ruice	10	-	22
Veliki Alaš	21	5	-
Ribare	5	57	-
Krajište	35	25	-
Skulanovo	24	-	2
Lepina	20	-	3

Die Daten der verzeichneten Dörfer im Kerngebiet des Amselfelds verdeutlichen die Auswirkungen des Flüchtlingsstroms: in 8 von 40 Dörfern fassten Muslime erst nach 1878 Fuß, in vier davon entstand eine muslimische Mehrheit in zuvor rein christlichen Dorfgemeinschaften. Auch in zuvor bereits religiös gemischten Dörfern brachten die Muhaxhir die Verhältnisse aus dem Gleichgewicht: Mehrere zuvor paritätische Dörfer erhielten plötzlich eine muslimische Mehrheit von 2:1, andere von beinahe 7:1 (Gorna Brnjica). Im Kreis Gnjilane, wo 29 Dörfer in die Statistik aufgenommen wurden und deren lediglich 8 muslimische Einwohner aufwiesen, erhielten 14 erst mit der Zuwanderung von Muhaxhir einen muslimischen Bevölkerungsanteil. Im traditionell stark muslimisch-albanischen Kreis Prizren sind nur in einem Dorf Muhaxhir verzeichnet, während im Kreis Vučitrn mit ebenfalls erheblicher muslimischer Bevölkerung (in 13 von 19 erfassten Dörfern bestand eine eingesessene muslimische Bevölkerung) die Muhaxhir – ähnlich wie im Kreis Priština – die Verhältnisse weiter zugunsten der Muslime verschoben.

So hat die Einwanderung der Muhaxhir, verbunden mit einem negativen Wanderungssaldo von orthodoxen Südslawen, die zahlenmäßigen Verhältnisse zwischen den Religionsgruppen abrupt verändert. Denn sie konzentrierten sich weniger im ohnehin von albanischen und türkischen Muslimen dominierten Westen (Dukagjinebene/Metohija), sondern im Osten des Kosovo, wo der orthodoxe südslawische Bevölkerungsanteil deutlich höher war. Im Osten wiederum war die Ebene des Amselfeldes und die Hügelzone um Gnjilane am meisten von deren Veränderungen betroffen: Beide Gebiete grenzten an die von der serbischen Armee eroberte Region Vranje – Leskovac.

Prizren

Die religiöse und ethnische Struktur
des Kosovo um 1880

Die religiöse und ethnische Komplexität der Gesellschaft von Kosovo im letzten Viertel des 19. Jahrhunderts wird von der zweimal erwähnten Statistik veranschaulicht, deren Zahlen auf Schätzungen beruhte. Die Statistik unterschied in den Sancaks Priština und Prizren nach folgenden Kategorien (die Begrifflichkeit der Quelle wird beibehalten)[16]:

I. Albanesen
I.1. Mohammedanische   = 279.000
I.2. Römisch-katholische   = 15.000

II. Bulgaren
II.1. Griechisch-orientalische = 86.500
II.2. Mohammedanische   = 3500

III. Serben
III.1. Griechisch-orientalische = 83.000
III.2. Mohammedanische   = 15.000
III.3. Römisch-katholische   = 1000
III. Mohammedaner gemischter „Race" = 3500

IV. Tscherkessen   = 7000

V. Zigeuner
VI.1. Mohammedanische   = 14.500
VI.2. Griechisch-orientalische = 2000

VI. Wlachen (Zinzaren)   = 2300
VII. Israeliten   = 100
Insgesamt: Christen 189.000 Mohammedaner: 327.000

---

16 Vgl. Fußnote 14.

Während die meisten Sprach- und Religionsgruppen bereits eingeführt worden sind, wird die hohe Zahl von Bulgaren erstaunen. Dieses Phänomen führt bereits in den nächsten Hauptteil des Buches, der sich mit der Herausbildung ethnischer Identitäten beschäftigt. Als „Bulgaren" wurden Anhänger des 1870 geschaffenen bulgarischen Exarchats bezeichnet, einer autonomen bulgarischen orthodoxen Kirchenverwaltung, die sich mit Genehmigung des Sultans vom griechisch geprägten orthodoxen Patriarchat von Konstantinopel gelöst hatte. Damit hatte der nationale Gedanke die alte orthodoxe Milleteinheit gesprengt. Im Kosovo konnten die orthodoxen Christen sich zwischen Patriarchat und Exarchat entscheiden: Serben sind daher als Anhänger des Patriarchats zu verstehen, Bulgaren als jene, die für das damals machtvolle und prestigereiche Exarchat optiert hatten. Ethnische Abgrenzungen zwischen Bulgaren und Serben, deren Sprachen im Kosovo aufgrund zahlreicher dialektaler Gemeinsamkeiten und Überlappungen nicht leicht auseinanderzuhalten waren, erwiesen sich als fließend. Wer 1877 als Bulgare galt, konnte sich zwanzig Jahre später – als serbische Geistliche im patriarchatstreuen Klerus deutlich an Macht gewonnen hatten – als Serbe bezeichnen. Daher sind beide Gruppen zusammenzurechnen, um die Gesamtzahl der orthodoxen südslawischsprachigen Bevölkerung zu erhalten (169.500). Mit den muslimischen und katholischen Slawischsprachigen erreicht diese Sprachgemeinschaft 190.000 Sprecher. Albanisch sprachen demgegenüber 299.000 Menschen.

Doch sei am Ende dieses Abschnittes noch einmal mit Nachdruck darauf hingewiesen, dass um 1880 nicht die Sprachgemeinschaft, sondern die Glaubensgemeinschaft für die gesellschaftliche Stellung eines Menschen ausschlaggebend war.

Ethnisierte und traditionelle Identitätsmuster

Die Nationalisierung der vormodernen religiösen Identitäten im Kosovo ist ein Prozess, der sich über rund eineinhalb Jahrhunderte (von ca. 1870 bis heute) erstreckte, aber nicht bei allen Gruppen gleichmäßig ablief. Die Herausbildung einer ethnonationalen Identität bei der orthodoxen südslawischen Bevölkerung war auch 1912 noch nicht vollständig abgeschlossen, während der Übergang von einer muslimischen zu einer national-albanischen Identität bei der Mehrheit der albanischsprachigen Bevölkerung erst nach 1945 einsetzte, sich zu Beginn der Achtzigerjahre des 20. Jahrhunderts bereits verfestigt hatte und in der Krisenphase der Neunzigerjahre seinen Abschluss erreichte. Bei den kleineren Gruppen, wie den verschiedenen Romagemeinschaften, erfolgte dieser Wandel noch später (im Wesentlichen seit den Siebzigerjahren des 20. Jahrhunderts).

So paradox es klingen mag, ist die Entstehung einer national-albanischen Identität bei den albanischsprachigen Muslimen im Kosovo im Wesentlichen das – ungewollte – Ergebnis der serbischen Kosovopolitik. Wie zu zeigen sein wird, haben serbische Publizisten und Wissenschaftler über rund 130 Jahre die albanischsprachigen Muslime nicht als religiöse, sondern als ethnische Gruppe gedeutet und damit defensive Reaktionen hervorgerufen: Die albanische Nationalbewegung, die im Kosovo vor 1912 nur schwach vertreten war, hatte sich in ihren Zentren (dem heutigen Südalbanien, der nordalbanischen Stadt Shkodra sowie in der Diaspora in und außerhalb des osmanischen Reiches) nach 1878 im Wesentlichen in Abgrenzung gegenüber griechischen, serbischen und montenegrinischen Gebietsansprüchen herausgebildet, Ansprüche, die nicht selten damit begründet wurden, dass die Albaner „eigentlich" Griechen bzw. Serben seien.

Die Nationalisierung der Identität der Kosovomuslime ist nur vor dem Hintergrund des zeitlich früheren und wesentlich stärker ausgebildeten ethnonationalen Identitätswandels der südslawischsprachigen orthodoxen Bevölkerung des Kosovo zu verstehen.

Bulgaren oder Serben? Die Nationalisierung der Identität der südslawischsprachigen Orthodoxen

Der Prozess der Nationalisierung der Identität der orthodoxen südslawischsprachigen Bevölkerung des Kosovo folgte Mustern, die auch in anderen bis 1912 osmanisch beherrschten Teilen des Balkans, besonders im makedonischen Raum, zu beobachten sind. Dieser Prozess ist von folgenden Kernelementen geprägt: 1) der Nationalisierung des orthodoxen Millets, die in der Abgrenzung südslawischer geistlicher Eliten gegenüber dem dominanten Klerus des griechischsprachigen Patriarchats von Konstantinopel erfolgte, d. h. die Herausbildung von Konfessionsnationen, also Gemeinschaften, bei denen nationale Identität und konfessionelle Zugehörigkeit eng verbunden sind; 2) der Entstehung einer weltlichen Elite, die die Vorherrschaft der Geistlichkeit innerhalb der Konfessionsnation in Frage stellt und überwindet; 3) der Einwirkung christlicher Nachbarstaaten, die über Konsulate, Schulen, die Entsendung von Priestern, Lehrern und bewaffneten Banden Einfluss auf die Zielgruppe der Nationalisierungsstrategie nehmen.

Im Falle der orthodoxen Bevölkerung des Kosovo lassen sich diese Entwicklungen im Einzeln nachzeichnen. Seit 1766 beherrschte das Patriarchat von Konstantinopel die zuvor autonome orthodoxe Kirche des Kosovo und versuchte, das Griechische an die Stelle des Kirchenslawischen zu setzen, eine Strategie, die auch im bulgarischen und makedonischen Raum angewandt wurde. Im Gegensatz zum südlichen und östlichen Balkan konnte sich die Gräzisierungspolitik im Kosovo aber nicht auf eine (teilweise) griechischsprachige Bevölkerung in den Städten stützen. Lediglich die Vlachen, die im makedonischen und albanischen Raum das Griechische als Handels- und Schriftsprache verwendeten (diese Funktion besaß das Griechische im frühen 19. Jahrhundert in ganz Südosteuropa), pflegten in ihren Schulen in den Vierzigerjahren des 19. Jahrhunderts das Griechische als Schulsprache. Die Nationalisierung konfessioneller Identitäten erfolgte nicht in Abgrenzung gegenüber den Muslimen, sondern innerhalb des orthodoxen Millets. Diese Auseinandersetzungen betrafen bis zu Beginn des 20. Jahrhunderts – und dies kann nicht genug hervorgehoben werden – nur die winzige Gruppe der alphabetisierten orthodoxen Bevölkerung; die überwiegende Masse, gewiss über 95 % der Konfessionsgemeinschaft, blieb lange Zeit davon unberührt.

Den Schauplatz des kulturellen Konflikts bildete das Unterrichtswesen. Mit der Gründung einer serbischen Schule in Prizren (1836) wurde der griechische Kultureinfluss offen herausgefordert. Zwei Faktoren trugen zur Entstehung eines serbischen Schulwesens im Kosovo bei: zum einen private Spender; dies folgte der bei allen Balkanorthodoxen gepflegten Tradition des Mäzenatentums wohlhabender Kaufleute und Handwerker, die sich als „Wohltäter der Nation" (im Sinne der Konfessionsnation) verstanden. Händler- und Handwerksvereinigungen gründeten so Schulen in Peć, Prizren und Gnjilane. Zum anderen nahm das seit 1830 autonome serbische Fürstentum Einfluss auf das Unterrichtswesen im Kosovo, indem es Gelder und Lehrmittel zur Verfügung stellte. Institutionalisiert wurde diese Strategie durch die Schaffung eines Kulturausschusses für serbische Lehrer im osmanischen Reich, der seit 1868 von Belgrad aus das Ziel verfolgte, das Nationalbewusstsein der Serben außerhalb des serbischen Staates (v. a. in Bosnien-Herzegowina) zu heben (de facto aber zu schaffen) sowie den Übertritt orthodoxer Christen zum Islam zu verhindern. An den von Serbien geförderten Schulen wurde nach serbischem Lehrplan unterrichtet; südslawische Schüler erhielten Stipendien für eine weitere Ausbildung im serbischen Staat. Die 1886 gegründete parastaatliche „Gesellschaft des Heiligen Sava" („Društvo Svetog Save") koordinierte jene kulturelle und politische Aktivität im osmanischen Reich, die der serbische Staat offiziell nicht wahrnehmen konnte. 1871 wurde in Prizren ein eigenes Priesterseminar eingerichtet. Damit dehnte sich der serbische Einfluss auch auf die Kirchenverwaltung aus: Dort war die griechische Vormachtstellung weitgehend verschwunden. Es muss aber festgehalten werden, dass noch um 1840 Kosovo nicht zu den Hauptzielgebieten der serbischen Außenpolitik gehörte, die sich vielmehr auf Bosnien, die Herzegowina sowie die Serben in Österreich konzentrierte. In der grundlegenden die territorialen Ambitionen des serbischen Königreiches skizzierenden Programmschrift des serbischen Staatsmanns Ilija Garašanin, dem „Načertanije" von 1844, spielt Kosovo kaum eine Rolle. Erst das österreichisch-ungarische Vordringen nach Bosnien-Herzegowina zwang Serbien, seine Außenpolitik nach Süden umzuorientieren, nach Kosovo und Vardarmakedonien.

Als Hauptkonkurrent einer serbischen Identität der orthodoxen Gemeinschaft trat seit 1870 das bulgarische Exarchat auf, das als vom osmanischen Reich anerkannte autonome bulgarische Kirche auf viele südslawische Orthodoxe im zentralen Balkan eine starke Anziehungskraft ausübte. Die oben erwähnte große Zahl von Orthodoxen, die sich 1877 als Bulgaren bezeichneten, erklärt sich durch die rasche Ausdehnung dieser bulgarischen Nationalkirche, welcher Serbien zunächst wenig entgegenzusetzen hatte. Deutlich ist, dass bei den südslawischen Orthodoxen des Kosovo um 1880 keine einheitliche serbisch-nationale Identität bestand, sondern vielmehr fließende Identitäten in einer Epoche vorherrschten, in der die ethnische Zugehörigkeit die alte konfessionelle Identität langsam abzulösen begann. Bei einem erheblichen Teil der südslawischen orthodoxen Bevölkerung bestand offenbar keine tiefverwurzelte serbische Tradition in ethnonationalem Sinne, sondern nur eine enge Bindung an die orthodoxe Kirche, die sich seit 1870 selbst in einem ethnischen Gärungsprozess befand, der um 1880 viele der analphabetischen Gläubigen in ihren abgeschlossenen Dorfgemeinschaften noch kaum erfasst hatte.

Nach 1880 bildete sich der bulgarische Einfluss etwas zurück: Der Aufstand der Bulgaren gegen das osmanische Reich (1875–1878) und die Autonomie zweier bulgarischer Territorialeinheiten, die sich 1885 zum Fürstentum Bulgarien zusammenschlossen, bewogen die osmanische Regierung, innerhalb des orthodoxen Millets andere – griechische und serbische – Kräfte gegen das scheinbar übermächtige bulgarische Exarchat zu fördern. Im Jahre 1903 bekannten sich im Sancak Prizren aber immer noch 17.232 orthodoxe Christen zum bulgarischen Exarchat – und 22.550 zum Patriarchat von Konstantinopel, dessen Klerus im Kosovo faktisch unter serbischer Kontrolle stand[17]. Mit anderen Worten: In diesem Teil des Kosovo besaß rund die Hälfte der orthodoxen Gemeinschaft keine serbisch-nationale Identität, sondern richtete sich an der national-bulgarischen Kirche aus. Im Osten des heutigen Kosovo hingegen, wo sich 1877 noch rund 60.000 Menschen zum Exarchat bekannt hatten, wurden 1903 nur Anhänger des Patriarchats von Konstantinopel, d. h. am serbischen Klerus orientierte Christen verzeichnet.

Erst die Eroberung des Kosovo durch Serbien im Herbst 1912 und die anschließende serbische Verwaltung in der Zwischenkriegszeit führte zur end-

---

17   Haus-, Hof- und Staatsarchiv Wien. Nachlässe, Familien- und Herrschaftsarchive. Nachlaß Kral. Karton 2. „Statistische Tabelle der Nationalitäts- und Religions-Verhältnisse im Vilajet Kossovo (1903)"; ich danke Eva Frantz, Wien, für die Übermittlung dieser Quelle.

gültigen Serbisierung aller orthodoxen Südslawen im Kosovo. Hätte Bulgarien sich im Ringen um die Vorherrschaft auf dem Balkan durchgesetzt, würde sich die orthodoxe südslawische Bevölkerung des Kosovo heute wohl als Bulgaren bezeichnen.

Der Fortschritt der serbischen Kirchen- und Bildungspolitik im Kosovo erfolgte also zeitweise mit Duldung und im Interesse der osmanischen Regierung; deren „Teile-und-herrsche"-Politik trug aber zur Schwächung des bulgarischen Einflusses bei den Orthodoxen bei, indem sie bei einem Teil der orthodoxen Bevölkerung des Kosovo die beschleunigte Ausbildung einer ethnonationalen serbischen Identität förderte. Freilich wurde nur eine Minderheit der südslawischsprachigen Orthodoxen von dem ethnisierend wirkenden Schulsystem erfasst: 1865 zählten die serbischen Schulen in Priština und Peć je 150 Schüler. 1878 bestanden im Kosovo 87, im Jahre 1900 rund 200 serbische Schulen. So entstand im letzten Drittel des 19. Jahrhunderts im Kosovo eine kleine, aber gut ausgebildete national gesinnte weltliche und geistliche Elite, die enge Verbindungen nach Serbien pflegte. Handelsbeziehungen nach Österreich(-Ungarn) und nach Italien ließen eine ebenfalls kleine Kaufmannsschicht entstehen, die zusammen mit Lehrern und Priestern die Führungsgruppe der orthodoxen Gemeinschaft bildete, die sich immer mehr als serbische Gemeinschaft verstand und entsprechenden Druck auf nichtserbische Orthodoxe, v. a. Vlachen, ausübte. In enger Anbindung an Serbien erfolgte so ein soziokultureller Wandel, der den Serben einen nicht mehr einholbaren kulturellen und politischen Vorsprung vor den albanischsprachigen Muslimen eintrug: Es bildete sich ein enormes Bildungsgefälle zwischen Serben und den Kosovomuslimen heraus. Und dies ermöglichte es serbischen Wissenschaftlern und Publizisten, die Deutungshoheit über Vergangenheit, Gegenwart und Zukunft der Region zu erlangen. Bis in die Sechzigerjahre des 20. Jahrhunderts hinein blieb die albanischsprachige Bevölkerung, die keine derartige intellektuelle Elite besaß, demgegenüber „sprachlos"; entsprechend wenig wurde sie in West- und Mitteleuropa wahrgenommen.

Als die osmanische Regierung im Jahre 1889 die Einrichtung eines serbischen Konsulats in Priština erlaubte – wiederum zum Ausgleich des starken bulgarischen Einflusses auf dem osmanischen Balkan –, erhielt Serbien die Möglichkeit, noch stärker auf die Bevölkerung des Kosovo einzuwirken. Wie im makedonischen Raum stellten die Konsulate Drehscheiben nationaler

Propaganda dar, sie wirkten aber auch als sichtbarer Bezugspunkt für die serbischsprachige orthodoxe Bevölkerung. Nicht mehr die Kirche allein, sondern der serbische Staat koordinierte die politische und kulturelle Aktivität Serbiens im Kosovo. Die Konsuln nahmen aber auch auf die albanisch-muslimische Bevölkerung Einfluss, indem sie Konflikte zwischen Albanern schürten, deren Blutrachetradition dafür eine geeignete Handhabe bot. Gleichzeitig unterbanden die Konsuln Versuche lokaler Serben, einen regionalen Ausgleich mit muslimischen Albanern zu finden. Die vom serbischen Außenministerium verbreiteten Meldungen von „albanischen Gräueln" wurden in der regionalen serbischen Presse aufgenommen und verstärkten ethnische Stereotype.

Ist der Nationalisierungsprozess der orthodoxen Elite quellenmäßig gut fassbar, lassen sich für die Zeit vor 1912 kaum gültige Aussagen für die bäuerliche Bevölkerungsmehrheit treffen. Die orthodoxe bäuerliche Bevölkerung hatte zum ethnisierten Schulwesen und der in Druckschriften verbreiteten serbischen Propaganda kaum Zugang. Als mobilisierende Elemente dürfen vielmehr die Schaffung des bulgarischen Exarchats (1870), militärische Auseinandersetzungen (1877/78), das Einströmen der Muhaxhir sowie ideologische Einflüsse, insbesondere die nationale Umdeutung von Volkstraditionen (Kosovo-Mythos) durch die Kirche, angesehen werden. Letztere konnte durch die Geistlichen einen erheblichen direkten Einfluss in den Dörfern erzielen. Nicht zu unterschätzen ist auch die mobilisierende Wirkung des Liedgutes mit nationalen Motiven, das sich von Serbien aus verbreitete.

Als einheitliche Gemeinschaft traten die Kosovoserben nicht auf, vielmehr bestanden auch Strömungen, die von einer Weiterexistenz des osmanischen Reiches ausgingen und daher die Zusammenarbeit mit den osmanischen Behörden befürworteten. Es darf nicht vergessen werden, dass sich die südslawischsprachige orthodoxe Bevölkerung seit einem halben Jahrtausend mit der osmanischen Herrschaft zu arrangieren versuchte. Der jungtürkische Putsch von 1908 ließ die Kosovoserben wie andere christliche Gemeinschaften im osmanischen Reich hoffen, dass die Wiedereinführung der Verfassung und politische Teilhabe über Wahlen ihre Stellung verbessern würde. Diese Tendenzen wurden von der serbischen Diplomatie bekämpft, die fürchtete, bei den Kosovoserben an Einfluss zu verlieren. Eine eigentliche kosovoserbische Irredenta vermochte die serbische Diplomatie und Propaganda nicht hervorzurufen. Der Herrschaftswechsel erfolgte demgemäß nicht durch innere Kräfte, sondern durch den serbischen Angriff auf das osmanische Reich im Herbst 1912.

„Alt-Serbien" – die Entstehung der serbischen Deutungshoheit über den Kosovo und dessen Gesellschaft

Die Eingliederung des Kosovo in den serbischen Staat, die 1912 mit militärischen Mitteln durchgesetzt wurde, war von langer Hand vorbereitet. Nicht nur die Nationalisierung der südslawischen orthodoxen Bevölkerung des Kosovo wurde von Serbien aus betrieben, sondern serbische Wissenschaftler und Publizisten erarbeiteten zielstrebig eine serbische Deutungshoheit über die Region, insbesondere mit Blick auf die Großmächte. Wie in anderen südosteuropäischen Staaten übernahmen – nach west- und mitteleuropäischen Vorbildern – die Geisteswissenschaften – Geschichte, Volkskunde, Sprachwissenschaft und Geographie – die Aufgabe, politische Ansprüche zu rechtfertigen. Das nationale Programm Serbiens beruhte auf zwei – im Prinzip widersprüchlichen – Grundsätzen: einmal dem historischen Recht, also einer mittelalterlichen serbischen Herrschaft in einer Region, in der Serben in der Neuzeit nicht mehr die Mehrheit bildeten; und dem ethnischen Prinzip, d. h. einer serbischen Mehrheit oder einem starken serbischen Bevölkerungsanteil, und dies auch in Gebieten, die historisch nie zu einem serbischen Staat im Mittelalter gehört hatten (so etwa Bosnien oder die Vojvodina). Mit Blick auf Kosovo berief sich die serbische Elite auf das historische Recht. Wissenschaftler sollten dieses belegen und der west- und mitteleuropäischen Öffentlichkeit den serbischen Charakter des Kosovo beweisen. Zwei Grundstrategien lassen sich dabei erkennen: Die eine zielt ganz auf den serbischen Charakter des Kosovo ab, die andere versucht, die albanischsprachige muslimische Bevölkerungsmehrheit als barbarisch darzustellen. Aus diesem Gedankengang entwickelte sich die Vorstellung von einer serbischen „Zivilisationsmission". Als Vertreter der zivilisierten Welt sollte Serbien im Kosovo eine Ordnungsfunktion übernehmen, um das Gebiet aus den Händen einer „asiatischen" Macht zu befreien.

Deutungshoheit wird über Begriffe hergestellt, und serbische Wissen-schaftler erfassten dies sehr früh. Sie verwendeten daher nicht den Begriff „Kosovo", sondern sprachen von „Alt-Serbien" (Stara Srbija); das ebenfalls beanspruchte Vardarmakedonien wurde als „Neu-Serbien" (Nova Srbija) be-zeichnete. „Alt-Serbien" brachte das ganze Programm der serbischen Elite zum Ausdruck, die Vorstellung von der „Wiege des Serbentums", von dem historischen Recht auf ein Kernland der serbischen Geschichte ungeachtet der aktuellen Bevölkerungsstruktur. Die Umdeutung der volkstümlichen Ko-sovotraditionen gegen Ende des 19. Jahrhunderts machte „Alt-Serbien" zu einem wichtigen Element der nationalen Identität, mit Nachwirkungen bis auf die Gegenwart. Dass die Regierung in Belgrad diese neue Raumtermino-logie maßgeblich selbst entworfen hatte, zeigt die Tatsache, dass die erste Kar-te, die diesen Begriff verwendet, im Jahre 1889 von amtlichen Stellen bezahlt worden war.

Unter den Neudeutern des Raumes ragt der Anthropogeograph Jovan Cvijić (1865–1927) hervor, der mehrere Reisen durch die balkanischen Pro-vinzen des osmanischen Reiches unternahm und international vielbeachtete Untersuchungen in deutscher und französischer Sprache vorlegte. Er vermaß gleichsam die zu erobernden Gebiete und verlieh ihnen sowohl in der Karto-graphie wie auf der „mentalen Landkarte" seiner serbischen, aber auch euro-päischen Zeitgenossen einen eindeutig serbischen Charakter. Publizisten wie der Abenteurer Spiridon Gopčević beeinflussten ebenfalls in deutschsprachi-gen Veröffentlichungen die meinungsbildenden Kreise in Europa. Er vertrat die sogenannte „Arnautaši-These", wonach die albanischen Muslime islami-sierte und albanisierte Serben seien. So fiel es ihm leicht, im Kosovo eine gewaltige serbische Bevölkerungsmehrheit festzustellen (er zählte um 1890 1,54 Millionen christliche und 507.000 muslimische Serben sowie 165.200 Albaner). Der Publizist Jovan Hadži-Vasiljević baute diese Theorie aus, in-dem er ausführte, dass sich die Albaner von der Islamisierung bessere Auf-stiegsmöglichkeiten versprochen hätten; serbische Vornamen, Zweisprachig-keit, Beachtung christlicher Feiertage und serbischer Bräuche (so die Feier des Hausnamenspatrons: Slava) durch Albaner und die Hervorhebung serbischer Ortsnamen dienten ihm als Beweise für den serbischen Charakter des Kosovo auch im 19. Jahrhundert. Nach dieser Auffassung lebten die „eigentlichen" Albaner, die Tosken, im heutigen Südalbanien; die nordalbanischen Gegen jedoch seien eigentlich alle Serben. Die Eigenartigkeit dieses Gedankenganges wurde noch dadurch erhöht, dass Griechenland, das Ansprüche auf Süd- und Mittelalbanien erhob, behauptete, die Südalbaner seien eigentlich Griechen (islamisierte und albanisierte Griechen), während die Gegen im Norden die „echten" Albaner seien. Beide Staaten konstruierten so Identitäten je nach ihren politischen Interessen; und beide Staaten arbeiteten in den 1860er Jahren Teilungspläne für den osmanischen Balkan aus. Die strategische Allianz der beiden orthodoxen Flügelmächte des Balkans, Serbien und Griechenland, die bis in die Gegenwart reicht, besitzt so alte historische Wurzeln.

Zunehmend aber bildete sich gegen Ende des 19. Jahrhunderts der zweite Argumentationsstrang aus, der die Albaner als Untermenschen darstellte, die mit „asiatisch-muslimischem Fanatismus" gegen das „leidende [serbische] Volk in Kosovo" vorgingen. 1899 legte das serbische Außenministerium eine „Correspondance concernant les actes de violence et de brigandage des Albanais dans la Vieille-Serbie (Vilayet de Kosovo) 1898–1899)" vor, die die Übergriffe von albanischen Muslimen gegen Serben systematisch dokumentieren und beweisen sollte. Immer mehr wurde gegen die Albaner ein eigentlicher kultureller Kampf geführt: sie besäßen keine eigene Schriftsprache und keinen einheitlichen Glauben (Dinge, die für das serbische Nationsverständnis zentral waren); sie seien Nomaden und Räuber; ihr Gewohnheitsrecht sei Ausdruck schlimmster Barbarei. Zweifellos ihren Höhepunkt erreichte diese systematische Herabsetzung der Albaner in der Propagandaschrift des ehemaligen serbischen Ministerpräsidenten Vladan Đorđević (Die Albanesen und die Großmächte. Leipzig 1913). *„Der arnautische Typ ist mager und klein, in ihm ist etwas Zigeunerhaftes, Phönizisches. Nicht bloß an die Phönizier erinnern die Albanesen, sondern auch an die Urmenschen, welche auf den Bäumen schliefen, an denen sie sich mit Schweifen festhielten. Durch die späteren Jahrtausende, in denen der menschliche Schweif nicht mehr gebraucht wurde, verkümmerte derselbe so, daß die heutigen Menschen bloß eine kleine Spur davon in den Knöchelchen des Steißbeines besitzen. Bloß unter den Albanesen scheint es noch geschwänzte Menschen im XIX. Jahrhundert gegeben zu haben"*, lautet eine oft zitierte Stelle aus dieser Broschüre (S. 4)[18]. Đorđević stellte „anatomische

---

18   Dieses Zitat wird in der modernen Sekundärliteratur als besonders verwerflicher Beleg des serbischen rassistischen Denkens gegenüber den Albanern erwähnt.

Rassenunterschiede" zwischen den „brachizephalen" Nordalbanern und den „dolichozephalen" Südalbanern fest, um seine Version der „Arnautaši-These" zu untermauern. Bei Đorđević fließen historische und rassistische Argumentation zusammen. Seine Broschüre bringt auch die Geisteshaltung zum Ausdruck, mit der die serbische Elite 1912 den Angriff auf die albanischen Siedlungsgebiete im osmanischen Reich eröffnete und diese der serbischen Verwaltung unterstellte. Serbien führte nicht nur einen „Befreiungskrieg" zugunsten der serbischen orthodoxen Bevölkerung, sondern auch einen „Zivilisationskrieg" gegen „barbarische Untermenschen".

„Kosovo als Kerngebiet der albanischen Nationalbewegung?"[19]

In der albanischen Historiographie und im albanischen Geschichtsbewusstsein gilt die „Liga von Prizren" (1878–1881) als eigentlicher Beginn der albanischen Nationalbewegung; diese habe ihren Ausgang also im Kosovo als albanischem Kernland genommen.

Die Aussage, wonach die albanischen Muslime im Kosovo vor 1912 in der albanischen Nationalbewegung eine sehr geringe Rolle gespielt hätten und besonders im albanischen Geistesleben von vernachlässigbarer Bedeutung ge-

---

Tatsächlich durchzieht rassistisches Gedankengut Đorđevićs Schrift; die Behauptung an sich hat er aber nicht erfunden. Sie geht vielmehr auf eine unverdächtige Quelle zurück, den Begründer der modernen Albanerforschung, den österreichischen Konsul Johann Georg von Hahn, der in seinem monumentalen Werk „Albanesische Studien", Wien 1853, auf S. 163 ein Kapitel über „Geschwänzte Menschen" eingefügt hat (von den zahlreichen Forschern, die Đorđevićs Machwerk analysiert haben, hat sich offenbar niemand die Mühe gemacht, das Zitat zu überprüfen; freilich hat Đorđević falsch zitiert, nämlich „S. 63" statt 163). Von Hahn beschreibt dieses Phänomen mit großer Skepsis, beruft sich aber auf mehrere albanische Gewährsmänner; er erwähnt, dass der Glaube an geschwänzte Männer auch in Griechenland und Anatolien verbreitet gewesen sei. Offenbar handelt es sich um einen um 1850 vorhandenen Volksglauben mit vielleicht antiken Wurzeln.

19   Nach dem Titel des grundlegenden Aufsatzes von N. Clayer, Le Kosovo: berceau du nationalisme albanais au XIXe siécle?, in: dies., Religion et nation chez les Albanais, XIXe- XXe siècles. Istanbul o.J. (2002), 197–220.

Das Tagungsgebäude der Liga von Prizren, nach der Zerstörung von 1999 restauriert

wesen seien, mag daher auf den ersten Blick erstaunen. Die albanischsprachigen Muslime haben im albanischsprachigen Südosteuropa vor 1945 keinen
einzigen nennenswerten Schriftsteller oder Kunstschaffenden von Rang her-
vorgebracht. Wer heute den Lichthof der Universitätsbibliothek von Prishtina besucht, sieht dort die Porträts bedeutender albanischer Intellektueller,
die fast ausnahmslos aus der Diaspora oder dem heutigen Albanien stammen.
Die ethnonationale Traditionsbildung im Kulturleben kann in der modernen
kosovo-albanischen Gesellschaft nicht auf regionale Elemente Bezug nehmen,
sondern muss sich an einem – ebenfalls sehr jungen (dazu S. 287) – albanischen Kommunikationsraum ausrichten.

Die sogenannte „Liga von Prizren" war, wie gezeigt, ein Zusammenschluss
regionaler albanisch- und auch südslawischsprachiger muslimischer Chefs
des heutigen Kosovo, des heutigen Westmakedonien und des Sancaks von
Novi Pazar, deren Programm von Juni 1878 im Wesentlichen die territoriale
Integrität des osmanischen Reiches (nach der serbischen Eroberung des obe-
ren Moravatals) und den Schutz von „Leben, (…) *Eigenthum und [der] Ehre*

Prizren

der loyalen nicht muselmännischen Confessiongenossen (…) in Gemässheit des erhabenen Religionsgesetzes (Scheriat)"[20] verlangte – mit anderen Worten: den status quo vor dem Krieg von 1877/78 und die Privilegierung der Muslime gegenüber den Christen, konkret die allgemeine Durchsetzung der Scharia, was faktisch die Aufhebung des Reformedikts von 1856 bedeutete. Die Muslime in dem Siedlungsbogen von Westmakedonien bis in den Sancak wollten so ihre alten Vorrechte gegenüber dem Sultan und der christlichen Bevölkerung ausbauen. Der Sultan hatte die „Liga" ursprünglich unterstützt, um mit Hinweis auf regionale Widerstände den Großmächten gegenüber die Abtretung von Territorien an Serbien und Montenegro zu verweigern. Ethnonationale Wünsche wurden zunächst nicht formuliert, da es sich bei der „Liga" um einen regionalen Interessenzusammenschluss von Muslimen handelte. Ein nationales Programm entwickelten demgegenüber zuerst albanische Führer in

---

20   S. Pulaha – K. Prifti, La Ligue albanaise de Prizren 1878–1881. Documents I. Tirana 1988, 55–57.

Südalbanien, in Shkodra und in Istanbul, wobei der südalbanische Bektashi Abdyl Frashëri eine zentrale Rolle übernahm. Wohl von ihm wurde ein nationaler Aufruf redigiert, der von den muslimischen Chefs des Kosovo unterzeichnet wurde. Gefordert wurde eine albanische Autonomie innerhalb des osmanischen Reiches. Im Gegensatz zu den genannten albanischen Zentren ging es den Muslimen im Kosovo jedoch vor allem um die Abwehr Serbiens, die Verteidigung des Islam und lokale Interessen. Bei der Ausarbeitung eines nationalpolitischen Programms übernahmen die kosovo-albanischen Muslime keine Führungsfunktion. Nach der Unterdrückung der „Liga" durch osmanische Truppen (1881) versiegte die ethnonationale Bewegung bei den albanischsprachigen Muslimen des Kosovo weitgehend. Die zahlreichen nationalalbanischen Presseerzeugnisse erreichten nur eine verschwindend kleine Leserzahl im Kosovo. Dies wird kaum verwundern, war der Bildungsstand der muslimischen Albaner im Kosovo im Vergleich zu der in der Nationalbewegung besonders aktiven orthodoxen Bevölkerung Südalbaniens niedrig: Während diese enge Beziehungen nach ganz Südosteuropa, West- und Mitteleuropa, in den Nahen Osten und nach Übersee unterhielt und gegen Ende des 19. Jahrhunderts mit dem Aufbau eines albanischen Schulsystems begann, blieben die albanischsprachigen Muslime des Kosovo davon mehrheitlich unberührt. Nur die wenigsten waren alphabetisiert, und wer lesen und schreiben konnte, hatte dies in osmanischen Schulen, zumeist aber an islamischen Religionsschulen gelernt – und diese waren alles andere als Ausbildungsstätten für eine nach modernen Unterrichtsprinzipien erzogene nationalbewusste Elite. Wie gezeigt, überwog ein modernisierungsfeindlicher Konservatismus, der auch die geringe Beteiligung von albanischen Muslimen aus dem Kosovo an der Reformbewegung der Jungtürken erklärt. Um 1900 bestand die Elite der albanischen Muslime aus regionalen Chefs, die intellektuell kaum in der Lage waren, größere politische Zusammenhänge zu erfassen und nicht selten zeitweise mit serbischen Diplomaten zusammenarbeiteten (so der heute als Held verehrte Isa Boletini); die mächtigen Beys wie Hasan Prishtina oder Nexhip Draga, Führer der jungtürkischen Ausrichtung, genossen für ihre politischen Modernisierungspläne kaum Rückhalt in der Bevölkerung. In Prizren bestand 1898 kein Interesse für die Pflege des Albanischen als Schriftsprache – während diese Frage gleichzeitig die Gemüter der Gebildeten im heutigen Süd- und Nordalbanien bewegte. Albanische Zeitgenossen bemerkten, der

Mehrheit der albanischen Muslime im Kosovo gehe es vor allem um die Vermeidung von Steuern. Zwischen der winzigen Gruppe nationalgesinnter Beys und der gegenüber nationalem Gedankengut indifferenten Mehrheit der albanischen Muslime tat sich ein kultureller Graben auf. Erst das serbische Eingreifen sollte nach 1912 diese traditionelle Gesellschaft in einem jahrzehntelangen Prozess in eine ethnonationale Gemeinschaft umwandeln. Vor diesem Hintergrund wird es kaum erstaunen, dass sich vor 1912 keine kosovoalbanische Stimme gegen den serbischen Deutungsanspruch über die Region und über Geschichte und Gesellschaft der Albaner in Südosteuropa erhob. In einem Zeitalter, in dem die öffentliche Meinung die Politik der Großmächte bereits wesentlich beeinflusste, erwies sich dies als kaum zu überschätzender Nachteil.

Kosovo in Serbien und den beiden Jugoslawien (1918–1999)

Die serbische Eroberung des Kosovo bildet einen entscheidenden Wendepunkt in der Geschichte der Region, in der Geschichte Serbiens und des Verhältnisses zwischen Serben und Albanern. Mehr als fünf Jahrhunderte hatte der Kosovo osmanischer Herrschaft unterstanden; in diesem Reich gehörte er 1912 zu den rückständigsten, ärmsten und modernisierungsfeindlichsten Regionen, zu vergleichen etwa mit anatolischen Randgebieten des osmanischen Reiches wie Kurdistan. Die gesellschaftlichen Strukturen der orthodoxen südslawischen Minderheit und der muslimischen albanischsprachigen wie türkischen Bevölkerungsmehrheit hatten sich seit der Frühen Neuzeit kaum verändert. Nur dünne Schneisen der Modernisierung, so die 1874 errichtete Bahnlinie von Saloniki nach Mitrovica, verbanden Kosovo mit der europäischen Welt des 20. Jahrhunderts. Diese wenig dynamische Gesellschaft wurde durch die Eingriffe des ersten (1918–1941) und des zweiten Jugoslawien (1945–1999) in ihren Grundfesten erschüttert und innerhalb von achtzig Jahren stärker verändert als in dem halben Jahrtausend zuvor.

Zwar weisen die beiden jugoslawischen Machtmodelle Kontinuitäten auf – insbesondere in der ersten Phase der Nachkriegszeit (1945–1966) –, doch markiert spätestens die weitgehende Autonomie des Kosovo (1974–1989) einen eigenen Zeitabschnitt.

Im zweiten Hauptteil dieses Buches kommt der politischen Geschichte größere Bedeutung zu: Kosovo wechselte mehrfach den Besitzer, und die langen Kriegs- (1912–1918; 1941–1945) und Aufstandsphasen (1918–1924; 1945) ließen die Region insbesondere in der ersten Hälfte des 20. Jahrhunderts kaum zur Ruhe kommen. Vielmehr entwickelte sich eine Spirale von Gewalt und Gegengewalt, die sich bis in die Gegenwart immer mehr radikalisierte und die Herausbildung ethnonationaler Identitäten hervorrief und entscheidend beschleunigte. Auch im zweiten Hauptteil dieses Buches wird der Versuch unternommen, eine strukturell angelegte Analyse vorzunehmen. Da politische Ereignisse – Kriege, mehrfacher Besitzwechsel, wiederholte Änderung des verfassungsmäßigen Status – die Entwicklung des Kosovo im 20. Jahrhundert in raschem Rhythmus tiefgreifend veränderten, wird der ereignisgeschichtlichen Darstellung etwas breiterer Raum eingeräumt.

Die politische Geschichte des Kosovo, diese Spirale der Gewalt im „kurzen 20. Jahrhundert", das in diesem Falle von 1912 bis 1999 dauerte, kann folgendermaßen untergliedert werden:

- Oktober/November 1912–Herbst 1915 Eroberung des Kosovo durch Serbien und Montenegro; Einrichtung einer serbischen Verwaltung sowie Annexion des nordwestlichen Kosovo (Nordteil der Dukagjinebene/Metohija) durch Montenegro (7. September 1913)
- 1915–1918 Verwaltung des Kosovo durch Österreich-Ungarn und Bulgarien
- 1918–1941 Kosovo als Teil des ersten Jugoslawien (bis 1929 „Königreich der Serben, Kroaten und Slowenen" (sog. Königreich SHS, nach der serbokroatischen Bezeichnung „Kraljevina Srba, Hrvata i Slovenaca")
- 1918–1924 Aufstand der albanisch-muslimischen Kaçakenbewegung
- 1941–1945 Anschluss großer Teile des Kosovo an das (bis 1943) italienisch beherrschte Königreich Albanien; Vertreibung der serbischen Kolonisten; deutsche und bulgarische Verwaltung in Teilen der Region bzw. September 1943–November 1944 Besatzungsgebiet der deutschen Wehrmacht
- 1945 Wiedereingliederung des Kosovo in das zweite – kommunistische – Jugoslawien; erneuter albanischer Aufstand
- 1945–1966 auf Polizei und Geheimdienst gestützte Repressionspolitik im Kosovo
- 1966 Beginn des Kurswechsels („Liberalisierung")
- 1974 neue jugoslawische Verfassung und Aufwertung des Kosovo zur Autonomen Provinz mit faktischem Republikstatus
- 1974–1989 kosovo-albanische Dominanz; verstärkte Abwanderung von Serben
- 1989–1999 zweite Repressionsphase unter der Regierung S. Milošević's; Bildung einer albanischen Parallelgesellschaft; 1997–1999 Guerillakämpfe und 1999 Intervention der NATO

Kosovo in Serbien

Gewalt und Krieg als Faktoren in der neueren Geschichte des Kosovo

Die oben aufgelisteten Konflikte allein schon lassen annehmen, dass Gewalt zu einer zentralen Dimension der Geschichte des Kosovo in den letzten hundert Jahren wurde. Eine Spirale von Gewalt und Gegengewalt, ausgeübt von Serben und Albanern, kennzeichnet die politische Entwicklung und führte zur Ausbildung und Verhärtung ethnonationaler Identitäten auf beiden Seiten, besonders, in nachholender Entwicklung, bei den albanischsprachigen Muslimen. Es stellt sich aber die Frage, ob der Blick auf die Zeit nach 1912, also nach der serbischen Eroberung des Kosovo, das erhebliche Gewaltpotenzial in der neueren Geschichte des Kosovo erklärt oder ob nicht die Untersuchung der Verhältnisse in osmanischer Zeit vertiefende Argumente bereitstellt. In den letzten Jahren hat sich die Forschung der Frage zugewandt, ob der Balkan an sich, gleichsam ontologisch, gewalttätiger sei als andere Teile Europas. Ein Blick auf die europäische Geschichte des 20. Jahrhunderts lässt diese Meinung als ebenso unbegründet wie klischeehaft erscheinen, darf aber nicht daran hindern, Formen von Gewalt auf dem Balkan in vormoderner Zeit zu beschreiben und zu interpretieren. Das in einer vormodernen Gesellschaft vorhandene Gewaltpotenzial lässt sich nicht messen; es fehlen Parameter und Daten, von anderen methodischen Schwierigkeiten zu schweigen. Das Reden und Schreiben über Gewalt diente zudem auch als politisches Instrument, zur Stigmatisierung von Gegnern, wie der serbische Gewaltdiskurs über die albanischen Muslime belegt. Auch vermeintlich neutrale Quellen wie die verschiedenen europäischen Konsuln beschäftigen sich in ihren Berichten naturgemäß eher mit gewaltsamen Zwischenfällen als mit Formen des friedlichen Zusammenlebens. Doch auch wenn man all diese Vorbehalte in

Betracht zieht, muss festgestellt werden, dass das Kosovo in spätosmanischer Zeit – ebenso wie etwa der südlicher gelegene makedonische Raum – von endemischer Alltagsgewalt geprägt war. Diese ist wesentlich mit der Schwäche des osmanischen Staates zu erklären, der kein Gewaltmonopol durchsetzen konnte; einen zweiten Faktor bildete das oft erwähnte Privileg der Muslime, Waffen zu tragen. Österreichisch-ungarische diplomatische Berichte dokumentieren von den frühen Siebzigerjahren des 19. Jahrhunderts bis zum ersten Balkankrieg zahlreiche Fälle von Alltagsgewalt, bei denen in der Regel bewaffnete Muslime die Täter, unbewaffnete Christen die Opfer waren; die Motive waren meist wirtschaftlicher Natur. Sanktionen hatten die Täter in der Regel nicht zu befürchten. Die osmanische Niederlage von 1877/78 und die Muhaxhir vergrößerten das Aggressionspotenzial von Teilen der muslimischen Bevölkerung, worunter alle Christen, Orthodoxe wie Katholiken, zu leiden hatten. In den Auseinandersetzungen zwischen osmanischen Reformern und regionalen Reformgegnern verlor das osmanische Reich zeitweise (1909–1912) in weiten Teilen des Kosovo die Kontrolle. Recht und Gesetz wurden vom Staat nicht mehr gewährleistet; das Faustrecht des Stärkeren trat an die Stelle. Die Stellung des Gewohnheitsrechts erklärt sich aus eben dieser Unfähigkeit des osmanischen Staates, allen seinen Bürgern Sicherheit und Gleichheit vor dem Gesetz zu gewährleisten. Die Blutrache stellte unter der albanischsprachigen Bevölkerung bis in die Achtzigerjahre des 20. Jahrhunderts eine Geißel dar, die weder vom osmanischen Reich noch von den beiden Jugoslawien eingedämmt werden konnte. Die seit dem ausgehenden 19. Jahrhundert im Kosovo operierenden Banden, die von Serbien aus bezahlt und gesteuert wurden, erhöhten noch das Gewaltpotenzial in der Region. Bis 1912 waren die Bewohner des Kosovo es kaum gewohnt, ihre Konflikte vor staatlichen Gerichten auszutragen.

Eine neue Qualität erreichte die Gewalt mit dem Einmarsch serbischer und montenegrinischer Truppen im Oktober/November 1912. Der erste Balkankrieg wurde von den angreifenden Staaten nach außen als Zivilisationsmission dargestellt, im Felde aber als Rachefeldzug für ein halbes Jahrtausend osmanischer Herrschaft geführt. Nicht mehr lokale Übergriffe und Schießereien, sondern weiträumige Vertreibungen und Massaker an der Zivilbevölkerung kennzeichnen die Kriegsführung.

Die Eroberung des Kosovo durch Serbien und Montenegro im Okto-
ber/November 1912 weist mit dem Ende der serbischen Verwaltung im Jahre
1999 mehrere Gemeinsamkeiten auf: die Brutalität der Kriegführung, die
zahlreichen Übergriffe gegen die Zivilbevölkerung, ausgedehnte ethnische
Säuberungen bzw. Fluchtbewegungen und der Einsatz von oft kriminellen
paramilitärischen Verbänden. Die desorganisierten und schlecht bewaffneten
albanischen Muslime vermochten nach dem raschen Rückzug der osmanischen Armee, die von den muslimischen Aufständen der Jahre 1909–1912 zer-
rüttet war, den regulären serbischen und montenegrinische Armeen trotz lokaler Widerstandsversuche nicht standzuhalten. Viele Kämpfer flohen in den
Schutz der Wälder und Berge. Das Vorgehen der serbischen, besonders aber
der montenegrinischen Soldaten und Paramilitärs entsetzte Teile der europäischen Öffentlichkeit – Lev Bronstein/Trotzki gehört zu den wortgewaltigsten
Anklägern der Kriegsverbrechen. In Serbien erhob nur der Sozialdemokrat
Dimitrije Tucović seine Stimme. Über die Zahl der toten und geflohenen
albanischen Muslime schwanken die Angaben je nach Quelle erheblich. Bis
Ende 1912 sollen rund 20–25.000 muslimische Albaner getötet worden sein;
die Zahl der Flüchtlinge schätzte man auf 20.000 (so serbische Angaben) bis
120.000 (albanische Schätzung); österreichisch-ungarische Quellen sprechen
für die Dukagjinebene/Metohija (Region Gjakova und Prizren) von rund
70.000 albanischen und anderen muslimischen, d. h. vor allem türkischspra-
chigen, Flüchtlingen. So brutal die Kriegführung der serbischen Armee und
Paramilitärs auch war, so führte sie nicht wie 1877/78 zu einer vollständigen
ethnischen Säuberung des Kampfgebietes. Zahlreiche Flüchtlinge kehrten
wieder in ihre – oft verwüsteten – Dörfer zurück. Serbien war mit der Unterwerfung des makedonischen Raumes, den Plänen gegen das Gebiet des heutigen Albanien und im Frühjahr 1913 durch den zweiten Balkankrieg gegen
Bulgarien beschäftigt. Zu einer zweiten Welle der ethnischen Säuberung
kam es im Herbst 1913: Den Vorwand boten regionale Aufstände albanischer
Muslime um Peja und Gjakova; die Aufständischen wurden als „Kaçaken"
(türk. „Flüchtling") bezeichnet. Sie hatten sich gegen Entwaffnungsaktionen, Verhaftungen, Internierungen, gegen Morde und Vergewaltigungen
sowie gegen die Wirtschaftspolitik der serbischen Militärverwaltung erhoben. Die serbische Armee schlug die Erhebung nieder und nahm sie zum
Vorwand, tief auf das Gebiet des heutigen Albanien vorzudringen. Nur die

drohende Haltung Österreich-Ungarns gebot diesem Durchmarsch an die Adria Einhalt.

Das hohe Maß an Alltagsgewalt im osmanischen Reich war durch den Krieg von 1912 gleichsam potenziert worden, indem eine moderne Armee und eine große Gruppe staatlich unterstützter paramilitärischer Verbände die Kriegführung grundlegend veränderten. Wo die Gewaltspirale in der Geschichte des Kosovo beginnt, bei der überwiegend von Muslimen gegen Christen geübten Alltagsgewalt oder bei der serbischen Kriegsführung in den Jahren 1877/78 und 1912, lässt sich kaum entscheiden. Beide Konfliktgruppen, die sich seit dem ausgehenden 19. Jahrhundert ausbildeten, Serben und Albaner, sehen sich aber bis heute als Opfer, den jeweils anderen aber als Täter. Differenzierungen im Sinne eigener Verantwortung werden kaum vorgenommen. Die Opferrolle ist alldominant und allgegenwärtig in heutigen gesellschaftlichen Diskussionen bei beiden Völkern und gehört zu den wichtigsten Elementen, die eine mögliche Versöhnung verhindern.

Die Frage der Grenzziehung und
die Haltung der Großmächte

Die Kosovofrage im 20. Jahrhundert ist wesentlich das Ergebnis jener Grenzziehung, die die Vertreter der Großmächte auf der Londoner Botschafterkonferenz (Dezember 1912 – August 1913) festgelegt hatten. Die militärische Niederwerfung des osmanischen Reiches durch regionale christliche Nationalstaaten hatte die Großmächte schwer beunruhigt. Sie versuchten, den Zusammenbruch des osmanischen Imperiums und die territoriale Neuordnung in die Hand zu nehmen. Die siegreichen Balkanstaaten sollten wieder zu zweitrangigen Faktoren im Mächtespiel zurückgestuft werden. Bereits auf dem Berliner Kongress von 1878 hatten die Großmächte auf die Wünsche des osmanischen Reichs und der Regionalstaaten keine Rücksicht genommen, erst recht nicht auf Gemeinschaften ohne staatliche Strukturen wie die albanischen Muslime, die sich vergeblich an die europäischen Spitzendiplomaten gewandt hatten. Ähnlich verfuhr die Londoner Konferenz.

Über ihr lagen aber bereits die Schatten des Ersten Weltkrieges. Russland und Frankreich liehen Serbien ihre volle Unterstützung; Großbritannien, das keine wichtigen Eigeninteressen auf dem inneren Balkan verfolgte, duldete diese Parteinahme im Interesse der Entente cordiale. Auf der Gegenseite stand Österreich-Ungarn, das seit längerem ein serbisches Ausgreifen an die Adria, die Lebensader des österreichisch-ungarischen Seehandels, befürchtete und daher aktiv für die Schaffung einer national-albanischen Identität und eines albanischen Staates eintrat. Starkes Interesse am albanischen Siedlungsraum hegte auch Italien, das aber mit der Donaumonarchie um Einfluss in der Adria und auf dem südlichen Balkan konkurrierte und daher die österreichisch-ungarische Position nicht so vorbehaltlos unterstützte wie Frankreich jene Russlands. Das Deutsche Reich schließlich legte sich weitgehend auf die Haltung des habsburgischen Verbündeten fest.

Serbische und montenegrinische Truppen hatten in der Region Tatsachen geschaffen, die die Großmächte kaum übergehen konnten. Die serbische Außenpolitik verteidigte mit allen Mitteln die Eroberungen; sie versuchte, der europäischen Öffentlichkeit insbesondere das historische Recht und die serbische Zivilisationsmission zu vermitteln. Von den Großmächten drängte vor allem Österreich-Ungarn, teilweise sekundiert von Italien, auf eine Grenz-ziehung, die den ethnischen Verhältnissen in der Region Rechnung trug. Am 28. November 1912 war im südalbanischen Vlora ein albanischer Staat ausge-rufen worden, dessen Grenzen unklar waren; diese Staatsgründung wurde von Österreich-Ungarn maßgeblich unterstützt. Die Donaumonarchie war darauf bedacht, durch diesen Staat die Adria gegenüber Serbien zu verriegeln; allein schon aus diesem Grund wollte der Habsburgerstaat die Ostgrenze Albaniens so weit östlich wie möglich ziehen. Und dies bedeutete, dass serbische und montenegrinische Truppen weite Teile des Kosovo hätten räumen müssen. Ohne eine großangelegte Intervention der Großmächte bzw. die Duldung eines österreichisch-ungarischen Militärschlags gegen Serbien war dies jedoch ausgeschlossen. Lediglich auf eine Flottendemonstration gegen Montenegro, das zur Räumung der nordalbanischen Stadt Shkodra gezwungen wurde, ei-nigten sich die Großmächte – denn ein derartiges Vorgehen barg nicht die Gefahr kriegerischer Verwicklungen und großer Verluste. Die Furcht vor dem Einsatz von Bodentruppen bildet eine weitere Parallele zwischen den Ereig-nissen von 1912 und 1999.

Die Donaumonarchie stieß in der Frage der albanischen Ostgrenze vor allem mit Russland zusammen, das sich schließlich durchsetzte. Zweimal hat ein außenpolitisch gedemütigtes Russland im Kosovo durch massive Inter-ventionen neues Selbstbewusstsein unter Beweis stellen wollen: 1912, sieben Jahre nach der demütigenden Niederlage gegen Japan (1905), und in unseren Tagen, da Russland sich erholt vom Zerfall der Sowjetunion als neue Welt-macht darstellen will. Die Interessen der regionalen Bevölkerung spielten in dem diplomatischen Kalkül Russlands kaum eine Rolle. Die heutige Grenze zwischen Albanien und dem Kosovo ist im Wesentlichen ein Ergebnis der russischen Diplomatie, die sich auf Frankreich und in geringerem Maße auf Großbritannien stützte. In zähen Verhandlungen drängten russische Dip-lomaten ihre österreichisch-ungarischen Kontrahenten zurück – und damit rückte auch die Ostgrenze des albanischen Staates Kilometer für Kilometer nach Westen. Lange wurde um die Stadt Gjakova gerungen, die schließlich zu Serbien geschlagen wurde, während ihr westliches Hinterland an Albanien fiel. Die Grenzziehung zerschnitt gewachsene wirtschaftliche und gesellschaft-liche Bindungen, trennte Städte von ihrem Umland und zerriss großfamiliä-

re Strukturen. Dass starke Verwandtschaftsbande über die Grenze hinweg-
reichten, sollte für die Geschichte des Kosovo von fundamentaler Bedeutung
bleiben. Im albanischen Geschichtsbild stellt die Grenzziehung von 1912 ein
grundlegendes Trauma dar, die „Zerstückelung (alb. copëtim) der albanischen
Gebiete". Tatsächlich lebte rund die Hälfte der albanischsprachigen Bevölkerung Südosteuropas nach 1912 außerhalb des albanischen Staatsgebietes, vor
allem in Serbien und zu einem geringeren Teil im nordwestlichen Griechenland. Übersehen wird in dieser Wahrnehmung freilich, dass es sich dabei oft
um ethnisch stark gemischte Gebiete handelte (das eigentliche Amselfeld, das
westliche Makedonien, Epirus) und die albanische Bevölkerung nicht überall
eine Mehrheit bildete, sondern vielmehr oft nur eine Minderheit (besonders
im Südteil von Epirus, der heute zu Griechenland gehört). Die Grenzziehung
von 1912 liegt der heutigen Kosovofrage zugrunde. Man darf vermuten, dass,
hätte sich die Diplomatie der Donaumonarchie durchgesetzt und wäre zumindest die stark albanisch besiedelte Dukagjinebene/Metohija zum jungen
albanischen Staat geschlagen worden, sich der Konflikt um das Amselfeld nie
in jener Schärfe entwickelt hätte, die er im 20. Jahrhundert erlangte.

Die serbische und montenegrinische Verwaltung des Kosovo (1912–1915)

Die Verwaltung des Kosovo durch die beiden Siegerstaaten wurde in einer Atmosphäre des nationalen Rausches eingerichtet. *„Die neuesten Ereignisse haben das Schicksal des Balkans, und somit auch dasjenige Altserbiens auf die Tagesordnung gesetzt, jene heilige, aber beklagenswerte Mutter unseres Königreiches, wo der historische Raum des serbischen Staates der alten Könige und Zaren ist, wo die heiligen Hauptstädte sind: Ras im Raum Novi Pazar, Priština, Skoplje, Prizren (…) Unser Serbien wird dort den lang ersehnten Frieden und Fortschritt einführen, wie es bereits in den 1877/78 befreiten Kreisen geschehen ist: Dort leben freie, fortschrittliche, bewusste und zufriedene Bürger"*, verhieß in seiner Kundmachung zum Kriegsbeginn der serbische König[21]. Die serbischorientierte orthodoxe Bevölkerungsminderheit des Kosovo hat die serbische Eroberung mehrheitlich als Befreiung empfunden und verband mit dem Machtwechsel Hoffnungen auf eine bessere Zukunft. In Proklamationen vor Ort versprachen die neuen serbischen Behörden der albanisch-muslimischen Bevölkerung den Schutz ihrer Rechte und ihres Eigentums. Die Wirklichkeit wich davon stark ab und erinnert an die letzte Phase der serbischen Verwaltung in den 1990er Jahren, als Kriminelle wie der Kriegsverbrecher „Arkan" (eigentlich Željko Ražnatović (1952–2000) in Prishtina das Sagen hatten. Serbien bekundete erhebliche Mühe, Verwaltungsbeamte in ausreichender Zahl zu rekrutieren, zumal der Einsatz im kaum befriedeten Kosovo als gefährlich galt. Während gute Beamte es vorzogen, in Kernserbien zu bleiben, gelangten zahlreiche Abenteurer sowie Kriminelle aus der Belgrader Unterwelt in hohe Verwaltungsämter; Paramilitärs schüchterten die Bevölkerung ein. Kosovo und das ebenfalls von Serbien eroberte Vardar-Makedonien wurde von einer korrupten Beamtschaftenschaft regiert, die nichtserbische Bevölkerung von irregulären Verbänden terrorisiert. Nach den schnell abgeschlossenen Kampf-

---

21   D. Müller, Staatsbürger auf Widerruf. Juden und Muslime als Alteritätspartner im rumänischen und serbischen Nationscode. Wiesbaden 2005, 190.

handlungen beherrschte wieder alltägliche Gewalt die Gesellschaft des Koso-vo, nur hatten sich die Verhältnisse grundlegend verändert. Nun waren die albanischsprachigen Muslime mehrheitlich Opfer, die militärisch überlege-nen serbischen Militärs und Paramilitärs die Täter. Korruption und Misswirt-schaft der serbischen Verwaltung der neueroberten Gebiete nahmen bisweilen groteske Züge an, die gemeinsam mit den Kriegsverbrechen dem Anspruch, die Zivilisation in den Kosovo zu tragen, Hohn sprachen. Das Odium der Gewalt gegen Nichtserben sollte die Herrschaft der beiden Jugoslawien über das Kosovo dauerhaft belasten.

Beinahe noch brutaler als die serbischen Behörden gingen ihre monte-negrinischen Kollegen vor. Montenegro verfolgte nicht nur eine Politik der Vertreibung und der Übergriffe gegen die muslimische Zivilbevölkerung, vielmehr äußerte sich das Rachebedürfnis, das in dem erwähnten Epos der „Bergkranz" seinen Ausdruck gefunden hatte, in der Verstümmelung von Ge-fangenen und in Zwangstaufen sowohl von Muslimen wie von Katholiken. Seit Jahrhunderten hatten sich orthodoxe montenegrinische Bergbewohner und ihre albanischen muslimischen Nachbarn bekämpft. Auf beiden Seiten waren diese Kämpfe in Lied und Epos verherrlicht worden (das 1937 veröf-fentlichte albanische Nationalepos „Die Laute des Hochlands" (alb. Lahuta e Malcís) des Franziskanerpaters Gjergj Fishta feierte wie der ebenfalls von einem Geistlichen verfasste „Bergkranz" diese Fehden im Bergland).

Die Montenegriner setzten so ein stärker als in Serbien auf die Religion bzw. Konfession basierendes Identitätsmodell durch. Die Zahl der zwangsge-tauften Muslime wird auf bis zu 12.000, die der zwangsgetauften Katholiken auf rund 1200 geschätzt. Das Eingreifen Österreich-Ungarns, der Schutz-macht der Katholiken im osmanischen Reich, setzte dieser Praxis ein Ende. Ebenfalls im Gegensatz zu Serbien annektierte Montenegro seinen Besat-zungsbezirk (um Peja und Gjakova) formell (7. September 1913).

Der Erste Weltkrieg und das vorübergehende Ende der serbisch-montenegrinischen Verwaltung

So rasch Kosovo von Serbien und Montenegro erobert worden war, so rasch erfolgte auch der nächste Umschwung der Machtverhältnisse. Der von serbischen Regierungskreisen geduldete Mord an dem österreichisch-ungarischen Thronfolger Franz Ferdinand löste im Sommer 1914 den Ersten Weltkrieg aus. Die siegestrunkenen Belgrader Eliten wollten nach dem osmanischen auch das Habsburgerreich zu Fall bringen und alle Serben in einem Staat zusammenführen. Nach anfänglichen Niederlagen gelang es den deutschen und k.u.k. Truppen zusammen mit Bulgarien, die serbische Armee zu schlagen. Diese zog sich durch das Kosovo und die albanischen Berge in Richtung Albanien zurück. Eben jene Truppen, die gerade noch die Bevölkerung dieser Gebiete unterdrückt hatten, waren im harten Winter 1915/16 auf Hilfe angewiesen. Bei ihrem Rückzug an die Adriaküste erlitt die serbische Armee hohe Verluste. In der serbischen Erinnerungskultur kommt dieser Leidensgeschichte große Bedeutung zu, wobei die Albaner als barbarische Wegelagerer dargestellt werden, die die geschwächten Serben nicht verpflegt, sondern überfallen hätten. Dieses Leiden wurde durch den Begriff „Serbiens Golgotha" zum Ausdruck gebracht. Dass der Rückzug durch just jene Gebiete verlief, in denen serbische Truppen wenige Monate zuvor schlimm gehaust hatten, wird jedoch in dieser Darstellung nicht erwähnt. Die serbische Armee und Staatsführung sammelte sich mit Unterstützung der Ententemächte auf Korfu, von wo aus zahlreiche Einheiten an die Balkanfront nach Saloniki verlegt wurden, wo sie im Herbst 1918 entscheidend zum Zusammenbruch der bulgarischen Front und damit zum Ende des Ersten Weltkrieges beitrugen. Für die Albaner hatte der serbische Rückzug eine Folge mit lang anhaltender Wirkung. In den Ententestaaten Frankreich und Großbritannien wurde der serbische Rückzug als modernes Epos, die Serben als Heldenvolk gefeiert – die Albaner hingegen standen in dieser Optik auf der falschen Seite. Nach 1918 forderte Serbien den Preis für seine Verdienste ein, die Albaner im Kosovo aber galten den Siegermächten des Krieges als feindliche Gruppe.

Der Einmarsch österreichisch-ungarischer, deutscher und bulgarischer

K.u.k. Militärverwaltung in Mitrovica

Truppen in den Kosovo im Herbst 1915 bewirkte zuerst aber einen Umschwung der Verhältnisse: Die Donaumonarchie, die auch Nord- und Teile
Mittelalbaniens besetzt hatte, förderte die Albaner nach Kräften, setzte Albaner als Beamte ein, richtete albanische Schulen ein und baute die Infrastruktur aus. Die Albaner hatten die k.u.k. Truppen begeistert begrüßt und
ihnen Waffenhilfe gegen die zurückweichenden serbischen Truppen angeboten. 1000 albanische Freiwillige dienten an der österreichischen Front gegen
Russland, während 2000 anderen k.u.k. Verbänden nach Albanien folgten.
Der Südteil des Kosovo (in der Dukagjinebene/Metohija von Prizren bis Gjakova, auf dem Amselfeld bis nach Prishtina) wurde von bulgarischen Truppen
besetzt. Wie im makedonischen Raum wurde die Zivilbevölkerung zu Fron-
diensten herangezogen, und wie in Vardarmakedonien rief die zunehmende
Erschöpfung Bulgariens Missstände in der Verwaltung hervor; 1916 und 1917
herrschte in der bulgarisch verwalteten Zone im Hinterland der Salonikifront
eine schwere Hungersnot.

Die serbische Bevölkerung wurde von beiden Besatzungsmächten hart behandelt. Bulgarische Behörden nahmen Rache für die zahlreichen Morde und Gewaltakte gegen Bulgaren im serbisch verwalteten Vardarmakedonien vor 1915; in Österreich-Ungarn hatte seit Kriegsbeginn eine ausgesprochen serbienfeindliche Stimmung geherrscht.

Widerstand gegen die Besatzungsverwaltung bildete sich vor allem bei der serbischorientierten Bevölkerung, dazu auch in – freilich kleinen – Teilen der albanisch-muslimischen Bevölkerung, vor allem in der bulgarischen Verwaltungszone. Im Norden arbeiteten ein junger Freischärler namens Azem Bejta und seine Frau Shota Galica mit einheimischen Serben gegen die Österreicher zusammen und besprachen mit dem serbischen Četnik- (Banden-)Führer Kosta Pećanac gemeinsame Aktionen. Azem Bejta nahm im Herbst 1918 zahlreiche deutsche und österreichisch-ungarische Soldaten (die an der Makedonienfront gedient hatten) gefangen. Dies ist deswegen hervorzuheben, weil das Paar nach 1918 den Widerstand gegen die Rückkehr der serbischen Verwaltung verkörpern sollte. Gegen Ende Oktober 1918 rückten serbische und französische Einheiten in Prishtina ein.

Kosovo im ersten Jugoslawien

Schon im Herbst 1918 zeichnete sich jene Konstellation ab, die bis zum Zusammenbruch des ersten Jugoslawien im April 1941 galt: Der serbische Staat wollte seine albanischen Bürger nicht, und diese lehnten den serbischen Staat von Beginn an ab.

Obwohl offiziell als Königreich SHS bezeichnet, ist es sachlich zutreffender, besonders für Kosovo und Vardarmakedonien von einem serbischen Staat zu sprechen. Denn die beiden anderen Teile der „dreinamigen Nation", also Slowenen und Kroaten, besaßen in den beiden südlichen Landschaften keinerlei Einfluss; zudem gerieten die Kroaten bald selbst in das Visier der nationalistischen Belgrader Regierung. Auch ausländische Diplomaten, wie jene Großbritanniens, sprachen zu Beginn der Zwanzigerjahre weiterhin von einer „serbischen" Regierung und beachteten die Fiktion einer gleichberechtigten Einbindung der beiden anderen Titularnationen nicht. Der Südosteuropahistoriker Holm Sundhaußen hat vor Kurzem die Frage gestellt, ob nicht die Eroberung des Kosovo und Vardarmakedoniens den entscheidenden Wendepunkt, die fundamentale Fehlentscheidung der serbischen Politik im 20. Jahrhundert gewesen sei. Die Entwicklung Serbiens und des Kosovo sprechen für diese Einschätzung. Im Kosovo stellten die Serben 1918 rund ein Drittel der Bevölkerung, in Vardarmakedonien bildeten sie in der südslawischen Bevölkerung mit mehrheitlich bulgarischer Identität eine verschwindende Minderheit. Der Aufwand, die beiden Provinzen, die die serbische Herrschaft weitgehend ablehnten, zu kontrollieren, spannte die Kräfte Serbiens auf das Äußerste an und verschlang für den Unterhalt von Armee, Gendarmerie und Kolonisation gewaltige Summen, die sich Serbien eigentlich nicht leisten konnte. Denn kein anderes europäisches Land hatte im Ersten Weltkrieg derartige Verluste erlitten wie jenes Land, das den Konflikt provoziert hatte: Zwischen 1912 und 1918 waren bis zu einer Million Menschen umgekommen; 260.000 Invaliden mussten versorgt werden; rund die Hälfte des Volksvermögens war vernichtet worden. Serbien verlangte von den Großmächten als Entschädigung für diese Verluste weitgehende Annexionen und freie Hand in den neuen Gebieten. Im Kosovo und in Vardarmakedonien trat Serbien als Kolonialmacht auf – serbische Diplomaten wehrten britische Proteste mit dem Hinweis ab, beide Länder hätten Kolonien, und Serbien mische sich auch nicht in Indien ein. Die verbündeten Staaten Frankreich und Großbritannien bekundeten Desinteresse an dem, was als innere Angelegenheiten Serbiens galt.

Die Politik Serbiens gegenüber der Bevölkerung des Kosovo

Die serbischen Regierungen der Zwischenkriegszeit verfolgten im Kosovo ein eindeutiges Ziel: Sie wollten die ethnischen Mehrheitsverhältnisse zugunsten der Serben verändern, und sie waren bereit, dafür alle zur Verfügung stehenden staatlichen (und parastaatlichen) Machtmittel einzusetzen. Die albanische Bevölkerung blieb ein reines Objekt dieser Politik. Eine Integration der Albaner in das Königreich SHS wurde nicht angestrebt. Ebensowenig wurde der Kosovo als Verwaltungseinheit behandelt. Das Gebiet des heutigen Kosovo wurde vielmehr auf die Provinzen (oblasti) Kosovo, Vranje, Raška, Zeta und Skoplje aufgeteilt (1922).

Prishtina 1933

Die Haltung der albanischen Mehrheitsbevölkerung gegenüber dem Königreich SHS

Die albanische Bevölkerung, ob muslimisch oder katholisch, lehnte die Wiederaufrichtung der serbischen Verwaltung ab. Die Erfahrungen aus den Jahren 1912–1915 kontrastierten zu negativ mit der österreichisch-ungarischen Verwaltung während des Ersten Weltkrieges. Die militärischen und politischen Verhältnisse boten den Albanern aber nur geringen Spielraum. Zwei Wege schienen gangbar, der politische Zusammenschluss mit anderen Minderheiten im Königreich SHS, was die Anerkennung der neuen Machtverhältnisse bedeutete; oder der bewaffnete Widerstand. Die albanisch-muslimischen Notabeln wählten die erste Variante.

Der gescheiterte Integrationsversuch der muslimischen Notabeln

Im Dezember 1919 wurde in Skopje die „Islamische Vereinigung zur Verteidigung der Gerechtigkeit" (kurz: Xhemijet) gegründet, in der sich Muslime aus dem Kosovo und Vardarmakedonien zusammenschlossen. Im neuen politischen Rahmen des Königreichs SHS zeichnete sich eine für das ganze 20. Jahrhundert wichtige Konstellation ab, der enge Kontakt der Albaner nördlich und südlich des Šargebirges, eine Zusammenarbeit, die – in dieser Form – der serbische Staat mit seiner repressiven Minderheitenpolitik herbeigeführt hat. Bemerkenswerterweise fand ein Zusammenschluss mit den südslawischsprachigen Muslimen in Bosnien-Herzegowina nicht mehr statt. Wie am Beispiel des Erziehungswesens zu zeigen sein wird, erfasste der Nationalisierungsprozess nun auch die sunnitische Glaubensgemeinschaft. Was im ehemaligen orthodoxen Millet bereits stattgefunden hatte, die Ausdifferenzierung vormoderner Religions- bzw. Konfessionsgemeinschaften in ethnonationale Gruppen, erfolgte nun unter dem Einfluss der Ideologie des Königreichs SHS auch im muslimischen Milieu. Das Königreich SHS verstand sich als Nationalstaat des „dreinamigen Volkes" von Serben, Kroaten und Slowenen. Dieses Konzept bot südslawischsprachigen Muslimen die Möglichkeit der

Integration über die Dimension der Sprache, die sie mit Serben und Kroaten gemeinsam hatten. Nichtslawische Muslime, Albaner wie Türken, die vor 1918 teilweise in enger Symbiose mit südslawischen Muslimen gelebt hatten, waren aus dieser ethnisch definierten Gemeinschaft ausgeschlossen. Da einige muslimische Bosnier im Kosovo Serbisierungstendenzen unterstützen, kam es zum Bruch alter religiöser Bindungen über die Sprachgrenzen hinweg und zu einer beschleunigten Nationalisierung eben jener albanischer Muslime, die vor 1912 nur zu geringsten Teilen an der albanischen Nationalbewegung teilgenommen hatten. Der serbische Staat rief diesen Prozess recht eigentlich ins Leben und trug – ungewollt – viel dazu bei, dass er sich weiter beschleunigte. Obwohl sich die Muslime im Königreich SHS nicht in einer Partei zusammenfanden, kamen sie in Sachfragen überein, wie etwa Religionsfreiheit, der Anwendung der Scharia im Zivilrecht, dem Gebrauch nichtsüdslawischer Sprachen in den Schulen, Besitzstandsgarantie für die wohlhabenden religiösen Stiftungen und für den Großgrundbesitz in der Hand von Muslimen. Hier wirkten muslimische Honoratioren zusammen, die ihre alten Privilegien und ihren materiellen Wohlstand vor dem Zugriff des neuen Staates schützen wollten. Im Belgrader Parlament unterstützten sie in den frühen Zwanzigerjahren die serbisch-nationale Partei der Radikalen unter dem mächtigen Ministerpräsidenten Nikola Pašić, der sich zeitweise nur mit den Stimmen der Xhemijet und der deutschen Minderheit an der Macht halten konnte. Pašić machte aber den muslimischen Notabeln kaum Zugeständnisse, weswegen sich die Xhemijet 1924 der Opposition gegen den Belgrader Zentralismus anschloss. Die Radikale Partei reagierte ab 1925 mit massiver Einschüchterung, Verhaftung, teilweise auch der Ermordung führender Xhemijetpolitiker. Die politischen Auseinandersetzungen im Königreich SHS verschärften sich gegen Ende der Zwanzigerjahre. Im Mittelpunkt stand der Konflikt zwischen der kroatischen Bauernpartei und zentralistisch und serbisch-national orientierten Regierungskreisen in Belgrad. Als die politische Gewalt eskalierte – im Juni 1928 war der kroatische Bauernparteiführer Stjepan Radić in einer Parlamentssitzung von dem montenegrinischen Abgeordneten Puniša Račić erschossen worden, einem Mann, der 1920 für eine Listenverbindung der Radikalen Partei und der Xhemijet im makedonischen Tetovo kandidiert hatte und nachher als Belgrads „Mann fürs Grobe" im Kosovo albanische Aufstände brutal niederschlug –, errichtete König Aleksandar Karađorđević am 6.

Peja

Januar 1929 eine Königsdiktatur: Die Verfassung wurde aufgehoben, der in Jugoslawien umbenannte Staat erhielt eine neue Verwaltungsgliederung (Banovine/Banschaften), deren Grenzen so gezogen waren, dass Serben in den einzelnen Departments möglichst die Mehrheit stellten. Das Siedlungsgebiet der Albaner im Kosovo wurde auf gleich drei Banschaften aufgeteilt: Zeta (der Nordteil der Dukagjinebene/Metohija); Morava (der Nordosten des Amselfeldes) und Vardar (Zentralkosovo). Die parlamentarische Demokratie hatte im Königreich SHS in der Theorie gerade zehn Jahre Bestand gehabt; in der Praxis hatten sich besonders in den unruhigen Südprovinzen (Kosovo und Vardarmakedonien) keine demokratischen Strukturen errichten lassen. Vielmehr schüchterten die serbischen Behörden die legale Opposition massiv ein. Das Beispiel der Xhemijet zeigt, dass die Belgrader Eliten, die auch mit aller Härte gegen die kroatische Opposition vorgingen, nicht bereit waren, den nichtsüdslawischen muslimischen Eliten Zugeständnisse zu machen und sie in die Leitung des Staates einzubinden. Vielmehr gaben in Kernserbien nationalistische Kreise den Ton an, etwa die Četnikvereine, die bis 1938 eine halbe Million Mitglieder zählten, die in ihrer Ideologie Gewalt gegen politische und ethnische Gegner verherrlichten.

Die albanische Aufstandsbewegung 1918–1924

Weite Teile der albanischen Bevölkerung waren aber nicht bereit, sich widerstandslos in das Königreich SHS einzugliedern. Besonders in der stark albanisch besiedelten Dukagjinebene/Metohija und der Hügelregion von Drenica bildete sich bewaffneter Widerstand – beide Regionen blieben bis zum Krieg von 1999 Unruhegebiete, die in der albanischen Selbstwahrnehmung eine große Bedeutung als Kerngebiete des Kampfes gegen die serbischen Behörden besitzen und entsprechend in Liedern gefeiert werden. Die Führer der muslimischen Albaner, besonders Hasan Prishtina und Bajram Curri, flohen wie tausende andere Albaner in den 1912 gegründeten albanischen Staat, wo sie im November 1918 in der wichtigsten nordalbanischen Stadt, Shkodra, ein Komitee für die nationale Verteidigung Kosovos bildeten. Die im Spätherbst 1918 in das Kosovo vorrückenden serbischen Truppen begingen schwere Racheakte gegen die albanische Bevölkerung – zum dritten Mal innerhalb von sechs Jahren hatten die Machtverhältnisse gewechselt. Die Spirale von Gewalt und Gegengewalt sollte sich aber weiter steigern. Im Frühjahr 1919 eröffnete die albanische Guerilla (Kaçaken), die sich im Winter formiert hatte, den Angriff auf die serbischen Behörden und die serbische Armee. Ausdrücklich hatten die albanischen Führer festgelegt, dass die unbewaffnete serbische Bevölkerung und deren Kirchen nicht angegriffen werden dürften. In der Region Drenica leitete der bereits erwähnte Azem Bejta, der nach anfänglicher Loyalität sich von seinen serbischen Kameraden getäuscht fühlte, einen Aufstand, dem rund 10.000 Bewaffnete folgten. Die serbischen Behörden versuchten, die Kaçaken als Banditen darzustellen. Die Kaçaken aber erhoben Forderungen, die jenen der Xhemijetpartei zumindest in der Stoßrichtung glichen: ein Ende der Behördenwillkür, darüber hinaus Autonomie, die Wiedereröffnung der von Österreich-Ungarn eingerichteten albanischen Schulen und Albanisch als Amtssprache (1919). Von einem Anschluss an Albanien war zu diesem Zeitpunkt nicht die Rede, und die serbische Regierung hätte wohl erhebliche Teile der albanischen Bevölkerung gewaltlos in den neuen Staat integrieren können – doch eben dies lag nicht in ihrer Absicht. Wie auch in Vardarmakedonien, wo Freischärler aus Bulgarien die serbischen Behörden angriffen, setzte der serbische Staatsapparat Dorfwehren und Četnikbanden gegen die Kaçaken ein: Die serbische Regierung hatte den Konflikt auf die alteingesessene serbische Bevölkerung ausgedehnt, indem sie diese aktiv in den Konflikt miteinbezog. 1920 eskalierte die Lage weiter, als Serbien Frauen und Kinder von Kaçaken nach Kernserbien in Lager deportierte. Es wird noch zu zeigen sein, dass serbische Politiker gezielt die Würde ihrer Gegner verletzen wollten, indem sie deren Religion und Ehrgefühl (in diesem Fall der Schutz der Frau) beleidigten. Der Krieg wurde von den Kaçaken unter Ausnützung des Geländes und der Jahreszeiten geführt; d. h. dass im Frühjahr zahlreiche Kämpfer in die Wälder und die Berge gingen. Der Regierung in Belgrad drohte zeitweise die Kontrolle über den Kosovo zu entgleiten. Sie entwickelte daher eine umfassende Strategie: Zum einen entzog sie durch Interventionen in Albanien den Rebellen den Zugang zu einem sicheren Hinterland; zum anderen setzte sie reguläre Kampftruppen in großem Stil, u. a. auch mit Kampfflugzeugen, ein. 1924 kam der Aufstand weitgehend zum Erliegen; die letzten Kämpfe fanden 1927 statt. Der Aufstand der Kaçaken war als Reaktion auf serbische Gewaltmaßnahmen im Winter 1918/19 erfolgt. Die serbische Repression und die Weigerung der Regierung in Belgrad, eine politische Lösung zu finden, hatte die gesamte Region in einen ausgedehnten Konflikt gestürzt, in dem auf beiden Seiten breite Bevölkerungsschichten mobilisiert worden waren. Vor Entwaffnungsaktionen der serbischen Sicherheitskräfte flohen ganze Ortschaften in die Berge, so etwa in Rugova (Frühling 1920). Die Kaçaken gingen nach 1920 auch gegen serbische Dörfer vor sowie gegen Albaner, die mit den Behörden zusammenarbeiteten. Eine enorme ethnische Polarisierung war die Folge des Konflikts. Die ohnehin wirtschaftlich rückständige Region hatte rund 6000 zerstörte Häuser und rund 12.400 Tote zu verzeichnen; circa 22.000 Menschen waren verhaftet worden, die wirtschaftlichen Schäden waren gewaltig.

Die Rolle Albaniens

Angesichts des Drucks, den das erste Jugoslawien auf die Albaner im Kosovo ausübte, müsste man annehmen, dass das seit 1912 unabhängige Albanien eine Schutzfunktion übernommen hätte. Doch war dem weder 1918 noch nach 1945 so. Ein wesentlicher Grund ist, dass die beiden wichtigsten Diktatoren Albaniens, Ahmed Zogu (1926–1939) und Enver Hoxha (1944–1985), mit jugoslawischer Hilfe an die Macht gekommen sind und als Gegenleistung zu Beginn ihrer Herrschaft führende kosovo-albanische Oppositionelle umbringen ließen bzw. an Jugoslawien auslieferten. Die sehr komplizierte Haltung beider Diktatoren wird im Einzelnen zu analysieren sein.

Nach 1918 sah sich der albanische Staat außerstande, etwas für die Albaner außerhalb seiner Grenzen zu unternehmen – allein schon, weil diese Grenzen völkerrechtlich nicht anerkannt waren und Griechenland wie Serbien Albanien bedrängten. Im Ersten Weltkrieg war Albanien von österreichisch-ungarischen, italienischen und französischen Truppen besetzt; und nach dem Ende der Kampfhandlungen beanspruchte Italien das Land als seine Einflusssphäre, stieß aber mit Ansprüchen des Königreichs SHS zusammen, welches das strategische Erbe Österreich-Ungarns an der Adria angetreten hatte. 1920 gelang es einer provisorischen Regierung im südlichen Albanien, die italienischen Besatzungstruppen zu vertreiben. Im selben Jahr wurde Albanien in den Völkerbund aufgenommen und lief so nicht mehr Gefahr, zwischen seinen beiden Nachbarn aufgeteilt zu werden. Die innenpolitische Lage aber war höchst instabil. Die sehr junge städtische Mittelschicht und Teile des ehemaligen mittleren osmanischen Beamtenapparats stellten sich gegen die mächtigen sunnitischen Großgrundbesitzer, die der alten Reichselite angehört hatten. Das Königreich SHS unterließ nichts, um den neuen Staat zu schwächen. Schon 1912 hatte Serbien den mächtigen nordalbanischen Regionalchef und osmanischen General Esad pasha Toptani gewonnen, der Albanien vor 1914 im Dienste Serbiens destabilisiert hatte – und deswegen 1920 von einem albanischen Studenten in Paris erschossen wurde. Neben der Anwerbung mächtiger regionaler Führer besonders in Nordmittel- und Nordalbanien hoffte Serbien auch auf regionale Separatismen im Bergland, vor allem durch die

Förderung separatistischer Bewegungen bei den katholischen Bewohnern des mehrheitlich sunnitischen Nordalbanien. Im Sommer 1920 kam es im Bergland von Mirdita (zwischen der nordalbanischen Küste und der Dukagjinebene gelegen) zu einem Aufstand. Der analphabetische Rebellenführer Gjon Marka Gjoni rief die „Republik Mirdita" aus, deren Anerkennung er mit SHS-Hilfe beim Völkerbund durchsetzen wollte. Aus dem Königreich SHS erhielt diese „Republik" Waffen und Soldaten, und zwar Angehörige ehemaliger Weißer Truppen (der Wrangelarmee) aus dem Russischen Bürgerkrieg. Niedergeworfen wurde diese Erhebung durch Regierungstruppen unter dem Befehl des Kosovoalbaners Bajram Curri. Damit trat ein Element zutage, dass die albanische Innenpolitik für die kommenden Jahre prägen sollte: die starke kosovo-albanische Flüchtlingsgruppe, deren Führer in die albanische Innenpolitik eingriffen. Curri bekämpfte in den Mirditen die Bundesgenossen der Serben. Sein Sieg im November 1921 war nur von kurzer Dauer, denn im Jahre 1923 setzte sich ein weiterer Schützling des Königreichs SHS, der regionale Machthaber im mittelalbanischen Matital, Ahmet Zogu, bei Parlamentswahlen durch. Die kosovo-albanischen Führer Hasan Prishtina und Bajram Curri versuchten ihn sogleich zu stürzen, wurden aber besiegt. Erfolgreicher war eine umfangreiche Erhebung im Frühling 1924. Der orthodoxe Bischof Fan Noli übernahm die Regierung, die sich den Sozialismus auf die Fahnen schrieb – was angesichts der gesellschaftlichen Verhältnisse im völlig unindustrialisierten Albanien eigenartig wirkte, aber die von der Oktoberrevolution erschreckten Westmächte alarmierte. Das Königreich SHS stellte seinen Einfluss wieder her, indem es Zogu – wiederum mit „weißen" Russen und reichlich Geld und Waffen – über die Grenze schickte. Zogu siegte im Dezember 1924 und begann mit der Verfolgung seiner Feinde. Die kosovo-albanischen Führer wurden von Zogus Polizei ausgeschaltet: Bajram Curri wählte am 29. März 1925 den Freitod, als er von Zogus Männern in den Bergen des Nordens umzingelt worden war; Hasan Prishtina, der wohl bedeutendste Vordenker der kosovo-albanischen Nationalbewegung, wurde am 14. August 1933 in einem Kaffeehaus in Saloniki von einem Spitzel Zogus erschossen. Massive Interventionen in die albanische Innenpolitik hatten dem Königreich SHS scheinbar den gewünschten Erfolg gebracht: einen von serbischem Einfluss völlig abhängigen Regierungschef, der schon in eigenem Interesse die Führer der kosovo-albanischen Diaspora ausschaltete. Wie später im Falle Enver

Hoxhas aber erwies sich die serbische Hoffnung als Fehlkalkulation: Zogu versuchte, sich möglichst bald aus der Umklammerung durch das Königreich SHS zu lösen, und näherte sich dessen gefährlichstem Rivalen in der Adria an, dem faschistischen Italien Benito Mussolinis. Zogu, der sich 1928 zum König der Albaner (und nicht etwa nur Albaniens) krönen ließ, wurde Teil der italienischen Machtsphäre auf dem Balkan. Mussolini plante die strategische Einkreisung Jugoslawiens. Albanien, das zwischen 1926 und 1939 zu einem Satellitenstaat Italiens umgewandelt wurde, diente in dieser Strategie als Brückenkopf. Mussolini, der jede Oppositionsbewegung im Innern Jugoslawiens förderte – sowohl die kroatische Ustaša wie die von Bulgarien aus operierende Innere Makedonische Revolutionäre Organisation (IMRO) –, hatte großes Interesse an der Kosovofrage. Italien begann die Lage der Kosovoalbaner propagandistisch auszunützen, um Sympathien bei der albanischen Bevölkerung für ein italienisch kontrolliertes Groß-Albanien zu gewinnen. In Albanien ließ Italien für erhebliche Summen Straßen anlegen; die meisten führten nach Osten: Aufmarschwege für einen Angriff auf Jugoslawien. Am 7. April 1939 landeten italienische Truppen in Albanien. König Zogu floh ins Exil. Am 16.4. bot eine Delegation pro-faschistischer albanischer Politiker dem italienischen König Vittorio Emanuele III. die albanische Krone an. Italien und Albanien wurden in Personalunion vereint. Mehr denn je forderte Mussolini die Befreiung der in Jugoslawien (und auch in Griechenland) lebenden Albaner. Der Weg zum Zweiten Weltkrieg auf dem Balkan war damit vorgezeichnet.

Kosovo als Kolonialgebiet

Die Bevölkerungspolitik galt den Belgrader Eliten als Schlüssel zur Gewinnung des Kosovo. Um die albanische Bevölkerungsmehrheit zu brechen, standen zwei wesentliche Instrumente zur Verfügung: Einmal die Ansiedlung von Südslawen im Kosovo, dann die Aussiedlung der albanischen Bevölkerung. Die Kriegsperiode von 1912–1922 hatte auf dem Boden des ehemaligen osmanischen Reiches neue Formen des Grauens herbeigeführt: die ethnischen Säuberungen in den beiden Balkankriegen 1912/13; der osmanische Völkermord an den Armeniern (1915) und schließlich die maßgeblich von britischen Diplomaten angeregte Methode des umfassenden „Bevölkerungsaustausches", d. h. der Entwurzelung großer Bevölkerungsgruppen, der im griechisch-türkischen Vertrag von Lausanne umgesetzt wurde: 1,3 Millionen griechisch- und türkischsprachige Orthodoxe (die Religion und nicht die Sprache galt als Definitionsmerkmal – dies sollte für Kosovo von Bedeutung sein) hatten ihre kleinasiatische Heimat zu verlassen; im Gegenzug wurden 300.000 türkische Muslime aus Griechenland nach Anatolien umgesiedelt. Staaten traten als Ingenieure der Bevölkerungspolitik auf; jahrhundertealte Siedlungsstrukturen wurden innerhalb weniger Monate zerstört, Bevölkerungsgruppen über hunderte von Kilometern verschoben. Was vor 1912 undenkbar erschienen war, gehörte nunmehr zu den Mitteln einer Machtpolitik, die das Ziel der ethnischen Homogenisierung verfolgte. Staat und Nation sollten eins sein; Minderheiten, ob ethnische oder religiöse, wurden als Fremdkörper, als Gefahr empfunden, die beseitigt werden musste.

Das serbische Kolonisierungsprogramm

Im Falle des Kosovo kam die Überzeugung der serbischen Eliten hinzu, den aus ihrer Sicht „ungerechten" Verlauf der Geschichte zu korrigieren und die eroberten Gebiete im Süden der serbischen Nation dauerhaft zu sichern. Die serbischen Regierungen griffen daher massiv in Bevölkerungsstruktur und Besitzverhältnisse des Kosovo ein. Einen ersten Anlauf zu einer Kolonisierung hatten Serbien und Montenegro bereits 1914 unternommen, doch hatte die serbische Niederlage 1915 diese Pläne zunichte gemacht. Nach 1918 konnten sie in großem Stile wiederbelebt werden. Hauptinstrumente bildeten die auf dem ganzen Staatsgebiet – de facto aber gegen die Minderheiten, Muslime im Süden, Deutsche und Magyaren in der Vojvodina – gerichtete Landreform (Februar 1919) sowie die Enteignung von Kaçakenbesitz. Gezielt wurde muslimischer Großgrundbesitz zerschlagen. Ein eigenes Kolonisierungsdekret definierte die Typen des zu vergebenden Landes: Staatsland, nicht bebautes Gemeinde- bzw. Privatland (1919); 1931 wurde die gesetzliche Grundlage nochmals erweitert. Enteignet wurden im Kosovo 57.655 ha Land (von rund 360.000 ha Landwirtschaftsland). Während bei der Landreform auch einheimische serbische und in geringerem Umfange auch albanische Bauern berücksichtigt wurden, erhielten bei der Kolonisierung des Kosovo die südslawischen Neusiedler in der Regel das beste Land. Die ausgesprochen großzügige Förderung der Kolonisten schuf einen Graben zwischen ihnen und den alteingesessenen serbischen Bauern. Wie einst die Muhaxhir trugen die Kolonisten zusätzliche Aggression in die krisengeprüfte Region. Die serbische Regierung bevorzugte kampferprobte und in nationalem Sinne loyale Elemente, besonders Kriegsveteranen, Kriegsfreiwillige und Angehörige von Četnikeinheiten.

Der Prozess der Kolonisierung erstreckte sich über die gesamte Zwischenkriegszeit (1919–1941); besonders starke Kolonistenschübe erfolgten in den Jahren 1922, 1928, 1936 und 1937. Insgesamt wurden bis 1941 rund 12.000 Familien angesiedelt. Die Regierung legte die Ansiedlungsrayons nach strategischen Prinzipien fest: Die Grenzregion zu Albanien und die Gebiete entlang der wichtigen Straßenverbindungen galten als bevorzugte Ziele des Kolonisierungsprogramms. Eine Statistik des Jahres 1939 zeigt, dass von rund 60.000 Kolonisten sich über 13.000 in der stark albanisch geprägten Grenzregion von Đakovica und rund 8000 im ebenfalls grenznahen Peć niedergelassen hatten. Strategische Bedeutung hatten das Šargebirge (rund 3000 Siedler), die Unruheregion Drenica (rund 3000), Zentralkosovo (Gračanica: rund 5300 Siedler) sowie der Südosten (Gnjilane: rund 8000 Siedler). Kaum betroffen waren die stark serbisch geprägte Region Mitrovica und der äußerste Süden (Kačanik). Die Siedlungsbewegung führte zu einer starken Vergrößerung des serbischen Bevölkerungsanteils von 24 % (1919) auf 38 % (1928). Zahlen aus dem Jahr 1939 belegen, dass wie einst die Muhaxhir nun auch die serbischen Kolonisten die Bevölkerungsstruktur massiv veränderten.

Bezirk	Autochthone serbische Bevölkerung	Albaner (und andere nicht-slawische Gruppen)	Kolonisten
Istok	32,1%	50,7%	17,2%
Peć	28,3%	57,4%	14,3%
Đakovica	8,3%	67%	24,7%
Podrimlje	10,1%	82%	7,9%
Mitrovica	62,1%	36,8%	1,1%
Drenica	9,6%	81%	9,4%
Vučitrn	22,1%	69,6%	8,3%
Lap	12,5%	77%	10,5%
Šar	28,4%	67,3%	4,3%
Podgora	18,1%	78,2%	3,7%
Gora	0,2%	98,8%	-
Gračanica	34,9%	56,1%	9%
Gnjilane	31,4%	60,7%	7,9%
Nerodimlje	34%	62%	4%
Kačanik	3,7%	93,8%	2,5%

Quelle: M. Obradoviq [Obradović], Reforma agrare dhe kolonizimi në Kosovë (1918–1941). Prishtinë 2005, 264.

Die Kolonistenbewegung hatte die serbische Bevölkerung in Drenica verdoppelt (auf 19 %), in Đakovica vervierfacht (von 8,3 % auf 33 %) und in anderen Bezirken maßgeblich erhöht (in Peć von 28,3 % auf 42,6 %). Zwar stellte mit Ausnahme des Bezirks Mitrovica ganz im Norden die serbische Bevölkerung nirgends die Mehrheit, doch in einigen Regionen vermochte die Kolonisierungspolitik, den serbischen Bevölkerungsanteil auf ca. 40 % (Gnjilane) bis rund 50 % (Istok) zu steigern. Dennoch gelang es nicht, die Kernzone des albanischen Widerstands (Drenica) in seiner ethnischen Struktur grundlegend zu verändern. Die ethnische Karte des Kosovo hatte sich insofern geändert, als die Dukagjinebene/Metohija und der Südosten (Gnjilane) 1939 eine erheblich stärkere serbische Bevölkerung aufwiesen als 1918.

Die Zahlen dürfen aber nicht darüber hinwegtäuschen, dass das Kolonisierungsprogramm letztlich gescheitert ist; und zu dieser Einschätzung gelangten auch serbische Politiker. In den Dörfern stießen die Kolonisten auf erbitterte Ablehnung der albanischen, oft aber auch der eingesessenen serbischen Bauern. Eine ethnische Solidarität zwischen serbischen Altsiedlern und Kolonisten kam kaum zustande; vielmehr schuf der Staat durch die Begünstigung der Kolonisten wirtschaftliche Konkurrenz und sozialen Neid. Serbische Behörden beklagten zudem, dass die montenegrinischen Siedler – die in Mentalität und Familienstruktur mit den Gegen viele Gemeinsamkeiten aufwiesen – nicht immer zu der angestrebten Serbisierung der Albaner beitrugen, sondern in Dörfern, in denen sie in der Minderheit waren, rasch albanisch lernten.

In der Frühphase der Kolonisierung wurden die Neusiedler immer wieder von Kaçaken angegriffen. Die Enteignung albanischer Bauern, denen nur winzige Parzellen belassen wurden, die nicht zum Überleben ausreichten, verschärfte den Widerstand zusätzlich. Das in Kosovo ohnehin knappe Ackerland wurde zum eigentlichen Objekt einer Auseinandersetzung zwischen Eingesessenen und serbischen Kolonisten, ein Konflikt, den der Staat hervorgerufen hatte. Wie sich 1941 zeigen sollte, sahen die Albaner in diesen – und weniger in den autochthonen Serben – ihre Hauptgegner. Denn die Kolonisten benahmen sich gegenüber der albanischen Bevölkerung als die neuen Herren des Landes; in den Dörfern kam es zu heftigen Konflikten; die Alltagsgewalt nahm zu. Die ethnische Polarisierung erhielt durch die Kolonisierungsstrategie einen weiteren Schub.

Die Kolonisierung belastete aber auch das Budget des serbischen Staates: Denn den Neubauern mussten die Übersiedlung in den Kosovo gezahlt sowie Startkapital und Geräte zur Verfügung gestellt werden; der Hausbau bzw. Bau ganzer neuer Dörfer musste ebenfalls vom Staat finanziert werden. Vor Ort wurde jeder Familie im Durchschnitt 8,47 ha Boden ausgegeben. Insgesamt verteilten die Behörden 99.308 ha an 11.722 Familien. Freilich ergaben sich erhebliche regionale Unterschiede: In Drenica, Prizren und Podrima lagen die Parzellen deutlich über, in Mitrovica (und dem kaum kolonisierten) Podgora deutlich unter diesem Durchschnitt. Landreform und Landverteilung waren geprägt von der sozialpolitischen Idealvorstellung eines Volks von Kleinbauern. Hatte Serbien schon vor 1914 gewaltige Schwierigkeiten bei der Modernisierung seiner Landwirtschaft bekundet, so erweiterte der Staat mit der Schaffung neuer kaum lebensfähiger Höfe aus ethnopolitischen Gründen die Probleme der Landwirtschaft. Die Weltwirtschaftskrise von 1929 traf in ganz Südosteuropa den Agrarsektor ins Mark; betroffen waren auch die Höfe im Kosovo. Misswirtschaft, Inkompetenz und Korruption der Siedlungsbehörden verringerten die Wirkung der staatlichen Investitionen zusätzlich. Der Staat führte aber die Schaffung neuer Kleinwirtschaften weiter, denn wirtschaftspolitischen Aspekten kam in dem Programm kaum Bedeutung zu.

Aussiedlung und Vertreibung

Serbische Analysten erkannten bereits in den Dreißigerjahren, dass das Ziel einer serbischen Bevölkerungsmehrheit im Kosovo allein mit der Ansiedlung von Kolonisten nicht zu erreichen war. Die hohe Geburtenrate der Albaner erscheint erstmals als zentrales Element im politischen Denken der serbischen Eliten. Alle bevölkerungspolitischen Maßnahmen der Belgrader Regierung wurden, so diese Denkschule, von der Natalität der albanischen Bevölkerung ausgeglichen. Daher musste die albanische Bevölkerung verringert werden. Hier boten sich zwei Wege an: Zum einen konnten die Behörden den Druck auf die albanische Bevölkerung erhöhen und sie so zur Abwanderung zwingen, zum anderen erschien ein organisierter Bevölkerungsaustausch nach dem Vorbild des griechisch-türkischen Abkommens zielführend. Abgeschoben werden konnten die Kosovoalbaner einmal nach Albanien – woher sie nach serbischer Lesart vor Kurzem in den Kosovo eingewandert waren. Hier wurde die Sprache als Kriterium angelegt. Doch auch die Türkei kam in Frage, denn Balkanmuslime wurden traditionell ungeachtet ihrer Sprachzugehörigkeit als „Türken" bezeichnet. Albanien hatte an der Aufnahme der Kosovoalbaner kein Interesse. Italien, das Albaniens Außenpolitik maßgeblich steuerte, wollte vielmehr den Irredentismus der Albaner im Kosovo gegen die Belgrader Regierung anfachen. Die Türkei hingegen betrieb eine aktive Bevölkerungspolitik. Nach dem Massenmord an den Armeniern und der Vertreibung und Aussiedlung der Griechen waren enorme Lücken im sozioökonomischen Gewebe der anatolischen Gesellschaft entstanden, die durch muslimische, möglichst türkischsprachige Zuwanderer aus dem Balkan geschlossen werden sollten. Eine größere Zahl muslimischer Albaner – wegen ihrer Religion als „Türken" eingeordnet – wäre aus der Sicht der Regierung

Hotel Korso in Peja

in Ankara leicht einzugliedern gewesen; zudem lebten seit längerer Zeit zahlreiche muslimische Albaner in Istanbul und anderen Teilen der Türkei, wo sie
sich sprachlich assimiliert hatten. Im Jahre 1933 nahmen Jugoslawien und die
Türkei entsprechende Verhandlungen auf, die am 11. Juli 1938 mit einem Abkommen abgeschlossen wurden. Die Türkei erklärte sich bereit, in den Jahren
1939 bis 1944 insgesamt 40.000 muslimische Familien – darunter verstand
man komplexe Familien, die Dutzende Personen umfassen konnten – aus
den Banschaften Vardar, Zeta und Morava (und damit dem gesamten Gebiet
des Kosovo und Vardarmakedoniens) aufzunehmen. Die jugoslawische Regierung sagte zu, je Familie eine Prämie von 500 türkischen Pfund (insgesamt
20 Millionen türkische Pfund) zu zahlen. Diese Massenaussiedlung hätte die
Bevölkerungsverhältnisse im Kosovo grundlegend verändert. Der Ausbruch
des Zweiten Weltkriegs verhinderte die Umsetzung dieser gewaltigen Be-
völkerungsverschiebung. Doch auch ohne diese Zwangsaussiedlung hatten
zahlreiche Albaner unter dem Druck der Behörden Kosovo in der Zwischenkriegszeit verlassen. Ihre genaue Zahl ist nicht bekannt; Schätzungen schwanken zwischen 90.000 und 150.000 Menschen, die nach Albanien, Bulgarien
und in die Türkei abwanderten.

Lebensverhältnisse und Bildung

Die Belgrader Regierung konzentrierte während der Zwischenkriegszeit ihre Investitionen in den 1912 eroberten Gebieten (Kosovo und Vardarmakedonien) vorwiegend in zwei Bereichen: der Kolonisierung und dem Sicherheitsapparat. Faktisch standen beide Regionen unter Belagerungszustand; serbische Behördenvertreter und Kolonisten entwickelten eine Mentalität von Kolonisatoren in Unruhegebieten. Kosovo und Vardarmakedonien erschienen in den Augen der Zentralbehörden als unterentwickelter, „orientalischer" Teil des Königreichs SHS. Dieses war durch ein gewaltiges von Nordwesten (heutiges Slowenien) nach Südosten verlaufendes Entwicklungsgefälle geprägt. Welche Zustände im Jahre 1936 in Kosovo und Makedonien herrschten, veranschaulicht ein gesundheitsamtlicher Bericht:

„Der Sauberkeit von Körper und Kleidung wird in vielen Gegenden der Banschaft überhaupt keine Aufmerksamkeit gewidmet. Es ist keine Seltenheit, daß man in einem Ort eine größere Zahl Schulkinder findet, die, auch wenn sie von wohlhabenderen Eltern sind, die Wäsche mehrere Wochen und sogar einen ganzen Monat lang tragen. Ein großer Teil der Bauern entkleidet sich nachts nicht und zieht die Schuhe nicht aus, vor allem nicht im Sommer zur Zeit der Feldarbeiten. Verlausung wird in vielen Dörfern nicht als Schande angesehen, und sogar in einigen kleineren Städtchen lässt sich keine einzige Person ohne Läuse in Wäsche und Kleidung auftreiben. In vielen Dörfern ist Baden ein Luxus, sogar dort, wo am Dorf ein passender Fluß vorbeifließt. Es gibt ältere Frauen, die sich zum letzten Mal vor der Hochzeit gewaschen haben"[22]. Dieser Bericht lässt sich zwar nicht auf den ganzen Kosovo verallgemeinern – in den Städten wuschen sich viele Muslime in den alten osmanischen Bädern –, doch verweist er auf das sozioökonomische Niveau jener Provinz, in der der neue Staat vor allem durch Kolonisten und Polizeimaßnahmen präsent war.

Angesichts der enormen Ausgaben für die Nationalisierungspolitik und die Bewältigung der dadurch entstandenen Sicherheitsprobleme blieb dem Staat nur geringer Spielraum für den Ausbau der Infrastruktur und die Verbesse-

---

22   M.J. Calic, Sozialgeschichte Serbiens 1815–1941. München 1994, 344.

rung der wirtschaftlichen Verhältnisse. Vor und nach dem Zweiten Weltkrieg blieb Kosovo in Jugoslawien eine der unterentwickeltsten Regionen überhaupt. Die Weltwirtschaftskrise schränkte die Handlungsfähigkeit des Staates weiter ein. Kosovo war ein Armenhaus auf dem Balkan, der seinerseits einen drittweltartigen Teil Europas bildete.

Ein Infrastrukturbereich, der in den Dienst der Nationalisierungspolitik gestellt werden konnte und in dem der Staat deshalb tätig wurde, war das Bildungswesen. Gleich nach dem Wiedereinmarsch der serbischen Truppen im Herbst 1918 waren die von Österreich-Ungarn errichteten albanischen Schulen geschlossen worden. Das Königreich SHS baute ein eigenes Schulsystem auf, das zwei wesentliche Ziele verfolgte: Zum einen sollte das Serbokroatische (in seiner serbischen Variante) als Staatssprache durchgesetzt und zum anderen die Bildung einer ethnonationalen Orientierung der albanischen Bevölkerung verhindert werden. In den Staatsschulen wurde daher einheitlich auf Serbokroatisch unterrichtet. Nichtreligiöse Schulen anderer Sprachgemeinschaften wurden verboten, das bedeutete, dass nur in islamischen Religionsschulen auf Türkisch oder Albanisch unterrichtet werden durfte. Der Unterricht in den Staatsschulen fand in ethnisch gemischten Klassen statt; nur der Religionsunterricht erfolgte getrennt. Während der Staat entgegen den Minderheitenrechtsbestimmungen albanische Schulen unterdrückte, förderte er ausdrücklich die muslimischen Religionsschulen: Diese sollten eine religiöse Identität fördern und den Einfluss national-albanischer Ideen unterbinden. Tatsächlich hatten vor 1912 nur vereinzelte islamische Religionsschulen den Unterricht in albanischer Sprache abgehalten. Das Königreich SHS versuchte, diese Schulen zur Slawisierung der muslimischen Albaner zu verwenden, indem südslawische Muslime aus Bosnien den Unterricht in serbokroatischer Sprache durchführen sollten. Die alte balkanischmuslimische Solidarität aus osmanischer Zeit ließ sich aber nicht in den Dienst dieses Programm stellen, denn die albanischsprachigen Muslime lehnten die bosnjakischen Lehrer ab. Der Slawisierungsversuch rief vielmehr eine Gegenbewegung hervor, eine ethnische Bewusstseinsbildung auch bei ursprünglich konservativen albanischen Muslimen, die sich etwa gegen das für das Albanische verwendete lateinische Alphabet – zugunsten des arabischen Alphabets – gewehrt hatten. Zunehmend wurden albanische Bücher in Lateinschrift in den Medresen und Mektebs (Religionsschulen) verwendet. Zwar schloss der

Staat zahlreiche dieser derart albanisierten Schulen, doch unterband er das islamische Bildungswesen nicht, vielmehr begünstigte das 1936 erlassene Gesetz
über die islamische Gemeinschaft in Jugoslawien das religiöse Schulsystem,
womit die muslimischen Albaner im Bereich der Religionsschule eine faktische Autonomie erlangten. Freilich darf die Bedeutung dieser Schulen nicht
überschätzt werden; die meisten Dörfer wurden von ihnen nicht erreicht,
und die Analphabetenrate blieb bei der albanischen Bevölkerung weiterhin
enorm hoch. Im Schuljahr 1939/40 besuchten gerade 30,2 % der Kinder den
Volksschulunterricht in den staatlichen Schulen. In diesem Bereich förderte
der Staat besonders die serbischen Siedlungsgebiete im Kosovo: Dort wurden
deutlich mehr Schulen gegründet als in stark albanisch besiedelten Regionen.
Entsprechend unausgewogen gestaltete sich das Verhältnis zwischen serbischen und albanischen Schülern: Auf der Ebene der Volksschulen stellten die
Albaner 30 % der Schüler, auf der Sekundarstufe gab es fast gar keine Albaner.
Mit anderen Worten: Die Bevölkerungsmehrheit im Kosovo war bereits auf
Volksschulebene stark untervertreten; im weiterführenden Schulsystem blieb
sie fast ganz ausgeschlossen. Die Politik der kulturellen Ausgrenzung erwies
sich aus serbischer Sicht jedoch nur auf den ersten Blick als erfolgreich: Die
Albaner wurden auf einem niedrigen Bildungsniveau gehalten, insbesondere
war die Entstehung einer gut ausgebildeten nationalgesinnten Elite verhindert worden. Das tiefe Bildungsniveau förderte aber die hohe Geburtenrate
der Albaner – geringe Bildung und hohe Natalität gingen Hand in Hand.
Die Diskriminierung beschleunigte aber auch den Prozess des Wandels von
religiösen zu ethnischen Identitäten: Die Albaner entzogen sich dem feindlich
auftretenden Staat und entwickelten im Bildungssystem eine Parallelgesellschaft, indem Geheimschulen im Untergrund geschaffen wurden. Die Re-
pressionsmaßnahmen der serbischen Behörden bewirkten daher das Gegenteil des ursprünglich Angestrebten: Die albanische Bevölkerung wuchs, und
vor allem wuchs ihr Nationalgefühl.

Serbischer Albanerdiskurs

Die serbische Bevölkerungspolitik und die Repression gegenüber der albanischen Bevölkerung im Kosovo sind aus dem strategischen Denken der Belgrader Eliten abzuleiten, das sich nahtlos an das serbische Albanerbild aus der Zeit vor 1918 anschloss. Diese Vorstellungen wurden nicht nur am extremistischen Rand der serbischen Führungszirkel geäußert, sondern es finden sich darunter bekannte Namen wie der spätere Literaturnobelpreisträger Ivo Andrić. Die entwickeltste Ausprägung erreichte das nationalserbische Programm aber in den Denkschriften von Vasa Čubrilović aus den Jahren 1937 und 1944. Čubrilović, einer der Mitattentäter von Sarajevo 1914, ist einer der wichtigsten Vordenker radikaler ethnischer Säuberungen auf dem Balkan, ein Mann, der auch nach 1945 eine glänzende politische und wissenschaftliche Karriere durchlief. In seiner Denkschrift von 1937 kam er zu folgendem Schluss: Die albanischen Siedlungsgebiete in Jugoslawien bildeten ein Dreieck (von Westmakedonien in SW-NO Richtung bis in den nordöstlichen Kosovo und von dort nach Westen in Richtung Montenegro verlaufend), das die serbische Südexpansion in den südslawisch besiedelten makedonischen Raum blockierte. Die ethnische Homogenisierung und die dauerhafte Sicherung Vardarmakedoniens könnten nur dann erfolgen, wenn das albanische Dreieck beseitigt würde. Die Kolonisierung sei gescheitert, ihre Wirkung aufgehoben durch die hohe albanische Geburtenrate; zudem seien Korruption und Unfähigkeit der Verwaltung für den Misserfolg mitverantwortlich. Als Grundfehler der serbischen Politik hebt er hervor, dass 1918 nicht alle aufständischen Albaner enteignet und aus dem Kosovo vertrieben worden seien. Das beste Land befinde sich noch in den Händen der Albaner. Nur „brutale Gewalt" könne angesichts des albanischen Bevölkerungswachstums die serbische Kontrolle über den Kosovo bewahren. Handele Serbien nicht sofort, würde in zwanzig bis dreißig Jahren ein gefährlicher albanischer Irredentismus entstehen. „*Wenn Deutschland zehntausende Juden vertreibt und Russland Millionen von Menschen von einem Teil des Kontinents in einen anderen verschiebt, wird die Evakuierung von ein paar hunderttausend Albanern keinen Weltkrieg auslösen*"[23], lautet der Schlüsselsatz in Čubrilovićs Denkschrift. Er fühlte sich vom Zeitgeist bestärkt, wenn er eine Massenaussiedlung der Albaner nach Anatolien und nach Albanien empfahl. Um die Albaner zur Abwanderung zu bewegen, schlug er eine ganze Reihe von Maßnahmen vor: Gewinnung der muslimischen Geistlichkeit durch Geld und Drohungen; den Einsatz türkischer Werber, die die Vorteile der Emigration anpreisen sollten; dann aber vor allem massive Polizeigewalt, Steuer- und Bußendruck, Entlassungen aus dem Staatsdienst, Aufhebung von Berufsbewilligungen, Niederreißen der traditionellen Mauern um die albanischen Häuser; Durchsetzung veterinärmedizinischer Maßnahmen, die den Viehhandel zum Erliegen bringen sollten; gezielte Verletzung der religiösen Gefühle durch die Zerstörung von Friedhöfen, Misshandlung von muslimischen Geistlichen, Verbot der Polygamie, Durchsetzung der Schulpflicht für Mädchen. Ein eigentlicher Kulturkampf sollte gegen die muslimischen Albaner geführt werden; die systematische Demütigung und Entwürdigung der Bevölkerungsmehrheit im Kosovo wurde der Regierung angeraten. Čubrilović ging aber noch weiter: Er wollte die Kolonisten bewaffnen, Četnikbanden in großem Stile einsetzen, eine Masseneinwanderung aus dem überbevölkerten Montenegro in Gang setzen, durch Provokationen Konflikte schüren, die nach außen hin als albanische Stammesfehden oder Landstreitigkeiten dargestellt werden sollten; örtliche Unruhen sollten hervorgerufen werden, die dann mit aller Härte niedergeschlagen werden sollten, und zwar nicht von den Behörden, sondern von den als ausgesprochen brutal geltenden Montenegrinern und Četnikkämpfern. Schließlich sollten – unter Ausschluss der Medien – nach dem Vorbild des Jahres 1878 ganze Dörfer zerstört werden. Als Zielgebiete dieser umfassenden ethnischen Säuberungen definierte er die Dukagjinebene/Metohija und das Šargebirge – damit wären die Ränder des albanischen Dreiecks und das kaum zugängliche Hochgebirge im Süden gewonnen und die Albaner im Innern des Kosovo vom albanischen Staat isoliert. In den Dörfern sei besonders gegen die Gebildeten und Wohlhabenden vorzugehen; sei die Elite einmal ausgeschaltet, würde die ungebildete und arme Bevölkerungsschicht leicht deportiert werden können. Der Plan erinnert an Methoden der nationalsozialistischen Vernichtungspolitik in Osteuropa. Er blieb aber nicht nur auf dem

---

23   R. Elsie (Hrsg.), In the Heart of the Powder Keg. New York 1997, 408.

Papier, sondern zahlreiche seiner Elemente wurden – in unterschiedlicher Intensität – kurz vor dem Zweiten Weltkrieg und dann zwischen 1945 und 1966 sowie zwischen 1989 und 1999 in die Tat umgesetzt. Gegen Ende des Zweiten Weltkriegs legte Čubrilović eine erweiterte und radikalisierte Version seines Memorandums vor. Die schweren Auseinandersetzungen auf dem Boden Jugoslawiens rechtfertigten nun seiner Meinung nach die ethnische Säuberung Jugoslawiens von allen feindlichen ethnischen Gruppen. Der Reihe nach auszuschalten seien Deutsche, Ungarn, Albaner, Italiener und Rumänen. Insbesondere die Unruheregion von Drenica und die Dukagjinebene/Metohija seien durch umfassende Vertreibung der albanischen Bevölkerung für den jugoslawischen Staat zu sichern, die albanische Intelligenz systematisch zu eliminieren.

Obwohl sich die Belgrader Eliten intensiv mit dem Kosovo auseinandersetzten, fehlte ihnen jedes tiefere Interesse an der Gemeinschaft, die als gefährlicher Gegner wahrgenommen wurde. Bis in die Gegenwart fallen Ignoranz und mangelnde Kompetenz der wissenschaftlichen und kulturellen Führungsschicht Serbiens in Fragen der albanischen Kultur auf. Dies ist mit der überheblichen bis rassistischen Haltung der serbischen Gesellschaft gegenüber den Albanern zu erklären. Typisch ist das Schicksal des kurzlebigen Belgrader „Seminars für albanische Philologie (Seminar za arbanasku filologiju)", das Ende der Zwanzigerjahre geschlossen wurde. Wer sich außerhalb staatlicher Strukturen mit albanischer Kultur beschäftigte, riskierte sein Leben: der Franziskanerpater Shtjefën Gjeçovi, der den Kanun kodifiziert hatte, wurde 1929 ermordet, der international bekannte kroatische Albanienhistoriker Milan von Šufflay 1931 in Zagreb von serbischen Agenten erschlagen, was Albert Einstein und Heinrich Mann in einem vielbeachteten Protestaufruf anprangerten. Nicht nur die Albaner in Jugoslawien sollten in Unwissenheit gehalten werden, auch die europäische Öffentlichkeit sollte möglichst wenig über die Albaner erfahren. Je geringer die Aufmerksamkeit war, die die Albaner auf sich zogen, desto aussichtsreicher waren Pläne eines V. Čubrilović.

Das erste Jugoslawien und Kosovo – Versuch einer Bilanz

Als im April 1941 die deutsche Wehrmacht Jugoslawien angriff und ihr italienische und bulgarische Verbände folgten, brach das Land innerhalb weniger Tage zusammen. In den nichtserbischen Landesteilen, von Zagreb bis hinab nach Kosovo und Makedonien, wurden die Truppen der Achsenmächte begrüßt. Nichts veranschaulicht besser die Bilanz des ersten Jugoslawien, das im Wesentlichen der erste Versuch eines großserbischen Staates auf dem Balkan war. Die serbischen Eliten hatten sich als unfähig erwiesen, das Erbe der Donaumonarchie anzutreten. Mit der rücksichtslosen Unterdrückung besonders der Kroaten, Albaner und der bulgarischorientierten Bevölkerung in Vardarmakedonien war die Bildung einer staatsloyalen Einstellung bei den Nichtserben verhindert worden. Kosovo ist lediglich ein regionales Beispiel für das Scheitern einer nationalistischen und zentralistischen Politik. Da seine Bevölkerung aber mehrheitlich nichtslawisch war, dem Kosovo im serbischen Geschichtsdenken eine übersteigerte Bedeutung zukam und in Serbien gegen Albaner weitverbreitete Ressentiments herrschten, wurde diese Region mit besonderer Härte verwaltet. Kosovo bildete in der Zwischenkriegszeit eine Kolonie Serbiens im Rahmen des Königreichs SHS: Serbische Kolonisierung, Unterdrückung der albanischen Bevölkerung, bewusste Vorenthaltung von höherer Bildung und schließlich der Plan zur Massenaussiedlung der unerwünschten Mehrheit erklären das Scheitern des ersten Jugoslawien im Kosovo. Die Belgrader Elite wollte das Land, nicht aber die Mehrheit der dort lebenden Menschen. Sie war sich des Gesetzes von Gewalt und Gegengewalt bewusst und versuchte, ihre Vormachtstellung zu nutzen, um einem albanischen Gegenschlag zuvorzukommen. Die albanische Bevölkerung zog sich auf ihre großfamiliären Strukturen zurück und überdauerte so auf tiefem wirtschaftlichen und kulturellen Niveau die staatliche Repression.

Der serbische Staat vermochte diese alten und äußerst stabilen Verhältnisse nicht aufzubrechen. Er blieb letztlich wie das osmanische Reich ein Überschichtungsstaat, und dies, obwohl er in großem Umfang moderne Machtmittel zum Einsatz brachte. Der Zusammenbruch im Frühling 1941 leitete eine weitere Beschleunigung der Gewaltspirale ein. Die albanische Bevölkerung erhielt nun die Gelegenheit, Rache zu nehmen.

Kosovo im Zweiten Weltkrieg

Die Geschichte des Kosovo im Zweiten Weltkrieg wird gemeinhin aus der Perspektive der kriegführenden Mächte dargestellt; mit dieser Perspektive übernimmt die Forschung zumeist die von den Siegern des Konflikts geschaffenen Kategorien von „Verbündeten", „Kollaborateuren" und „Mitläufern" (der Achsenmächte). Diese Sicht ist gewiss legitim, schließlich wurden die Grundlinien der politischen Entwicklungen im Kosovo von außerregionalen Mächten bestimmt. Doch stellt sich die Frage, ob das Verhalten der verschiedenen ethnischen und religiösen Gemeinschaften des Kosovo tatsächlich nur unter diesem Paradigma verstanden werden kann. Im Folgenden sollen beide Sichtweisen zur Geltung kommen; es zeigt sich, dass die beiden größten ethnischen Gruppen im Kosovo weder ihr Verhalten noch ihr Verhältnis zu einander wesentlich verändert hatten. Verändert hat sich vielmehr die Wahrnehmung der Außenstehenden im Lichte neuer ideologischer Kategorien.

Nach ihrem raschen Sieg über Jugoslawien teilten die Achsenmächte Kosovo unter sich auf: den kleinsten Teil (um Kaçanik) erhielt Bulgarien, das wie im Ersten Weltkrieg in seiner Besatzungszone, die weite Teile Vardarmakedoniens umfasste, mit einer Politik der Bulgarisierung begann; diese stieß die regionale südslawische Bevölkerung derart vor den Kopf, dass sie die Herausbildung einer neuen Nation – der Makedonier – in Abgrenzung gegenüber den Bulgaren beschleunigte. Den umfangreichsten Teil des Kosovo erhielt das Königreich Albanien zugesprochen, das die neuen Gebiete formell annektierte (12. August 1941). Da Albanien einen Satellitenstaat Italiens bildete, erweiterte sich der Einfluss Mussolinis nun in den zentralen Balkan. Damit verwirklichte er ein Ziel, das er seit den Zwanzigerjahren angestrebt hatte. Der Norden (um Mitrovica) kam unter deutsche Militärverwaltung, blieb aber formell ein Teil des neugeschaffenen serbischen Staates, der unter Kontrolle des Dritten Reiches stand. Die deutsche Seite hatte sich die wichtigen Minen von Trepça gesichert und dem italienischen Verbündeten dafür den Großteil des Kosovo überlassen. Die deutsche Militärverwaltung stellte ihre Zone in den Dienst der deutschen Kriegswirtschaft; ihr ging es um die Rohstoffversorgung des Dritten Reichs. Obwohl rechtlich serbisches Gebiet, gelangte der

Nordkosovo faktisch in die Hand des mächtigen Regionalchefs von Mitrovica, Xhafer Deva, der mit den deutschen Stellen zusammenarbeitete. Versuche, muslimische Albaner für den Kriegsdienst auszuheben, erzielten nur geringen Erfolg. Am bekanntesten ist die Anfang 1944 geschaffene SS-Division „Skanderbeg", deren Einsatzfähigkeit aber beschränkt war. Nur rund 6500 Mann hatten sich gemeldet, da albanische Notabeln die Rekrutierung behinderten. Von geringer Kampfkraft, beteiligte sie sich vor allem an der Deportierung von 281 Juden aus dem Kosovo.

Italien verfolgte weitergehende Ziele: Es wollte Kosovo (und das ebenfalls annektierte Westmakedonien) in sein albanisches Königreich eingliedern. Dafür wurde eine reguläre albanische – d. h. italienisch kontrollierte – Verwaltung eingerichtet und eine Ausdehnung bestehender albanischer Verwaltungsinstanzen an die Hand genommen. Die 1939 in Albanien verankerten faschistischen Organisationen sollten auch in den neugewonnenen Gebieten tätig werden. Wie Deutschland stützte sich Italien auf regionale und lokale albanisch-muslimische Machthaber, Bayraktare wie Großgrundbesitzer; Letztere bildeten auch in Kernalbanien den wichtigsten Rückhalt der italienischen Herrschaft. Wie Deutschland versuchte auch Italien, albanische Soldaten auszuheben. Stärker als das Dritte Reich appellierten die neuen Behörden an das albanische Nationalgefühl, die Staatsideologie des Königreichs Albaniens; das „ethnische Albanien", also ein ethnisch homogener großalbanischer Staat, diente als Schlüsselbegriff. Beide Achsenmächte versuchten so, die Kosovo-Albaner in den Dienst ihres Militärapparats und ihrer Ideologien zu stellen.

Die politische und gesellschaftliche Realität entsprach aber kaum den Strategien der Achsenmächte. Serben und Albaner im Kosovo verstanden den Krieg als erneuten Umschwung der Machtverhältnisse: Von April bis Herbst 1941 lieferten sie sich heftige Kämpfe, wobei bei den neuen Kräftekonstellationen diesmal die Albaner die Oberhand hatten. Sie richteten ihre Angriffe besonders gegen Kolonistendörfer, die erobert und deren Einwohner teils getötet, teils in Lagern interniert, teils vertrieben wurden. Rund 20.000 serbische und montenegrinische Kolonisten flohen, rund 10.000 Südslawen wurden während des Krieges getötet. Eine zweite Vertreibungswelle erfolgte nach der Kapitulation Italiens im September 1943, die kurzfristig ein Machtvakuum geschaffen hatte. Damit war das Kolonisationswerk der Zwischenkriegszeit rückgängig gemacht. Dass diesmal Albaner schwere Verbrechen auch gegen die Zivilbevölkerung begingen, belegt, dass die Spirale der Gewalt eine weitere Steigerung erfahren hatte. Von den Racheaktionen der Albaner abgestoßen, ergriffen italienische Truppenteile auf unterer Ebene teilweise für die serbische Bevölkerung Partei.

Aus der Sicht der albanischen Bevölkerung war mit der Vertreibung der Kolonisten jenes Ziel erreicht worden, für welches das Eingreifen bzw. die Duldung der Achsenmächte vonnöten war. Danach empfanden die meisten Albaner die Forderungen der Achsenmächte als ebenso störend wie ihre Vorfahren die Herrschaftsverdichtungs- und Zentralisierungsbestrebungen der osmanischen Verwaltung. Mit anderen Worten: Die Albaner im Kosovo wollten keine Rekruten für den Dienst an fernen Fronten stellen, sie wollten kein ihnen auferlegtes staatliches Gewaltmonopol anerkennen und vor allem wollten sie nicht eine Fremdherrschaft gegen eine neue – vorwiegend italienische – eintauschen. Die serbische Politik der Zwischenkriegszeit hatte zu einer erheblichen ethnonationalen Mobilisierung besonders der albanischen Eliten geführt; diese wurde von Italien weiter geschürt, erreichte aber nicht das erhoffte Ziel, die Integration in ein faschistisches Großalbanien, sondern stärkte den Widerstand gegen Italien. Da sich im ganzen Königreich die italienische Herrschaft als zunehmend unfähig erwies – die Wirtschaft geriet in eine Krise, es entstanden Versorgungsengpässe, Korruption und Bereicherung griffen um sich –, verlor sie bis Frühling 1943 weitgehend den Rückhalt in der albanischen Bevölkerung. In Kernalbanien bildeten sich nationale und kommunistische Partisanenverbände; in den neu annektierten Gebieten kam es zu Demonstrationen und Unruhen, der Widerstand aber nahm nie jene Ausmaße an wie im albanischen Kerngebiet. Denn die Kosovo-Albaner fürchteten die Wiederaufrichtung der serbischen Herrschaft mehr als die italienische Misswirtschaft. Die schweren Niederlagen gegen Griechenland, das Italien im Spätherbst 1940 von Albanien aus überfallen hatte, zerstörten auch das außenpolitische Prestige Mussolinis bei den Albanern. Italien musste seit dem Sommer 1941 den Albanern mehr Selbstverwaltung gewähren; dennoch entglitt ihm das Heft immer mehr; auch die Einsetzung führender Vertreter des „ethnischen Albanien" im Amt des Ministerpräsidenten (so von Dezember 1941 bis Anfang Januar 1943 Mustafa Merlika Kruja) vermochte die Lage nicht zu stabilisieren. Mit der Kapitulation Italiens am 8. September 1943 brach auch das italienische Impero auf dem Balkan zusammen. Die Kosovo-

Albaner beklagten den Wegfall der italienischen Herrschaft nicht, gewährte er ihnen doch die erhoffte Kontrolle über den großalbanischen Staat; sie sorgten sich aber über den Umschwung im Kriegsverlauf. Ihnen wie den albanischen Politikern in Kernalbanien war bewusst, dass sie bei einem Sieg der Alliierten Gefahr liefen, als Verbündete der Achsenmächte wahrgenommen zu werden. Sie gerieten in eine schwierige Lage: Mit den Parteigängern der Alliierten auf dem Balkan, vor allem den kommunistischen Partisanen in den Gebieten des früheren Jugoslawien, konnten sie aus ideologischen und vor allem aus nationalpolitischen Gründen nicht zusammenarbeiten: sie waren weder Kommunisten noch Freunde der Südslawen. Sie hatten auch zu berücksichtigen, dass deutsche Truppen an die Stelle der italienischen Einheiten getreten waren. Deutsche Stellen bedeuteten den albanischen Politikern, dass das Dritte Reich das „ethnische Albanien" unterstützen werde und nicht die Absicht habe, mehr als eine Sicherung der albanischen Gebiete im Sinne der deutschen Kriegspolitik zu betreiben. Angesichts der Gefahr, dass Kosovo wieder an Jugoslawien fallen könnte, übernahmen kosovo-albanische Führer eine wichtige Rolle bei der Bildung einer neuen Regierung im September 1943. In der albanischen Nationalversammlung, die am 16. Oktober 1943 in Tirana zusammentrat, waren gegische Nordalbaner überproportional vertreten – diese Überflügelung des südalbanischen Einflusses sollte machtpolitische Folgen zeitigen. Die im November 1943 gebildete Regierung übernahm ebenfalls ein Kosovo-Albaner, Rexhep Mitrovica. Schon rund zwei Monate zuvor, am 16. September 1943, war die „Zweite Liga von Prizren" ins Leben gerufen worden; nach dem Vorbild der Liga von 1878 sollte in einem Augenblick der Bedrohung ein Bündnis zur Abwehr von Angriffen – diesmal vor allem von jugoslawischen kommunistischen Partisanen geschaffen werden. Außenpolitisch verfolgte die Regierung einen Kurs der Neutralität. Deutschland erkannte am 13. Juli 1944 Albanien als unabhängigen Staat an; kein anderer Staat folgte. Die völkerrechtliche Stellung nicht nur des Kosovo, sondern ganz Albaniens befand sich bei Kriegsende in einem Schwebezustand. Der Einmarsch der Roten Armee in Rumänien und Bulgarien zwang die Wehrmacht im Herbst 1944 zum Rückzug aus Albanien (29. November 1944).

Wie in anderen Teilen des Balkans wurde auch in den albanischen Siedlungsgebieten zwischen 1941 und 1945 ein regionaler Kampf um die Macht geführt, der nach der Kriegswende bei Stalingrad deutlich an Schärfe gewann.

Die politische Konstellation in Kernalbanien und Jugoslawien einerseits und im Kosovo andererseits unterschied sich dabei aber erheblich. Albanien wie Jugoslawien waren von Italien überfallen worden – der Zweite Weltkrieg auf dem Balkan war ursprünglich nicht durch das Dritte Reich ausgelöst worden, vielmehr sah sich die Wehrmacht nach schweren italienischen Niederlagen gegen Griechenland zum Eingreifen veranlasst. In Albanien war Italien die einzige Besatzungsmacht – auch wenn dies durch die Fiktion eines albanischen Königreichs kaschiert wurde –, in Kernserbien trat hingegen das Dritte Reich als Vormacht auf, das sich einer kollaborierenden Regierung bediente. Widerstand formierte sich in Albanien wie in Kernserbien. In beiden Gebieten kristallisierten sich zwei Hauptgruppen heraus, Kommunisten und Antikommunisten (Nationalisten, Anhänger der Monarchie), die sich zunehmend gegenseitig bekämpften. In Bosnien (und anderen Teilen des ersten Jugoslawien) gelang es den kommunistischen Partisanen unter Führung von Josip Broz Tito, die Unterstützung nicht nur der Sowjetunion, sondern auch der Westmächte, besonders Großbritanniens, zu gewinnen und ihre innenpolitischen Konkurrenten, die nationalistisch-monarchistischen Verbände von Draža Mihailović zu verdrängen. Letztere sahen sich in den bürgerkriegsartigen Auseinandersetzungen gezwungen, sich dem Dritten Reich anzunähern, um sich den Rücken freizuhalten. In den Augen der Alliierten bedeutete dies Kollaboration.

Eine ähnliche Lage entstand in Kernalbanien. In diesem wirtschaftlich rückständigen Gebiet bestand keine Arbeiterschicht, auf die sich eine kommunistische Partei hätte stützen können. Die albanische KP führte daher vor dem Krieg nur ein Schattendasein, zersplittert in kleine und kleinste Untergruppen; diese rekrutierten sich vor allem aus der gut ausgebildeten südalbanischen (toskischen) städtischen Mittelschicht zumeist mit orthodoxem Hintergrund, oft Vlachen, also Angehörige einer ethnischen Minderheit, sowie einigen wenigen Nordalbanern (in Shkodra). Erst als Stalin nach Hitlers Angriff auf die Sowjetunion die Kommunisten in aller Welt zu Hilfe rief, bildete sich am 8. November 1941 eine eigentliche kommunistische Partei (das Zentralkomitee der Vorgängerpartei hatte sich vor dem Krieg aufgelöst). Und diese albanische KP stand von Anfang an unter dem alles beherrschenden Einfluss der jugoslawischen Kommunisten, deren Vertreter Miladin Popović und Dušan Mugoša die schwache albanische KP eigentlich erst ins Leben gerufen hatten. Zwei Faktoren können in ihrer Bedeutung kaum überschätzt werden: die Abhängigkeit von der KP Jugoslawiens und die toskische Prägung der albanischen KP. Schon in der Gründung der albanischen KP angelegt war der Verzicht auf Kosovo. Die albanischen Kommunisten befanden sich in einem ausweglosen Dilemma: Folgten sie ihren jugoslawischen Instruktoren und gaben die Idee eines Großalbanien auf, erschienen sie bei ihren in dieser Frage einigen Landsleuten als Verräter; hielten sie an Kosovo fest, liefen sie Gefahr, in den innenpolitischen Konflikten mit der albanischen Regierung und den albanischen antikommunistischen Widerstandskämpfern zu unterliegen. In ihrer Schwäche waren die albanischen Kommunisten zur Zusammenarbeit mit anderen Widerstandsgruppen gezwungen. Am 10. September 1942 formierte sich bei Tirana eine gegen Italien gerichtete „Nationale Befreiungsfront". An dieser Front nahm der bedeutende Politiker Mid´hat Frashëri nicht teil: Er vertrat die Idee eines „ethnischen Albanien", das zu einer Republik umgewandelt, durch umfassende Sozialreformen modernisiert und zu einer Gesellschaft von Kleinbauern transformiert werden sollte: Die Verbindung von Nationalismus und Sozialismus fand bei der Bevölkerung große Unterstützung. Im November 1942 gründete Frashëri die „Nationale Front" (Balli kombëtar; ihre Anhänger wurden „Ballisten" genannt), die glaubhafter als die von Jugoslawien abhängigen Kommunisten den Kampf gegen die mit Italien zusammenarbeitenden Großgrundbesitzer und für ein Großalbanien vertrat. Damit waren die Fronten im Kampf um die Macht in Nachkriegsalbanien abgesteckt. Die Ballisten erwiesen sich bald als derart erfolgreich, dass die Kommunisten und andere Widerstandsgruppen sich bei einem Treffen im Dorf Mukje (1.–3. August 1943) zu einem paritätisch besetzten „Komitee zur Befreiung Albaniens" zusammenschlossen, das die Verteidigung der albanischen Grenzen einschließlich des Kosovo als wesentliches Ziel festlegte. Diese nationalpolitische Schwenkung mussten die albanischen Kommunisten schon einen Monat später unter gewaltigem Druck der jugoslawischen KP rückgängig machen (4.–9. September 1943). Daraufhin löste sich die „Nationale Befreiungsfront" auf; die Monarchisten (die „Legaliteti"-Bewegung) gingen zu den Ballisten über. Gegen Ende 1943 entbrannte der Bürgerkrieg zwischen der Tito hörigen albanischen KP und dem nationalen Lager in aller Heftigkeit. Die Aufgabe des Kosovo sollte als Odium an der albanischen KP haften bleiben; nach 1948 unternahm der albanische Diktator

Enver Hoxha jede Anstrengung, um diesen Schritt zu leugnen. Erst die Öffnung der Archive nach 1991 bewies, dass die Anschuldigungen der Ballisten begründet waren.

Wie der antikommunistische Widerstand in Serbien sahen sich die Ballisten bald gezwungen, mit der deutschen Militärverwaltung Abmachungen zu treffen, um ihre Kräfte auf den Kampf gegen die Kommunisten zu konzentrieren. Und wie die Anhänger Draža Mihailovićs erschienen die Ballisten den Alliierten, besonders Großbritannien, als „Kollaborateure". Die Briten begannen, ebenfalls wie in Serbien, die kommunistischen Partisanen zu unterstützen und legten damit die Grundlage für die kommunistische Herrschaft im Nachkriegsalbanien. In Kernalbanien tobte von Ende 1943 bis Anfang 1945 ein erbittert geführtes Ringen der beiden wichtigsten Widerstandsgruppen; Einheiten der Wehrmacht wurden kaum angegriffen, gingen ihrerseits aber erfolgreich gegen die Kommunisten vor, was die Stellung der Ballisten im Kalkül der Alliierten weiter verschlechterte.

Von diesem Bürgerkrieg blieb Kosovo weitgehend unberührt: Denn im Gegensatz zu Kernalbanien wussten die Kosovo-Albaner, was jugoslawische Herrschaft bedeutete, und so führte keine auch noch so harte Kritik an den Achsenmächten dazu, dass sich mehr als eine kleine Gruppe von Albanern dem jugoslawischen Widerstand anschloss. Die Četniks Mihailovićs, die ein ethnisch reines Großserbien anstrebten, schieden von Anfang an aus; und den Kommunisten Titos brachten die meisten Albaner ein tiefes Misstrauen entgegen, das durch die Strategie von Titos serbischen Vertretern in Kernalbanien berechtigt war. Die kommunistische Ideologie konnte bei den Kosovo-Albanern ebenfalls kaum verfangen, denn ihre Elite war im Vergleich zu Südalbanien deutlich weniger gebildet und Strömungen der internationalen Politik aufgeschlossen. Die fast ganz analphabetische bäuerliche Bevölkerung stand dem Kommunismus ebenso verständnislos wie ablehnend gegenüber. Ihr Interesse war klar und eindeutig: Verteidigung des Status quo gegen jede Form des serbischen Einflusses. Wie gezeigt, besaß die im September 1943 gebildete albanische Regierung starken Rückhalt bei der kosovo-albanischen Elite; und der kosovo-albanische Widerstand befand sich fast ganz unter der Kontrolle der Ballisten, die sich mit albanischen Regierungstruppen Gefechte lieferten. Weder die Četniks Mihailovićs noch die Partisanen Titos vermochten im Kosovo bedeutsame Aktionen durchzuführen. Es fehlte das für den

Guerillakrieg nötige gesellschaftliche Umfeld. Die Kosovo-Albaner sollten für ihre Haltung einen hohen Preis zahlen: Bis in die Neunzigerjahre des 20. Jahrhunderts galten sie in Großbritannien und Frankreich als „Kollaborateure" mit den Achsenmächten und daher als Feinde; im kommunistischen Jugoslawien wurden sie als „Verräter" angesehen, die den Kampf um die „Volksbefreiung" nicht unterstützt hätten. Dabei wünschten die Kosovo-Albaner keinen faschistischen Staat, eine Ideologie, die ebenso an den traditionellen Gesellschaftsstrukturen abprallte wie der Kommunismus. Sie nahmen lediglich Hilfe von jenen Mächten, die ihnen Schutz und Militärtechnologie gegen eine Rückkehr der serbischen Verwaltung boten; und das waren die Achsenmächte. Weder im noch nach dem Krieg herrschte in den westlichen Hauptstädten Verständnis für diese Haltung. Als sich der Krieg in Europa dem Ende zuneigte, stand der Kampf im Kosovo erst bevor. Die Albaner hatten sich vor dem Abzug der deutschen Verbände mit Waffen versorgen lassen und erwarteten den Einmarsch der Titoverbände, die nicht mehr als Partisanen erschienen, sondern als reguläre Armee mit schwerem Gerät.

Kosovo im zweiten Jugoslawien

Der albanisch-serbische Konflikt im Kosovo 1945

Die siegreichen kommunistischen Partisanen übernahmen zu Beginn des Jahres 1945 in Serbien die Macht mit dem Anspruch, die Fehler des ersten Jugoslawien nicht zu wiederholen, sondern eine kommunistische Gesellschaft aufzubauen, die unter dem Leitmotiv von „Brüderlichkeit und Einheit" (Bratstvo i jedinstvo) stehen sollte. Während die Makedonier zum Staatsvolk (narod) mit eigener (Teil-)Republik erhoben wurden und bis in die Sechzigerjahre auch der Nationalbildungsprozess der muslimischen Bosnier vorangetrieben wurde, war auch das zweite Jugoslawien nicht bereit, nichtsüdslawischen Völkern Gleichberechtigung zu gewähren. Vielmehr unterschied es zwischen ethnischen Gruppen mit eigenem Republikstatus (Slowenien, Kroatien, Serbien, Montenegro und Makedonien) und den sogenannten „Nationalitäten" (narodnosti), nichtslawischen Großgruppen, die ein eigenes „Mutterland" außerhalb Jugoslawiens besaßen, und dies waren vor allem die Magyaren in der Vojvodina sowie die Albaner im Kosovo und im westlichen Makedonien.

Die albanische Frage hatte Tito und seinen Führungskreis bereits während des Krieges beschäftigt. Den albanischen Kommunisten gegenüber hatte Tito vor 1945 jede klare Festlegung vermieden. Doch war er entschlossen, Kosovo wieder an Jugoslawien anzugliedern, Großalbanien also zu zerschlagen. Dafür musste er die Kosovo-Albaner aber entweder durch Argumente oder mit Waffengewalt überzeugen. Die Haltung der Kosovo-Albaner war eindeutig, ein Konflikt damit unvermeidlich. Die Spirale der Gewalt erfuhr eine weitere Steigerung, diesmal aber erwies sich die serbische Seite als überlegen. Die stärkste albanische Widerstandsgruppe bildeten die Ballisten. Politisch war der Widerstand in der 1945 gegründeten „Albanischen Nationaldemokratischen Organisation (alb. Organizata Nacional Demokratike Shqiptare, ONDSH) zusammengeschlossen. Von November 1944 bis Mai 1945 kämpften kommunistische Verbände gegen den albanischen Widerstand in traditionellen albanischen Hochburgen wie Drenica und der Dukagjinebene/Metohija. Zeitweise eroberten albanische Freischärler auch größere Orte wie Podujeva und Skënderaj. Miladin Popović, der Vertreter Titos im Kosovo, wurde am 28. März 1945 getötet. Die Einheiten Titos genossen kaum Rückhalt bei der albanischen Bevölkerung – im Frühling 1945 stellten Albaner gerade 12 % der 1237 Mitglieder der KP im Kosovo, darunter die Kerngruppe der späteren Führungskader wie Fadil Hoxha. Die Ballisten fochten an zwei Fronten, denn in ihren Rückzugsgebieten in Kernalbanien stießen albanische kommunistische Verbände vor. Es wiederholte sich die Lage nach dem Ersten Weltkrieg: Die Regierung in Tirana arbeitete eng mit Jugoslawien zusammen, um die Kosovo-Albaner niederzuwerfen. Diesmal handelte Tirana, d. h. der im November 1944 an die Macht gekommene Diktator Enver Hoxha, aus zwei Motiven; einmal war er von Tito völlig abhängig, dann aber teilte er mit dem sozialistischen Jugoslawien ein strategisches Ziel: die Vernichtung der gegischen (nordalbanischen) Elite, besonders der von Shkodra bis in den Kosovo kulturell und nationalpolitisch hochbedeutsamen katholischen Geistlichkeit[24]. Hoxha und die meisten seiner toskischen (südalbanischen) Anhänger entstammten einem Milieu, das die nordalbanische Elite ablehnte; die Gegen fochten in den Bergen zwischen Shkodra und dem Kosovo einen aussichtslosen Kampf gegen die vereinigten jugoslawischen und (süd-)albanischen Kommunisten. E. Hoxha vernichtete die Shkodraner Elite, die vor 1941

---

24 Es sei an dieser Stelle darauf hingewiesen, dass derzeit Vertreter der ehemaligen kommunistischen Elite in Albanien eine von dieser Interpretation stark abweichende Darstellung der Verhältnisse geben, der zufolge Enver Hoxha nur aus Furcht vor der militärischen Überlegenheit Titos ein Eingreifen im Kosovo vermieden hätte. Danach aber hätte sich das kommunistische Albanien stets für die Kosovo-Albaner eingesetzt. Diese Deutung folgt zum einen der offiziellen Diktion im kommunistischen Albanien nach 1948, zum anderen versucht sie, Enver Hoxha vom Verdacht des „nationalen Verrats" reinzuwaschen. Dass Albanien im Kosovo intervenierte (1981), wird unten (S. 297–299) eingehender ausgeführt. Bis fundierte Forschungen zu diesem Thema vorliegen, ist an der hier vorgestellten Interpretation festzuhalten.

Denkmal für die
Partisanen Boro und
Ramiz in Landovica

die Opposition im Kosovo unterstützt und danach ein „ethnisches Albanien"
mit deutlicher Westorientierung vertreten hatte; viele bedeutende Schriftsteller wurden erschossen oder zu Tode gefoltert. In Kernalbanien wurde also
ein eigentlicher Kulturkampf geführt. Der albanische Norden und sein Zentrum Shkodra, noch um 1900 die wichtigste albanischsprachige Stadt Südosteuropas, haben sich davon nie mehr erholt. Mit ähnlicher Härte warfen die
jugoslawischen kommunistischen Verbände den kosovo-albanischen Widerstand nieder. Sie rekrutierten zehntausende junger Albaner, die sie entweder
zwangsweise gegen die eigenen Landsleute einsetzten oder nach Norden zum
Kampf gegen die Wehrmacht schickten. Offenbar gezielt wurden hunderte
Rekruten auf Gewaltmärschen nach Montenegro bzw. in Montenegro selbst
(in Bar) umgebracht. Wie in anderen Teilen Jugoslawiens begann die kommunistische Herrschaft mit einem Blutbad, das die im Zweiten Weltkrieg be-

gangenen Gewaltakte nahtlos fortsetzte. Widerstandsgruppen wie die „Besa kombëtare" (Nationaler Eid) wurden in Drenica und in der Dukagjinebene/ Metohija bis in den Sommer 1946 bekämpft. Zwischen 1945 und 1947 fanden umfangreiche Prozesse gegen Mitglieder des albanischen Widerstands statt, wobei rund 20 Todesurteile ausgesprochen wurden. Hart ging die jugoslawische Justiz auch gegen die Teilnehmerinnen der ersten größeren politischen Demonstration auf dem Boden des Kosovo vor. Am 11. März 1945 hatten in Gjakova zahlreiche Frauen gegen die Rekrutierung ihrer Männer und Söhne demonstriert; im Anschluss wurde eine Teilnehmerin zum Tode verurteilt.

Die staatliche Propaganda entwarf in der Folge den Mythos des Partisanenkampfes, der alle Völker Jugoslawiens gegen die faschistischen Besatzer vereinigt hätte. Abweichende Meinungen wurden unterdrückt. Dies förderte in vielen Landesteilen private Gegenerinnerungen, Erinnerungskulturen, die in diametralem Gegensatz zum staatlich verordneten Geschichtsbild standen. Dies traf besonders auf die Albaner im Kosovo zu, die sich mit der serbisch-albanischen Partisanenfreundschaft von Boro (Vukmirović) und Ramiz (Sadiku), dem Symbol des Partisanenmythos – und damit der Gründungsmythologie des kommunistischen Jugoslawien – im Kosovo, kaum identifizieren konnten.

Waren die Albaner in den Augen der jugoslawischen Kommunisten „Verräter", so galt dies aus der Perspektive der meisten Kosovo-Albaner für albanische Kommunisten nicht minder.

Das kommunistische Albanien und die Kosovofrage

Der Widerstand der Kosovo-Albaner hatte keine Aussicht auf Erfolg. Von Nachschub und Außenbeziehungen über die Adria abgeschnitten, ohne politische Unterstützung der Westmächte, unterlagen die Ballisten und andere Kämpfer. Die Zahl der Opfer wird auf mehrere zehntausend geschätzt. Flüchtlinge, die nach Albanien gelangten, wurden vom Regime Enver Hoxhas an Jugoslawien ausgeliefert; allein 1945 wurden 1416 Flüchtlinge gefasst und von diesen 292 getötet. Die Erinnerung an den Widerstand in den Hügeln von Drenica und in der Dukagjinebene/Metohija lebte aber im Lied fort – und trat gegen Ende des 20. Jahrhunderts wieder an die Oberfläche.

Tito befand sich unmittelbar nach dem Zweiten Weltkrieg auf dem Höhepunkt seiner Macht. Ihm schwebte vor, eine Balkanföderation, ein altes Vorhaben südosteuropäischer Sozialisten, zu verwirklichen, freilich unter seiner eigenen Oberherrschaft: Albanien und Bulgarien sollten seinem jugoslawischen Reich angegliedert werden. Die albanische KP (seit 1948: Partei der Arbeit; alb. Partia e Punës) erwies sich als williges Instrument solcher Pläne. Jugoslawische Berater gingen zu Tausenden nach Albanien, um dort den kommunistischen Staat und eine sozialistische Gesellschaft aufzubauen – oder besser: der Gefolgschaft Enver Hoxhas zu helfen, ihre Gegner zu verfolgen und umzubringen; dabei erwarb Hoxhas Konkurrent Koçi Xoxe traurigen Ruhm. Da Albanien als Staat international nicht anerkannt war, führte Jugoslawien faktisch auch die Außenbeziehungen seines kleinen westlichen Nachbarn. Zwischen 1945 und 1948 bildete Albanien so gleichsam eine Kolonie des kommunistischen Jugoslawien; eine Vereinigung, d. h. der Anschluss Albaniens an Jugoslawien, stand kurz bevor. Die Kosovofrage schien gelöst, als Stalin 1948 Tito empfahl, Albanien „zu schlucken". Derselbe Stalin aber hatte 1947 begonnen, das jugoslawische Machtmonopol in Albanien zu untergraben, um ein Balkanimperium unter Titos Führung zu verhindern. Wie einst Zogu erkannte auch Hoxha die Möglichkeit, der jugoslawischen Umklammerung durch die Annäherung an eine Großmacht zu entgehen. Hoxha schloss sich Stalin an und beseitigte mit dessen Hilfe die pro-jugoslawische Fraktion innerhalb der albanischen KP; Xoxe wurde nach einem stalinistischen Schauprozess hingerichtet. Stalins und Titos Ringen um Albanien hatte den sog. Kominform-Konflikt ausgelöst, den ersten großen Bruch in der kommunistischen Welt nach dem Zweiten Weltkrieg. Die jugoslawischen Berater verließen Albanien. Sowjetische Kräfte und sowjetische Hilfsgelder traten an ihre Stelle. Hoxha wurde zu Stalins treuestem Vasall und verfocht den Stalinismus bis zu seinem Tod (1985).

Für Kosovo bedeutete der Kominformkonflikt eine tiefgreifende Wende: Während zwischen 1945 und 1948 die geplante Verschmelzung beider Staaten eine wenigstens äußerliche Rücksichtnahme auf die Kosovo-Albaner erfordert hatte, galten die Albaner von einem Tag auf den anderen als „fünfte Kolonne", als Parteigänger der Stalinisten, der gefährlichsten Feinde Jugoslawiens. Dieses befand sich ohnehin in einer eigentlichen Kriegspsychose. Nun übernahmen Armee und der Geheimdienst UDBA die Macht im Kosovo, und eine neue Welle der Repression ging über die albanische Bevölkerung hinweg. Wie im Zweiten Weltkrieg hatte sich nicht die Bevölkerung des Kosovo in ihrer politischen Haltung bewegt, vielmehr änderte sich ihre Stellung im Wesentlichen ohne ihr Zutun.

Auch Enver Hoxha hatte seine Haltung in der Kosovo-Frage radikal geändert: Hatte er den albanischen Widerstand eben noch bekämpft, ermunterte er die Kosovoalbaner nun zur Opposition – und verschlechterte damit ihre Lage zusätzlich, da er den Verdacht der jugoslawischen Behörden nur noch nährte. Durch Säuberungen in der Partei und die Umschreibung der Geschichte versuchte Hoxha später, die Erinnerung an seine Zusammenarbeit mit Jugoslawien auszulöschen. An der Grenze beider Staaten herrschte Eiszeit; die alten Beziehungen über die Grenze hinweg wurden völlig unterbrochen. Für die Albaner im Kosovo blieb Albanien das Mutterland, auf das sich ihre Blicke richteten. Dies sollte sich erst nach 1991 allmählich ändern. E. Hoxha nützte die Kosovofrage, um im Innern sein nationalstalinistisches Regime abzusichern, indem er nationalistische Gefühle weckte; und er instrumentalisierte sie in seinen Außenbeziehungen. Im September 1949 verkündete er: *„Der Bevölkerung von Kosovo ist völlig klar, dass ihre eigene Rettung und die Rettung der Völker Jugoslawiens nur durch den unermüdlichen Kampf gegen Titos faschistische Bande und ihre Spione in Kosovo her-*

beigeführt werden"[25]. Ein eigentliches Interesse an der Kosovofrage hegte er freilich nicht; ihm und der südalbanisch geprägten kommunistischen Elite erschienen schon die Gegen in Nordalbanien als potentielle Feinde. Für die Albaner im Kosovo setzte er sich nur in seiner Rhetorik ein, und auch dies nicht in durchgehender Weise, sondern nur, wenn er politisch daraus Nutzen schlagen konnte.

---

25 J. Reuter, Das Kosovo-Problem im Kontext der jugoslawisch-albanischen Beziehungen. *Südosteuropa* 1987/11–12, 718–727, 721f.

Die Ranković-Ära (1945–1966)

Die ersten beiden Jahrzehnte der zweiten jugoslawischen Verwaltung des Kosovo stehen im Zeichen des serbisch-national ausgerichteten jugoslawischen Innenministers Aleksandar Ranković. Bis zu seinem Sturz im Juli 1966 regierte er gestützt auf den ihm unterstehenden Sicherheitsapparat das Kosovo mit eiserner Faust. In der Verfassungsstruktur des zweiten Jugoslawien bildete Kosovo (offiziell: Kosovo i Metohija; abgekürzt Kosmet) ein autonomes Gebiet der (Teil-)Republik Serbien, d. h. es wurde nicht auf die gleiche Stufe mit der Vojvodina gestellt, die den Status einer Autonomen Provinz erhielt. Faktisch bedeuteten diese verfassungsrechtlichen Unterschiede und die Autonomie des Kosovo nur wenig: Beide Regionen wurden zentralistisch von Belgrad aus verwaltet und jede Form der Eigenständigkeit unterdrückt. Daran änderte auch die formelle Aufwertung des Kosovo zu einer Autonomen Provinz (1963) nichts. Bedeutsam war an der Regelung aber, dass Kosovo erstmals als Verwaltungseinheit in seinen heutigen Grenzen geschaffen wurde. Erstmals wurde auch das Existenzrecht der Albaner in Jugoslawien anerkannt. Albaner lebten nicht nur im Kosovo (1946: 489.000), sondern auch im eigentlichen Serbien (im Preševotal, rund 33.000), in Westmakedonien (rund 180.000) und in Montenegro (rund 20.000). 1946 wurde die albanische Flagge verboten – was ihre Beliebtheit bei den Albanern nur erhöhte und bis in die Neunzigerjahre hinein allein schon das Zeigen der Flagge zu einem nationalen Bekenntnisakt machte. Serbokroatisch wurde als alleinige Staatssprache durchgesetzt. Bis 1966 war die Politik des jugoslawischen Staates gegenüber den Albanern von Entgegenkommen auf theoretischer Ebene – insbesondere durch die Schaffung einer eigenen von Serbien autonomen Verwaltungseinheit – und einer repressiven Haltung in der Verwaltungspraxis gekennzeichnet. Sozialistische Theorie und altes ethnisch geprägtes Misstrauen gegenüber der nichtslawischen Bevölkerung ergaben zusammen ein zwiespältiges Ergebnis.

In seiner Bevölkerungspolitik schloss das kommunistische Jugoslawien an die Traditionen des ersten Jugoslawien teilweise an. Das verwundert kaum, wenn man etwa an die Karriere V. Čubrilovićs nach 1945 denkt. Auch Tito wollte zunächst Teile der albanischen Bevölkerung ausschaffen und griff daher den aus der Vorkriegszeit stammenden Plan eines Abkommens mit der Türkei wieder auf. Noch einmal wurden die muslimischen Albaner als „Türken" eingestuft. Zwischen 1953 und 1966 wanderten schätzungsweise rund 100.000 muslimische Albaner in die Türkei aus. Die neue Bevölkerungspolitik unterschied sich aber vom ersten Jugoslawien dadurch, dass sie auf eine erneute Kolonisierungspolitik verzichtete und die Rückkehr der Kolonisten zum Teil unterband, zweifellos um das Ausbrechen erneuter Konflikte zu vermeiden (6. März 1945). Nationalorientierte Kreise in Serbien sollten dies Tito nicht vergessen. In den Jahren des engen Bündnisses mit Albanien (1945–1948) wanderten auch Albaner von Albanien in den Kosovo ein, was später von nationalserbischen Kreisen als wichtiger Faktor für das Anwachsen der albanischen Bevölkerung überbewertet wurde. Der Staat bevorzugte die serbische Bevölkerung im Bildungswesen und besonders bei der Vergabe von Arbeitsplätzen im Staatsapparat. Die albanische Bevölkerung, besonders die entstehende schmale sozialistische Elite, wurde streng überwacht. Vermeintliche oder echte Dissidenten wurden diffamiert und verfolgt. Selbst Leser der offiziellen Zeitung „Rilindja" und albanische Studenten der Universität Prishtina galten als verdächtig. Jede Form der Bekundung einer albanischen Identität erschien den Sicherheitsbehörden als Gefahr. Der Geheimdienst UDBA soll rund 50.000 Dossiers angelegt und selbst führende Mitglieder der kommunistischen Partei bespitzelt haben. Telefon- und Briefverkehr unterstanden ebenfalls dem Geheimdienst. Die Behörden führten wiederholt Razzien durch, um Waffen auszuheben, auf deren Stellenwert in der albanischen Bevölkerung bereits hingewiesen worden ist. Diese zwei Jahrzehnte dauernde Repression hat wesentlich zu einer weiteren Ausbreitung eines ethnonationalen Identitätsgefühls bei den Kosovo-Albanern beigetragen. Ihre Integration in das zweite Jugoslawien war mit Druck nicht zu erreichen.

Die Bevölkerungsverhältnisse, die das Denken der serbischen Eliten auch unter dem Kommunismus bestimmten, wurden insbesondere durch die Massenaussiedlung vorübergehend beeinflusst. 1948 stellten die Albaner 68,5 % (498.242) der Bevölkerung, Serben und Montenegriner 27,5 % (199.961); 1953 hatte sich der prozentuale Anteil der Albaner auf 64,0 % (524.559) verringert; Serben und Montenegriner stellten 27,4 % (221.212). Es zeigte sich aber schon hier, dass die hohe albanische Geburtenrate den Wanderungsverlust ausglich. Bis 1961 wuchs die albanische Bevölkerung auf 646.605 (67,2 %), die serbische und montenegrinische auf 264.604 (27,5 %) an. In dem Jahrzehnt zwischen 1961 und 1971 erfolgte dann die eigentliche Kräfteverschiebung: Die albanische Bevölkerung wuchs beinahe um ein Drittel auf 916.167 (73,7 %), die serbische und montenegrinische erwies sich erstmals als rückläufig (260.816 oder 20,9 %). Der politische und wirtschaftliche Hintergrund ist im nächsten Kapitel zu erläutern. Festzuhalten ist, dass bis in die frühen Sechzigerjahre der südslawische Bevölkerungsanteil stabil blieb, was auf die starke Geburtenrate der Kosovoserben (die Natalität der Kosovoserben blieb bis zum Ende des Jahrhunderts höher als in Kernserbien) und die jugoslawische Bevölkerungspolitik zurückzuführen ist. Die Ranković-Ära hatte so die Stellung der Serben im Kosovo noch einmal gefestigt. Sobald aber der starke Behördendruck auf die Albaner schwand und dem Kosovo eine tatsächliche Autonomie eingeräumt wurde, änderte sich das Kräfteverhältnis zwischen den Bevölkerungsgruppen deutlich.

Die Wende in der jugoslawischen Kosovopolitik

Die jugoslawische kommunistische Partei hat den Bevölkerungsverhältnissen Rechnung getragen, indem sie verstärkt Albaner als Parteikader rekrutierte. Während ein Teil der schmalen albanischen Elite in einer passiven Opposition verharrte, fanden sich zahlreiche Elitenvertreter bereit, in die Partei einzutreten. Doch auch unter ihnen wuchs die Unzufriedenheit über die politische Entwicklung im Kosovo. Zum wichtigsten Streitpunkt wurde die verfassungsrechtliche Stellung der Region. Diese Diskussionen konnten nach der bedeutendsten innenpolitischen Wendung im Nachkriegsjugoslawien offener artikuliert werden. Der Sturz des Innenministers A. Ranković leitete im Sommer 1966 die Abkehr von einem de facto zentralistischen Staatsmodell und den Beginn einer zunehmenden echten Föderalisierung Jugoslawiens ein, die in der Verfassung von 1974 ihren Höhepunkt erreichte. In diesem Tauwetter thematisierte die von der Partei kontrollierte Presse auch Rankovićs Repressionspolitik im Kosovo. Die Provinz, die unter Ranković faktisch ein serbischer Verwaltungsbezirk gewesen war, forderte die Aufwertung zum Republikstatus. Damit begann eine Debatte, die bis zum Zusammenbruch des zweiten Jugoslawien andauern sollte; zum einen, und dies wird oft übersehen, war Jugoslawien im Verständnis seiner führenden Eliten auch staatsrechtlich ein Zusammenschluss von süd*lawischen* Nationen; andere Völkerschaften waren in diesem Denken gleichsam nicht „nationentauglich", und nur eine Nation konnte eine (Teil-)Republik tragen. Zum anderen hatten Republiken nach der jugoslawischen Verfassung das (theoretisch gemeinte, 1990/91 aber tatsächlich in Anspruch genommene) Recht zur Abspaltung. Dies wollte die Belgrader Elite den als unzuverlässig geltenden Kosovo-Albanern nicht zugestehen. Der Schriftsteller Dobrica Ćosić, von 1992–1993 Präsident Rest-Jugoslawiens, positionierte sich schon 1968 als Vordenker des serbischen Nationalismus: *„Im Raum Kosovo-Metohija sind unter den heutigen Bedingungen nur zwei Formen der Staatlichkeit möglich: die jugoslawische oder die albanische, d. h. die eine oder die andere"*[26]. Ćosić sprach auch von „einem Gefühl der Be-

---

26   Das Albanerproblem in Jugoslawien. *Wissenschaftlicher Dienst Südosteuropa*

drohung", das die Serben angesichts der albanischen Forderungen verspürten. In derartigen Äußerungen war der spätere Konflikt angelegt; die Atmosphäre wurde durch das gezielte Schüren von Angst verschlechtert. Auf albanischer Seite antwortete der wegen seiner Partisanentätigkeit prominente Mehmet Hoxha: Wenn 370.000 Montenegriner eine eigene Republik besäßen, könne man dies den 1,2 Millionen Albanern in Jugoslawien nicht verweigern. Die Fronten waren abgesteckt. Erstmals seit dem Krieg übten Albaner nun offen Druck auf die Behörden aus; seit 1967 war es zu kleineren Aktionen vor allem junger Albaner gekommen. Als im Frühjahr 1968 jugoslawische und serbische Kommissionen über Verfassungsänderungen berieten, verstärkten sich die Proteste; im Oktober 1968 eskalierten sie. Nachdem das Zeigen der albanischen Fahne erlaubt worden war, kam es in zahlreichen Städten des Kosovo zu national-albanischen Umzügen, die in Gewalttätigkeiten (v. a. in Prishtina, Gjilan, Ferizaj und Podujeva) umschlugen. Schüler und Studenten forderten eine eigene Republik Kosovo innerhalb Jugoslawiens, eine eigene Verfassung und das Selbstbestimmungsrecht; sie brachten Hochrufe auf Enver Hoxha aus und beschimpften den Vorsitzenden des Provinzkomitees von Kosovo, den Albaner Veli Deva. Die Unruhen erfassten im Dezember 1968 Westmakedonien: Die dortige albanische Bevölkerung verlangte den Zusammenschluss mit Kosovo und damit die Schaffung einer mehrheitlich albanischen Territorialeinheit in Jugoslawien. Dieser nationalistische Ausbruch alarmierte die jugoslawische Führung. Sie gab den gewaltsamen Protesten schließlich nach. Ihr blieb – auch angesichts der außenpolitischen Lage nach dem Einmarsch von Warschauer-Pakt-Staaten in die Tschechoslowakei – kaum etwas anderes übrig, als den Reformweg weiter zu beschreiten und den politischen Druck durch die Kosovo-Albaner abzubauen, indem ihnen ein Ausbau der Autonomie zugestanden wurde.

1968 markiert somit einen Wendepunkt im serbisch-albanischen Verhältnis. Nach einer seit 1918 mit einer kurzen Unterbrechung andauernden serbischen Vorherrschaft setzte eine Gezeitenwende ein. Neutrale Beobachter stellten nun bei den Albanern Euphorie und nationalen Triumphalismus fest. Die serbische Bevölkerung spürte, dass das Pendel wieder in die Gegenrichtung

---

1969/1–2, 2; dieser Aufsatz bietet eine vorzügliche und klarsichtige Analyse der Kosovofrage.

schwang. Bedeutsam war auch das Zusammenwirken der Albaner im Kosovo und in Makedonien. Letztere befanden sich im Kielwasser der politisch und soziokulturell dominanten Albaner im Kosovo – und blieben dies bis auf die Gegenwart.

Schrittweise wurde die Autonomie des Kosovo in den Jahren 1968 bis 1974 ausgebaut. Die jugoslawische Verfassung von 1974 erhob Kosovo schließlich zu einer autonomen Provinz, deren Rechte denjenigen der (Teil-)Republiken im Wesentlichen gleichkamen. Kosovo durfte sich nun eine eigene Verfassung geben. Die Zugehörigkeit zur serbischen (Teil-)Republik war zwar weiterhin festgeschrieben, besaß aber kaum praktische Bedeutung. Nur der Republikstatus wurde aus den oben dargelegten staatsrechtlichen Gründen Kosovo verweigert; zu groß war die Furcht, eine (Teil-)Republik Kosovo könnte das Sezessionsrecht wahrnehmen. Mit der weitgehenden Lösung Kosovos von Serbien und der gleichzeitigen Entscheidung, die Region mit starken Bundessubventionen zu modernisieren, hatte Tito 1974 einen entscheidenden Richtungswechsel vollzogen. Dies verziehen ihm viele Serben nie. Die Verfassung von 1974 verlieh dem serbischen Nationalismus neue Nahrung. Solange Tito aber lebte, wagten die Nationalisten keine offene Opposition. Seit 1974 übernahmen die Albaner die Schaltstellen der Macht und begannen nach der Logik der interethnischen Auseinandersetzung ihrerseits, die Serben zu bedrängen.

Das gescheiterte Experiment einer „šiptarischen" Nation in Jugoslawien

Die Verfassungsänderung von 1974 war ein Eingeständnis des Scheiterns: Kosovo mit seiner mehrheitlich albanischen Bevölkerung konnte nicht in die (Teil-)Republik Serbien integriert werden, sondern musste unter dem Druck des albanischen Bevölkerungsteils von Serbien abgekoppelt werden. Die Repression der Periode zwischen 1945 und 1966 hatte das ethnonationale Identitätsgefühl der Albaner weiter gestärkt: Der schon seit 1912 in Gang gekommene Identitätswandel hatte sich nun weiter vertieft, albanisch-nationale hatten vormoderne religiöse Identitätsstrukturen weitgehend abgelöst. Um eine politische Orientierung der Kosovo-Albaner an Albanien zu verhindern, stand der jugoslawischen Führung ein Weg offen, den sie im Falle der Makedonier erfolgreich beschritten hatte: die Förderung eines regionalen Sprach- und Geschichtsbewusstseins, das zu einer allmählichen Ablösung von politischen und kulturellen Zentren außerhalb Jugoslawiens führen würde. Im Falle Makedoniens zeitigte diese Politik einen nachhaltigen Erfolg, aber nur, weil sie von der übergroßen Bevölkerungsmehrheit angenommen wurde. Die Entstehung einer makedonischen Nation ist insofern nicht als Konstrukt der jugoslawischen Nationalitätenpolitik zu betrachten; vielmehr lässt sich hier der staatlich geförderte Abschluss eines lange währenden Abgrenzungsprozesses der ostsüdslawischen orthodoxen Bevölkerung Vardar-Makedoniens gegenüber griechischen, bulgarischen und serbischen Identitätsoptionen erkennen. Da Makedonien nach dem Zweiten Weltkrieg auch wirtschaftlich einen starken Aufschwung nahm, verfestigte sich die voll ausgebildete makedonische Identität im Rahmen des jugoslawischen Staates sehr rasch.

Auch im Kosovo hätte es sich angeboten, die sprachlichen (dialektalen) Unterschiede des Nordostgegischen zum Standardalbanischen in Albanien auszunützen, das in der Nachkriegszeit auf der Grundlage südalbanischer Dialekte endgültig kodifiziert wurde. Analog zum Makedonischen wurde daher nach 1945 auch im Kosovo der Versuch unternommen, eine neue albanische Schriftsprache auf der Basis regionaler Dialekte zu schaffen, wobei die Unterschiede zum Standardalbanischen in Grammatik und Rechtschreibung besonders betont wurden. Das Gegische wies eine lange (bis in das 16. Jahrhundert zurückreichende) und zudem im albanischen Sprachraum dominante Tradition als Schriftsprache auf und hätte angesichts der Bevorzugung des Toskischen durch die vorwiegend südalbanischstämmigen Kommunisten in Albanien auch als Grundlage einer gesonderten kosovo-albanischen Identität dienen können. Tatsächlich verwendete in den beiden ersten Jahrzehnten des zweiten Jugoslawien die parteiamtliche Presse eine betont gegische Variante des Albanischen, um das in Jugoslawien gepflegte Albanisch möglichst von der in Albanien geförderten Schriftsprache zu entfernen. Auch begrifflich versuchten die jugoslawischen Behörden, zwischen „Šiptari" (im Kosovo, von der albanischen Eigenbezeichnung „shqiptar" abgeleitet, aber im Serbischen oft mit abschätzigen Beigeschmack) und „Albanci" (in Albanien) zu unterscheiden. Doch wurde dieses Konzept von der Mehrheit der kosovo-albanischen Elite vehement abgelehnt und „Šiptar" zunehmend als ein beleidigender und abwertender Ausdruck aufgefasst. Wie in anderen südosteuropäischen Nationalbewegungen entwickelte sich die Frage der Standardsprache zu einem zentralen Kristallisationspunkt der Identitätsbildung: Der zweite jugoslawische Staat und die kosovo-albanische Elite maßen dem Thema größte Bedeutung bei. Im November 1952 legte eine Sprachkommission ein Gegisch als Normsprache für die Kosovo-Albaner fest, das sich vom Nordgegischen (in Shkodra) und dem Südgegischen (um Elbasan), also dem Gegischen in der Volksrepublik Albanien, distanzieren und die *„noch unausgeschöpften Möglichkeiten des Kosovarischen und des Dibranischen [Dialekts] entwickeln"*[27] sollte. 16 Jahre lang verhandelten weitere Kommissionen über die Schriftsprache der Albaner in Jugoslawien; und genauso wie in der Politik die nationalalbanische Bewegung an Stärke gewann, zeigten sich auch die Linguisten immer weniger bereit, dem Regierungswunsch nach einer standardsprachlichen Sonder-

---

27 R. Ismajli, Gjuhë standarde dhe histori identitetesh [Standardsprache und Identitätsgeschichte]. Tiranë 2005, 429. Der dibranische Dialekt wird in Unter-Dibra (heute Albanien) und dem heute zu Makedonien gehörenden Teil dieser historischen Landschaft (um die Stadt Debar/Dibra) gesprochen. Angestrebt war also eine Verbindung kosovarischer und makedo-albanischer Dialekte unter Hinzuziehung einiger Elbasaner und Shkodraner Elemente. Ganz ausgeschlossen blieb in dieser Sprachpolitik das Toskische, auf dem die Schriftsprache in der VR Albanien beruhte.

entwicklung nachzukommen. Die Sprachkonferenz vom April 1968 vollzog unter enormer öffentlicher Anteilnahme eine grundlegende Wendung: Die in der VR Albanien entwickelte einheitliche, toskisch geprägte Schriftsprache wurde auch im Kosovo übernommen. Die „Einheit der albanischen Sprache" wurde hervorgehoben – und gemeint war damit auch die Einheit der albanischen Nation über die Grenzen hinweg, also genau das, was die kommunistische Partei, darunter linientreue kosovo-albanische Kader, hatten verhindern wollen. Die Übernahme der albanischen Standardsprache aus dem Albanien E. Hoxhas markierte einen ersten Höhepunkt im Jahr der großen politischen Wende: Die Sprache wurde als Symbol der albanischen Identität, einer gesamtnationalen und nicht nur regionalen Identität, verstanden. Dass gleichzeitig der Begriff „Šiptar" im offiziellen serbokroatischen Sprachgebrauch durch den Begriff „Albanac" abgelöst wurde, verdeutlichte den Erfolg der albanischen Nationalbewegung im Kosovo.

Der entscheidende Unterschied zwischen der Identitätspolitik in Makedonien und im Kosovo bestand darin, dass die Makedonier ohnehin eine eigene Identitätsbildung vorangetrieben hatten, der jugoslawische Staat also bestehende Ansätze zur Entfaltung brachte, während bei den Kosovoalbanern, von wenigen Anhängern der Titoherrschaft abgesehen, keine inneren Antriebe in diese Richtung bestanden. Vielmehr schürte die jugoslawische Politik den nationalen Widerstand der Albaner und stärkte zusätzlich deren zunehmend offensiven Nationalismus.

Das sozialistische Experiment

So wichtig in der Wahrnehmung von Albanern und Serben die Verfassungs-kämpfe und der sich verschärfende ethnonationale Gegensatz auch sind, muss, aus kritischer Distanz betrachtet, dem gewaltigen gesellschaftlichen und wirtschaftlichen Wandel, den der Kosovo nach 1945 durchlief, doch größere Bedeutung beigemessen werden. Da regionale und außerregionale Forscher aber ihre Aufmerksamkeit vorwiegend auf den politischen Konflikt richteten, stehen für viele Bereiche der tiefgreifenden soziokulturellen Trans-formation selbst grundlegende Arbeiten noch aus. An dieser Stelle soll eine Skizze versucht werden, die vielleicht entsprechende Untersuchungen an-regt.

Der jugoslawische Staat wollte eine sozialistische Gesellschaft schaffen. Er traf im Kosovo auf eine Gesellschaft, die 1945 immer noch als post-osmanisch zu bezeichnen ist: In der ersten Hälfte des 20. Jahrhunderts hatten sich die gesellschaftlichen Strukturen des Kosovo und insbesondere dessen Wirtschaft kaum verändert. Osmanische Gesellschafts- und Mentalitätsstrukturen waren weitgehend beibehalten worden.

Niemals hatte ein Staat so nachhaltig in die Lebenswelten der Bewohner des Kosovo eingegriffen wie das kommunistische Jugoslawien. Der Kosovo in seiner heutigen Gestalt, seine Straßen, Schulen, Hochschuleinrichtungen, seine Stromleitungen, Telefonnetz (abgesehen von den Mobilnetzen), seine Amtsgebäude, Sportstätten, Kraftwerke, Fabriken, all dies ist weitgehend im zweiten Jugoslawien aufgebaut worden – und damit sind nur die materiellen Spuren der gesellschaftlichen Umwälzung genannt.

Die Bildungsoffensive

Ein Bereich, in dem das kommunistische Jugoslawien sofort nach dem Abzug der Wehrmacht und der Niederwerfung des kosovo-albanischen Widerstands eingriff, war das Bildungswesen. Nach einem allmählichen Ausbau der Grundschule zwischen 1945 und 1970 fand zwischen 1970 und 1980 eine eigentliche Bildungsrevolution statt. Kosovo – und dort besonders die albanische Bevölkerung – wurde in kürzester Zeit von einer analphabetischen in eine medial geprägte Gesellschaft verwandelt. Gleich nach Kriegsende begannen Alphabetisierungskampagnen für Erwachsene in ganz Jugoslawien. Bildung sollte die Grundlage für den Aufbau einer sozialistischen Gesellschaft darstellen. 1945 wurden im Kosovo 287 Alphabetisierungskurse mit 4277 Schülern und 1946 1873 Kurse mit 55.336 Teilnehmern, davon 14.607 Frauen, durchgeführt. Zwischen 1945 und 1950 nahmen insgesamt 391.000 Menschen, davon 220.000 mit positivem Ergebnis, an derartigen Kampagnen teil. Die Analphabetenrate ging von 62,5 % (1948) schrittweise auf 54,8 % (1953), 31,5 % (1971), 17,6 % (1981) und 11,9 % (1991) zurück. Diese Erfolge dürfen nicht darüber hinwegtäuschen, dass Kosovo stets weit über dem Durchschnitt der (Teil-)Republik Serbien lag (zum Vergleich 1948: 26,8 %; 1958: 27,9 %; 1971: 17,3 %; 1981: 10,9 %; 1991: 4,6 %).

Parallel dazu wurde das vierjährige Grundschulsystem ausgebaut (1944/45: 278 Schulen; 1945/46: 388 Schulen; 1958/59: 582 Schulen). Ab dem Schuljahr 1958/59 wurde die achtklassige Schule eingerichtet (1958/59: 116 achtklassige Schulen 1970/71: 334 Schulen).

1945 standen zu wenige albanische Lehrer zur Verfügung. Zudem wurde zwischen 1945 und 1953 der Unterricht in getrennten Schulgebäuden nach dem Sprachprinzip organisiert, also serbische, albanische und türkische Schulen eingerichtet. Nach 1953 lernten alle Schüler in einem Gebäude, jedoch mit national getrennten Klassen. In der Ranković-Ära setzten sich, wenn auch in abgeschwächter Form, ethnisch bedingte Bildungsunterschiede fort, wie folgende Statistik der ethnischen Verteilung der Schüler belegt:

	1944/45	1958/59	1970/71	1980/81
Albaner	11.573	86.195	177.197	268.548
Serben und Montenegriner	15.427	47.550	61.923	51.533
Türken	-	3404	2413	1466

Quelle: J. Reuter, Bildungspolitik im Kosovo. *Südosteuropa* 32/1 (1983) 8–16, 9.

Bis 1970 besuchten die meisten albanischen Schüler lediglich die vierjährige Grundschule. In ländlichen Gegenden bildete wie in der Vorkriegszeit die regelmäßige Teilnahme am Unterricht ein Problem, wobei wirtschaftliche, aber auch nationale Motive („Die Schule macht dich zum Slawen", hieß ein Sprichwort) ins Gewicht fielen. In weiterführenden Schulen waren bis ca. 1970 Albaner unterrepräsentiert; so stellten die Albaner von den 4700 Absolventen höherer Schulen im Zeitraum 1958 bis 1968 lediglich 1324. Die Einführung der tatsächlichen Autonomie verlieh dem Bildungsaufstieg der Albaner den entscheidenden Schub. Zu Beginn der Siebzigerjahre gehörten 70 % der Lehrer der albanischen Bevölkerungsgruppe an. Rund 90 % der Grundschüler besuchten nun eine weiterführende Schule. Im Zeitraffer holten die Kosovo-Albaner eine Entwicklung nach, für welche die umwohnenden Völker Jahrzehnte benötigt hatten.

Der jugoslawische Staat hatte seit den späten Fünfzigerjahren eine ganze Reihe von Berufsschulen und akademischen Ausbildungsstätten geschaffen, in denen die neue Elite erzogen werden sollte: 1958 wurde die Höhere Pädagogische Fachschule in Prishtina gegründet; 1959 eine Höhere Verwaltungsschule; 1960 wurde ebenfalls in Prishtina eine Philosophische Fakultät, 1961 eine Wirtschaftswissenschaftliche und eine Juristische Fakultät eingerichtet; 1960 folgten die Höhere Handelsschule in Peja und die Höhere Landwirtschaftsschule in Prishtina, 1961 die Höhere Pädagogische Schule in Prizren und die Höhere Bergbauschule in Mitrovica. Im Jahre 1971 wurden die Fakultäten zur Universität Prishtina umgewandelt. Diese Universität erlebte ein rasantes Wachstum: Acht Jahre nach ihrer Einrichtung, 1979, zählte sie bereits 24.367 Studenten (17.676 Albaner, 4300 Serben, 973 Montenegriner, 174 Türken). 1981 behaupteten die Behörden, die Zahl von 47.000 Studenten sei erreicht – tatsächlich waren es rund 30.000. Der Lehrkörper bestand aus 540 Albanern und 330 Serben. Die Lehrveranstaltungen wurden in beiden Sprachen abgehalten. Seinen Höhepunkt erreichte der Ausbau des Wissenschaftssystems mit der Errichtung einer Akademie in Prishtina (1975).

Zur Bildungsoffensive gehörte auch der Aufbau des Bibliothekssystems: 1945 zählte man in den wenigen öffentlichen Sammlungen rund 6000 Werke; 1970 standen 111 Büchereien mit rund 500.000 Büchern zur Verfügung, von denen aber nur ein Drittel in albanischer Sprache abgefasst waren. Auf einen Einwohner entfielen 0,4 Bibliotheksbücher, was wesentlich unter dem jugoslawischen Durchschnitt lag – doch im Vergleich zur Lage vor 1945 einen erheblichen Fortschritt bedeutete.

In Jugoslawien wurden die Erfolge des autonomen Kosovo in der Bildungspolitik gefeiert. Die Schattenseiten traten erst nach 1981 zutage. Tatsächlich hatte das sozialistische System mit der Bildungsrevolution ebenso Probleme geschaffen wie gelöst. Die Universität Prishtina war vor allem ein politisches und erst in zweiter Linie ein Bildungsprojekt: Sie sollte die kulturelle Emanzipation der Albaner symbolisieren – und Jugendliche von einem Arbeitsmarkt fernhalten, der von dem gewaltigen Bevölkerungswachstum vor allem der Albaner überfordert war. Wissenschaftliche Qualität zeichnete die Universität nicht aus. Ihre Absolventen galten in Jugoslawien als zweitklassig und hatten kaum Aussicht auf einen Arbeitsplatz außerhalb des Kosovo. Zudem hatten in einer Periode nationaler Euphorie viele Albaner Geisteswissenschaften (albanische Geschichte und Philologie) studiert, für die es im übrigen Jugoslawien keinen Bedarf gab. Wie in den meisten Ländern Südosteuropas (besonders vor 1945) genoss ein geisteswissenschaftliches oder juristisches Studium ein viel höheres Sozialprestige als Studienrichtungen wie Ingenieurwesen oder Naturwissenschaften. Kosovo produzierte so ein zahlenstarkes schlecht ausgebildetes akademisches Proletariat, das zudem äußerst nationalbewusst war – und sich nicht bereit zeigte, andere als Büroarbeiten zu übernehmen. 1981 entfielen auf 10.000 Einwohner des Kosovo 299 Studenten (der jugoslawische Durchschnitt lag bei 200). Aus der Schicht der Schüler und Studenten hatte sich bereits 1968 ein Protestpotenzial rekrutiert. Zukunftsangst und Nationalismus lösten 1981 eine weitere gesellschaftliche Explosion aus.

Bildung und Wissenschaft hatten schon in der Zwischenkriegszeit den Schauplatz ethnopolitischer Auseinandersetzungen dargestellt. Seit den späten Sechzigerjahren begannen Vertreter der albanischen Elite, die serbische Deutungshoheit über den Kosovo in Frage zu stellen und eine albanische Dominanz im Kosovo auch wissenschaftlich zu untermauern. Entscheidende Hilfestellung erhielten sie dabei aus dem kommunistischen Albanien. Das kosovopolitische Tauwetter nach 1968 ermöglichte, dass Wissenschaftler aus der Volksrepublik Albanien am Aufbau des Bildungs- und Wissenschaftssystems im Kosovo mitwirken konnten. Nicht nur Experten, sondern auch Bücher und mit ihnen Ideen und Methoden aus dem stalinistischen Albanien gelangten so in den Kosovo. Da unter Enver Hoxha in Albanien aber ein extremer Nationalismus vorherrschte, importierte Jugoslawien einen Geist, der im Kosovo nach der Repression der Ranković- Zeit auf einen günstigen Nährboden fiel. Bis heute sind Denkkategorien und Arbeitsweise der meisten kosovo-albanischen Wissenschaftler stark dem nationalistisch-stalinistischen Muster von Enver Hoxhas Diktatur verpflichtet. In vielem haben kosovo-albanische Wissenschaftler, vor allem die nationalpolitisch wichtigen Historiker, Thesen aus Albanien nach- und ausgeschrieben. Die Autonomie führte daher in Bildung und Wissenschaft nicht zu einem Ausgleich zwischen den Volksgruppen, sondern wirkte gegenteilig. Auf den Druck der Repressionsphase vor 1966 antwortete die kosovo-albanische Elite mit Gegendruck. Zu unterstreichen ist jedoch, dass dieser niemals so gewalttätig war wie die Politik A. Rankovićs.

Der Gezeitenwechsel von 1968 bewirkte auch eine zunehmende sprachliche Entflechtung. Serbisch hatte, wie gezeigt, schon im 19. Jahrhundert auch bei Albanern mitunter als Geschäftssprache gedient. Sein Status hatte sich nach 1918 deutlich erhöht. Die albanische Elite hatte im Wesentlichen ein serbisches Schulsystem durchlaufen. Serbisch galt auch nach 1945 als Staatssprache. Seit dem Schuljahr 1967/68 herrschte an den Schulen des Kosovo bei der Wahl einer Zweitsprache jedoch Freiwilligkeit; zudem wurde an albanischen Schulen der Serbischunterricht deutlich verringert. Da an albanischen Schulen Serbisch nun als Wahlfach galt, kam ihm bei der Notengebung kaum Bedeutung zu. Die Serbischkenntnisse in der albanischen Bevölkerung gingen in den Siebzigerjahren rasch zurück. Da Serben seit 1912 kaum je Neigung zeigten, Albanisch zu lernen, wuchs die gegenseitige Sprachlosigkeit, die beiden Seiten schadete: den Serben, weil sie im albanisch dominierten Kosovo nur mit Mühe einen Arbeitsplatz fanden; den Albanern, weil sie sich selbst die Aussicht auf Beschäftigung in anderen Teilen Jugoslawiens verschlossen.

Die Schule wurde zum Vehikel des Nationalisierungsprozesses. Albanische Lehrer und Professoren engagierten sich nach (nicht nur) südosteuropäischer Tradition als nationale Avantgarde. Sie schrieben eine neue – albanische – Sichtweise der Geschichte. Kernpunkte des aus Albanien importierten Geschichtsbilds waren die Autochthonität der Albaner, ihre Kontinuität mit den antiken Illyrern und der Kult um den Nationalhelden Skanderbeg. Die Serben wurden als Eindringlinge dargestellt, die den alteingesessenen Albanern das Land weggenommen hätten. Was serbische Wissenschaftler im späten 19. Jahrhundert gesät hatten, ging nun auf: Die Albaner übernahmen spiegelverkehrt serbische Argumentationsmuster. Wieder zeigt sich, dass das ethnonationale Denken der Kosovo-Albaner in steter Abgrenzung von serbischen Thesen erfolgt ist.

Die Generation, die von der ethnonationalen Bildungsrevolution geprägt worden war, trug im Wesentlichen den Aufstand von 1981: Nur sieben Jahre nach der Einrichtung der Autonomie wurde der Ruf nach einer eigenen Republik wieder laut. 1982 erklärte der – freilich parteilinienkonforme – Präsident des Provinzkomitees für Bildung und Kultur, Sali Nushi: *„Es ist eine Tatsache, dass eine erhebliche Anzahl junger Menschen durch die feindliche Ideologie indoktriniert ist. Daher ist es notwendig, dass die Schulen sowie das gesamte Erziehungs- und Bildungssystem in der Provinz möglichst gut dafür gerüstet sind, die Folgen der konterrevolutionären Aktivitäten zu beseitigen"*[28]. Die Partei im Kosovo reagierte mit harten Gegenmaßnahmen. Parallel zu einem massiven Militär- und Polizeieinsatz wurde das Bildungswesen gesäubert. Kosovo-albanische Parteikader wie Azem Vllasi verlangten von Wissenschaftlern und Lehrern ein eindeutiges Bekenntnis zu Jugoslawien; Neutralität wurde nicht geduldet. „Schwarze Listen" nationalpolitisch besonders tätiger albanischer Professoren wurden erstellt, bekannte Wissenschaftler wie der führende Historiker Ali Hadri aus der Partei ausgestoßen und aus ihren Ämtern an der Universität entlassen. Auf der Ebene der Schulen wurden flächendeckende Überprüfungen vorgenommen und Seminare veranstaltet, die das ethnonationale Denken der Schüler beseitigen sollten. Gegen kompromittierte Lehrer wurden Disziplinarmaßnahmen ergriffen. In Albanien hergestellte Schulbücher wurden verboten und durch Übersetzungen serbischer Lehrwerke ersetzt. Die Repression aber verhärtete nur den Widerstand der albanischen Schüler und Studenten und deren Lehrer und Professoren. Das zweite Jugoslawien hatte im Gegensatz zum ersten jugoslawischen Staat den Albanern zwar den Zugang zur Bildung geöffnet, sie aber nicht für sich gewinnen können.

---

28   J. Reuter, Bildungspolitik im Kosovo. *Südosteuropa* 32/1 (1983) 8–16, 15.

Die Bildung einer albanischen Elite

Eng mit dem Ausbau des Bildungssystems und der Einbindung von Albanern in die kommunistische Partei verbunden ist ein grundlegender gesellschaftlicher Prozess der Nachkriegszeit: die Ablösung alter (post-)osmanischer
Führungsgruppen durch eine neue jugoslawisch sozialisierte Elite. Auch hier
wiesen die Südslawen im Kosovo einen Vorsprung auf. Schon vor 1941 waren sie in Verwaltung und Bildungswesen eindeutig bevorzugt worden. Und
auch in den beiden Jahrzehnten nach 1945 beherrschten serbische Eliten Partei, Verwaltung, Staatswirtschaft sowie Bildung und Wissenschaft. Auf albanischer Seite entstand zur selben Zeit eine schmale intellektuelle Elite, die
als Führungsgruppe über der ebenfalls wachsenden Zahl albanischer (v. a.
Grundschul-)Lehrer stand. Diese neue Elite war zum einen als Parteikader,
zum anderen im staatlichen Kulturbetrieb beschäftigt. Unmittelbar nach
1945 rekrutierte sich die albanische Parteielite aus der kleinen Gruppe kosovo-albanischer Partisanen wie Fadil Hoxha, denen im System von „Einheit
und Brüderlichkeit" gerade wegen der geringen albanischen Beteiligung am
„Volksbefreiungskrieg" erhebliche Symbolbedeutung zukam.

Das Kulturleben gruppierte sich um das monopolartige Verlags- und Pres-
sehaus „Rilindja" („Wiedergeburt", der albanische Begriff für die albanische
Nationalbewegung), welches die gleichnamige Zeitung sowie u. a. die Kultur-
zeitschrift „Jeta e re" („Neues Leben") herausgab. Die Elite gliederte sich in
zwei politische Richtungen, zum einen die Parteigänger des neuen Systems
(wie etwa den international geachteten Osmanisten Hasan Kaleshi), zum
anderen eine nationalorientierte, unter den gegebenen politischen Umständen aber passive, oppositionell eingestellte Gruppe. Die kosovo-albanische
Intelligenz wurde so vom jugoslawischen Staat geschaffen. Im Gegensatz zu
Kernalbanien konnte sie kaum auf intellektuelle Vorkriegstraditionen zu-
rückgreifen. Vielmehr betrieb sie die Lösung von osmanischen Kulturmus-
tern zugunsten einer albanisch-nationalen Identität. Dabei kam der Tätigkeit
im Bildungswesen im Sinne einer kulturellen und nationalen „Aufklärung"
zentrale Bedeutung zu. Die intellektuelle Elite verstand sich als nationale
Avantgarde und genoss daher in der gesamten Bevölkerung ein außerordent-

lich hohes Sozialprestige – dies galt auch für serbische Professoren und Intellektuelle und war ein in ganz Jugoslawien zu beobachtendes Phänomen. Bis 1966 brachten die Behörden den albanischen Kulturschaffenden und Wissenschaftlern ein erhebliches Misstrauen entgegen; die Überwachung durch den Geheimdienst prägte diese Generation. Trotz der Repression entstand nach 1966 jene Gruppe von nationalorientierten albanischen Schülern und Studenten, die 1968 durch ihre heftigen Kundgebungen den Richtungswechsel in der Kosovopolitik erzwangen. Sie rückten nach 1968 und besonders nach 1974 in staatliche Strukturen ein und kontrollierten die kosovo-albanische Gesellschaft (und bis 1989 auch weitgehend den Kosovo) unangefochten bis in die Mitte der Neunzigerjahre. Historiker und Linguisten nahmen, wie in anderen südosteuropäischen Gesellschaften, eine besonders herausragende Stellung ein, denn sie formulierten und vertraten die nationalen Interessen, sie verliehen den Kosovoalbanern erstmals eine Stimme, die auf wissenschaftlichem Niveau argumentierte. Die serbische Deutungshoheit über die Geschichte des Kosovo wurde in den Siebzigerjahren gebrochen. Zentren dieser intellektuellen Elite waren die höheren Fachschulen, die Universität, das Albanologische Institut und die Akademie der Wissenschaften. Albanische und serbische Wissenschaftler arbeiteten in diesen Einrichtungen zusammen bzw. nebeneinander. Veröffentlichungen wie wissenschaftliche Zeitschriften wurden zweisprachig geführt, auch wenn die Zahl serbischer Veröffentlichungen gegen Ende der Siebzigerjahre zurückging, Zeichen der sich verschlechternden interethnischen Beziehungen. Im Selbstverständnis der Albaner stellten diese Einrichtungen Symbole der ethnokulturellen Selbstbehauptung dar. In enger Abhängigkeit von Wissenschaftlern aus Albanien wurde das eingangs geschilderte Geschichtsbild entwickelt und über Schule und Medien verbreitet. Da die Bildungsrevolution bei den Albanern mit diesem Prozess zusammenfiel, stieß die neu geschaffene Deutung der albanischen Geschichte und Kultur auf ein starkes Echo.

Ein typischer Vertreter dieser jugoslawisch sozialisierten Elite ist der spätere Führer der Kosovo-Albaner, Ibrahim Rugova. 1944 in der Gemeinde Istog geboren, absolvierte er die Mittelschule in Peja und studierte an der neugeschaffenen Universität Prishtina Literaturwissenschaften. Er wurde als Mitarbeiter am Albanologischen Institut eingestellt und verbrachte mit einem Stipendium das Jahr 1976/77 in Paris, wo er 1986 promoviert wurde. Er betätigte sich als Literaturhistoriker (wobei er sich besonders mit katholischen gegischen Schriftstellern des 17. Jahrhunderts wie Peter Bogdani beschäftigte) und als Schriftsteller; 1988 wurde er zum Vorsitzenden des kosovarischen Schriftstellerverbandes gewählt. Neben Rugova haben auch andere Vertreter der jungen wissenschaftlichen Elite vom jugoslawischen Staat Studienaufenthalte v. a. in Frankreich erhalten, was eine – für zahlreiche südosteuropäische Eliten typische – Orientierung an der französischen Kultur bewirkte. Zahlreiche albanische Professoren und Akademiemitglieder hatten im Gegensatz zu Rugova in Belgrad studiert, wo 1948 ein Albanologisches Seminar geschaffen worden war, an dem bereits 1952 31 künftige Kader studierten. Belgrad wurde so zum Fluchtpunkt dieser Elite, sowohl im Sinne intellektueller (methodisch-theoretischer) Orientierung wie politischer Abgrenzung. Der jugoslawische Staat hatte diese Ausbildung einer neuen Elite in Belgrad aktiv betrieben. Die Umorientierung von Teilen dieser Führungsschicht nach Tirana (um 1970) schwächte die Anbindung an Belgrad. Da sich die albanisch-jugoslawischen Beziehungen besonders nach 1981 verschlechterten, brach der Einfluss aus Tirana ab; und da in Jugoslawien selbst die interethnischen Spannungen zunahmen, kam auch Belgrad als kultureller Bezugspunkt nicht mehr in Frage. Diese führte zur intellektuellen Provinzialisierung jener Generation, die ihre Ausbildung in den Achtzigerjahren erhielt: Ihre Lehrer hatten in Belgrad und Paris studiert; die Welt der nachrückenden Generation beschränkte sich immer mehr auf Prishtina.

Neben dieser intellektuellen Elite bildete sich auch eine politische und wirtschaftliche Führungsschicht heraus. Im Sinne einer positiven Diskriminierung gelangten Albaner seit den Siebzigerjahren in wichtige Ämter in Partei und Wirtschaft. Hatten 1953 Albaner erst 46,8 % der Parteimitglieder im Kosovo gestellt (Südslawen: 50,1 %), stieg ihr Anteil auf 67,2 % (1968). Gegen Ende der Achtzigerjahre zählte der „Bund der Kommunisten" im Kosovo rund 105.000 Mitglieder, was allein die erhebliche Mobilisierung der Bevölkerung (bei rund 1,6 Millionen Einwohnern) belegt. Dennoch war im gesamtjugoslawischen Vergleich der Prozentsatz von Parteimitgliedern an der Bevölkerung bei den Albanern vergleichsweise gering: 1964 stellten sie 4,9 % der Bevölkerung Jugoslawiens, aber nur 2,4 % der Parteimitglieder, Serben hingegen 42,8 % und 51,5 % – die kommunistische Partei war auf Bundesebene serbisch beherrscht.

Im Kosovo übernahmen in den Siebzigerjahren albanische Parteimitglieder in den wichtigsten Kombinaten die Betriebsleitung. Albaner stiegen auch im Staatsapparat auf. Fadil Hoxha wurde 1978/79 stellvertretender Staatschef, Sinan Hasani diente 1986/87 als Präsident des Staatspräsidiums. Die Polizei wurde von einer überwiegend serbischen zu einer stark albanisch geprägten Einrichtung (was 1987 S. Milošević in seinen Kampagnen ausnützen sollte). Wie gezeigt, blieb aber der serbische Anteil in der Betriebsverwaltung und allgemein auf der Ebene der mittleren Kader überproportional hoch.

In der Politik trat gegen Ende der Siebzigerjahre eine jüngere Generation neben die Veteranen des Partisanenkrieges. Diese Gruppe (Azem Vllasi, Mahmut Bakalli, von 1971 bis 1981) stand loyal zum jugoslawischen Staat, auch wenn sie auf eine Aufwertung Kosovos zu einer eigenen Republik hinarbeitete. Sie wollte dies jedoch auf friedlichem Wege erreichen und lehnte jede Form des Umsturzes oder gar des Separatismus ab. Auch hier sind die Lebensläufe kennzeichnend für die Einbindung in das jugoslawische System. Mahmut Bakalli (1936–2006) wurde in Gjakova geboren, besuchte die Mittelschule in Prizren und studierte Politikwissenschaft an der Universität Belgrad. Er wirkte dann an der Universität Prishtina und durchlief eine steile Karriere in der Partei (Vorsitzender des Kommunalkomitees von Prishtina; Vorsitzender des Gebietskomitees und schließlich Mitglied des Zentralkomitees des „Bunds der Kommunisten Jugoslawiens" von 1971 bis 1981). 1981 trat er aus Protest gegen die Repression der Unruhen im Kosovo zurück. Zehn Jahre jünger ist Azem Vllasi, 1948 in der Gemeinde Kamenica geboren, der die Regionalpartei von 1985 bis 1988 leitete und von S. Milošević aus dem Amt gedrängt wurde. Während Bakalli und Vllasi sich in den Achtzigerjahren gegen die Politik Miloševićs stellten, arbeiteten andere Kader mit diesem zusammen, so Rahman Morina (aus Peja, 1943–1990), Innenminister des Kosovo in der Repressionsphase nach 1981. Morina war mit einer Serbin verheiratet, die 1997/98 in Belgrad ein Ministeramt bekleidete. Er gehörte zu den wenigen Albanern, die die nationale Bewegung in den Achtzigerjahren aktiv bekämpften. Nach der staatsstreichartigen Aufhebung der Autonomie des Kosovo übernahm er 1989 für wenige Tage die Parteileitung. Als er im Oktober 1990 auf einer Parteiversammlung starb, wurde ein Giftanschlag vermutet.

Die in den Siebzigerjahren aufgestiegene Generation albanischer Eliteangehöriger führte die Region und nach 1989 die albanische Bevölkerung,
bis sie ab der Mitte der Neunzigerjahre von Vertretern der dörflichen Gesellschaft in Gestalt der Untergrundarmee UÇK herausgefordert wurde. Sie ist in
jeder Beziehung ein Produkt des zweiten Jugoslawien. Hatten um 1920 noch
Beys, Bayraktare und regionale Kriegerführer die albanische Gesellschaft bestimmt, so waren sechzig Jahre später ZK-Mitglieder, Fabrikdirektoren und
Professoren an ihre Stelle getreten. Auch hier wird der enorme Sprung nach
vorne deutlich. Und dieser Sprung, die Entstehung albanischer Konkurrenz
bei der Verteilung der Führungspositionen rief bei der südslawischen Bevölkerung Ängste hervor. In der serbischen Gesellschaft war und ist Rassismus
gegen Albaner verbreitet. Die seit dem späten 19. Jahrhundert entstandenen
Überlegenheitsgefühle und eine erhebliche Unkenntnis der albanischen Gesellschaft erschwerten es den Serben hinzunehmen, dass erstmals im jugoslawischen Kosovo die Bevölkerungsmehrheit auch die Schaltstellen von Politik
und Wirtschaft überwiegend bekleidete und Südslawen nicht automatisch
bevorzugt wurden. Bedroht fühlten sich besonders serbische Eliteangehörige,
die in den staatlichen Einrichtungen bislang deutlich übervertreten waren.
Die Konkurrenzangst verstärkte ethnische Vorurteile, die zur Verteidigung
der serbischen Position verwendet wurden. Bis zu Beginn der Achtzigerjahre
konnten diese Stereotypen nicht offen geäußert werden, da die kommunistische Partei derartige Formen des serbischen Nationalismus bekämpfte. 1981
aber brach sich die Abneigung und das Misstrauen zahlreicher Serben in und
außerhalb des Kosovo gegen die albanische Elite Bahn.

Industrialisierung

In den Aufbau eines sozialistischen Jugoslawien wurde auch Kosovo mitein-
bezogen, auch wenn es zunächst nicht zu den Schwerpunkten der Entwicklungspolitik gehörte. Die sozioökonomischen Veränderungen des Kosovo
sind aber nur zu verstehen, wenn sie in stetem Vergleich mit den gesamtjugoslawischen – und besonders den kernserbischen (Serbien ohne Kosovo und
Vojvodina) – betrachtet werden. Ein rein regionaler Blick reicht zum Verständnis von Verlauf und Folgen der gesellschaftlichen Revolution im Sinne
einer tiefgreifenden Umwälzung vormoderner Strukturen nicht aus.

Bis zum Bruch mit Stalin orientierten sich die jugoslawischen Kommunisten am sowjetischen Vorbild, und dies bedeutete: Zwangskollektivierung
der Landschaft, die in den Dienst der Industrialisierung, genauer des Aufbaus
einer Schwerindustrie, gestellt werden sollte. Bis 1948 wurden Industrie (sofern vorhanden) und Handel verstaatlicht. 1948/49 begann eine umfangreiche
Kampagne zur Kollektivierung der Landwirtschaft (in der zuständigen Kommission, dem „Agrarni savet", saß u. a. auch Vasa Čubrilović), die aber bald
abgebrochen wurde. Besonders im Jahre 1946 bearbeitete eine sogenannte
Revisionskommission, die der Kommission für Agrarreform und Kolonisierung bei der Regierung unterstand, die Frage des strittigen Kolonistenlandes
im Kosovo: 1686 Familien erhielten in diesem Prozess ihre Besitztitel ganz
bestätigt, 1258 Familien nur teilweise, und 297 verloren sie vollständig. Andere Kolonisten wurden auf dem Land geflohener oder vertriebener deutscher Bauern in der wesentlich wohlhabenderen Vojvodina angesiedelt. Im
Kosovo selbst wurden lediglich rund 5000 ha Land tatsächlich enteignet, das
aber nur zum Teil an bedürftige Bauern ausgegeben wurde, und zwar an 316
albanische, 141 serbische und 57 montenegrinische Familien. Bei insgesamt
rund 360.000 ha Ackerland betraf die Landreform also nur einen sehr kleinen
Bruchteil des Bodens.

Für Kosovo hatte dies zur Folge, dass der ländliche Kleinbesitz von Serben und Albanern bestehen blieb. Albanischen Besitzern wurden zudem rund
5000 ha enteignetes Land zurückgegeben (v. a. um Gjakova und im Šargebirge). Die ländliche albanische Bevölkerung konnte daher in ihren segmentären

Dorfgesellschaften – d. h. weitgehend abgekoppelt von Marktstrukturen und staatlichem Zugriff – weiterexistieren, gleichsam außerhalb des Zugriffs des Staates.

Jugoslawien war durch den Abbruch der Zwangskollektivierung deutlich sichtbar vom stalinistischen Kurs abgewichen. In ideologischer Abgrenzung zur Sowjetunion entwickelten die jugoslawischen Kommunisten im Zuge des Kominformkonflikts einen eigenen „Weg" in den Sozialismus. Zunächst hatte die Partei das Experiment einer starken Zentralisierung versucht („administrativer Sozialismus"), ging aber ab 1950 schrittweise zu einem entgegengesetzten Modell über, der sogenannten „Arbeiterselbstverwaltung" (Gesetz vom 27. Juni 1950). Damit verbunden war die Aufgabe einer straff zentralisierten Planwirtschaft nach sowjetischem Muster. Vielmehr hatten die einzelnen Betriebe sowie die Gebietskörperschaften (von lokaler bis hinauf zur Ebene des Gesamtstaates) Pläne auszuarbeiten. Die Zentralbehörden bereiteten lediglich die makroökonomische Strategie vor, während die Betriebe für die mikroökonomische Ausrichtung zuständig waren. Wo die Eigenfinanzierung der Betriebe ungenügend war, half der Staat mit Mitteln aus einem Investitionsfonds aus. So wurde versucht, das Dilemma zu lösen, das bereits in der Sowjetunion kontrovers diskutiert worden war: die Spannung zwischen Wirtschaftlichkeit der Betriebe und dem Hegemonieanspruch des kommunistischen Staates und dessen marxistischer Ideologie. Das betriebliche Eigentum sollte der Gesellschaft gehören, der Betrieb von den Mitarbeitern selbst verwaltet werden. Dieses System erwies sich in ganz Jugoslawien als ungeeignet: Die betriebliche Bürokratie überwucherte die Produktion; die Produktivität war niedrig, die Qualität der Erzeugnisse mangelhaft; Rohstoffe waren knapp und wurden von den Betrieben gehortet. Als nach 1974 die (Teil-)Republiken weitgehend freie Hand in der Wirtschaftspolitik erhielten, achteten sie zunehmend auf ihre Eigeninteressen; ein „Republikegoismus" bildete sich aus. Politischer und wirtschaftlicher Raum wurden national definiert, was Bruchlinien innerhalb des Bundesstaates vorzeichnete.

Auch dem zweiten Jugoslawien gelang es nicht, das gewaltige zivilisatorische und wirtschaftliche Gefälle von Nordwesten nach Südosten zu überbrücken, und dies, obwohl der Staat große Anstrengungen in dieser Richtung unternahm. Mittels Transferzahlungen sollten seit 1952 die leistungsstarken (Teil-)Republiken Slowenien und Kroatien die Entwicklung des armen Südens (v. a.

Montenegro, Kosovo, Makedonien) fördern. Der Aufbau des Kosovo wurde in den späten Siebzigerjahren auch durch eine Art Umsatzsteuer auf Konsumgüter und Dienstleistungen finanziert, die im ganzen Staat erhoben wurde. Hinzu kamen westliche Kredite, die besonders nach dem Konflikt zwischen Tito und Stalin in größerem Umfang gewährt wurden.

Die südlichen Landesteile haben aber von dem Geldtransfer nicht nur profitiert. Vielmehr war besonders dem Kosovo im binnenjugoslawischen Wirtschaftssystem eine eindeutige Rolle zugewiesen worden: diejenige eines Produzenten günstiger Energie und billiger Rohstoffe für die stärker industrialisierten nördlichen Regionen des Gesamtstaates. Der Parteichef der benachbarten Teilrepublik Makedonien, Krste Crvenkovski, sprach von „sozialistischem Neokolonialismus", der Ausbeutung des Südens durch den höher entwickelten Norden. Der in den heftigen wirtschaftspolitischen Debatten der Achtzigerjahre (und auch heute noch) zu hörende Vorwurf der einseitigen Belastung der nördlichen Republiken muss also relativiert werden.

In Kosovo lagen 65 % der jugoslawischen Blei- und Zinkvorkommen, über 50 % des vorhandenen Lignit, daneben Magnesit, Kaolin (Porzellanerde, für Papier- und Porzellanherstellung), Gold, Silber, Wismut und Nickel. Von zentraler Bedeutung war für die Industrialisierung des Kosovo die Minenregion von Trepça, deren Eisenerzvorkommen vor dem Zweiten Weltkrieg von einem britischen Unternehmen („Trepča Mines Limited", 1927), im Krieg durch die deutsche Besatzungsverwaltung ausgebeutet worden waren. Zwischen 1947 und 1950 wurde die Produktion ausgebaut; 1950/51 wurden eine Silberverfeinerungsanlage und eine Zinkschmelze errichtet. In den Fünfzigerjahren erweiterte der Minenbetrieb seine Aktivität nach Südosten (Novo brdo) und nach Norden (Leposavić). In der Mitte der Sechzigerjahre und zwischen 1977 und 1987 erfolgten weitere massive Investitionen des Staates in den Minenkomplex, so durch Aufnahme der Zinkproduktion bei Mitrovica (mit einer Kapazität von 30.000 t/Jahr). Der 1978 begonnene Ausbau des Werks, der umgerechnet 86,4 Millionen Dollar kostete, wurde 1985 abgebrochen, als rund 85 % der Arbeiten abgeschlossen waren. Bis 1995 verfielen die Anlagen und verloren erheblich an Wert. Sie waren ein Beispiel für die Fehlplanung der jugoslawischen Staatswirtschaft: konzipiert war eine gewaltige Bleischmelzanlage mit einer Kapazität von 170.000 t/Jahr, es standen aber nur 60–82.000 t Blei aus der Region Trepça zur Verfügung.

Das Werk von Trepça

Zum regionalen Wirtschaftsimperium des Trepçakombinats zählten u. a.
auch eine Fabrik für Farben und Lacke (in Vuçitërn), eine Sportmunitionsfa-
brik in Skënderaj/Srbica, ein Industriebatterienwerk in Peja (1979), ein Galva-
nisierungswerk in Vuçitërn (1981) und eine Nickel-Kadmium-Batterie-Fabrik
in Gjilan (1981). Diese Ausdehnung sollte die Verarbeitung der Minenerzeug-
nisse in der Region ermöglichen. Die Expansion der Siebzigerjahre erfolgte
auch vor dem Hintergrund der Ölkrise: Jugoslawien wollte durch niedrige
Preise für im Binnenland geförderte Rohstoffe die industrielle Produktion
ankurbeln. Trepça war im ganzen Land bekannt: „Trepça arbeitet, und Belgrad wird aufgebaut" (serb. „Trepča radi i Beograd se gradi") wurde im Kosovo geklagt – der Betrieb stand vornehmlich im Dienste der Wirtschaft im
Norden Jugoslawiens. Die eigentlichen Schwierigkeiten des Betriebs lagen
aber im Kosovo selbst: Trotz billiger regionaler Energieversorgung und einer
lange Zeit guten technischen Infrastruktur litt das Kombinat an der stetig
abnehmenden Qualität des Eisenerzes, einer im Bergbau normalen Erscheinung, die aber nicht durch verbesserte Technologie aufgefangen wurde, weil

Kraftwerk Kosovo A und B

die Planung auf kurzfristige Gewinne setzte; es fehlte an kundigen Geologen und Ingenieuren, was den Betrieb beinahe in den Ruin trieb. Nicht nur die Produktivität des Bergbaus ging zurück, sondern auch jene der Bleischmelzanlage: Hier sank die Produktivität pro Arbeiter von 91,8 t (1965) auf 67,4 t (1990); ähnliches gilt für die Zinkschmelzanlage. Dieser Produktivitätsrückgang vollzog sich trotz zunehmenden Einsatzes von Kapital und Arbeitskräften. Die Tochterbetriebe des Kombinats wirtschafteten in einem krisenhaften regionalen Umfeld ebenfalls mit geringem Erfolg. Da es an Kapital zur Begleichung von Betriebsschulden mangelte, wurden für Investitionen vorgesehene Mittel zweckentfremdet eingesetzt. Zwischen 1988 und 1994 brach der Betrieb endgültig zusammen: 1995 erreichte die Produktion gerade noch 2,6 % des Werts von 1988. Hinzu kam die erhebliche Umweltverschmutzung durch die Teilbetriebe des Kombinats: Die angegliederte Düngemittelfabrik etwa stellte Dünger mit einem derartig hohen Phosphatwert her, dass das Vieh auf den Weiden verendete. Die Luft wurde durch Schwefeldioxid aus dem Werk Zvečan massiv belastet; der Fluss Ibar war dauerhaft verschmutzt.

Zementwerk in Đeneral Janković, Südkosovo

Das zweite Prestigeobjekt des sozialistischen Jugoslawien entstand westlich der Provinzhauptstadt Prishtina: die riesigen Meiler der beiden Braunkohlekraftwerke Kosovo A und Kosovo B. Während Trepça am Nordrand des Kosovo lag, veränderten die Kraftwerksbauten mitten auf dem Amselfeld auch das Aussehen der Landschaft und verliehen ihr ein neues Gepräge. Kosovo A besteht aus insgesamt fünf Produktionseinheiten (A 1 mit 30 MhW; die anderen Einheiten mit je 130 MhW), die zwischen 1962 und 1975 in Betrieb genommen wurden. Kosovo B ist Ergebnis einer Ausbauphase in den Jahren 1983/84. Kosovo A sollte nicht nur den sozialistischen Umbruch symbolisieren, sondern vor allem die jugoslawische Wirtschaft mit günstigem Strom beliefern. Kosovo B erreichte aber nie seine volle Kapazität, Ergebnis einer weiteren Fehlplanung: Es mangelte an Kohle. Dies führte dazu, dass trotz gewaltiger Investitionen die Energieproduktion von 1982 bis 1983 um 40 % sank.

Ein drittes Großprojekt der frühen Achtzigerjahre entstand bei Gllogofc/ Glogovac, der Betrieb „Feronikl", der 1981 fertig gestellt wurde. Er konnte die Produktion nicht aufnehmen, weil die Fabrik mit Erdgas betrieben werden sollte, das aber nicht in genügendem Ausmaß zur Verfügung stand. Als der Betrieb unter hohen Kosten auf schweres Heizöl umgestellt worden war, brach der Weltmarktpreis für Nickel derart ein, dass die Produktion unrentabel wurde. Vergleichsweise wenig wurde in die Leichtindustrie (v. a. Textil- und Lebensmittelindustrie) investiert (z. B. Bierbrauerei „Peć"; Papierfabrik „Lipovica" in Lipjan, Textilfabrik „Kosovska" in Prishtina: Baumwollkombinat „Emin Duraku" in Gjakova; Textilfabrik „Printeks" in Prizren; Textilkombinat in Gjilan, Textil- und Tricotagekombinat „Napredak" in Gjakova; Gummifabrik „Balkan" in Suha reka mit Teilwerk zur Reifenherstellung in Prishtina; Konservenfabrik in Prizren; das landwirtschaftliche Kombinat „Progres-eksport", das zu Beginn der Siebzigerjahre rund 3000 Wagonladungen Raki vor allem nach Westdeutschland ausführte; Tabakkombinate in Prizren, Gjakova, Gjilan und Mitrovica produzierten Marken wie „Jaka", „Prilep" und „Otla", daneben „Virginia" und „Stolac" sowie Filterzigarettenmarken wie „Kosovski božur", „Zeta" oder „Drina").

Die übersteigerte Investitionspolitik scheiterte und führte Jugoslawien in eine hohe Verschuldung und wirtschaftspolitische Spannungen zwischen den Teilrepubliken, die den Zusammenbruch des Staates wesentlich mit verursachten. Im Kosovo verfügten zu Beginn der Achtzigerjahre die Betriebe kaum über Eigenkapital, sondern waren überwiegend auf in- und ausländische Kredite angewiesen: 1983 beliefen sich die Auslandsschulden der kosovarischen Betriebe auf 183 Millionen Dollar und lagen deutlich über dem Landesdurchschnitt.

Kosovo gehörte bei der staatlichen Planung nicht zu den bevorzugten Regionen: 1945–1985 betrugen die Pro-Kopf-Investitionen im Kosovo nur rund 60 % des jugoslawischen Durchschnitts. Der Plan für die Jahre 1981 bis 1985 sah zwar ein Wachstum der Investitionen um 7,2 % vor, doch war real ein Rückgang feststellbar. 1980 flossen 4 % aller Investitionen in Jugoslawien in den Kosovo, 1982 waren es noch 3,3 %. Die Region, ohnehin das Armenhaus Jugoslawiens, wurde bei den zunehmenden wirtschaftspolitischen Spannungen zwischen den jugoslawischen Teilrepubliken vernachlässigt.

Dies und der ohnehin vorhandene Abstand zwischen Kosovo und höher entwickelten Landesteilen erklärt, weshalb Kosovo in der Nachkriegszeit im binnenjugoslawischen Vergleich immer weiter zurückfiel: Der Anteil des Kosovo am Sozialprodukt des Gesamtstaates lag 1969 bei 34 % und 1979 bei

28 % des jugoslawischen Durchschnitts (zum Vergleich: Slowenien: 187 % bzw. 203 %; Serbien: 98 % bzw. 99 %). Die Schere zwischen dem Norden und dem Süden Jugoslawiens öffnete sich also immer weiter.

Fehlplanungen waren aber nicht die einzige Ursache für die anhaltende Wirtschaftskrise im Kosovo der späten Siebziger- und besonders der Achtzigerjahre: die Arbeitsproduktivität erwies sich als äußerst niedrig, was auch und vielleicht vor allem an der ungenügenden Arbeitsmoral der Arbeiter lag.

Massenhafte Krankmeldungen legten Betriebe lahm oder erforderten die Drosselung der Produktion. In der Textilfabrik „Kosovska" in Prishtina beispielsweise erschienen zu Beginn der Achtzigerjahre von 1700 Beschäftigten durchschnittlich jeden Tag 250 nicht am Arbeitsplatz; jährlich gingen dem Betrieb 500.000 Arbeitsstunden verloren. Im Kombinat Trepça belohnte die Betriebsleitung Arbeiter, die normal zum Dienst erschienen, mit Sonderzahlungen (was 1983 die Krankmeldungen um bemerkenswerte 22 % verringerte).

Die erheblichen Probleme der Industrie wirkten weit über den wirtschaftlichen Bereich hinaus; denn der Ausbau der Kombinate verfolgte seit den späten Sechzigerjahren auch ein gesellschaftspolitisches Ziel: die Absorbierung der rasant wachsenden albanischen Bevölkerung und deren Arbeitskraft durch die staatliche Wirtschaft. Die Industrialisierung war in diesem Sinne ein Wettlauf mit dem Bevölkerungswachstum. Zwar war zwischen 1974 und 1984 die Zahl der Arbeitsplätze in Staatsbetrieben um 65 % erhöht worden – doch wurde dies durch ein Bevölkerungswachstum von 129 % aufgehoben. Auf dem Land hatte im Kosovo – wie in anderen Teilen des Balkans – seit dem 19. Jahrhundert eine chronische Unterbeschäftigung der bäuerlichen Bevölkerung geherrscht, im Kosovo noch verschärft durch Landmangel, eine im südosteuropäischen Vergleich sehr hohe Bevölkerungsdichte und teure Bodenpreise. Diese „überflüssige" Arbeitskraft wuchs durch die hohe Geburtenrate weiter an, konnte aber von der Industrie nur teilweise aufgefangen werden. Kosovo litt daher unter chronischer Arbeitslosigkeit. Schon 1968 galten rund 14 % der Bevölkerung als arbeitslos – inoffiziell wurde von einer doppelt so großen Zahl ausgegangen. 1981 betrug die offizielle Arbeitslosenrate 29 % (90.000 Arbeitssuchende), Experten schätzten deren Zahl aber auf rund 200.000 (bei 1,6 Millionen Einwohnern). Die Arbeitslosigkeit trug auch ein ethnisches Gesicht, denn 1968 waren rund 70 %, 1981 82 % der unbeschäftigten Bevölkerung Albaner. Arbeitslosigkeit traf die Südslawen im Kosovo,

die im Sozialismus seit den späten Vierzigerjahren im Vergleich zu den Albanern bevorzugt worden waren, deutlich weniger – aber auch sie waren Opfer
der allgemeinen Krise. Die Planer hatten im Kosovo die investitionsintensive
Schwerindustrie bevorzugt, in der aber verhältnismäßig wenige Arbeitsplätze geschaffen wurden; dass die arbeitsintensive Konsumgüterindustrie in der
Region zuwenig gefördert wurde, sollte erhebliche gesamtgesellschaftliche
Folgen zeitigen: Der Wettlauf gegen das Bevölkerungswachstum wurde nicht
gewonnen, und dies rief wesentlich jene soziale Unrast hervor, die Kosovo seit
den Achtzigerjahren erschütterte.

Die wirtschaftliche Rückständigkeit des Kosovo wurde in der Region und
auf der Ebene des Gesamtstaates kontrovers diskutiert: Während außerhalb
des Kosovo die hohe Geburtenrate als Faktor für den Misserfolg der wirtschaftlichen Modernisierung angesehen wurde, hoben Politiker im Kosovo
hervor, die starke Natalität sei vielmehr die Folge der Unterentwicklung, die
auf unzureichende Investitionen und die wirtschaftliche Ausbeutung der kosovarischen Wirtschaft durch die nördlichen Teilrepubliken zurückzuführen
sei. Dass auch Korruption den wirtschaftlichen Aufbau hemmte, zeigten un-
verhältnismäßig teure Bankbauten etwa in Peja und die verbreitete Entfrem-
dung öffentlicher Gelder.

Auch die staatlichen Landwirtschaftsbetriebe gerieten immer mehr in die
Krise. Die Probleme waren denjenigen in der Industrie vergleichbar: geringe
Investitionen, geringe Produktivität, schlechte Nutzung der Anbauflächen,
hohe Verschuldung der Betriebe. Zu Beginn der Achtzigerjahre trafen Miss-
ernten den Kosovo; der Viehbestand war rückläufig, ebenso die Obst- und
Gemüseproduktion. Die überwiegend kleinbäuerliche Struktur der privaten
Landwirtschaft veranschaulicht eine Statistik aus dem Jahre 1969[29]:

Bis 2 ha	33,9 %
2–3 ha	23,5 %
3–5 ha	24,8 %
5–8 ha	13,1 %
8–10 ha	2,3 %
über 10 ha	2,4 %

---

29   Kosovo nekad i danas – Kosova dikur dhe sot [Kosovo einst und jetzt]. Belgrad
      1973, 531.

Feldarbeit
in den
Fünfziger-
jahre

Über 57 % der Höfe sind als Zwergbauernwirtschaften zu bezeichnen, die
kaum überlebensfähig waren.

Die Mechanisierung und Modernisierung der Landwirtschaft zwischen dem
Kriegsende und dem Beginn der Siebzigerjahre kann anhand folgender Angaben ermessen werden. Die Zahl der Traktoren stieg von 68 (1952) auf 2231
(Ende 1971). 1970 standen 493 Mähdrescher zur Verfügung. Kunstdünger wurde erstmals in größerem Stile verwendet: 1955: 2824 t; 1970: 66.555 t. Der Aus-
bau des Bewässerungssystems durch zehn Anlagen ermöglichte die künstliche
Bewässerung von 14 % des anbaufähigen Landes. Zugleich wurde versucht,
den monokulturartigen Anbau von Getreide (1952: 90,1 %; 1970: 82,6 % der
Anbaufläche) zugunsten von Industriepflanzen zu reduzieren – eine Diversi-
fizierung der getreidelastigen Landwirtschaft, die auch in anderen Ländern
Südosteuropas erfolgte. Im Weinbau wurden durch Ausfuhr von Rotwein und
Raki (Traubenschnaps) Devisen erwirtschaftet. In der Viehzucht vermeldeten
amtliche Statistiken eine Steigerung der Fleischproduktion (Rindfleisch: 1947:
6050 t; 1970: 14.126 t; Schaffleisch: 1947: 4414 t; 1970: 4519 t; Schweinefleisch:
1947: 1839 t; 1970: 5654 t; Büffelfleisch: 1947: 33 t, 1971: 1591 t).

Trotz dieser Bemühungen erwies sich nach vier Jahrzehnten des Aufbaus die wirtschaftliche Lage in der Mitte der Achtzigerjahre als desaströs:
die ländliche albanische Bevölkerung lebte mehrheitlich in ärmlichen Verhältnissen als Kleinbauern, die im wesentlichen Subsistenzwirtschaft mit oft
vormodernen Methoden betrieben. Die größeren Siedlungen waren von den
Ruinen der verfehlten Industrieplanung geprägt. 1987 brachte Kosovo etwa
die Wirtschaftsleistung der Elfenbeinküste hervor.

Entstehung einer Arbeiterschicht

Vor 1945 hatte im Kosovo mit Ausnahme der Region von Trepça keine Arbeiterschaft bestanden. 1953 waren gerade 5,2 % der arbeitsfähigen Bevölkerung in Industrie und Bergbau beschäftigt – dafür aber 73,1 % in der Landwirtschaft, 5,6 % in der Verwaltung und 4,1 % im Handwerk. Ein knappes Vierteljahrhundert später waren bereits 90.500 Menschen (dies entsprach 14 % der arbeitsfähigen Bevölkerung) in der Staatswirtschaft tätig. Von 1961 bis 1971 war der Anteil der Bauern an der arbeitsfähigen Bevölkerung von 64,1 % auf 51,5 % zurückgegangen. Zwischen 1974 und 1984 wurden weitere 67.000 Arbeitsplätze im staatswirtschaftlichen Sektor geschaffen. Zu Beginn der Siebzigerjahren zählte etwa die Textilfabrik in Prishtina 1400 Arbeiter, das Kombinat „Emin Duraku" in Gjakova 2000 Arbeiter und „Printeks" in Prizren 1500 Beschäftigte.

Diese Entwicklung wies auch eine ethnische Komponente auf: In der Ranković-Periode waren bei der Vergabe von Arbeitsplätzen in den neuen Industrien einseitig Serben und Montenegriner bevorzugt. Bei seinem Besuch im Kosovo im Jahre 1967 (dem ersten seit 1951) kritisierte Tito dieses Ungleichgewicht. 1953 bekleideten Südslawen 68 % der Führungsposten und waren auch unter den Arbeitern deutlich übervertreten. Nach 1966 forcierte Tito die Eingliederung von Albanern in die Staatswirtschaft. Bis 1989 wurde die Zahl der Albaner unter den Arbeitern von Trepça auf 67,9 % erhöht (was immer noch geringer war als ihr Bevölkerungsanteil); in der Verwaltung blieben die Südslawen zwar dominant, nicht aber in den Führungspositionen, die besonders nach 1974 überwiegend mit Albanern besetzt wurden. Regional bestanden in der ethnischen Zusammensetzung der Arbeiterschaft Unterschiede: Im Bergwerk von Leposavić im äußersten Norden überwogen die Serben, doch nur wenige Kilometer weiter südlich stellten die Albaner in den Betrieben von Stantërg/Stari trg und Kishnica/Kišnica-Novo brdo 77,5 % der Beschäftigten. Im ganzen Werk Trepça mit Unterbetrieben in Zveçan, Mitrovica und Novo brdo waren 1989 9004 Albaner, 3742 Serben und 515 Angehörige anderer Gruppen (v. a. Roma) beschäftigt. Noch stärker war in den frühen Achtzigerjahren der albanische Anteil an den Beschäftigten in anderen Staatsbetrieben.

Hinter diesen Zahlen verbirgt sich eine weitere gesellschaftliche Umwälzung: Die noch 1945 post-osmanische ländliche Gesellschaft des Kosovo war durch die Industrialisierung aufgebrochen worden, ein Prozess, der zuerst die südslawische Bevölkerung, seit den späten Sechzigerjahren aber auch massiv die albanische Bevölkerung erfasste. In kurzer Zeit wurden aus Bauern Arbeiter, eine eigentliche Arbeiterklasse entstand, die, bei den Albanern, in den Achtzigerjahren Klassen- und Nationalbewusstsein verband. Die Industrialisierung hatte somit nicht nur zu einer sozialen Mobilisierung (durch Binnenwanderung), sondern auch zu einer weiteren Ausdehnung einer nationalen Mobilisierung beigetragen; denn albanische und serbische Arbeitskräfte konkurrierten um Arbeitsplätze in den Staatsbetrieben. 1989 engagierten sich albanische wie serbische Arbeiter in vorderster Front für die nationalen Anliegen ihrer Völker.

(R-)Urbanisierung und gesellschaftlicher Wandel

Das heutige Prishtina ist ein Produkt des zweiten Jugoslawien. Wohl mehr als jede andere Stadt wurde das Verwaltungszentrum der Autonomen Provinz von der Architektur der Titozeit geprägt. Andere Städte mit größerer osmanischer Bautradition (wie Prizren, Peja und Gjakova) wurden zumindest im Stadtzentrum weniger erfasst. Als Prestigeobjekt des sozialistischen Systems erhielt Prishtina alle Attribute des neuen Staates: Regierungs- und Verwaltungsgebäude; umfangreiche Baumaßnahmen wurden im Bildungs- und Gesundheitswesen vorgenommen: Es entstanden Krankenhäuser, die Universität, die Universitätsbibliothek mit ihrer charakteristischen Gitterfassade, das gedrungen wirkende Albanologische Institut, ein Archiv, ein Museum, eine Radio- und Fernsehstation, das Hochhaus des „Rilindja"-Verlages, das Grand Hotel Prishtina, schließlich ein großes Fußballstadium. Hinzu kam ein ausgedehnter sozialistischer Wohnungsbau.

Die Lebenswelten eines Teils der kosovarischen Bevölkerung hatten sich in wenigen Jahrzehnten mehr verändert als in den Jahrhunderten der osmanischen Herrschaft. Was in anderen südosteuropäischen Verwaltungszentren seit dem 19. Jahrhundert an Modernisierungsmaßnahmen ergriffen worden war – die „Europäisierung" osmanisch-orientalischer Städte –, erfolgte nach 1945 (mit einem starken Schub seit den späten Sechzigerjahren) auch im Kosovo.

Während traditionelle albanische Häuser in der dörflichen Welt und auch Häuser in osmanischen Städten hinter hohen Mauern verborgen waren (und Erstere auch noch sind), öffneten sich die neuen Wohnbauten dem öffentlichen Raum, ein Konzept, das vor 1945 im Kosovo kaum bestanden hatte. Von 1951 bis 1971 verdreifachte sich die Zahl der städtischen Wohnungen. Neubauten erhielten Wasser und Strom: 1970 besaßen 29,2 % der Haushaltungen ein Bad; 39 % fließendes Wasser, dafür waren 96,9 % an das Stromnetz angeschlossen – das alte sozialistische Gebot Lenins, dass die Elektrifizierung der Dörfer ein Schlüssel zum Sozialismus sei, wurde im sozialistischen Aufbau des Kosovo verwirklicht.

Das sozialistische Prishtina

Peja mit der Rugova-Schlucht

Universitätsbibliothek in Prishtina

Asphaltierte Straßen und Plätze wurden besonders in Prishtina angelegt und ermöglichten erst neue Formen des gesellschaftlichen Lebens wie den abendlichen Korso. Der öffentliche Raum wurde durch die sozialistische Urbanistik eigentlich erst geschaffen. Das Beispiel des Sportstadiums in Prishtina allein würde genügen, um zu zeigen, wie sich der Umgang der Menschen mit dem städtischen Raum verändert hatte: Allein das Sporttreiben an sich bedeutete eine Abkehr von alten Verhaltensmustern; eine neue Form des gesellschaftlichen Umgangs im öffentlichen Raum war durch den Staat wesentlich gefördert worden, gleichzeitig öffnete sich der räumliche Horizont der Zuschauer in den gesamtstaatlichen Raum allein schon dadurch, dass Mannschaften aus anderen Landesteilen in Prishtina spielten.

In einer vormodern geprägten Gesellschaft bedeutete der Umzug vom Land, d. h. dem von einer komplexen Familie gemeinsam bewohnten Haus, in eine Wohnung zumindest theoretisch einen tiefen Einschnitt. Die Abwanderung vom Land in die Stadt erfuhr in ganz Jugoslawien nach 1945 eine erhebliche Beschleunigung. 1945 war Kosovo eine ganz überwiegend ländliche Gesellschaft. Prishtina besaß 1953 gerade 24.229 Einwohner, Prizren

Das „Grand Hotel Pristina"

22.007 und Peja 21.058. Siedlungen mit über 50.000 Einwohnern bestanden überhaupt nicht. Gerade 8,4 % der Bevölkerung lebten in Orten mit
20.000–50.000 Einwohnern. Die jugoslawische Statistik von 1953 gelangte
nur deshalb zu einem städtischen Bevölkerungsanteil von 17 %, weil sie alle
Siedlungen mit über 2000 Einwohnern als Städte definierte. Zwischen 1953
und 1961 verlief die Urbanisierung des Kosovo im jugoslawischen Vergleich
folgendermaßen: bei einem Ausgangswert von 100 (Stand: 1953) betrug das
prozentuale Wachstum der eigentlichen Städte (30.000–50.000 Einwohner)
161,5 % (Kernserbien: 144,4 %) und von größeren Siedlungen (10.000–20.000
Einwohner) 138,7 % (Kernserbien 142,2 %). Das Wachstum in kleineren als
Städte kategorisierten Siedlungen war vergleichsweise schwächer (2000–3000
Einwohner: 130,3 %). Die Bevölkerungszunahme im städtischen Bereich konzentrierte sich ganz auf Prishtina (Wachstum um 61,5 %; 1961: 38.891 Einwohner). 1961 besaß Kosovo immer noch keine einzige Stadt mit über 50.000
Einwohnern – nur Montenegro wies eine ähnlich bescheidene Einwohner-
zahl seiner größten Stadt auf. Von den kleineren Orten wuchsen Gjilan um

35,2 %, Ferizaj/Uroševac um 42,6 % (beide 1961 unter 20.000 Einwohner); Mitrovica um 54,8 % und Peja um 34,4 % (beide unter 30.000 Einwohner). Diese Zahlen dürfen nicht darüber hinwegtäuschen, dass die Bevölkerung auf dem Land viel schneller zunahm; so das Dorf (heute Stadt) Istog um 346,2 % (von 1953: 597 auf 1961: 2664).

Den Motor der Verstädterung in den Fünfzigerjahren bildete im Norden Jugoslawiens die Industrialisierung, im Kosovo aber vor allem der Dienstleistungs-(Verwaltungssektor) und das Handwerk, das rund 2/3 der städtischen Siedlungen prägte. Zahlreiche Bewohner von kleineren Städten waren in der Landwirtschaft tätig – zum Vergleich: Um 1960 lebten in einem Viertel der jugoslawischen Städte 38 % der Bevölkerung von der Landwirtschaft; im serbischen Beli Potok etwa waren es 64 %. 1960 war selbst die Hauptstadt Prishtina von Landwirtschaft, Handwerk und Verwaltung als Hauptfaktoren des Wirtschaftslebens geprägt.

Durch die ländliche Zuwanderung entstand der Typus des (schon im zaristischen Russland bekannten) Arbeiter-Bauern, der zwar in der Stadt arbeitet, aber weiterhin enge Verbindungen zu seinem Heimatdorf pflegt, wo seine Familie lebt. In Jugoslawien sprach man von „Zwittern" (serb. Polutan), *„von denen wir sagen, dass sie mit einem Bein in der Stadt und mit dem anderen im Dorf stehen, oder mit einem Bein in der Fabrik und mit dem anderen auf ihrem (privaten) Feld"*[30]. Es verbreitete sich auch der Typus des nur zeitweise auf dem eigenen Hof arbeitenden Bauern – in Kosovo lebten 1960 38 % der Höfe von Löhnen aus der Teilzeitarbeit in Fabriken. Die städtische Gesellschaft war nicht in der Lage, die Binnenmigranten zu integrieren; so brachten diese ihre Mentalität und ihre Gewohnheiten (z. B. Tierhaltung) in den städtischen Lebensraum mit und „verländlichten" („rurbanisierten") diesen. Diese Erscheinung war auch in zahlreichen anderen Teilen Jugoslawiens zu beobachten.

---

30   „Borba" vom 20.1.1962, zitiert in: H. Günther, Die Verstädterung in Jugoslawien. Darstellung und Probleme. Wiesbaden 1966, 142.

Veränderungen in der materiellen Kultur

Wie in anderen sozialistischen Systemen verfolgte der staatliche Wohnungsbau auch das Ziel, den sozialistischen Menschen zu schaffen. Auch wenn Erscheinungen wie die Ruralisierung der Städte dies verhinderten, können die
grundlegenden Veränderungen der Alltagswelt nicht überschätzt werden.

Die Ausstattung des Wohnraums veränderte sich zuerst in der Stadt: Fließendes Wasser und Elektrizität gehörten zur Ausstattung im staatlichen Wohnungsbau. Auf dem Land verbesserten in wohlhabenden Familien elektrische
Wasserpumpen die Hygiene. Auf vielen Höfen wurden aber noch in den
Achtzigerjahren Ziehbrunnen und einfache Wasserpumpen verwendet. Eine
anthropologische Studie (G. Rrapi) hat für die Achtzigerjahre den Hausrat in
ländlichen Haushaltungen untersucht: Zwar kam sie zum Schluss, dass die
Ausstattung in vielen komplexen Familien bescheiden war, da sie die Zahl
der Benützer pro Gegenstand zur Grundlage der Einschätzung machte. Doch
darf auf der anderen Seite die schlichte Tatsache des Vorhandenseins gewisser
Produkte nicht gering veranschlagt werden: Waschmaschinen, Kühlschrän-
ke und Staubsauger fanden Eingang auch in bäuerliche Haushaltungen. Die
Hygienegewohnheiten wurden auch auf dem Dorf durch Waschpulver, Ra-
sierseife und Duschgel verändert.

Kaum zu überschätzen ist auch der Einbruch der modernen Medienwelt
in Gestalt des Radios und des Fernsehens. Nach 1945 nahm Radio Prishtina
einen Sendedienst in serbischer, albanischer und türkischer Sprache auf. Die
Zahl der Radioapparate aber blieb lange bescheiden (1970: 1 angemeldeter
Apparat auf 26 Einwohner – die Behörden gingen freilich von einer erheblichen Zahl von „Schwarzhörern" aus). 1957 gab es im ganzen Kosovo kein
Fernsehgerät. 1962 kam ein Gerät auf 25.000 Einwohner. Die mediale Revolution erfolgte zwischen 1962 und 1971, als auf 33 Einwohner ein Gerät ent-
fiel. Ein regionaler Fernsehsender nahm in den Siebzigerjahren den Betrieb
auf (Radio Televizioni i Kosovës/Radio Televizija Kosova). Die traditionelle
Isolierung des Dorfes besonders in der kalten Jahreszeit wurde verringert, die
städtische Bevölkerung in einen räumlich stark erweiterten (vornehmlich jugoslawischen) Kommunikationsraum integriert.

Öffentlicher
Busverkehr

Dazu sollte auch der Ausbau des Post-, Telegraphen- und Telefonsystems bei-
tragen. Wie abgeschnitten weite Teile des Kosovo von Kommunikationszu-
sammenhängen außerhalb der jeweiligen Siedlung waren, veranschaulichen
folgende Zahlen aus dem Jahre 1970: Postämter gab es 80, d. h. ein Amt auf
120 qkm bzw. 13.000 Einwohner; pro Postbezirk zählte man im Jahre 1970
100 Telefonanschlüsse (mit großen Stadt-Land-Unterschieden). Auf 10.000
Einwohner entfielen 50 Anschlüsse.

Die Mobilität wurde entscheidend auch durch die wachsende Zahl an Per-
sonenwagen erhöht – auch hier wird der Wandel erst bei einem Blick auf die
in den Dreißigerjahren noch allgegenwärtigen Büffelkarren deutlich. Zwar besitzen bis in die Gegenwart von Tieren gezogene Wagen auf dem Land noch
weiterhin Bedeutung, doch schuf die Automobilisierung der Gesellschaft besonders seit den Achtzigerjahren ungekannte Kommunikationsmöglichkeiten.
Insbesondere für die zahlreichen Gastarbeiter eröffnete das Auto seit den Siebzigerjahren die Möglichkeit, zwischen Heimat und Gastland rascher zu reisen
und u. a. deutlich mehr Güter zu transportieren als mit dem Zug.

Das Bahnsystem war im Süden Jugoslawiens hingegen schwach entwickelt. Die Hauptlinie bildete die Verbindung Skopje – Prishtina – Mitrovica
(und weiter in Richtung Belgrad). An Seitenlinien gebaut wurden die Strecke
Prishtina – Peja mit einer Abzweigung nach Prizren. 1970 kamen auf 100 qkm

Skiurlaub in Brezovica

gerade 2,7 km Bahnlinie. Ein funktionstüchtiges regionales Bahnsystem wurde nicht geschaffen; der Verkehr konzentrierte sich auf die Straße.

Bis 1970 war das Straßennetz auf 3000 km ausgebaut worden; von diesen
aber waren nur rund 25 % „modernisiert", d. h. ausgebaute Asphaltstraßen.
1965 wurde in Prishtina ein Flughafen in Betrieb genommen (mit drei wö-
chentlichen Flügen nach Belgrad), der aber bis weit in die Siebzigerjahre keine
größere Bedeutung erlangte. In den größeren Städten wurde ein öffentliches
Nahverkehrssystem errichtet: 1970 standen in der ganzen Region jedoch nur
4400 Sitzplätze in Bussen zur Verfügung. Wie in anderen Teilen des Balkans
blieben Busse bis in die Gegenwart das wichtigste Massentransportmittel.

Eine weitere Dimension der Mobilität schließlich bildeten Ferienreisen,
auch wenn diese nur für einen kleinen Teil der Bevölkerung erschwinglich
waren. Besonders Parteikadern stand die binnenjugoslawische Tourismusin-
frastruktur an der Adria offen. An Binnentourismus wurden Skigebiete im
Gebirge entwickelt.

Mit der Abwanderung in die Stadt wandelte sich auch die Kleidung: Der
im Zweiten Weltkrieg in den Städten noch allgegenwärtige Fez und die tra-

ditionelle Kleidung (albanische Tracht oder osmanischer Einfluss) wurde von europäischer Kleidung, wie sie in anderen jugoslawischen Städten getragen wurde, ersetzt. In den Fabriken erhielten die Arbeiter eigene Arbeitskleidung; die Beamten Anzüge, die Soldaten Uniformen – so banal dies auf den ersten Blick erscheinen mag, so tief war der Bruch mit der Vergangenheit. Hatte man Menschen in osmanischer Zeit anhand ihrer Kleidung religiösen oder Sprachgruppen zuordnen können, war dies in der Stadt zunehmend nicht mehr möglich. Auf dem Land hingegen wurden traditionelle Bekleidungsformen, etwa die weiße Kappe albanischer Männer (Plis), deutlich länger bewahrt. Aber auch auf dem Land hielten allmählich europäische Kleidungsstücke Einzug, etwa das Sakko für Männer. Der Anthropologe Gjergj Rrapi zeichnete den Fall einer Großfamilie auf, deren Männer in der Nachkriegszeit ein Sakko teilten, gewiss ein Zeichen der Armut und der komplexen Familie, aber eben auch ein Hinweis auf den Status, den westliche Kleidung besaß. Wie in Kernserbien lösten Lederschuhe die traditionellen Opanken (Riemenschuhe aus Stoff und Leder) ab (auch wenn auf dem Land Gummiopanken aufkamen). Und wie in anderen Teilen Jugoslawiens setzten sich in den Siebzigerjahren Jeans und modische Kleidung aus dem Westen durch: Vergleicht man Aufnahmen des Straßenbilds von Prishtina im Jahre 1930 und 1980, wird der gewaltige Entwicklungssprung deutlich.

Diese Konsumgüter wurden nicht mehr nur über kleine Basarläden vertrieben. Die Einkaufsgewohnheiten änderten sich im städtischen Bereich durch den Bau staatlicher Warenhäuser.

Sozialistische Lebenswelten

Die Veränderungen der materiellen Umwelt – von der Siedlungsgestalt bis zu einer Erweiterung des Hausrats – sowie insbesondere die staatliche Organisation der Arbeit schufen auch einen neuen Umgang mit der Zeit: Insbesondere bei Beschäftigten im Staatssektor entstand die Trennung zwischen Arbeits- und Freizeit. Der Staat schuf zudem Möglichkeiten, die Freizeit zu verbringen: Der bereits erwähnte Sport, Kultureinrichtungen wie Kino und Theater revolutionierten vor allem die städtische Gesellschaft. Der in Südosteuropa allenthalben zu beobachtende Gegensatz zwischen Stadt und Land wurde durch den staatlichen Eingriff in die Zeitgestaltung der Menschen noch vertieft. Das Dorf blieb von dem neuen Lebensmodell ausgeschlossen – dies förderte die Abwanderung in die Städte zusätzlich. Dort entstanden ungekannte Unterhaltungsmöglichkeiten; dort aber waren die Menschen auch dem Zugriff des sozialistischen Staates verstärkt ausgesetzt. Besonders Parteikader wurden in überregionale Zusammenhänge integriert. Zeigen lässt sich die Wirkung staatlicher Strukturen etwa an der Einbindung von Kindern und Jugendlichen in den kommunistischen Jugendverband, dessen bewusst gesamtjugoslawisch angelegte Programme (etwa landesweite Stafettenläufe) auch auf Teile der albanischen städtischen Jugend eine integrative Wirkung entfalteten.

Der Staat maß dem Sport große Bedeutung für die Modernisierung der Gesellschaft zu. Vor 1945 war sportliche Beschäftigung im Kosovo auf einige wenige Vereine beschränkt gewesen.

Bereits 1945 wurde ein erstes Sportfest durchgeführt (mit etwas über 1000 Teilnehmern); 1948 kamen zu einer Folgeveranstaltung bereits 11.000 Menschen zusammen. Der Aufbau von Sportvereinen wurde erheblich gefördert; 1970 zählte man deren 400 mit 30.000 Mitgliedern. Sportunterricht wurde in der Schule verpflichtend und verstärkte die Verbreitung sportlicher Betätigung. Neben traditionellen Turnvereinigungen entstanden in den ersten drei Jahrzehnten des sozialistischen Systems 55 Fußballvereine, 24 Volleyball- und 12 Korbballvereine, 8 Pingpongklubs, 5 Schwimmvereine, daneben 9 Alpinistenvereinigungen. Staatliche Institutionen veranstalteten Turniere in verschie-

denen Sportarten. Auf Landesebene erfolgreiche regionale Vereine schufen in
Ansätzen eine regionale Identität, etwa der Fußballklub „Prishtina" oder „Vëll-
laznimi" aus Gjakova (gegründet 1923), die zu Beginn der Siebzigerjahre in
die zweite Liga aufstiegen; „Prishtina" gelangte 1983 in die erste Liga (bis sich
die Mannschaft wegen der serbischen Politik im Kosovo aus der Meisterschaft
zurückzog). Der Verein „Trepça Mitrovica" spielte 1977 in der ersten Liga und
drang 1978 in das jugoslawische Pokalfinale vor. Die Bedeutung dieser Vereine für die Integration auch der albanischen Bevölkerung des Kosovo in die
jugoslawische Gesellschaft verdiente eine genauere Untersuchung – dass sich
aber gerade im sportlichen Bereich auch gegenläufige Tendenzen auswirkten,
wurde beim Zerfall Jugoslawiens deutlich: Gewalttätige Fußballfans stellten
sowohl in Belgrad wie in Zagreb Kerngruppen oft krimineller Vereinigungen,
die im Krieg schwere Verbrechen begingen. Der bereits erwähnte Kriegsverbrecher „Arkan" gründete seine Macht auf diese Strukturen. Der Ausschluss
und die Verfolgung der Kosovo-Albaner wurden zwischen 1989 und 1991 auch
in der Welt des Sports besonders deutlich; dies überlagert auch die albanische
Erinnerung an die Erfolge kosovarischer Vereine in der Titozeit.

Sport diente auch als Plattform interethnischer Kontakte. In den Städten
entstanden Sportvereine, in denen Albaner wie Serben spielten und wo – anthropologischen Studien zufolge (S. Schwandner-Sievers) – ethnische Vorurteile in den späten Siebzigerjahren bei der jungen Generation allmählich
abgebaut wurden – während die vom Krieg geprägte ältere Generation an
ethnischen Stereotypen festhielt.

Bei einem Blick auf die gesamte – städtische wie ländliche – Gesellschaft
des Kosovo muss, trotz einiger Ansätze besonders im städtischen Milieu, festgestellt werden, dass bis zu Beginn der Achtzigerjahre aber kein wirkliches
interethnisches Zusammenleben entstanden war. Dass Serben und Albaner
buchstäblich vor allem nebeneinander lebten, zeigt sich auch an der geringen Zahl von Mischehen. Ethnische und religiöse Schranken erwiesen sich in
einer strukturkonservativen Gesellschaft als schwer überwindbar, ganz anders
als etwa in ebenfalls religiös gemischten Provinzstädten wie dem bosnischen
Banja Luka. Stark war die religiöse Endogamie besonders bei albanischen Katholiken. Die albanischen Muslime heirateten, wenn überhaupt, im nichtalbanischen muslimischen Milieu (Türken). Albanisch-südslawische Ehen
waren selten. In der Eheführung unterschieden sich Albaner, wie gezeigt, er-

heblich von Südslawen, vor allem außerhalb des Kosovo. Die Scheidungsrate blieb bis zum Zusammenbruch Jugoslawiens tief.

So ergab sich Mitte der Achtzigerjahre wie in anderen Bereichen der sozioökonomischen Entwicklung ein uneinheitliches Bild: Vieles war in Bewegung geraten, keiner der vielen Stränge der Modernisierungsphase aber war zu einem Abschluss gekommen: im Kosovo bestanden jugoslawisch-urbane und post-osmanische-dörfliche Lebenswelten nebeneinander. Während ein Bauernsohn namens Adem Jashari nationale Lieder lernte und die Serben in der Aufstandstradition seiner armen kleinbäuerlichen Heimatregion Drenica wahrnahm, spielten in Prishtina Albaner und Serben in staatlichen Turnhallen zusammen Basketball. Die Bruchlinien verliefen in den Achtzigerjahren nicht nur zwischen zwei ethnischen Gruppen; die alten südosteuropäischen Verwerfungen zwischen Stadt und Land zogen sich quer durch die Sprachgruppen. Wie im osmanischen Reich koexistierten zwei Gesellschaften nebeneinander, eine, die in staatliche und generell außerregionale Strukturen eingebunden war, und eine, die auf sich selbst zurückgezogen blieb – wobei sich seit den späten Sechzigerjahren eine Öffnung ergab, die Massenauswanderung der schlecht ausgebildeten männlichen Dorfbevölkerung nach Mitteleuropa.

Gesundheitswesen und Bevölkerungsentwicklung

Neben dem Bildungswesen investierte der Staat auch im Gesundheitswesen, und obwohl auch hier Kosovo stets unter dem jugoslawischen Durchschnitt lag, darf nicht dieser die Vergleichsgrundlage bilden, sondern vielmehr die Situation vor 1945. 1940 hatten im Kosovo fünf Spitäler mit 390 Betten und 36 Ambulanzen zur Verfügung gestanden, daneben fünf Seuchenstationen, von denen aber nur drei in Betrieb waren. 1945 gab es im Kosovo 21 Ärzte, 15 Apotheker, einen Stomatologen und 6 Pfleger. Zu Beginn Ende der Siebzigerjahre existierten im Kosovo für 1,2 Millionen Einwohner sieben Krankenhäuser mit 3128 Betten; dazu neun Geburtsstationen mit 104 Betten; 21 sogenannte „Gesundheitshäuser" („Shtëpi e shëndetit/Dom zdravlja"), 38 Ambulanzstationen, 126 sogenannte „Punkte" mit ärztlicher Versorgung („Punkte/Punktovi"), weitere Einrichtungen zur Bekämpfung von Tuberkulose und Geschlechtskrankheiten, 52 Zahnambulanzen und 75 Apotheken. 1968 standen für 1000 Einwohner 2,87 Betten bereit – in Slowenien waren es 8,2, in Serbien 5,7. Die Zahl der Ärzte war bescheiden (479). Im Pflegedienst arbeiteten 2403 Menschen.

Anzahl Einwohner pro Arzt

	Kosovo	Serbien	Jugoslawien
1950	11.403	3183	3181
1961	4394	1515	1465
1969	2614	977	1051

(Quelle: Kosovo nekad i danas, 600)

Wenn auch Kosovo nach zweieinhalb Jahrzehnten sozialistischer Verwaltung einen Rückstand zu den entwickelteren Teilrepubliken aufwies, wird der Fortschritt doch erst deutlich, wenn man sich die Zahlen für den serbischen Staat im Jahre 1908 vor Augen hält: 287 Ärzte wirkten im ganzen Land, ein Arzt hatte 9800 Menschen zu versorgen, insgesamt standen 1757 Krankenhausbetten zur Verfügung. Hält man sich dazu die Lage im spätosmanischen Reich vor Augen, darf man auch im Gesundheitsbereich von einer starken Verände-

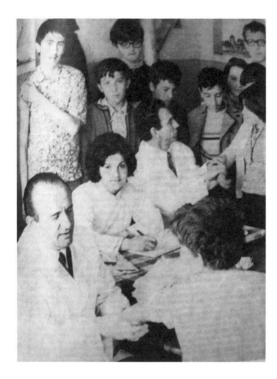

Impfkampagne in
den Sechzigerjahren

rung sprechen. Der Aufbau des Gesundheitswesens wirkte sich besonders bei der albanischen Bevölkerung aus: Noch 1964 hatte es nur 50 albanische Ärzte und 333 albanische Pfleger gegeben – 1970 war deren Zahl auf (immer noch äußerst bescheidene) 99 Ärzte und 643 Pflegebeschäftigte gestiegen. In den Siebzigerjahren veränderte die erste Generation von an der Medizinischen Fakultät der Universität Prishtina ausgebildeten Ärzten diese Verhältnisse.

Das Gesundheitswesen hatte verbreitete Krankheiten wie Grippe, Röteln, Dysenterie, Tuberkulose und Hepatitis zu bekämpfen, die oft Folgen der weitverbreiteten Armut (mangelnde Hygiene, Mangelernährung) waren – hier bildet das Kosovo im südosteuropäischen Vergleich von Randregionen keine Ausnahme.

In der Nachkriegszeit wurden einige vor 1945 verbreitete Krankheiten stark verringert (Malaria, Hirnhautentzündungen). Zum Rückgang von Krankheiten trugen Impfkampagnen bei.

Die Umwälzung im Gesundheitswesen schlug sich in der Bevölkerungsentwicklung nieder. Zum einen stieg die Lebenserwartung deutlich an: 1952 betrug sie im Kosovo für Männer 48,6 Jahre und für Frauen 45,2 Jahre; 1967/68 stieg sie für Männer auf 60,6 Jahre, für Frauen auf 62,6 Jahre (zum Vergleich die Zahlen für ganz Jugoslawien: 1952: Männer 56,9; Frauen: 59,3; 1967/68: Männer 64,32; Frauen 68, 85). Zum anderen wäre das enorme Wachstum der albanischen Bevölkerung in den Sechzigerjahren ohne die Einführung der modernen Medizin unmöglich gewesen. Die aus Drittweltstaaten bzw. auch aus dem sogenannten demographischen Übergang bekannte Verbindung von annähernd vormoderner Geburtenrate und besserer medizinischer Versorgung und daher stark sinkender Säuglingssterblichkeit hat die ethnischen Verhältnisse im Kosovo zugunsten der Albaner verändert.

Säuglingssterblichkeit (auf 1000 Lebendgeborene)

	Albaner	Serben (beide Gruppen in ganz Jugoslawien)
1953	25,2	11,2
1961	14	8,2
1971	9,4	8,8
1981	6,4	10

(Quelle: M. Roux, Les Albanais en Yougoslavie. Paris 1992, 152)

Der Rückgang der Säuglingssterblichkeit bei den Albanern in den Sechzigerjahren fällt mit dem erwähnten starken Bevölkerungsanstieg zusammen. Wiederum kann die Statistik, diesmal des natürlichen Wachstums, dies veranschaulichen.

Wachstum der Bevölkerung (auf 1000 Einwohner)

	Albaner	Serben (beide Gruppen in ganz Jugoslawien)
1953	22,3	16,8
1961	31,3	11,1
1971	31,1	6,5
1981	25,3	4,2

(Quelle: M. Roux, Les Albanais en Yougoslavie. Paris 1992, 152)

In der Entwicklung, die in dieser Statistik erfasst wird, liegt – zusammen mit Wanderungsbewegungen (s. u.) – die moderne Kosovofrage begründet. Zwar war die Geburtenrate der Kosovoserben deutlich höher als diejenige der Serben in Kernserbien. Doch wuchs in ganz Jugoslawien keine andere Gruppe derart stark wie die Albaner. Die Schere zwischen der albanischen und der serbischen Geburtenrate öffnete sich seit den Sechzigerjahren immer weiter.

Die Geburtenrate verlief aber nicht in der gesamten albanischen Bevölkerung in gleicher Form. Vielmehr bildeten sich Unterschiede zwischen Dorf und Stadt heraus. Das neue städtische Umfeld zeitigte langfristige Folgen auf die Lebensumstände und besonders die Familienstruktur: Durch die allmähliche Lösung aus dem ländlichen Milieu mit seinen großfamiliären Strukturen sank auch die Geburtenrate: 1963 lebten im durchschnittlichen dörflichen Haushalt im Kosovo 6,9 Personen (in Slowenien: 4, in Kernserbien: 5,2), in der Stadt zählte ein Haushalt jedoch nur 4,7 Personen (in Slowenien: 2,9, in Kernserbien: 3). Die erheblichen Unterschiede zwischen Serben und Albanern erklären sich durch den endgültigen Zerfall der Zadruga in der serbischen Gesellschaft, die vom sozialistischen System geförderte Emanzipation der Frau (v. a. im städtischen Milieu) und einer erheblichen Änderung der Sexualmoral unter dem Einfluss von westeuropäischen Entwicklungen. Die albanische Gesellschaft erwies sich in ihrer übergroßen Mehrheit gegen diese Entwicklung resistent. Zwei Indikatoren belegen dies für die ersten zwei Jahrzehnte der Nachkriegszeit:

Zum einen waren im Kosovo Ehescheidungen praktisch unbekannt: Zwischen 1960 und 1964 kamen auf 1000 Einwohner des Kosovo zwischen 0,3 und 0,4 Ehescheidungen, der jugoslawische Durchschnitt schwankte zwischen 1,1–1,2 auf 1000, der serbische (mit der Hauptstadt Belgrad) lag noch höher (1,3–1,5 auf 1000). Das Zivilisationsgefälle wird bei einem Blick auf die Zahl unehelicher Kinder noch deutlicher: 1950 entfielen in Kernserbien auf 1000 Lebendgeborene 56 uneheliche Kinder; 1959 waren es 109. Im Kosovo stieg die Zahl im selben Zeitraum von 18 auf 125. Dies lag nicht an einer sprunghaft gestiegenen Zahl außerehelicher Verhältnisse, sondern an dem staatlichen Heiratsverbot für Minderjährige, das in traditionellen albanischen Familien aber nicht beachtet wurde.

Ansätze der Frauenemanzipation

Diese Verhältnisse muss man sich vor Augen halten, wenn man einen Blick auf die – weitgehend unerforschte – Frauenemanzipation im Kosovo wirft. Hier sind die bereits gewohnten Unterschiede zwischen den beiden ethnischen Gruppen und innerhalb derselben und eine Differenzierung zwischen ländlicher und städtischer Bevölkerung sowie nach Bildungsgrad und Altersgruppe zu berücksichtigen.

Die städtische serbische Bevölkerung wies im Vergleich zur albanischen einen erheblichen Entwicklungsfortschritt auf. Albanische Frauen hatten in den knapp 15 Jahren, in denen die politischen Rahmenbedingungen Formen der Emanzipation ermöglichten (ca. 1974–ca. 1990), gegen wesentlich größere Widerstände zu kämpfen als Serbinnen. Ihre ethnische Gemeinschaft war von der Industrialisierung und Verstädterung aus osmanischen Strukturen in wenigen Jahren gleichsam in die Moderne geschleudert worden und befand sich bei der Bewältigung dieses Prozesses stets am Rande der Überforderung. Im jugoslawischen Vergleich blieb die kosovo-albanische Gesellschaft in den meisten ihrer Teilsegmente ausgesprochen konservativ: Dies galt für die dörfliche Gesellschaft, aber auch für die städtische Bevölkerung, besonders wenn man diese mit urbanen Zentren wie Belgrad oder Zagreb vergleicht. In den kosovarischen Städten jedoch, wo eine neue Elite entstand, in der Partei, der Verwaltung, dem Bildungswesen, in der Industrie, wurden Frauen in den Arbeitsprozess außer Hauses eingegliedert; zwar blieben ihnen Führungspositionen verwehrt. Doch allein die Tatsache, dass albanische Frauen außerhalb der Hausgemeinschaft einer Tätigkeit nachgingen, bedeutete einen eigentlichen Bruch mit bestehenden Gesellschafts- und Mentalitätsstrukturen. Frauenarbeit außer Hauses trug zu einem langsamen Rückgang traditioneller Familienstrukturen bei; in den Siebzigerjahren verlor auch in einigen ländlichen Gegenden (z. B. im Nordkosovo) das Gewohnheitsrecht an Bedeutung.

In Familien mit berufstätigen Frauen erwies sich auch die Geburtenrate als rückläufig. Im Vergleich mit der Volksrepublik Albanien blieben aber die staatlichen Bemühungen in Jugoslawien bescheiden. Auf dem Lande war das Bestreben des Staates, die Stellung der Frauen zu verändern, kaum spürbar.

Dennoch hatten auch in der albanischen Gesellschaft Entwicklungen eingesetzt, die mit dem Zerfall der zadruga in der serbischen Gesellschaft zu
vergleichen sind. Die politische Krise und die Eskalation in den späten Acht-
ziger- und den Neunzigerjahren haben die Ansätze der Frauenemanzipation
zunichte gemacht, und damit auch Nebenerscheinungen (sinkende albanische Geburtenrate), die das interethnische Verhältnis im Kosovo entspannt
hätten.

„Kosovo im Jahr 2000"

1973 erschien in einer Atmosphäre des Aufbruchs im Kosovo ein umfangreicher serbisch-albanischer Band mit dem Titel „Kosovo einst und jetzt", an dem führende kosovo-serbische und kosovo-albanische Wissenschaftler mitgewirkt hatten. Dieser Band enthält auch eine Zukunftsperspektive auf jenes Kosovo im Jahre 2000, welches die sozialistischen Planer vorauszusehen meinten. Die Bevölkerungsentwicklung genoss Priorität: 2,1 bis 2,3 Millionen Menschen würden im Kosovo leben. Die Senkung der hohen Geburtenrate wurde als wichtiges Ziel angesehen; ebenso die Verringerung der Zahl der in der Landwirtschaft beschäftigten Bevölkerung von 51 % auf 24 %. Die Urbanisierung würde 50 % erreichen, nur noch 35–40 % der Einwohner würden in Dörfern leben. Die Städte würden schöner und moderner sein, die Dörfer besser an die Außenwelt angeschlossen – durch Radio, Fernsehen und medizinische Versorgung. In der Wirtschaft würde sich Kosovo dem jugoslawischen Durchschnitt annähern, indem es seine natürlichen und menschlichen Ressourcen sinnvoll verwendete und zugleich weiterhin die Wirtschaftshilfe des Bundes genösse. Die Industrie bildete die Grundlage der Wirtschaft. Das jährliche Wachstum würde 9–10 % betragen. Die Industrialisierung und der Ausbau des Dienstleistungssektors würden zu einem erheblichen Rückgang der bäuerlichen Bevölkerung führen; die Universität und die Schulen den Grad der Bildung deutlich erhöhen. Eine eigentliche Revolution wurde im Kommunikationsbereich erwartet: Die Zahl der Kraftwagen würde um den Faktor 9 bis 10 wachsen, Kosovo 2300 km moderner Straßen besitzen, darunter 300 km Autobahn. Ermöglicht würde der Aufschwung durch eine zehnfache Steigerung der Kohleproduktion auf 32 Millionen t/Jahr und der Energieproduktion auf 16 Milliarden Kilowatt/St., von denen viel in andere Landesteile exportiert würde. Das Wasserproblem im Osten des Kosovo würde durch die Anlagen von „Ibër-Lepenc/Ibar-Lepenac" sowie Bistrica (bei Deçan) und Bistrica (bei Peja) gelöst – alle Bewohner hätten Zugang zu gutem Trinkwasser. Im Tourismusbereich würden 30.000 Betten entstehen, davon 15–16.000 in den Städten und 8–13.000 in den Wintersportorten im Šar- und dem Prokletijegebirge (an der Grenze zu Montenegro). 30.000 bis

40.000 neue Wohnungen würden errichtet, die Wohnfläche pro Person von 8 qm auf 12–13 qm erweitert. Im Bildungsbereich würden der Analphabetismus beseitigt, alle Kinder in Grundschulen erzogen, die Mittelschulen ausgebaut; pro Schüler würden im Schulzimmer nicht mehr 0,62 qm, sondern 1,5–2 qm bereitstehen. Im Gesundheitsbereich würden 180 bis 200 weitere Gesundheitsstationen geschaffen und die Zahl der Spitalbetten von 3400 auf 12.500 bis 13.500 (also 6–6,5 Betten/Einwohner) erhöht; auf einen Arzt sollten 600–700 statt 2580 Menschen entfallen. Das Kulturleben würde durch neue Kinos belebt, durch neue Kulturhäuser, zahlreiche Zeitungen, Bücher, den Ausbau des Fernsehens; jede Familie würde ein Radiogerät, jede zweite einen Fernseher besitzen. Den Abschluss der Zukunftsvision bilden Überlegungen zum Umweltschutz.

Von dieser Vision ist einiges Wirklichkeit geworden, von der Zahl der Einwohner bis zur Medienrevolution und der Zahl der Kraftwagen. Das meiste ist aber wegen der jugoslawischen Tragödie nur in verzerrter Form umgesetzt worden – Wohnungen entstanden, die Landschaft wurde zersiedelt; es gibt mehr Ärzte, das Gesundheitssystem ist aber wenig geordnet. Die Verstädterung erfolgte, aber in chaotischer Form. Energieproduktion und Tourismus schließlich entwickelten sich in umgekehrter Richtung. Dennoch muss diese Vision festgehalten werden: Denn sie zeigt, dass Kosovo zu Beginn der Siebzigerjahre andere Perspektiven offen standen als jener vermeintlich unvermeidbare Weg in den interethnischen Krieg; und sie zeigt, dass auch im Kosovo eine in ganz Europa zu beobachtende Planungseuphorie herrschte, als Untervariante der staatlichen Entwicklungspolitik Jugoslawiens.

Die Entstehung einer ethnonationalen albanischen Identität als Massenphänomen

Weshalb die Utopie von 1973 nicht verwirklicht wurde, geht aus den folgenden Abschnitten hervor. Wenn die sozioökonomische Modernisierung in vielen Bereichen über Ansätze nicht hinauskam, erwies sie sich in einem Bereich als äußerst erfolgreich: Die Bildungsrevolution, die Entstehung einer albanischen Intellektuellenschicht mit enger Anbindung an Denkmuster der VR Albanien sowie die Erfahrung der Repression zwischen 1945 und 1966 haben den Prozess der Nationalisierung der Identität der albanischen Bevölkerung zum Abschluss gebracht. Der serbische/jugoslawische Staat hat diesen Vorgang seit 1912 im Wesentlichen erst geschaffen und ihn dann durch massiven Druck und nach 1968/1974 durch erhebliche Förderung beschleunigt. Zu Beginn der Achtzigerjahre bezeichneten sich wohl noch Angehörige der älteren Generation als „Türken" im Sinne einer muslimischen Identität; die Mehrheit der albanischen Bevölkerung aber hatte die traditionelle religiöse gegen eine ethnonationale Identität eingetauscht. Nicht mehr der Islam und die osmanische Kultur, sondern die illyrische Kontinuitätsthese bestimmte das Denken der meisten Intellektuellen. Durch die Medialisierung der Gesellschaft über Radio und Fernsehen, in geringerem Maße auch Zeitungen, sowie durch die Verbreitung der neuen Identität über das neugeschaffene, seit 1974 albanisch geprägte Bildungswesen kam hier der Wandel des Selbstverständnisses einer gesellschaftlichen Großgruppe zu einem Abschluss. Dass dieser Prozess vor einer grundlegenden gesellschaftlichen und wirtschaftlichen Modernisierung an ein Ende gelangt war, schuf ein gewaltiges Spannungspotenzial in der albanischen Gesellschaft, das von außen zusätzlich genährt wurde, von der kosovo-albanischen Diaspora.

Weitere Nationalisierungsprozesse im Kosovo

Die Ethnisierung von Identitäten war im Verfassungsmodell des zweiten Jugoslawien angelegt, das eine Hierarchie von „Nationen" (narodi, mit Republikstatus) und „Nationalitäten" (narodnosti, ohne Republikstatus) geschaffen hatte. In diesem System waren kleinere ethnische und religiöse Gemeinschaften einem erheblichen gesellschaftlichen Druck ausgesetzt, sich an stärkere und größere Gruppen anzupassen. Derartige Prozesse verliefen bemerkenswerterweise in der Regel nicht nach sprachlichen, sondern nach religiösen Kriterien; hier wirkte das osmanische Erbe, d. h. die Unterteilung der Bevölkerung nach Religionen fort. Konkret bedeutete dies, dass sich innerhalb der Gemeinschaft der orthodoxen Christen Nichtserben den Serben als der stärksten Gruppen anpassten. Waren die Exarchisten schon nach 1912 verschwunden und assimiliert worden, erfolgte in der Nachkriegszeit die endgültige Serbisierung der Vlachen, die ihre eigene balkanromanische Sprache zugunsten des Serbischen aufgaben, sich zunehmend als Serben fühlten und von ihrer Umwelt auch als solche wahrgenommen wurden (etwa in Prizren). Auf muslimischer Seite orientierten sich kleinere muslimische Gruppen wie muslimische Türken und Roma immer mehr an der überwiegenden Mehrheit der Albaner innerhalb der muslimischen Gemeinschaft. Für die städtischen Türken (die oft aber türkisch-albanisch zweisprachig waren), die noch aus osmanischer Zeit ein wegen ihrer Urbanität weitaus höheres Sozialprestige genossen hatten, bedeutete dies eine Einbuße an gesellschaftlicher Bedeutung. Zwar besteht bis heute eine türkische Gemeinschaft im Kosovo (besonders in Prizren), doch hat sie ihre Funktion als Leitkultur innerhalb der muslimischen Gesellschaft verloren.

Einen besonderen Fall stellen die verschiedenen Roma- und Ashkaligruppen dar. Wie gezeigt, gehörten Roma sowohl dem Islam wie dem Christentum an. Da sie in der sozialen Hierarchie eine geringe Stellung einnahmen, hatten sie die Tendenz, sich der jeweils stärksten Gruppe – muslimische Albaner oder orthodoxe Serben – anzupassen. Als der demographische Konflikt in den Achtzigerjahren des 20. Jahrhunderts eskalierte, legten Serben wie Albaner großen Wert darauf, die Roma zu ihrer Gruppe hinzuzählen,

um damit ihr jeweiliges demographisches Gewicht zu erhöhen. Der Assi-
milierungsdruck nahm daher besonders auf diese Gruppe stark zu. Anthropologen unterscheiden dabei zwischen „ethnischer Mimikry" (also einer
äußerlichen Anpassung) und einer intensiveren Integration. Wie problematisch die Begrifflichkeit im Umgang mit diesen Gruppen ist, für die ursprünglich die Außenbezeichnung „Zigeuner" verwendet wurde, die aber
von „Roma" abgelöst wurde, zeigt die Tatsache, dass sich mehrere dieser
„Zigeuner"gemeinschaften bewusst nicht als Roma verstehen wollen. Die
erwähnten Ashkali etwa fühlen sich den Roma sozial überlegen. Dies gilt
auch für die „Ägypter", eine „Zigeuner"gruppe, die seit Beginn der Neunzigerjahre in Makedonien und im Kosovo auf sich aufmerksam machte (damals zählte sie schätzungsweise rund 10.000 Angehörige). Während Albaner
diese Gruppe als muslimische albanischsprachige Roma ansehen, haben die
jugoslawischen Behörden „Ägypter" 1991 als offizielle ethnische Kategorie
in die damals laufende Volkszählung aufgenommen (die Bezeichnung für
Roma ist in vielen Sprachen aus diesem Begriff abgeleitet; so engl. gypsy,
griech. gyftos). Publizisten konstruierten sogar eine Verbindung mit den
Kopten (christlichen Ägyptern). Verständlich werden derartige Phänomene nur, wenn man bedenkt, dass in Jugoslawien auch bei der Postenvergabe
ein ethnischer Proporz herrschte und die makedonischen wie die serbischen
Behörden derartige Identitätsneubildungen aus ethnopolitischen Motiven
heraus förderten: Die Zahl der Albaner sollte in Volkszählungen möglichst
verringert, die ethnische Vielfalt, die makedonischen bzw. serbischen Interessen entgegenkäme, nach Möglichkeit vergrößert werden (G. Duijzings).
Auf der anderen Seite übten auch muslimische Albaner erheblichen Druck
auf Roma aus, sich als Albaner zu bekennen, zumal die meisten ohnehin
albanischsprachig und muslimisch seien. Aufgrund dieser albanischen Pressionen, aber auch wegen des Erstarkens des serbischen Einflusses im Kosovo
in den späten Achtzigerjahren orientierten sich zahlreiche Roma an der serbischen Ethnie. Das Bekenntnis zum „Ägyptertum" bot ihnen eine von der
Regierung unterstützte Möglichkeit, einer albanisch-muslimischen Identität auszuweichen und gleichzeitig sozial aufzusteigen, indem sie nicht mehr
Roma, sondern Angehörige einer neuen, prestigereicheren Gruppe wurden.
Der rasche Wechsel der Machtverhältnisse am Ende des 20. Jahrhunderts
stürzte viele dieser Menschen in ein Dilemma: Bei dem Versuch, zu über-

leben, hatten sie sich der stärker erscheinenden serbischen Seite angepasst; als diese 1999 den Kosovo räumen musste, galten sie den Kosovo-Albanern als „Kollaborateure" und wurden schweren Verfolgungen ausgesetzt. Besonders kompliziert erweist sich der Fall der Ashkali, die als albanischsprachige Muslime zuerst serbischem, dann (seit dem Sommer 1999) als vermeintliche „Verräter" albanischem Druck ausgesetzt waren.

Massenauswanderung und die Entstehung einer kosovo-albanischen Diaspora

Seit den späten Sechzigerjahren kennzeichnete ein neues Phänomen die albanische Bevölkerungsmehrheit im Kosovo: die Massenauswanderung junger Männer, die besonders in Mitteleuropa Arbeit suchten. Kosovo bildet nur einen Teilaspekt der Arbeitsmigration aus Jugoslawien in den Westen; Serben, Kroaten, Bosnier und Makedonier wanderten ebenfalls in großer Zahl aus. In Kosovo trieb zum einen wirtschaftliche Not viele Männer in das Ausland, bis ca. 1970 wirkte sich aber auch der Druck der jugoslawischen Behörden als Faktor aus: Belgrad hatte in den Fünfzigerjahren die ethnopolitisch erwünschte Auswanderung von Albanern zunächst nach Osten, in die Türkei, gelenkt, jetzt hoffte die Regierung, das albanische Bevölkerungswachstum und die wirtschaftlichen Schwierigkeiten im Kosovo durch die Unterstützung albanischer Auswanderungsbewegungen nach Westeuropa auszugleichen. Auf der anderen Seite stand die Nachfrage nach billiger Arbeitskraft, besonders in Deutschland und der Schweiz, Ländern, die gezielt in Jugoslawien rekrutierten. In den späten Sechzigerjahren gelangten erste Kosovo-Albaner in die Schweiz, wo sie, angeworben vom schweizerischen Bauernverband, in der Landwirtschaft eingesetzt wurden: Aus diesen Werbemaßnahmen entstand in den Siebzigerjahren eine eigentliche Kettenwanderung von Kosovo-Albanern in die Schweiz. So bildeten sich bis in die frühen Achtzigerjahre größere Gastarbeitergruppen in Mitteleuropa. Diese wuchsen wellenartig an, als in den Achtziger- und besonders den Neunzigerjahren die serbische Repression im Kosovo anstieg. Auf legalem und illegalem Wege gelangten als Folge des Zerfalls Jugoslawiens weitere zehntausende Kosovo-Albaner nach Mitteleuropa und nach Skandinavien. Ein weiteres Auswanderungsziel bildeten seit dem Ende der Siebzigerjahre die Vereinigten Staaten. Gegen Ende des 20. Jahrhunderts lebten in der Schweiz schätzungsweise 120.000 bis 200.000 Kosovo-Albaner; deren 250.000–400.000 hatten sich in Deutschland niedergelassen. Die Wanderungsbewegung der Neunzigerjahre erfolgte nicht mehr als Arbeitsmigration – für schlecht ausgebildete Zuwanderer bestand kein Bedarf –, sondern oft über den Weg von Asylverfahren. Zahlreiche Roma, v. a. Ashkali, nützten ebenfalls diesen Weg, wobei sie sich als Albaner ausgaben. Wie bei anderen Gastarbeitern war auf Seiten der Auswanderer wie der Arbeitgeber nicht an eine dauerhafte Niederlassung gedacht; in der Schweiz sollte dies über das sogenannte Saisonnierstatut erreicht werden. Nach dessen faktischer Aufhebung (1991) war eine Arbeitsmigration in die Schweiz kaum mehr möglich. Das starke Wachstum der kosovo-albanischen Bevölkerung erklärt sich auch durch die Praxis des Familiennachzugs, der in diesem Fall bei der besonderen Struktur der albanischen Familien, vor allem in den dörflichen Herkunftsregionen der Gastarbeiter, zahlreiche Personen umfassen konnte. In der Phase steigender Spannungen (besonders in den Neunzigerjahren) entzogen sich zahlreiche junge albanische Männer dem Dienst in der jugoslawischen Armee, aber auch der desolaten Wirtschaftslage durch Asylgesuche in Mitteleuropa. Die deutschsprachigen Länder und Skandinavien hatten die Hauptlast der Flüchtlingswellen gegen Ende der Neunzigerjahre zu tragen; die westeuropäischen Länder wie Großbritannien und Frankreich, aber auch die Vereinigten Staaten nahmen hingegen wenige Flüchtlinge auf.

Wirtschaftliche und politische Bedeutung der Diaspora

Die Bedeutung der albanischen Diaspora für die Entwicklung des Kosovo kann kaum überschätzt werden. Auswanderungsbewegungen kennzeichnen die Geschichte albanischsprachiger Gesellschaften seit dem Mittelalter. So hatten sich im 14. und 15. Jahrhundert eine orthodoxe albanischsprachige Gemeinschaft in Griechenland (Arvaniten), im 15. Jahrhundert eine Gemeinschaft orthodoxer Albaner in Süditalien (Arbëreshen) gebildet, Letztere waren vor den Osmanen geflohen. Seit der zweiten Hälfte des 19. Jahrhunderts hatten viele Bewohner des heutigen Südalbanien ihre Heimat verlassen; sie hatten Ziele auf dem Balkan (Bulgarien, Rumänien), im Mittelmeerraum (Ägypten), um 1900 auch in Übersee (Vereinigte Staaten) angestrebt. In den USA entstand so jene albanische Gemeinschaft, die in den Neunzigerjahren des 20. Jahrhunderts als Lobbygruppe die amerikanische Außenpolitik mit beeinflusste. Die Albaner im Kosovo waren von diesen Bewegungen kaum berührt worden. Wie gezeigt, bildeten sie den konservativsten Teil der albanischsprachigen Gesellschaften in Südosteuropa. Die Auswanderung bedeutete für Menschen, die in der Nachkriegszeit zumeist nur eine vierjährige Volksschule durchlaufen hatten, einen eigentlichen kulturellen Schock. Da schlecht ausgebildete Männer aus der dörflichen Gesellschaft den Hauptteil der Auswanderer bildeten, entstanden vergleichbare Probleme der Integration wie etwa bei den sozial ähnlich geprägten türkischen Gastarbeitern aus Anatolien. In ihren Gastländern genossen sie ein geringes Sozialprestige; ihre Rückwirkung auf ihre Herkunftsregion war aber bedeutend. Denn kosovo-albanische Gastarbeiter überwiesen erhebliche Summen an ihre im Kosovo gebliebenen Familien; sie vermittelten neue Produkte aus dem Westen in die Welt der dörflichen Gesellschaft. Vor allem aber erwirtschafteten sie einen Wohlstand, der, so bescheiden er nach westlichen Verhältnissen auch war, ihnen eine zunehmende ökonomische Überlegenheit gegenüber jenen Bevölkerungsgruppen verlieh, die in der maroden jugoslawischen Staatswirtschaft tätig waren. Und dies waren besonders Südslawen, die wegen ihrer auch in den Siebzigerjahren noch verhältnismäßig privilegierten Stellung nur in geringer Zahl in das Ausland ausgewandert waren. Kosovo-Albaner gewannen so Zugang zu Devisen, während die südslawische Bevölkerung von staatlichen Löhnen in jugoslawischen Dinar lebte. Nach der demographischen öffnete sich nun auch eine wirtschaftliche Schere. Und wieder einmal hatte die serbische Politik das Gegenteil des Angestrebten erreicht: Die Förderung der Auswanderung und die späte Einbindung der Albaner in die staatliche Wirtschaft hatten eine wirtschaftliche Dominanz der Albaner hervorgerufen. Während die meisten Serben (bis heute) von der hoch subventionierten Staatswirtschaft abhängen, entwickelten Albaner eine ausgeprägte geschäftliche Aktivität. Die Devisen ermöglichten zahlreichen kosovo-albanischen Familien auch größere Immobilientransaktionen. Landbesitz genießt einen hohen Stellenwert in der albanischen Gesellschaft. Im dicht besiedelten Kosovo war Boden stets knapp, die Preise entsprechend teuer. Albanische Interessenten vermochten nun hohe Preise zu zahlen, was zahlreiche Serben zum Verkauf ihres Grundes veranlasste – die Bodenpreise in Kernserbien lagen deutlich unter jenen im Kosovo. Die Diaspora nützte ihre neue wirtschaftliche Macht aber auch zu nationalpolitischen Unternehmungen.

Die Gastarbeiter aus Jugoslawien (aus dem Kosovo und Westmakedonien) waren (und sind) in ihren Aufnahmeländern zumeist schlecht integriert. Sie schlossen sich daher eng zusammen. In der entstehenden Infrastruktur albanischer Vereine und Gaststätten bildete sich ein intensiver jugoslawien-albanischer Kommunikationsraum heraus. Das schlechte Straßen- und Telefonsystem in Südosteuropa hatte im gebirgigen bzw. stark gekammerten albanischen Siedlungsraum auf dem Balkan engere Verbindungen über die Elitenkreise hinaus vielfach verunmöglicht. In der Diaspora aber entstanden Beziehungen von Albanern aus verschiedenen Herkunftsregionen. Zunehmend entwickelte sich eine homogenisierte und idealisierte panalbanische Identität, die nach Jugoslawien zurückgetragen wurde. Wie bei anderen Diasporagruppen führte das Erlebnis der Fremde zur Schärfung der eigenen Identität. Und wie etwa Griechen und Makedonier in Australien und Nordamerika unterstützten auch kosovo- und makedo-albanische Emigranten nationale und nationalistische Gruppierungen. Sie waren wesentlich für die Verhärtung der interethnischen Beziehungen verantwortlich, sowohl 1981 wie auch in der zweiten Hälfte der Neunzigerjahre.

Auch in der Diaspora sind parallelgesellschaftliche Strukturen festzustellen: Vereine, Restaurants, Reisebüros und Transportbetriebe stützten ein nach außen weitgehend abgeschottetes ethnisch definiertes Milieu. Es entstanden eigene Diskotheken, in denen Musiker aus Südosteuropa auftraten. Weiter verstärkt wurde die Bindung an die Herkunftsregion in den Neunzigerjahren durch das Satellitenfernsehen, Mobiltelefone und besonders durch das Internet.

Eine völlig neue Dimension erlangte die Bedeutung der Diaspora im Jahrzehnt der serbischen Repressionspolitik S. Miloševics. Die sogenannte albanische Parallelgesellschaft wurde von der Diaspora zu erheblichen Teilen getragen. Die kosovo-albanische Exilregierung erhob in der Diaspora eine Steuer von 3 %. Institutionen der Parallelgesellschaft, von Schulen bis zu Spitälern, sowie die Unterstützung entlassener albanischer Staatsangestellter wurden von den Emigranten finanziert. In den späten Neunzigerjahren wurde der Sammelfonds „Vendlindja thërret" („Das Heimatland ruft") eingerichtet, der Geld für humanitäre Hilfe, aber offenbar auch für den Kauf von Kriegsmaterial sammelte. Umstritten ist, wie freiwillig die Zahlungen in diesen Fonds erfolgten. Offenbar tätigte die als Hilfsvereinigung aktive „Organisation Mutter Theresa" in der Phase des offenen Konflikts auch Waffenkäufe. Zur Vorbereitung des bewaffneten Konflikts kauften Diasporamitglieder in Westeuropa Waffen an; in der Schweiz erwarben sie die ab Mitte der Neunzigerjahre in

Zeughäusern zum freien Verkauf angebotenen Ausrüstungsgegenstände der Armee82 (freilich keine Waffen). Viele kosovo-albanische Freischärler trugen daher jene Tarnanzüge, in denen einst Schweizer Soldaten Dienst abgeleistet hatten. Die Schweizer Behörden reagierten in der Regel sehr spät. Diese Untätigkeit lud zu provokativem Verhalten radikaler Albaner ein, das seinen Höhepunkt im Mai 2001 erreichte, als der makedo-albanische Extremist Fazli Veliu der Zeitung „Die Weltwoche" in herausforderndem Ton gegenüber dem Gastland ein Interview gab. Dies führte zu seiner Ausweisung[31]. In späteren Veröffentlichungen brachte Veliu seinen Spott über die Hilflosigkeit der Schweizer Behörden zum Ausdruck. Es ist davon auszugehen, dass es sich bei seinem Fall nur um ein besonders sichtbares Beispiel handelte. Verbote der politischen Betätigung bzw. Einreisesperren gegen extremistische albanische Politiker wie Ali Ahmeti und Xhavit Halili (der eine ist für den Bürgerkrieg in Makedonien 2001 mitverantwortlich; der andere einer der wichtigsten Waffenaufkäufer der Untergrundarmee UÇK) erfolgten erst sehr spät. Im jüngsten Bericht „Innere Sicherheit der Schweiz" (2006) findet sich (S. 34) im Abschnitt „Gewalttätiger Extremismus und Terrorismus" ein Bild einer „Heldenehrung" uniformierter Angehöriger der extrem-nationalistischen „Befreiungsarmee von Preševo, Medvedja und Bujanovac", die am 14. Mai 2006 in einem Saal in Landquart im Kanton Graubünden stattgefunden hat. Diese Gruppe hatte zu Beginn des Jahres 2000 in Südserbien einen gefährlichen Konflikt entfesselt, den die NATO nur mit Mühe eindämmen konnte.

In der Diaspora siedelten sich so zahlreiche politisch aktive Flüchtlinge an. Die wichtigsten kosovo-albanischen Zeitungen verlegten ihren Sitz in die Schweiz, so „Zëri i Kosovës" („Stimme des Kosovo"; zunächst in Bochum herausgegeben) oder die rassistische „Bota sot" („Die Welt heute"). Seit den Neunzigerjahren konnte man in der Schweiz selbst in manchen Dorfkiosken zwischen mehreren albanischen Presseprodukten auswählen. Auch politische Organisationen verlagerten ihren Schwerpunkt in Zentren der Diaspora

---

31   Interpellation des Nationalrats Alexander J. Baumann (sowie Antwort des Bundesrats vom 29. 8. 2001) sowie Anfrage der Nationalrätin Vreni Müller-Hemmi vom 21 .6. 2001 (http://www.parlament.ch/d/cv-geschaefte?gesch_id=20015054 und http://www.parlament.ch/D/Suche/Seiten/geschaefte.aspx?gesch_id=20013255; gelesen am 22. 1. 2008).

bzw. gründeten dort wichtige Niederlassungen. Die international nicht anerkannte Regierung des Kosovo hatte seit 1991 ihr Zentrum in Bonn. Bis 1993 waren allein in Deutschland 100 Niederlassungen der kosovo-albanischen Sammelpartei LDK (Lidhja Demokratike e Kosovës/Demokratische Liga des Kosovo) gegründet worden. Daneben entstanden auch Ableger radikalerer Vereinigungen, aus denen um die Mitte der Neunzigerjahre die „Ushtria Çlirimtare e Kosovës" („Befreiungsarmee des Kosovo") hervorging. Jugoslawien exportierte gleichsam den Kosovo-Konflikt und die sozialen Folgen seiner gescheiterten Modernisierungspolitik nach Mitteleuropa. Die enge Bindung der kosovo-albanischen Gemeinschaft an ihre Herkunftsregion zeigte sich am 17. Februar 2008, als es nach der Unabhängigkeitserklärung des Kosovo in der Schweiz und in Deutschland zu Freudenkundgebungen kam. Dass derartige Kundgebungen Konflikte in das Gastland übertragen, erwies sich am 24. Februar 2008 in Wien, als es bei einer serbischen Demonstration von der Wiener Innerstadt bis in Außenbezirke zu Ausschreitungen serbischer Zuwanderer kam, die gegen Kosovo-Albaner vorgegangen waren.

Integrationsprobleme

Zur Integration der kosovo-albanischen Emigranten in Mitteleuropa liegen derzeit nur wenige Forschungsarbeiten vor; die meisten nehmen eine ethnologische Forschungsperspektive ein. Diese Ansätze einer wissenschaftlichen Beschäftigung weichen von der gesellschaftlichen Wahrnehmung der Kosovo-Albaner in jenen Ländern, in denen Diasporagruppen besonders zahlenstark sind, zum Teil erheblich ab. Besonders in der Schweiz, wo auf verhältnismäßig engem Raum eine große Diasporagemeinde entstanden ist, genießen die Zuwanderer aus dem Balkan keinen besonders positiven Ruf. Sie bildeten schon mehrfach den Gegenstand innenpolitischer Debatten. Während die Mehrzahl der Zuwanderer kaum auffielen, wird vor allem jungen männlichen Zuwanderern aus dem Kosovo, überwiegend der zweiten Generation (sogenannten „Secondos"), eine erhebliche Neigung zu Gewalt zugeschrieben. Meldungen kantonaler Polizeistellen zu einzelnen Delikten (der Schwer- und Gewaltkriminalität) vermitteln den Eindruck eines erheblichen Täteranteils von Zuwanderern aus Südosteuropa, sowohl ethnischen Albanern (aus dem Kosovo wie aus Makedonien) wie Serben. Phänomene wie das „Rasen" – Autowettrennen junger Männer auf Landstraßen, aber auch innerorts, unter bewusster Inkaufnahme von unbeteiligten Opfern – beschäftigten in den letzten Jahren die Öffentlichkeit. „*Viele Raser-Unfälle werden durch junge Männer vom Balkan verursacht*"[32]. Auch in der kontrovers diskutierten Frage des Betrugs von staatlichen Sozialwerken (Invaliden-Versicherung) werden in den Medien zwar Einzelfälle von ethnisch-albanischen wie serbischen Tätern hervorgehoben. Die Instrumentalisierung der Debatte durch die unterschiedlichen politischen Lager verhinderte aber bislang weitgehend eine sachliche Bestandsaufnahme.

Da kantonale Polizeistatistiken keine Aufschlüsselung von Tätern nach Herkunftsland bieten, sind abgesicherte Aussagen, die zu einem weniger emotionalen Umgang mit kosovo-albanischer und serbischer Gewaltkriminalität führen könnten, derzeit kaum möglich. Kosovo-albanische Medien und Interessenverbände sehen die eigene Gruppe vor allem in einer Opferrolle und sind nur in geringem Maße in der Lage, mit dem Täterverhalten von Angehörigen der eigenen ethnischen Gemeinschaft umzugehen. Zumeist wird von der aufnehmenden Gesellschaft Verständnis eingefordert, besonders mit Hinweis auf den kulturellen Hintergrund der Zuwanderer und die Identitätsprobleme der zweiten und dritten Generation. Die eingangs geschilderte dichotomische Kategorisierung der Gesellschaft in „Freund" und „Feind" und eine äußerst schwach ausgebildete zivilgesellschaftliche Diskussionskultur haben eine Tabuisierung derartiger Verhaltensmuster in der kosovo-albanischen Einwanderergemeinschaft bewirkt. Ein Bericht der „International Crisis Group" sprach mit Blick auf die Einstellung von Kosovo-Albanern gegenüber der staatlichen Justiz (auch im Kosovo) von „*einem kulturellen Habitus der Omertà oder des Schweigens bei amtlichen Ermittlungen*"[33]. Verständnis für Opfer albanischer – und auch serbischer – Gewalt wird selten in wahrnehmbarer Form geäußert.

---

32   S. den Beitrag „Was lässt die jungen Männer rasen". Neue Zürcher Zeitung 13.6. 2004.

33   Kosovo: A Strategy for Economic Development. ICG Balkans Report No. 123. 19 December 2001, 8.

Bei diesen Phänomenen handelt es sich um das Verhalten einer Minderheit, die aber das Bild sowohl der ganzen kosovo-albanischen wie auch der serbischen Zuwanderergemeinschaft besonders in der Schweiz ernsthaft beeinträchtigt. Das besonders in der kosovo-albanischen Diaspora – und auch im Kosovo selbst – vorherrschende Gefühl, keine Kritik nach außen dringen lassen zu dürfen, und das aus dem Denken komplexer Familien abgeleitete Abgrenzungsbedürfnis auch auf der Ebene der Gesamtgesellschaft bilden ein erhebliches Integrationshindernis. Die Integrationsschwierigkeiten von Kosovo-Albanern in westlichen Gesellschaften erklären sich überwiegend aus der traditionellen Ferne bzw. Feindschaft zu staatlichen Institutionen, einer Erscheinung, die auf alle südosteuropäischen Gesellschaften zutrifft, und diametral besonders dem schweizerischen Staatsverständnis als Solidargemeinschaft entgegensteht. Hinzu tritt die Tradition der Selbstjustiz in einer Gesellschaft, die traditionell von einem erheblichen Niveau von Alltagsgewalt und im 20. Jahrhundert zudem von mehreren Kriegen und Vertreibungswellen gekennzeichnet war. Ausgeprägte Männlichkeitsvorstellungen, die zur oft rasch gewaltsamen Verteidigung der eigenen „Ehre" (ein Konzept, das nach der teilweisen Auflösung traditioneller am Kanun orientierter Denkmuster an Klarheit deutlich verloren hat) verpflichten, sowie das Gefühl sozialen Scheiterns in den Gastländern treten besonders bei männlichen Jugendlichen, Serben wie Albanern, hinzu.

Organisierte Kriminalität

Noch schwierigeren Boden betritt die Analyse beim Thema der Organisierten Kriminalität. Wenn man sich mit diesem Phänomen im Rahmen einer Geschichte der kosovarischen Gesellschaft auseinandersetzt, sind mehrere Gesichtspunkte hervorzuheben. Die Organisierte Kriminalität ist als Ergebnis des Zusammenbruchs der kommunistischen Systeme in ganz Ost- und Südosteuropa entstanden, sie ist also keinesfalls ein kosovo-albanisches Phänomen. Mit Blick auf die Untersuchungsregion ist außerdem festzuhalten, dass die Organisierte Kriminalität sowohl albanische (in Albanien, Makedonien und Kosovo) wie serbische (in Serbien und Bosnien-Herzegowina) Gesellschaften gleichermaßen trifft. Das Regime S. Miloševićs arbeitete eng mit der serbischen Organisierten Kriminalität zusammen und überließ dieser zeitweise sogar Teile der Macht im Kosovo: 1992 wurde der schwerkriminelle Kriegsverbrecher „Arkan" (Željko Ražnatović) zum Abgeordneten von Prishtina gewählt; er und seine Gefolgschaft terrorisierten mit staatlicher Duldung die Zivilbevölkerung. Die Macht der Organisierten Kriminalität in Serbien zeigte sich sowohl beim Sturz S. Miloševićs, der erst nach Absprachen mit Kriminellen zustande gekommen war, sowie bei der Ermordung des serbischen Ministerpräsidenten Zoran Đinđić (2003), der diese Abmachungen nicht einhalten wollte. Als drittes Element ist bei der Analyse die Strategie der serbischen Regierung zu berücksichtigen, Kosovo-Albaner zu kriminalisieren, als Verbrecher und Drogenhändler darzustellen. Dies betraf auch kosovo-albanische Spitzenpolitiker, gegen die Serbien Interpolhaftbefehle zu erwirken suchte (so gegen den früheren Ministerpräsidenten A. Çeku). Serbische Nachrichtendienste und Polizeistellen versorgten ausländische Polizeibehörden mit Informationen über Organisierte Kriminalität in der kosovo-albanischen Gesellschaft. In jüngster Zeit verfolgen russische Stellen eine Strategie der Kriminalisierung von Albanern; dies ist als Teil der russischen Einflussnahme auf dem Balkan zu verstehen.

All dies ist zu berücksichtigen, wenn das Phänomen der Organisierten Kriminalität im Kosovo bzw. die von Kosovo aus operierenden Banden analysiert werden sollen. Dies geschieht in jenem räumlichen Rahmen, mit dem sich dieses Buch auseinandersetzt; deshalb treten Täter aus der albanischen Bevölkerungsmehrheit naturgemäß prominenter hervor als serbische Angehörige der Organisierten Kriminalität. Eine Erweiterung des Betrachtungsrahmens etwa unter Einschluss Serbiens würde eine andere ethnische Gewichtung des Phänomens ergeben.

Die kosovo-albanische Organisierte Kriminalität ist im Wesentlichen ein Ergebnis der politischen Krise und der serbischen Repressionspolitik nach 1989, hat aber auch Wurzeln in früherer Zeit, analog zu ähnlichen serbischen und kroatischen kriminellen Vereinigungen, die noch zu Titos Zeiten in Westeuropa aktiv waren. Wie in der Frage von Integrationsproblemen liegen nur wenige aussagekräftige Untersuchungen vor, die öffentlich zugänglich sind. Doch lassen Studien besonders von Europol den Schluss zu, dass die Organisierte Kriminalität ein sehr ernsthaftes Problem im Kosovo und besonders in den Gaststaaten der Diaspora darstellt. Die Strukturen der komplexen Familien mit ihrer Forderung nach unbedingter Loyalität nach innen und starker Abgrenzung nach außen können kriminelle Aktivitäten begünstigen, da die Polizeiarbeit durch diese Form der Solidarität erheblich erschwert wird.

Kosovo-albanische Banden – in der Regel Angehörige einer Abstammungsgemeinschaft oder einer Herkunftsregion, häufig aber auch Männer, die sich erst in der Diaspora kennengelernt haben und nicht miteinander verwandt sind – übernahmen in den Neunzigerjahren einen bedeutenden Teil des Drogenhandels in Mitteleuropa, wobei sie durch ihre auch im Milieuvergleich erhebliche Gewalttätigkeit bei der Verdrängung der Konkurrenz auffielen. Polizeistellen beobachteten in ganz Europa aktive ethnisch-albanische Verbrecherringe, d. h. dass besonders Albaner aus Kosovo und Westmakedonien zusammenarbeiten. Vom Drogenhandel ausgehend, dehnten diese Gruppen ihre Geschäfte auf Waffenschmuggel und Menschenhandel aus. Ein Lagebericht von Europol (Dezember 2004) zeigt, dass albanische Angehörige der Organisierten Kriminalität auch zunehmend als Mittelsmänner der türkischen Mafia dienen, was beinahe an die Hierarchie im osmanischen Reich erinnert. In Teilen Europas, so der Bericht, haben ethnische Albaner die *„vollständige Kontrolle über bestimmte Kriminalitätsbereiche wie Drogenhandel, illegale Einwanderung und Menschenhandel"* erlangt. *„Ethnisch-albanische OK-Gruppierungen sind hierarchisch gegliedert, diszipliniert und beruhen auf ausschließlicher Gruppenzugehörigkeit".* Der Bericht hält fest: *„Albanische organisierte Kriminalität gilt als zunehmende Bedrohung der Mitgliedstaaten* [der Europäischen Union]"[34]. Im Kosovo wurden nach 1999 Falschgeldwerkstätten eingerichtet. Kosovo-albanische Kriminelle fungierten 2004 auch als Koordinatoren des Drogenhandels in Ungarn, erschlossen sich für den Schmuggel eine Route über ein neues EU-Mitglied, unter Umgehung des serbischen Territoriums. Im Bericht zur „Inneren Sicherheit der Schweiz" für das Jahr 2006 wird auf die Bedeutung ethnischer Albaner in den Bereichen Heroinhandel und Prostitution hingewiesen.

Die schlimmste Form der Organisierten Kriminalität ist wohl der Frauenhandel, d. h. der moderne Sklavenhandel in Europa. Ein Bericht von Europol

---

34 Europol. Lagebericht der EU über die Organisierte Kriminalität. Offene Fassung. Dezember 2004, 9.

aus dem Jahre 2006 (mit Daten aus dem Jahr 2005) schätzt die Zahl der auf dem Balkan in „sexueller Sklaverei" (so der Text) gehaltenen Frauen und Kinder auf jährlich rund 120.000. Im Kosovo waren im Jahre 2004 50 % der Opfer einheimische albanische Frauen, die von Kriminellen mit dem Scheinangebot einer Ehe in die Prostitution gezwungen wurden (sog. „loverboy"-Methode). 17 % der Opfer waren 2005 minderjährig. Nach 2004 ist die Zahl ukrainischer und moldauischer Opfer stark angestiegen. Prishtina wurde nach dem Abzug der serbischen Truppen zu einer „Sammelstelle" (so der Bericht) des Frauenhandels. Der Anstieg der Prostitution (auch in Bosnien-Herzegowina) wurde durch die zahlreichen Vertreter der Vereinten Nationen und anderer internationaler Regierungs- und Nichtregierungsorganisationen hervorgerufen. Die im Balkan zu hörende Meinung, die Profiteure dieses Phänomens seien ausschließlich Ausländer, während die regionale männliche Bevölkerung sich „ehrenhaft" verhalte, trifft jedoch nicht zu. Mittlerweile bilden Einheimische Polizeiberichten zufolge die mit Abstand größte Kundengruppe. Kosovo und das mehrheitlich albanische Westmakedonien gehören im europäischen Vergleich zu Zentren des Frauenhandels. Europol geht davon aus, dass dies mit der geringen Achtung zu erklären ist, die die patriarchalische albanische Gesellschaft Frauen entgegenbringt[35].

Organisierte Kriminalität bestand auch bei Kosovo-Serben, die jedoch einen Teil überwiegend innerserbischer krimineller Strukturen bildeten.

Die Bekämpfung der Organisierten Kriminalität erweist sich als äußerst schwierig. Im Falle ethnischer Albaner sind Elemente des Gewohnheitsrechts besonders zu berücksichtigen, vor allem Verschwiegenheit und Zuverlässigkeit (im Sinne der „besa"); wer „treulos" (pa-besë) handelt, verwirkt möglicherweise sein Leben. Jedoch berufen sich nicht alle albanischen Kriminellen auf das Gewohnheitsrecht oder agieren in dessen Sinne. Die Organisierte Kri-

---

35   Alle Angaben beziehen sich auf: Europol. Trafficking of Women and Children for Sexual Exploitation in the EU: the Involvement of Western Balkans Organised Crime 2006. Public version; zum letzten Punkt S. 26: „However, awareness campaigns within the international community have led to a significant drop in the demand. But as the result of the thriving sex industry in the early years, the demand has continued, mainly fuelled by local men". Zur Gewalt S. 29; zum Frauenbild ebda. „Clearly there is a link between this current practices of Albanian traffickers". Zur Unverwundbarkeit der OK S. 35.

minalität ist aber stets in einem weiteren regionalen Rahmen zu betrachten: In allen Konflikten, die den Zerfall Jugoslawiens begleiteten, haben Kriminelle erhebliche Gewinne erwirtschaftet. Viele haben durch Waffenschmuggel und aktive Teilnahme an Kämpfen bei ihrer jeweiligen Bevölkerung Ansehen erworben. Die Grenze zwischen Kriminalität und Heldentum verschwimmt so je nach Perspektive. Außerdem haben Kriminelle in weiten Teilen des früheren Jugoslawien und in Albanien staatliche Institutionen und besonders die Politik unterwandert. Die allgegenwärtige Korruption erleichtert dies ungemein. Lange Zeit galt Montenegro, Zentrum des Zigarettenschmuggels unter Beteiligung führender Politiker, hierfür als besonders gutes Beispiel. *„Die OK-Gruppen, die auf dem westlichen Balkan vorherrschen, sind fast unverwundbar geworden"*, konstatiert der Europolbericht mit Blick auf die Verwicklung vieler regionaler Eliteangehöriger in kriminelle Aktivitäten. Tatsächlich fehlt derzeit regionalen Politikern nicht nur im Kosovo der Wille zur Bekämpfung der Organisierten Kriminalität.

Es wäre irrig zu meinen, dass die Organisierte Kriminalität nur innerhalb ethnischer Gruppen operierte. In der Kosovokrise gegen Ende der Neunzigerjahre arbeiteten montenegrinische und albanische Drogenhändler im Grenzraum zwischen Kosovo und Nordalbanien zusammen. Der umfangreiche Schmuggel von Erdöl in das von Sanktionen der Vereinten Nationen blockierte Serbien verlief auch über Nordalbanien – Albaner halfen also indirekt, die Panzer der serbischen Armee zu versorgen, die im Kosovo gegen andere Albaner eingesetzt wurden. An der albanisch-montenegrinischen Grenze zeugen zahlreiche schmucke Häuser von dem plötzlichen Wohlstand, den die Umgehung der Sanktionen in einer der ärmsten Gegenden Albaniens hervorgerufen hatte.

In der albanischen Gesellschaft stellt die Verwicklung von Albanern in die Organisierte Kriminalität ein Tabu dar. Der Vorwurf wird meist mit dem – teilweise berechtigten – Hinweis auf serbische Regierungspropaganda zurückgewiesen. Dass im (und auch außerhalb) des Balkans albanische und serbische Banden gut zusammenarbeiten, gehört zu den bemerkenswerten Erscheinungen der Organisierten Kriminalität. Die Aussicht auf materiellen Gewinn hilft offenbar, ethnische Schranken zu überwinden.

Ohne eine offene Diskussion über kriminelle Verflechtungen – die auch im Falle Bulgariens und Rumäniens von der EU nicht mit dem nötigen Nachdruck geführt worden war – sind aber die Gesellschaften des früheren Jugoslawien nicht in die Europäische Union integrierbar.

POLITISCHE GESCHICHTE
Von Titos Tod bis zur Gleichschaltung[36] des Kosovo durch Slobodan Milošević

Der albanische Aufstand von 1981

Am 4. Mai 1980 starb der jugoslawische Staatschef Josip Broz Tito, dessen Politik besonders seit den späten Sechzigerjahren die Kosovo-Albaner die Modernisierung ihrer Gesellschaft und Wirtschaft zu verdanken hatten. Ohne Titos Föderalisierungs- und Entwicklungshilfestrategie für den armen Süden Jugoslawiens hätte es den kosovarischen Sprung in die Moderne nicht gegeben. Nach einem knappen Jahrzehnt des sozioökonomischen Aufbaus hätte man annehmen können, dass auch die Zufriedenheit der albanischen Bevölkerung im Kosovo gewachsen wäre und sich damit ihre Integration in den jugoslawischen Staat verbessert hätte. Da brachen am 11. März 1981 an der Universität Prishtina Unruhen aus; der Anlass soll die mangelhafte Qualität des Mensaessens und der Studentenheime gewesen sein. Die 2000 protestierenden Studenten wurden von der Polizei zurückgedrängt. Die Kundgebungen weiteten sich aber in den folgenden Tagen aus, was auf das erhebliche auch außerhalb der Universität vorhandene Protestpotenzial verweist. Mehrere zehntausend Kosovo-Albaner demonstrierten teils gewalttätig, forderten den Republikstatus für Kosovo und brachten Hochrufe auf den albanischen Diktator Enver Hoxha aus. Die Unruhen griffen auf Makedonien über, wo in Tetovo ebenfalls Albaner mit nationalen Parolen auf die Straße gingen. Die Regierung in Belgrad entschloss sich, im Gegensatz zu 1968 die Unruhen mit einem massiven Einsatz der Armee und der Polizei niederzuschlagen. Rund 30.000 Soldaten wurden in den Kosovo verlegt, die von der Schusswaffe Gebrauch machten. Schätzungen zufolge sollen mehrere hundert Albaner

---

36   Dieser aus der Geschichte der nationalsozialistischen Machtergreifung in Deutschland stammende Begriff wird in diesem Zusammenhang bewusst verwendet.

getötet worden sein. Jugoslawien und besonders die kommunistische Partei blickten mit Entsetzen auf die Rebellion, die alle Vorurteile gegenüber dem albanischen Separatismus zu bestätigen schienen.

Die genauen Umstände der schweren Unruhen sind auch heute noch von einem Gespinst aus Propaganda und Gegenpropaganda überdeckt. Doch lässt sich aufgrund der vorliegenden Erkenntnisse folgendes Bild entwerfen: Die tiefere Ursache der Unruhen lag in der geschilderten überstürzten und unvollendeten Modernisierung, deren Erfolge von der hohen Geburtenrate der Albaner aufgehoben wurden. Wie gezeigt, setzten die Alphabetisierung der albanischen Bevölkerung und die Bildungsrevolution just zu dem Zeitpunkt ein (frühe Siebzigerjahre), als Jugoslawien auch zuließ, dass Wissenschaftler aus der Volksrepublik Albanien den Kosovo-Albanern Entwicklungshilfe leisteten. Mit ihnen gelangte freilich auch national-stalinistisches Gedankengut im Kosovo zur Verbreitung. Viele albanische Professoren der Universität Prishtina lehrten radikal-nationalistische Thesen, die von der rasant wachsenden albanischen Studentenschaft aufgenommen wurden. Dass Studenten 1968, 1981, 1997 und auch unter der Verwaltung der Vereinten Nationen (1999–2008) ein erhebliches Unruhepotenzial bildeten, erklärt sich aus der Verbindung von mäßiger Ausbildung und beruflicher Perspektivlosigkeit. Hinzu trat das deutlich gestiegene albanische Selbstbewusstsein im Kosovo, das auf die Aufwertung der Autonomen Provinz zur Republik drängte. Dieses Ziel verfolgten, wie erwähnt, auch gemäßigte kosovo-albanische Parteikader, doch versuchten sie, es auf dem Wege einer legalen Verfassungsänderung zu erreichen. Ein Teil der Bevölkerung unterstützte diesen gemäßigten Kurs nicht. Vielmehr stand er unter dem Einfluss der Diaspora, aus der radikal-nationalistische Propaganda in den Kosovo gelangte. Die Diaspora trägt somit eine erhebliche Mitverantwortung für die Eskalation der Lage im Jahre 1981. Als zweite destabilisierend wirkende Gruppe sind links-extremistische kosovo-albanische Zellen zu nennen, die mit dem Albanien Enver Hoxhas (dessen wirkliche – desolate – Lage sie kaum kannten) sympathisierten. Diese Gruppen operierten streng konspirativ. Schließlich sprechen Hinweise auch dafür, dass der Geheimdienst Enver Hoxhas in die Anzettelung der Unruhen verwickelt war. Enver Hoxhas Stellvertreter hatte vor 1981 Beziehungen zu einigen Kosovo-Albanern gepflegt; und der Diktator selbst hatte im April 1980 Generalstabschef Veli Llakaj beauftragt, einen Angriffsplan gegen Jugoslawien

(Operation „Shpërthimi"/„Ausbruch") vorzubereiten[37]. Die Kosovo-Albaner mussten einen enormen Preis dafür zahlen, dass sie sich von diesen Elementen zu einem Aufstand hinreißen ließen. Sie gaben ihre deutlich verbesserte Stellung in Jugoslawien auf, boten Anlass, sie des Separatismus zu verdächtigen, und machten damit alle Aussichten auf eine verfassungskonforme Änderung des Status des Kosovo zunichte. Die Unruhen von 1981 vergifteten nachhaltig das interethnische Klima. Viele Kosovo-Albaner hatten sich nicht bereit gezeigt, Titos Angebot der Versöhnung – denn das war die Verfassung von 1974 und der mit Bundesmitteln ermöglichte Modernisierungsschub – anzunehmen; sie gaben sich nicht mit der Autonomie zufrieden, die einem faktischen Republikstatus und der Lösung von Serbien gleichkam. Die Unruhen von 1981 bilden den Beginn einer mehr als ein Vierteljahrhundert dauernden politischen und soziökonomischen Krise des Kosovo. Die Anstifter und Unterstützer der Unruhen sind damit für die Zuspitzung der Lage in den Achtzigerjahren mitverantwortlich. Sie wollten eine albanische Dominanz im Kosovo durchsetzen.

Die Krise konnte eskalieren, weil diese zentrifugalen Strömungen in der kosovo-albanischen Gesellschaft mit einer Wiederkehr zentralistischer Politik in Serbien zusammenfielen. Die Krise des jugoslawischen Gesamtstaates nach Titos Tod hatte im Kosovo ihren Ausgang genommen. Die Kosovo-Frage wurde dann zwar nicht zur Ursache, aber doch immerhin zu einem wichtigen Anlass für den Zusammenbruch des zweiten Jugoslawien. Die Entwicklung im Kosovo wurde zum Sinnbild des allmählichen Zerfalls von Titos sozialistischem Experiment.

---

37   S. ein Interview mit V. Llakaj: http://floart-press.blogspot.com/2007/09/dossier-ekskluzive-veli-llakaj-ish.html (gelesen am 27.2.2008); freundlicher Hinweis von E. Ceka, Wien.

Serben im Kosovo und das serbische Kosovobild

Die Stellung der Serben im Kosovo nach 1974 wird – in ihrem Selbstverständnis – am besten in der Bevölkerungsentwicklung fassbar: von 1948 bis 1981 war der albanische Bevölkerungsanteil von 68,5 % auf 77,4 % angestiegen, derjenige der Serben und Montenegriner von 27,5 % auf 14,9 % gesunken. Einen Einschnitt bilden die Siebzigerjahre (Volkszählungen von 1971 und 1981): denn nun ging der südslawische Anteil nicht nur prozentuell, sondern auch in absoluten Zahlen zurück. Nicht nur, dass die albanische Geburtenrate höher lag, die serbische Bevölkerung schrumpfte. Über die Ursachen des demographischen Einbruchs um beinahe die Hälfe innerhalb von nur zwanzig Jahren (1961–1981) wurde in der serbischen Gesellschaft in Kosovo und in Kernserbien zunehmend kontrovers diskutiert. Zwischen 1971 und 1981 hatten rund 100.000 Südslawen den Kosovo verlassen, was jedoch nicht mit einer Nettoabwanderung gleichzusetzen ist.

Sozialgeschichtliche Forschungen legen ein differenziertes Bild nahe: Zum einen erfolgte wie in der frühen Neuzeit keine Wanderungsbewegung nur in eine Richtung – also von Kosovo nach Kernserbien. Auch in dieser Zeit lässt sich eine Zuwanderung von Serben in das Kosovo feststellen; diese war freilich zahlenmäßig bescheidener als die Emigration aus dem Kosovo, mit der Konsequenz eines negativen Wanderungssaldos (zwischen 1982 und 1986 etwa wanderten 20.416 Südslawen aus und 2174 zu). Die Gründe der zunehmenden Emigration waren vielfältig: Die schwierige wirtschaftliche Lage im Kosovo, fehlende berufliche Perspektiven, die erwähnten lukrativen Kaufangebote von Albanern auf dem Immobilienmarkt. Doch darf man auch kulturelle und psychologische Motive vermuten – diese wurden von der serbischen Seite einseitig betont, ja zu einem „Genozid"versuch der albanischen gegenüber der südslawischen Bevölkerung erhoben.

Nach serbischen regierungsamtlichen Angaben waren im Jahre 1983 58 Eingaben von Serben wegen Verwüstung von Feldern und Misshandlungen durch Albaner, die von regionalen Behörden nicht sanktioniert worden waren, an die Zentralbehörden in Belgrad gerichtet worden; im ersten Halbjahr 1984 war es zu 200 Anzeigen von Serben wegen *offener Pressionen zur*

Abwanderung" gekommen, 51 Anzeigen gingen ein wegen Drohungen und Beleidigungen, 22 wegen Grab- und Gedenkstättenschändung durch Albaner. Serbische Medien schenkten diesen Fällen seit Beginn der Achtzigerjahre verstärkte Aufmerksamkeit. Auslöser waren die schweren Unruhen des Jahres 1981, die die Abwanderung verstärkt hatten. *„Ein Teil der Bürger wandert aufgrund einer Psychose und der Erkenntnis ab, dass die Abwanderung ein schon lange dauernder Prozess ist, und so sagen sich die Leute, jetzt ist die Reihe auch an mir, warum soll ich der letzte sein?"*[38] , schrieb die Belgrader Zeitung „Borba" in der Ausgabe vom 29.-30.9.1984. Zwei Jahre später schilderte eine Kosovo-Serbin gegenüber der Zeitschrift „Nin" ihre Eindrücke: *„Du bringst dein Kind zur Schule, und es kommt wieder und sagt, der Lehrer habe Kosovo in der vergangenen Nacht für immer verlassen. Du gehst zum Arzt, und dessen Putzfrau sagt dir, der Doktor sei gestern nach Serbien ausgesiedelt. Weißt du, was das heißt, wenn alles um dich herum zusammenbricht?"*[39].

Die Unruhen von 1981 hatten zahlreiche Südslawen besonders in den Städten zu teils panikartiger Flucht nach Kernserbien veranlasst. Nach der Niederschlagung der Demonstrationen verlief die Abwanderung planmäßiger: Die Familie wurde nach Kernserbien geschickt, während der Familienvater Grund und Boden bzw. die Wohnung verkaufte und nur solange im Kosovo blieb, bis er in Kernserbien eine neue Arbeitsstelle gefunden hatte. Die Abwanderung erfasste auch Parteimitglieder, was im November 1983 den „Bund der Kommunisten Jugoslawiens" veranlasste, diesen die Emigration ausdrücklich zu verbieten. Unter diesen Bedingungen schritt die ethnische Homogenisierung des Kosovo in den Siebziger- und Achtzigerjahren voran, wenngleich es sie auf Dorfebene schon zuvor gegeben hatte. 1985 lebte in 666 von 1435 Gemeinden kein Serbe mehr, in 150 Gemeinden wohnten höchstens 3 % Serben. Die Provinzhauptstadt Prishtina zählte noch rund 33 % serbischen Bevölkerungsanteil. Doch auch auf serbischer Seite verstärkten sich die Homogenisierungstendenzen: 197 Dörfer besaßen keinen einzigen albanischen Einwohner. Es kam also zu einer ethnischen Entflechtung des Siedlungsraums, zu einer ausgeprägten Territorialisierung der beiden wichtigsten ethnischen Gruppen

---

38   J. Reuter, Politik und Wirtschaft im Kosovo. *Südosteuropa* 34 (1985) 10–23, 17.

39   Nin 2.11. 1986, zitiert in J. Reuter, Unruheherd Kosovo. Resultat einer gescheiterten Politik. *Südosteuropa* 35 (1986) 631–644, 637.

über die Ebene einzelner Dörfer und Kleinregionen hinaus. Dies war eine neue Erscheinung, denn Kosovo war seit dem Mittelalter durch eine ethnische Durchmischung – in epochal wechselnden Konstellationen – gekennzeichnet gewesen.

Während Vertreter der albanischen Seite die serbische Abwanderung mit überwiegend wirtschaftlichen Gründen erklären[40], sprechen serbische Analysten von einem erzwungenen Exodus. Beide Elemente spielten eine Rolle. Neben die genannten sozioökonomischen Faktoren traten auch albanische Pressionen gegen Serben. Entsprechende serbische Angaben müssen mit Vorsicht aufgenommen werden: So sind Vorwürfe von massenhaften Vergewaltigungen von Serbinnen durch keine regierungsamtliche Statistik gedeckt (1981–1986 waren im Kosovo 139, in Kernserbien 1371 Vergewaltigungsfälle aktenkundig geworden); im Gegenteil, in der konservativen kosovarischen Gesellschaft waren derartige Fälle um die Hälfte seltener als etwa in Kernserbien. Auch ist äußerste Vorsicht bei Anschuldigungen wie dem „Fall Martinović" (1985) geboten, für die sich die Charakterisierung als Massenpsychose anbietet: Die angebliche Pfählung eines Serben durch Albaner mit einer Flasche. Die Furcht vor Pfählung durch Muslime ist ein tief sitzendes psychologisches Element in der serbischen Gesellschaft (in literarischer Form zum Ausdruck gebracht in Ivo Andrićs weitverbreitetem Roman „Die Brücke über die Drina"). Tatsächlich hatten osmanische Behörden in der frühen Neuzeit diese Strafe gegen Christen angewandt, auch im Kosovo[41]. 1985 schürten serbische Nationalisten diese Urängste, ohne dafür klare Beweise zu besitzen. Während derartige Fälle einer zunehmenden nationalistischen Propaganda zuzuschreiben sind, kann andererseits nicht davon ausgegangen werden, dass alle Berichte über albanischen Druck unzutreffend sind. Konflikte um Land und Vieh kennzeichnen dörfliche Gesellschaften, und es ist nicht immer möglich, wirtschaftliche von ethnischen Motiven zu unterscheiden. Und zweifellos war die ländliche Gesellschaft im Kosovo von der Ethnisierung nicht unberührt

---

40   Eine Ausnahme bildet der Aufsatz von E. Hoxhaj, Das Memorandum der Serbischen Akademie und die Funktion politischer Mythologie im kosovarischen Konflikt. *Südosteuropa* 51/10-12 (2002) 494–526, besonders 517.

41   Der albanische Bischof Peter Bogdani beschrieb diese Willkürpraxis: Marquet, Pjetër Bogdani, 503ff.

geblieben. Übergriffe gegen serbische Bauern und deren Besitz nahmen seit den Siebzigerjahren zu und zählten neben wirtschaftlichen Gründen zu den Ursachen der Abwanderung. Grabschändungen und ungeklärte Brände in Fabriken kamen hinzu. Viele Serben empfanden schließlich auch Unbehagen angesichts der politischen Dominanz der Albaner im Kosovo und fühlten sich von der Regierung in Belgrad im Stich gelassen.

Das starke albanische Bevölkerungswachstum verunsicherte sie zusätzlich. Zahlreiche Serben warfen den Albanern vor, ihre hohe Geburtenrate bewusst zur Veränderung der demographischen Strukturen einzusetzen. Dies wurde von der albanischen Seite (und den meisten außenstehenden) Beobachtern zwar bestritten, doch ist auch hier zu differenzieren: Denn in der kosovo-albanischen Gesellschaft sind Stimmen nationalistischer Eliteangehöriger zu vernehmen, die auf ein ausgeprägtes Bewusstsein um die politische Bedeu-tung der Natalität hindeuten. Rückschlüsse auf tatsächliche Bevölkerungs-bewegungen lassen sich daraus jedoch nicht ableiten. Unbestritten ist, dass die derzeitige Lage im Kosovo ohne das außerordentlich starke albanische Bevölkerungswachstum, das alle serbischen/jugoslawischen Versuche der Be-völkerungspolitik einerseits, der Modernisierungsstrategie andererseits ihrer Wirkung beraubte, nicht zustande gekommen wäre.

Eine entscheidende Rolle bei der Schaffung des serbischen Bedrohungsge-fühls spielten die serbischen Medien, die jeden Gewaltakt gegen einen Serben als ethnisch motiviert ansahen. Diese Ängste, verbunden mit der Wirtschafts-krise des Kosovo, boten jenen Nationalisten den Nährboden, die Kosovo zum Vehikel ihres politischen Aufstiegs nützen wollten.

Nachdem bis zu Titos Tod (1980) über derartige Fragen nicht offen dis-kutiert worden war, änderte sich dies nach den Unruhen von 1981: Albaner gerieten in den Verdacht des Hochverrats und des Separatismus. Serbische nationalistische Denker, die lange eine Randerscheinung dargestellt hatten, meldeten sich im orientierungslosen post-titoistischen Serbien dominant zu Wort. Die Vorurteile gegen Albaner waren in weiten Teilen der serbischen Eli-ten und der serbischen Bevölkerung nicht verschwunden, sondern nur unter-drückt worden. Schriftsteller, Wissenschaftler und die intellektuelle Leitin-stitution der serbischen Gesellschaft, die Akademie der Wissenschaften in Belgrad, machten sich zum Fürsprecher der Kosovoserben. Eine weitere lange marginale Einrichtung sah hier ebenfalls die Möglichkeit, wieder in den Mittelpunkt des politischen Lebens zu rücken: die Serbische Orthodoxe Kirche. Nationalistische Intellektuelle und der Klerus, der sich seit jeher als Hüter nationaler Werte verstanden hatte, schlossen sich zusammen – ihr gemeinsamer Sieg über das laizistisch-kommunistische Spektrum in Jugoslawien sollte verheerende Folgen für das ganze Land zeitigen. Ein Schlüsseldokument des serbischen politischen Denkens ist das „Memorandum einer Gruppe von Akademiemitgliedern der Serbischen Akademie der Wissenschaften und Künste über aktuelle gesellschaftliche Fragen in unserem Land", das im September 1986 in Auszügen verbreitet wurde. Die Bedeutung dieser Denkschrift für die serbische Gesellschaft ist kaum zu überschätzen; sie trug wesentlich zur Erneuerung der Repressionen gegenüber den Albanern bei. Die Denkschrift markiert die Abkehr der serbischen Elite von Titos Kurs in der Kosovopolitik. Das Dokument wurde mit gutem Grund als „politische Mythologie" interpretiert: *„Es werden dort Wahrheiten, Halbwahrheiten, Unwahres, Fakten und Behauptungen gezielt selektiert und interpretiert; was empirisch gesehen als wahrscheinlich, unwahrscheinlich oder als zu vermuten betrachtet werden konnte, wollten die Akademiker [Akademiemitglieder] schlicht nicht unterscheiden"*[42]. Alte Feindbilder, die einst von V. Čubrilović und I. Andrić geschaffen worden waren, wurden nun auch von anderen Intellektuellen wiederbelebt. Dimitrije Bogdanović bezeichnete die Bevölkerungsentwicklung im Kosovo sogar als *„biologischen Genozid"* an den Serben. Dobrica Ćosić, lange Zeit eine marginale Erscheinung, wiederholte und radikalisierte seine Thesen in einer Petition, die er mit 216 anderen Intellektuellen verfasste: Wieder wurde von „Genozid" gesprochen (1986). Die Sprache des „Memorandums" wurde in ihrer Wirkung mit der Propagandasprache des „Dritten Reichs" verglichen, wie sie V. Klemperer in seiner „Lingua tertii imperii" analysiert. Serbien wurde als Opfer dargestellt, das sich für die Interessen anderer Republiken einsetze, von diesen aber ausgenützt und diskriminiert werde; dabei stelle Kosovo ein besonders schlimmes Beispiel dar, denn dort werde am serbischen Volk *„ein physischer, politischer, rechtlicher und kultureller Genozid"* durch *„Brand, Mord, Vergewaltigung und Vandalismus"*, durch eine *„physische, moralische und psychologische Terrorherrschaft"* verübt[43]. Die Schlacht von 1389 und die „Große

---

42   Hoxhaj, 497.
43   Zitate bei Hoxhaj, 507.

Wanderung" von 1690 wurden beschworen, um zu zeigen, dass das serbische Volk verfolgt und wieder zur Flucht, einer neuen „Velika seoba", gezwungen werde. Aus den Überlegungen des „Memorandums" heraus forderten serbische Eliteangehörige, dass die Autonomie des Kosovo – und der Vojvodina – aufzuheben und beide Provinzen unmittelbar der Regierung in Belgrad zu unterstellen seien.

Der im „Memorandum" zum Ausdruck kommende serbisch-nationalistische Geist im zweiten Jugoslawien war über einen langen Zeitraum entstanden. Seine Wurzeln lagen – wie oben gezeigt – insbesondere in der nationalistischen Bewegung des 19. Jahrhunderts und ihrer Historiographie; deren bestimmender Mythos war die Wahrnehmung Serbiens als ewiges Opfer feindlicher auswärtiger Mächte, seien es Osmanen, Habsburger oder – in jüngerer Zeit – die Nachbarländer. Nach 1945 wurde das Gefühl der Bedrohtheit zunehmend auf die nichtserbischen Völker innerhalb Jugoslawiens und schließlich auf die jugoslawische Führung selbst übertragen. Es wurde geklagt, dass Titos jugoslawische Politik Serbien bewusst benachteilige. Die Verfassung von 1974, die Kosovo von Serbien faktisch gelöst hatte, galt in dieser Sichtweise als Höhepunkt einer gegen die Serben gerichteten Strategie der jugoslawischen Führung. Nach Titos Tod konnte nun, zuerst verhalten, dann immer offener Kritik an der Föderalisierung Jugoslawiens und damit an Titos Politik geübt werden. Mitglieder der Serbischen Akademie hatten bereits 1976 in einem geheim gehaltenen „Blaubuch" eine Re-Zentralisierung und damit die Wiedereingliederung von Kosovo und der Vojvodina in die serbische Teilrepublik verlangt. Im Zuge der tiefen politischen und wirtschaftlichen Krise Jugoslawiens in den Achtzigerjahren versuchten Parteikader in vielen Teilrepubliken, ihre Macht durch die Verteidigung der Interessen ihrer jeweiligen Region zu sichern. Die Instrumentalisierung nationaler Fragen, die unter Tito totgeschwiegen, aber nicht gelöst worden waren, rückte so allmählich in den Mittelpunkt der politischen Debatten. Anzeichen eines Stimmungswechsels häuften sich: die Beerdigung Aleksandar Rankovićs (1983) wurde zu einer nationalistischen Demonstration. Der Nationalismus hatte demnach bereits vor der Epoche Slobodan Miloševićs ein beträchtliches Ausmaß erreicht.

In Serbien förderte der kommunistische Parteichef (1984–1987) und spätere serbische Präsident (1987–1988) Ivan Stambolić derartige Strömungen: Er arbeitete auf die Aufhebung der Autonomie der beiden Provinzen hin und deckte die zunehmende anti-albanische Berichterstattung in den Medien. Stambolić wollte die Verfassungsfrage aber auf legalem Wege lösen. Er stützte sich auf seinen politischen Ziehsohn, Slobodan Milošević, der bis dahin vor allem im Wirtschaftsbereich als Parteikader Karriere gemacht hatte. Der steile Aufstieg Miloševićs, der von 1987 an bis zu seinem Sturz im Jahre 2000 die serbische Politik beherrschte und zeitweise von breiten Bevölkerungsschichten als „Retter" verehrt wurde, steht in engem Zusammenhang mit seiner Haltung in der Kosovofrage. Milošević erkannte die Möglichkeit, aus der Unzufriedenheit der Kosovo-Serben politischen Gewinn zu ziehen und durch die politische Ausnützung dieses Problems die Macht in ganz Jugoslawien zu erlangen. Kosovo war in Jugoslawien keine regionale oder rein serbische Frage, vielmehr beschleunigte der Konflikt um die Provinz den Zerfall des jugoslawischen Bundesstaates und wurde zugleich zum Symbol der konkurrierenden zentralistischen (Serbien) und föderalistischen (Slowenien, Kroatien) Kräfte im Staat. Um die Macht in Jugoslawien zu erlangen, benötigte Milošević eine Stimmenmehrheit in den von allen Teilrepubliken und den beiden autonomen Provinzen beschickten Zentralbehörden. Er zielte daher zunächst auf die Gleichschaltung der Regionen im unmittelbaren Umfeld Serbiens: die Vojvodina, den Kosovo und Montenegro. Als Mittel bediente er sich des gesteuerten „Volkszorns" in Gestalt von Massenkundgebungen, der Ausschaltung der innerserbischen Opposition im Bund der Kommunisten Jugoslawiens und der Gleichschaltung der serbischen Medien. In diesem Umfeld erlangten die Kosovo-Serben in der serbischen Gesellschaft einen Einfluss, der zu ihrer Zahl kaum in einem Verhältnis stand. Sie trugen wesentlich zur Radikalisierung der politischen Lage in ganz Serbien und damit auch im ganzen jugoslawischen Staat bei.

Miloševićs Laufbahn als nationaler Führer der Serben begann am 24.–25. April 1987: im Auftrage Stambolićs besuchte er den Kosovo und nahm an einer Parteiveranstaltung in der Ortschaft Kosovo polje/Fushë Kosovë teil. Der ganze Auftritt war genau geplant. Seine Anhänger hatten eine Demonstration von Kosovo-Serben vorbereitet, die gewaltsam gegen die (mehrheitlich albanische) Provinzpolizei vorging. Als diese einschritt, verließ Milošević das Tagungsgebäude und sprach zu der Menge die danach vom Staatsfernsehen mehrfach gesendeten Worte *„Keiner soll es wagen, euch zu schlagen"*. Er wandte sich gegen den „albanischen Separatismus", nahm die Vorstellung

eines neuen Exodus auf, rief aber auch – aus Taktik – zu „Mäßigung" auf. Beobachtern zufolge soll er bei dieser Gelegenheit zum ersten Mal das politische
Potenzial des serbischen Nationalismus erkannt haben. Viele Kosovo-Serben
sahen in ihm den Mann, der erstmals ihre Beschwerden aufgriff und diese nicht wie andere Parteikader im Sinne von „Einheit und Brüderlichkeit"
überging. Die Kosovo-Serben sollten ihm bald an die Macht verhelfen.

Im Sommer 1987 verschärfte sich der Ton in der serbischen Kosovo-De-
batte. Erstmals tagte die serbische Bischofsversammlung in Peć und forderte,
das *„ausgesiedelte Volk"* müsse von der Kirche in den Kosovo zurückgeführt
werden. Im Juni wurde auf dem Plenum des Zentralkomitees der kommunistischen Partei von *„entscheidenden Schlägen"* gegen *„die albanischen Separatisten"*[44] gesprochen. Doch regte sich auch Widerstand gegen die nationalistische Welle: Der Belgrader Parteichef, ein Parteigänger Stambolićs, wandte
sich entschieden gegen die nationalistische Kosovo-Demagogie. Ende September 1987 stürzte ihn Milošević und entmachtete kurz darauf (Dezember
1987) seinen Ziehvater Stambolić, der, mutmaßlich auf Geheiß Miloševićs, im
Jahre 1999 ermordet wurde. Milošević übernahm die Führung der serbischen
KP und besetzte die Schlüsselstellen mit seinen Gefolgsleuten; vor allem aber
betrieb er die Gleichschaltung der Medien: Seit Ende 1987 unterstützten das
Fernsehen sowie die meisten anderen Medien die nationalistische Politik des
neuen Führers. Die innerparteiliche Opposition war verstummt. Was dies für
den Kosovo bedeutete, wurde bald deutlich: Fadil Hoxha, ehemaliger Partisan
und Vertrauter Titos, eines der höchsten kosovo-albanischen Parteimitglieder,
wurde seiner Ämter enthoben und aus der Partei ausgestoßen. Milošević begann eine Kampagne gegen die staatsloyalen kosovo-albanischen Parteikader,
die einer Gleichschaltung der Provinz im Wege standen. Um diese Gleichschaltung und jene der Vojvodina zu erreichen, inszenierte Milošević in sogenannten „Meetings der Wahrheit" Ausbrüche des Volkszorns: Die nationalistische Mobilisierung – immer mit Kosovo als Hauptthema – erreichte
gewaltige Ausmaße: Zwischen Herbst 1988 und Frühling 1989 nahmen an
100 derartiger Kundgebungen rund 5 Millionen Serben teil. Serbien geriet in

---

44   R. Biermann, Lehrjahre im Kosovo. Das Scheitern der internationalen Krisen-
     prävention vor Kriegsausbruch. Paderborn – München – Wien – Zürich 2006,
     182.

einen nationalistischen Taumel. Milošević wurde als Retter der Nation gefeiert. Welche Ausmaße diese Verehrung annahm, zeigt die „Ode an Slobodan" aus dem Jahre 1990:

„*Oh Serbien, von Gottes Gnaden/ du hast uns gegeben den Slobodan/ warum entblättert sich der Wald/ von der Kozara bis zum Meer/ von Prizren bis nach Knin/ ertönt da Jauchzen des serbischen Sohnes. Befreit ist unser Land/ von Türken [Muslimen] und Ustaschen [Kroaten]/ Und von Schwaben [Deutschen] und Ungarn/ von Lateinern [Katholiken] und Skipetaren [im Original: Šiptari]. Oh, du Serbien des Heiligen Sava/ Slobo, rette unsere Köpfe, es feiert ihn auch das serbische Kind/ den Vereiniger des heiligen Landes*"[45].

Kosovo-Serben bildeten die Kerngruppe der radikal-nationalistischen Demonstranten (auch wenn ihr Führer, Miroslav Šolević, gar nicht aus dem Kosovo, sondern aus dem südserbischen Niš stammte). Diese Demonstrationen bewirkten eine massive Einschüchterung politischer Gegner; und mit dieser Strategie stürzte Milošević im Oktober die Parteiführung der Vojvodina und drängte zwischen Oktober 1988 und Januar 1989 auch die montenegrinische Regierung aus dem Amt. Die Gleichschaltung dieser beiden Gebiete trug Milošević zwei von acht Stimmen in den Bundesbehörden ein; mit der serbischen Stimme hielt er nun drei Stimmen. Die Parteiführung des Kosovo hatte geahnt, dass sie das nächste Ziel bilden würde, und versuchte, mit der bedrohten Vojvodina zusammenzuarbeiten. Doch anti-albanische Vorurteile der Parteiführung der Vojvodina hatten dies verhindert. Auch auf Bundesebene unterstützten hohe kroatische und bosnische Parteikader den Kurs Miloševićs, noch nicht ahnend, welche Folgen dieser für das Schicksal ihrer Teilrepubliken zeitigen würde. Im Herbst 1988 rückte Sonderpolizei in den Kosovo ein. Milošević erhöhte den Druck auf die kosovo-albanische Parteiführung. Und diese gab unter der Leitung A. Vllasis nach und trat am 17. November 1988 zurück.

---

45 T. Popović, Die Mythologisierung des Alltags. Kollektive Erinnerungen, Geschichtsbilder und Vergangenheitskultur in Serbien und Montenegro seit Mitte der 1980er Jahre. Zürich 2003, 138f. Die Erklärungen in Klammern stammen vom Verfasser.

Die Gleichschaltung des Kosovo

Der Sturz der kosovo-albanischen Parteileitung bildet den Anfang vom Ende des jugoslawischen Kosovo – und, zusammen mit Miloševićs Putscherfolgen in Montenegro und der Vojvodina, des jugoslawischen Staates. Denn nun verfügte der serbische KP-Chef über vier von acht Stimmen in der jugoslawischen Bundesregierung; allmählich wurde auch bisher in der Kosovo-Frage pro-serbisch eingestellten Kadern in Kroatien und Bosnien-Herzegowina klar, dass ihre Republiken ebenfalls von dem Hegemonieanspruch Serbiens bedroht waren. Im Kosovo selbst reagierte die albanische Bevölkerung: Mehrere hunderttausend Menschen demonstrierten in den Straßen Prishtinas gegen den kalten Putsch. Zugleich traten 4000 albanische Bergleute in der Mine von Trepça in den Hungerstreik. Trepça wurde bald zum Symbol des kosovo-albanischen Widerstands. Der Protest der Bergleute fand Widerhall besonders in jener Teilrepublik, die seit 1986/87 in zunehmender Spannung mit Serbien stand, Slowenien. Am 27. Februar 1989 kam es in der slowenischen Hauptstadt Laibach (Ljubljana) zu einer Großkundgebung für die streikenden Albaner in Trepça; eine Solidaritätspetition wurde in kürzester Zeit von 450.000 Menschen (Slowenien zählte rund 1,9 Millionen Einwohner) unterzeichnet. Kosovo war zu einer gesamtjugoslawischen Frage geworden. In Belgrad wurde eine Gegendemonstration mit einer Million Teilnehmern veranstaltet. Im Januar erschütterte zudem eine Streikwelle den Kosovo – Milošević gab scheinbar nach. Da verkündeten in Trepça serbische Bergleute einen Hungerstreik – das Kombinat war ethnisch gespalten und diente beiden ethnischen Gruppen als Symbol ihrer Ansprüche. Wieder mit Berufung auf den „Volkszorn" ließ Milošević im Kosovo Massenverhaftungen (darunter A. Vllasi) vornehmen, rund 200 albanische Elitenvertreter wurden nach Serbien deportiert und dort in Isolationshaft gehalten, oft gedemütigt und gefoltert. Im Kosovo übernahm die Sonderpolizei die Macht.

Am 23. März 1989 trat in Prishtina das kosovarische Parlament zusammen, um über Zusätze zur serbischen und kosovarischen Verfassung abzustimmen, die faktisch einer Aufhebung der Autonomie gleichkamen. Gerade dieses Ereignis verdeutlicht in seinem Ablauf die Parallelen zu einer anderen Gleichschaltung. Denn wie beim Ermächtigungsgesetz von 1933 waren hier Polizei und Geheimdienst im Sitzungssaal so massiv und einschüchternd vertreten, dass es nur 14 albanische Delegierte wagten, mit „Nein" zu stimmen. Die anderen hatten sich auf Stimmenthaltung festgelegt – in der manipulierten Abstimmung wurden aber nur befürwortende und ablehnende Stimmen gezählt. Mit gutem Grund hat man von einem Verfassungsputsch gesprochen. Im Gegensatz zu den albanischen Bergleuten von Trepça erwiesen sich die albanischen Parteikader als unfähig, dem serbischen Druck standzuhalten, wohl eine Folge des autoritären titoistischen Machtsystems. Serbische Parteikader im Kosovo bekundeten so nur geringe Mühe, mit der Unterstützung Belgrads die Macht an sich reißen. Die Unterwerfung der kosovarischen Parteikader unter Miloševićs Machtanspruch radikalisierte den albanischen Widerstand im Kosovo und verstärkte im Weiteren die Abwehrhaltung nicht nur der slowenischen, sondern seit Beginn des Jahres 1989 auch der kroatischen Parteiführung. Während Bosnien-Herzegowina mit seiner starken serbischen Bevölkerung sich zurückhielt, ergriff die makedonische Teilrepublik für Serbien Partei: Denn Makedonien besaß eine albanische Minderheit, welche die Kosovo-Albaner als Leitgruppe betrachtete; Makedonien verfolgte daher ebenfalls eine zunehmend repressive Politik gegenüber der albanischen Minderheit, unter anderem indem gezielt die Mauern um traditionelle albanische Häuser eingerissen wurden. Makedonier und Makedo-Albaner bewegten sich wie schon 1968 und 1981 im Windschatten des serbischen bzw. albanischen Verhaltens in der Kosovo-Frage.

Im Kosovo kam es nach der faktischen Aufhebung der Autonomie zu großen Kundgebungen; albanische Polizisten gingen zu ihren demonstrierenden Landsleuten über. Milošević schickte über 20.000 Mann Sonderpolizei in den Kosovo, die mit großer Härte eingriffen; Radio Laibach meldete 140 Tote und beinahe 400 Verletzte. Damit hatte das Blutvergießen im Kosovo begonnen. Milošević, unterstützt von der Mehrheit der in nationaler Euphorie schwelgenden serbischen Bevölkerung, hatte die Gewaltspirale wieder in Gang gesetzt, maßgeblich gestützt auf die Kosovo-Serben.

Nach der Beseitigung der staatsloyalen albanischen Parteielite, der Internierung der intellektuellen Führer und dem Einsatz massiver Gewalt gegen die Bevölkerung folgte als nächster Akte der Machtübernahme die Feier des Sieges: Und diese fiel mit dem 600. Jahrestag der Schlacht von 1389 zusammen. Wieder wurden Geschichte und Politik im Lied vermittelt. „Sechs Jahrhunderte sind vergangen" hieß die „inoffizielle Hymne" (T. Popović) des Gedenkjahres: *„Sechs Jahrhunderte sind vergangen seit der Schlacht im Kosovo/ stolz bin ich auf dich, oh Serbien mein/ Denn du gedenkst aller Helden, die für Serbien fielen/ beschützt die Reliquien von Zar Lazar, unsere Geschichte … Sechs Jahrhunderte unserer Geschichte/ Serben, lasst uns gemeinsam die Gläser erheben/ trinken wir zu Ehren der tapferen Ritter/ die jetzt zwischen den Pfingstrosen liegen"*. Auf einer Gedenktafel wurde folgende Inschrift angebracht: *„Wer Serbe ist und von serbischem Geschlecht und nicht zum Kampf ins Kosovo kam, der möge weder mit männlichem noch weiblichem Nachwuchs gesegnet sein, von seiner Hand möge ihm nichts mehr gedeihen, weder roter Wein noch helles Getreide, seine Nachfahren mögen leiden, solange es sie gibt"*[46]. In diesem nationalen Rausch inszenierte Milošević seine politische Apotheose. Eine Million Serben strömten bei dem Schlachtdenkmal nahe Prishtina zusammen und sahen, wie Milošević mit einem Helikopter auf sie herabschwebte. In seiner Rede sprach er von „Toleranz" und „Harmonie", in einer Passage aber zeichnete er den Weg Jugoslawiens vor, wie er ihn sich vorstellte: *„Heute, sechs Jahrhunderte später, kämpfen wir erneut und sehen Kämpfen ins Auge. Dies sind keine bewaffneten Kämpfe, auch wenn so etwas nicht ausgeschlossen werden kann"*[47]. Für die Albaner, die der Großkundgebung ferngeblieben waren, bedeutete dies eine unmissverständliche Botschaft. Aber auch Slowenen und Kroaten nahmen die Warnung ernst. Im Dezember 1989 verbot Slowenien ein „Meeting der Wahrheit", das serbische Nationalisten in Laibach veranstalten wollten. Und im Januar 1990 verlangte Slowenien auf dem XIV. Parteitag des „Bunds der Kommunisten Jugoslawiens" die Wiederherstellung der Autonomie des Kosovo und die unbedingte Achtung der Menschenrechte. Als Milošević dies verweigerte, verließen die slowenische und die kroatische Delegation den Parteitag. Der Zerfall Jugoslawiens begann. Der Kosovo-Frage kam dabei im slowenisch-serbischen und im Frühjahr 1990 im kroatisch-serbischen Gegensatz eine hohe symbolische Bedeutung zu. Denn Slowenien setzte sich weniger für den Kosovo als für seine eigenen Interessen in Jugoslawien ein; Kosovo wurde zum Objekt des Konflikts zwischen der serbisch-nationalen Gleichschaltungs-

---

46   Beide Zitate: Popović, Mythologisierung, 99f.
47   Biermann, 197.

politik Miloševićs und den Bestrebungen Sloweniens und auch Kroatiens, ihre Eigenständigkeit innerhalb – und nötigenfalls auch außerhalb – des jugoslawischen Staatsverbands zu wahren. Die rücksichtslose Machtpolitik Miloševićs, dessen Bereitschaft, äußerste Gewalt einzusetzen, im Kosovo zutage getreten war, ließ den beiden Republiken kaum eine andere Möglichkeit, als den nunmehr serbisch beherrschten Bundesstaat zu verlassen.

In den Jahren 1988 und 1989 hatte die Mehrheit der serbischen Gesellschaft den Weg in den Krieg gewählt. Ihre Führer hatten bewusst jene kosovo-albanischen Kräfte zerschlagen, die zwar den Republikstatus für Kosovo, aber keine Lösung aus dem Bundesstaat angestrebt hatten. Gewiss hatten die Unruhen von 1981 zu einer erheblichen Verschlechterung der interethnischen Beziehungen beigetragen und gewiss war ein Teil der Abwanderung der südslawischen Bevölkerung durch albanische Überlegenheitsgesten und albanischen Druck verursacht worden, die bewusste Eskalation zu einem blutigen Konflikt aber wurde eindeutig und einseitig von der serbischen Führung gewollt und herbeigeführt. Verantwortlich hiefür sind weite Teile der serbischen Elite, insbesondere die Akademie der Wissenschaften – die sich nie zu ihrer Verantwortung bekannt hat. S. Milošević und seine Gefolgsleute hatten die wirtschaftliche Krise und das nationale Unbehagen in der serbischen Gesellschaft gezielt ausgenützt und die Kosovo-Frage als Vehikel zur Machtergreifung und die Kosovo-Serben als nationalen Stoßtrupp eingesetzt. Zu keinem Zeitpunkt haben diese Kreise den Versuch unternommen, einen Ausgleich mit jenen Kosovo-Albanern zu suchen, die keine gewaltsame Abspaltung von Jugoslawien oder einen bewaffneten Konflikt wünschten.

Kosovo im Jugoslawien des Slobodan Milošević

Mit der Gleichschaltung des Kosovo gewinnt die politische Geschichte in der Analyse den Primat zurück: Die Entwicklung des Kosovo zwischen 1989 und 1999 ist wesentlich von politischen und militärischen Ereignissen geprägt worden, die in der Forschung erhebliche Aufmerksamkeit auf sich gezogen haben. Dennoch sind die weniger sichtbaren gesellschaftlichen und wirtschaftlichen Veränderungen ebenso zu berücksichtigen, denn die Zerrüttung des modernen Kosovo ist Ergebnis staatlicher Interventionen und tiefgreifender soziokultureller Veränderungen.

Serbisierung

Nach den schweren Rückschlägen des Jahres 1990 versuchten die kosovo-albanischen Parteikader, die Initiative noch einmal an sich zu ziehen. Dies geschah vor dem Hintergrund des Zerfalls Jugoslawiens und zunehmender Spannungen in Slowenien und Kroatien. Im Juli 1990 traten die albanischen Abgeordneten des Provinzparlaments zusammen, wurden aber von der Polizei am Betreten des Gebäudes gehindert. Daher riefen sie am 7. September 1990 die „Republik Kosova" aus, die von Serbien – nicht aber von Jugoslawien – unabhängig sein sollte. Die politischen Führer der Kosovo-Albaner zeigten sich dem Bundesstaat gegenüber weiterhin loyal. Serbien reagierte mit der Verhängung des dauerhaften Ausnahmezustandes. Die Macht in der Provinz übernahm als Miloševićs Statthalter Momčilo Trajković. Die albanische Seite ging erst jetzt einen Schritt weiter und verkündete nach den Unabhängigkeitserklärungen Kroatiens und Sloweniens in einem Referendum am 10. Oktober 1991, das die serbische Bevölkerung boykottierte, die Unabhängigkeit der „Republik

Kosova" von Jugoslawien. Nur Albanien erkannte diese an. Serbien erklärte diesen Beschluss für illegal. Es setzte eine umfassende Serbisierungspolitik
ein, die an die Maßnahmen der Zwischenkriegszeit und der Ära Ranković
erinnerte. Im Herbst 1990 verabschiedete das Parlament in Belgrad eine neue
zentralistische Verfassung, die auch formell die Autonomie der Vojvodina und
des Kosovo aufhob. Zugleich wurde für den Kosovo eine neue Sonderpolizei
geschaffen. Alle Reformen der späten Sechziger- und Siebzigerjahre wurden
faktisch aufgehoben. Die Serbisierung erfasste alle Bereiche des gesellschaftlichen Lebens: zunächst das nationalpolitisch wichtige Bildungswesen. Der
serbische Lehrplan wurde eingeführt, albanische Lehrinhalte verdrängt, dann
auch der Unterricht in albanischer Sprache erheblich verringert. Von den albanischen Lehrern und Schülern wurde ein Bekenntnis zu diesen Veränderungen
verlangt. Die übergroße Mehrheit verweigerte dies. Die regionalen
Medien, Fernsehen, Radio, Zeitungen, wurden ebenfalls gleichgeschaltet,
albanische Journalisten entlassen. Serbisch wurde zur vorherrschenden Sen-
de- und Zeitungssprache (der Fernsehsender Prishtina kürzte sein Programm
in albanischer Sprache auf 45 Minuten am Tag). Säuberungen erfassten auch
das Theater in Prishtina, dessen albanische Mitarbeiter entlassen wurden und
das in „Serbisches Nationaltheater" umbenannt wurde. Serbisiert wurden
Straßennamen und Denkmäler; albanische Bücher wurden aus öffentlichen
Bibliotheken entfernt. Albaner wurden wieder als „Šiptari" bezeichnet, der
nationalistisch geprägte Begriff „Kosmet" erneut in der Verwaltung verwendet. Serbien führte einen eigentlichen Kulturkampf gegen einen Teil seiner
Staatsbürger. Umfangreiche Entlassungswellen trafen auch den Gesundheitsbereich und schließlich Industrie, Verwaltung und Handel. Von allen albanischen Arbeitnehmern war eine Loyalitätserklärung zum serbischen Staat verlangt worden. Fast niemand unterschrieb; und so verloren in den ersten drei
Jahren der Gleichschaltungspolitik rund 90 % der in der Staatswirtschaft beschäftigten Albaner – schätzungsweise rund 115.000 Menschen – ihre Arbeit.
Im Bergwerk von Trepça etwa wurden 4820 albanische Arbeiter entlassen, im
Baubetrieb „Ramiz Sadiku" 4700, im Innenministerium 3705. In den Betrieben wurde eine ethnische Quote festgeschrieben, die vorsah, dass für jeden
neubeschäftigten Albaner ein Südslawe eingestellt werden müsse.

Aufgenommen wurde auch die alte Siedlungspolitik, zunächst durch Anreize für Serben zur Ansiedlung – und für Albaner zur Abwanderung; dann

durch die rechtliche Erschwerung von Immobilienverkäufen an Albaner. Eine eigentliche Kolonisierungspolitik wurde betrieben, als Serben, die nach der Zerschlagung der sogenannten „Serbischen Republik Krajina" durch die kroatische Armee (Sommer 1995) nach Serbien geflohen waren, im Kosovo angesiedelt wurden. Wie einst die Muhaxhir oder die serbischen Kolonisten der Zwischenkriegszeit trugen sie Gewalt und Aggression in den ohnehin bereits krisengeprägten Kosovo. Wie erwähnt, erhielten Schwerverbrecher wie „Arkan" (Željko Ražnatović) im Kosovo freie Hand; er ließ sich in einer von den Albanern boykottierten Wahl zum Abgeordneten von Prishtina wählen. Paramilitärs (Četnikkämpfer) schüchterten die Bevölkerung ein und begingen zahlreiche Gewaltakte. Die serbischen Medien fuhren fort, die Albaner als Volk zu kriminalisieren und zu verunglimpfen. Als im März 1990 in 13 Gemeinden rund 7000 Schulkinder Vergiftungssymptome zeigten, gingen Albaner von einer gezielten Aktion der Behörden aus. Die Umstände sind bis heute ungeklärt, doch zeigt der Vorfall zumindest, dass die Albaner das Vertrauen in den Staat verloren hatten; fortan mieden Albaner serbische Ärzte. Dieser Vorfall trug auch zu einer weiteren erheblichen Verschlechterung der interethnischen Beziehungen bei. Zwischen 1989 und 1998, dem Beginn des albanischen Aufstands, begingen Angehörige des serbischen Staatsapparats und Paramilitärs zehntausende schwerwiegender Menschenrechtsverletzungen. 1993 und 1995 fanden Schauprozesse gegen Kosovo-Albaner statt, die der Organisation von Widerstand bezichtigt wurden; betroffen waren zahlreiche ehemalige kosovo-albanische Polizisten.

Die Bildung der albanischen „Parallelgesellschaft" und der friedliche Widerstand

Beinahe unbeachtet von der europäischen Öffentlichkeit, deren Aufmerksamkeit sich ganz auf die Entwicklungen in Slowenien und Kroatien richtete, betrieb der serbische Staat eine Politik der Entrechtung eines erheblichen Teils seiner Staatsbürger. Doch erwies sich nun, dass gerade die unvollendete sozioökonomische Modernisierung die kosovo-albanische Gesellschaft vor dem Zusammenbruch bewahrte. Die Reaktion der Kosovo-Albaner überraschte viele Beobachter – und bewog die meisten westlichen Staatenlenker, der Region kaum Bedeutung beizumessen. Denn nicht ein bewaffneter Aufstand war die Antwort auf die serbische Gewaltpolitik – dieser besaß angesichts der starken Präsenz von serbischer Armee, Sonderpolizei und Paramilitärs auch kaum Aussicht auf Erfolg –, sondern vielmehr der Entschluss, durch friedlichen, gewaltfreien Widerstand die Rechtmäßigkeit der kosovo-albanischen Anliegen zu verdeutlichen.

In der Tat hatten nicht die Kosovo-Albaner, sondern die serbische Regierung die Verfassung durch Druck und Gewalt verändert. Die Kosovo-Albaner errichteten ein System, das von westlichen Beobachtern als „Parallelgesellschaft" bezeichnet worden ist. Tatsächlich handelte es sich weitgehend um die Reaktivierung kaum verschwundener gesellschaftlicher Strukturen und Mentalitäten: Denn die Kosovo-Albaner waren, wie dargestellt, nie von staatlichen Machtsystemen vollständig erfasst und integriert worden; stets hatte ein erheblicher Teil dieser Gesellschaft unterhalb oder jenseits staatlicher Strukturen existiert, weitgehend unberührt von jeder Form der Herrschaftsverdichtung. Gerade die traditionellen großfamiliären Strukturen ermöglichten es den Albanern, jene Entlassungswellen zu überstehen, an denen entwickeltere Gesellschaften wohl zerbrochen wären. Wie sehr traditionelle Formen der Krisenbewältigung wiederbelebt wurden, zeigt die umfassende Beilegung der Blutrachefälle. Diese hatten seit jeher ein großes Konfliktpotenzial in der kosovo-albanischen Bevölkerung gebildet und waren (zumindest um 1900) zeitweise von der serbischen Politik gezielt geschürt worden. Auf Initiative von Studenten der Universität Prishtina und unter maßgeblicher Beteiligung führender Professoren und Intellektueller (zu nennen sind besonders Anton Çetta und Zekeria Cana) wurden zwischen 1990 und 1992 rund 1000 Blutrachefälle in öffentlichen Zeremonien beigelegt, an denen bis zu 100.000 Menschen teilnahmen; als die Polizei diese Versammlungen zerschlug, wurde die gesamtgesellschaftliche Aussöhnung (im Sinne einer traditionellen *Besa*) in Häusern weitergeführt. Die albanische Gesellschaft schloss angesichts des Drucks durch die serbische Regierung die Reihen.

Da weite Teile des gesellschaftlichen Lebens serbisiert worden waren, errichteten die Kosovo-Albaner eigene Strukturen besonders im Bildungs- und Gesundheitsbereich. Wie gezeigt, wurde diese Strategie in erheblichem Maße durch die 3 %-Steuer der Diaspora finanziert. 1993 trug dieses System die Entsoldung von rund 20.000 Lehrkräften und den Lehrbetrieb für 317.000 Schüler sowie rund 12.000 Studenten. Nach 1992 wurden albanische Schüler zur staatlichen Grundschule wieder zugelassen; die Schulgebäude wurden ethnisch geteilt, wobei die bessere Infrastruktur dem serbischen Bereich zugewiesen wurde.

Die Abkoppelung der Albaner von der staatlichen Versorgung zeitigte erhebliche Folgen für das Niveau des Gesundheits- (Wiederauftreten von Tuberkulose, Kinderlähmung und Ruhr) und des Bildungswesens. Die kosovo-albanische Gesellschaft wurde auf die Verhältnisse der Zwischenkriegszeit zurückgeworfen, als ihr Bildung und Zugang zu moderner Medizin vorenthalten worden war. Die Perspektivlosigkeit und der drohende Dienst in der jugoslawischen Armee trieben rund 400.000 Kosovo-Albaner, vor allem jüngere Männer, in das mittel- und nordeuropäische Ausland; ebenfalls verließen zahlreiche junge Albaner die Provinz, um im Ausland zu studieren. Da das starke Bevölkerungswachstum anhielt, entstand durch die Abwanderung aber keine dauerhafte Verschiebung der ethnischen Verhältnisse. Die „Parallelgesellschaft" brachte den Prozess der ethnischen Entflechtung zum Abschluss: Albaner und Serben lebten in einem von der serbischen Regierung durchgesetzten politischen System weitgehend getrennt.

Politische Neuformierung

Auch in der Politik kam es zu einer grundlegenden Neuordnung der Verhältnisse. In Gestalt der 1989 gegründeten „Demokratischen Liga des Kosovo"

(Lidhja Demokratike e Kosovës) entstand eine nationale albanische Sammelbewegung; geführt wurde sie von dem Schriftsteller und Philologen Ibrahim Rugova, dem sich die kosovo-albanische Elite mehrheitlich anschloss und der auch die politische Unterstützung von Teilen anderer muslimischer Gruppen (Türken und südslawische Muslime) genoss. Nicht zufällig fand die Gründungsversammlung in den Räumen der „Gesellschaft der Schriftsteller des Kosovo" statt. Neben der LDK wurden weitere Parteien gegründet (die Parlamentarische Partei des Kosovo; die Bauernpartei; die Christliche-demokratische Partei, Vertretung vor allem der katholischen Albaner). Gegen die serbische Verwaltung wollte sich die „Republik Kosova" mit demokratischen Mitteln behaupten. Am 24. Mai 1992 fanden Wahlen statt, an denen die albanische Bevölkerung sowie die genannten muslimischen Gruppen, zudem vereinzelt auch Serben und Montenegriner teilnahmen. Durch den Druck dreisprachiger Wahlunterlagen (albanisch, serbisch, türkisch) wollte die kosovo-albanische Bevölkerung ein Bekenntnis zu einem mehrsprachigen Staat abgeben. Mit 99,7 % der Stimmen wurde I. Rugova zum Präsidenten gewählt; seine Partei LDK erreichte in der Parlamentswahl 76 % der Stimmen. Die 14 für die südslawische Bevölkerung vorgesehenen Sitze wurden wegen des Boykotts der meisten Serben und Montenegriner nicht vergeben. Die serbischen Behörden hatten die Wahl nicht unterbunden, verhinderten jedoch bis 1999, dass dieses Parlament zusammentreten konnte. Die politische Tätigkeit verlagerte sich daher in die Diaspora, besonders nach Deutschland und in die Schweiz. Dort wurde eine Exilregierung unter Bujar Bukoshi gebildet, die durch ihren Zugriff auf die 3-%-Steuer erheblichen Einfluss gewann.

Zwischen 1992 und 1995 herrschte die LDK in der kosovo-albanischen Gesellschaft weitgehend unangefochten. Aus Furcht vor serbischen Repressalien hielt Rugova strikt am pazifistischen Kurs fest. Er hoffte, die Weltöffentlichkeit damit auf die Probleme des Kosovo aufmerksam zu machen.

Wirtschaftliche Krise

Die Entlassungswellen in der Staatswirtschaft hatten die ohnehin krisengeplagte Industrie im Kosovo beinahe zum Stillstand gebracht. Der erwähnte Einbruch in der Produktion der Minenbetriebe nach 1989 ist vor allem auf die politischen Erschütterungen zurückzuführen. Wie im gesellschaftlichen Bereich bildeten sich auch in der Wirtschaft getrennte Welten heraus: Die Albaner waren aus dem staatswirtschaftlichen Sektor verdrängt worden. Der Staat zwang sie damit geradezu, sich dem privatwirtschaftlichen Sektor zuzuwenden, einer „grauen Wirtschaft", die sich dem Zugriff des serbischen Staates weitgehend entzog. Zwischen 1989 und 1995 stieg die Zahl kleiner (Familien-)Betriebe von rund 1700 auf rund 18.000 an.

Auch hier kam der Diaspora erhebliche Bedeutung zu; ihre Überweisungen hielten nicht nur die Strukturen der „Parallelgesellschaften", sondern die meisten Familien am Leben. Die bäuerliche Subsistenzwirtschaft bot unter den veränderten Umständen die besten Bedingungen, den Regierungsdruck zu überdauern. Am härtesten getroffen wurden die städtischen Bildungseliten. So begann sich eine allmähliche soziale Verschiebung abzuzeichnen: Die Marginalisierung der jugoslawisch sozialisierten Eliten durch ländlich geprägte Gruppen, deren Angehörige zu einem beträchtlichen Teil in der Diaspora lebten. Diese Gruppen waren auch vor 1989 kaum mit dem Staatsapparat in Berührung gekommen, in den die sozialistischen kosovo-albanischen Eliten eingebunden und von dem sie wirtschaftlich abhängig gewesen waren. Das Modell der segmentären Dorfgesellschaft erklärt den allmählichen Aufstieg einer neuen Führungsgruppe, die Zugang zu Devisen besaß, auf die der Staat kaum zugreifen konnte.

Die serbisch-montenegrinische Gesellschaft, die zunehmend abgetrennt von der albanischen lebte, hing ganz überwiegend von der staatlichen Wirtschaft ab, in der sie nunmehr freilich deutlich privilegiert war. Die Krise verschlechterte jedoch die ökonomische Lage der Serben und Montenegriner gegenüber den Albanern erheblich. Die serbische Regierung versuchte, die großen Unternehmen im Kosovo – sofern sie nicht aus oft politischen Gründen (zur Entlassung albanischer Arbeiter) geschlossen worden waren – wieder in Betrieb zu nehmen, und schickte dazu serbische und auch polnische Bergleute in den Kosovo. 1996 sollen nach serbischen Angaben Produkte im Wert von 100 Millionen Dollar aus der Mine von Trepça exportiert worden sein. Angesichts der zunehmenden internationalen Isolierung und beginnender Sanktionen setzte Serbien besonders auf wirtschaftliche Kontakte zu Russland und Griechenland, die beide aus geostrategischen und historischen Gründen (gemeinsamer orthodoxer Glaube; „panslawische Beziehungen" mit Russland; mit Griechenland gemeinsame Furcht vor einem Großalbanien) die serbische Haltung im Kosovo zumindest duldeten, wenn nicht zeitweise unterstützten.

Wirtschaftlich bedeutete für beide ethnischen Gruppen die faktische Militär- und Polizeiherrschaft im Kosovo eine Zeit der wirtschaftlichen Stagnation bzw. des Niedergangs, obwohl die Serben angesichts ihrer politischen Privilegierung beinahe Vollbeschäftigung erreichten. Die instabile politische Lage und die Frage, wer für die Klärung von Eigentumsfragen zuständig sei, hielten Investoren bis auf die erwähnten – überwiegend politisch motivierten – Ausnahmen ab. Zur politischen trat die wirtschaftliche Misere. Die Aufbauleistung der Siebzigerjahre war durch die nationalistische Politik der Neunzigerjahre zunichte gemacht worden.

Das Scheitern des pazifistischen Wegs und der Internationalisierung der Kosovofrage

Angesichts der zahlreichen Menschenrechtsverletzungen durch die serbischen Behörden erforderte die Strategie des pazifistischen Widerstands eine große Disziplin und Geschlossenheit der kosovo-albanischen Bevölkerung. Es wurde bemerkt, dass die Stigmatisierung der Kosovo-Albaner durch die serbische öffentliche Meinung dazu geführt habe, dass in der albanischen Gesellschaft gerade Werte wie Affektkontrolle und Selbstbeherrschung erheblich an Bedeutung gewonnen hätten (R. Pichler). Doch ließ sich diese Haltung nur dann bewahren, wenn Aussicht bestand, dass sie im Ausland Beachtung fände. Die kosovo-albanische Führung setzte alles daran, ihren friedlichen Widerstand und die Kosovo-Frage zu internationalisieren. Schon 1992 wurde aber deutlich, dass die „internationale Gemeinschaft" – oder besser: die Großmächte, wie sie fortan genannt werden sollen – mit der Bewältigung der gesamten Jugoslawienkrise, besonders den Kriegen in Kroatien und Bosnien-Herzegowina, überfordert war; Krisenvorbeugung wurde unter diesen Umständen kaum betrieben. In den westlichen Hauptstädten richtete sich das Interesse auf Kriegsschauplätze, nicht auf die wiederholten friedlichen Demonstrationen der Kosovo-Albaner. Zahlreiche westliche Regierungschefs und ihre Außenminister betrachteten Kosovo als innere Angelegenheit Serbiens, wobei oft auf den verfassungsrechtlichen Status der Region als Autonome Provinz – und nicht sezessionsberechtigte Republik – verwiesen wurde. Die zunehmend sichtbare Erfolglosigkeit des friedlichen Widerstands setzte Rugova und dessen engere Gefolgschaft unter immer größeren Druck. Sie hatten zwar einen Zusammenschluss aller albanischen Parteien zustande gebracht, aber keine greifbare Unterstützung von außen erhalten. So wurden allmählich kritische Stimmen laut, so des beinahe 30 Jahre in politischer Haft gehaltenen Adem Demaçi. Kritik wurde aber auch von westlichen Staaten geübt, weil Rugova die Teilnahme an den serbischen Wahlen im Jahre 1992 verweigert hatte, bei denen Milan Panić als aussichtsreicher Konkurrent Miloševićs auf die Stimmen der ethnischen Minderheiten, besonders der Albaner, angewiesen gewesen wäre. Rugova aber verfocht den Standpunkt, dass Kosovo eine unabhängige Republik sei und daher mit serbischen Wahlen nichts zu schaffen habe. Schon am Beispiel des serbischen Wahlkampfs von 1992 wird deutlich, dass die westliche Diplomatie ihre Kosovopolitik oft nach den Interessen Serbiens ausrichtete, indem von den Kosovo-Albanern Rücksicht auf innerserbische Verhältnisse (Wahltermine, politische Konstellationen) verlangt wurde. Rugova sah sich von zwei Seiten unter Druck gesetzt. Einen Ausweg konnte nur ein internationales Eingreifen bieten. Als im Jahre 1995 im amerikanischen Dayton die Bosnienfrage verhandelt wurde, sahen sich die Kosovo-Albaner aber ausgeschlossen; Milošević wurde als serbischer Vertragspartner von den westlichen Staaten wieder anerkannt und Serbien aus der internationalen Ächtung befreit.

Das Abkommen von Dayton veränderte die Haltung der Kosovo-Albaner grundlegend. Sie mussten einsehen, dass ihr friedlicher Widerstand nicht unterstützt wurde und dass ihnen eine weitere Welle serbischer Repression bevorstand. Zudem hatte das Versagen der Schutztruppen der Vereinten Nationen in Bosnien (Massaker von Srebrenica) gezeigt, dass unbewaffnete Zivilisten vor den Augen europäischer (niederländischer) Soldaten zu tausenden von serbischen Soldaten und Paramilitärs getötet werden konnten. Damit war der Weg in den bewaffneten Widerstand vorgegeben. Die Großmächte tragen eine erhebliche Mitverantwortung für das Scheitern der Krisenvorbeugung. Zwar wurde argumentiert, Serbien hätte in Dayton Verhandlungen über Kosovo kategorisch verweigert. Doch muss angesichts des enormen menschlichen Leids, das alle Bewohner des Kosovo, Albaner wie Serben, in der Folge erfuhren, das Vertragswerk von Dayton – von seinem weitgehenden Scheitern in Bosnien-Herzegowina abgesehen – in seiner Art als Fehler mit weitreichenden Folgen bezeichnet werden.

Die Radikalisierung des albanischen Widerstands und der Aufstand von 1998/99

Als Folge der misslungenen Strategie Rugovas kam es zu einem Zerwürfnis zwischen ihm und dem im Exil lebenden Premierminister Bukoshi (1995), der zudem ab 1997 die in der Diaspora gesammelten Abgaben nicht mehr an Rugova weiterleitete. Mehrere führende albanische Politiker begannen sich von Rugova zu distanzieren. Dessen autoritärer Führungsstil, der Diskussionen kaum zuließ, verschärfte die Lage. Rugovas Ansehen war erschüttert, und allmählich entglitt ihm die Kontrolle über einen Teil der albanischen Gesellschaft im Kosovo und auch in der Diaspora.

Im Gegensatz zu den städtischen Intellektuellen und Notabeln der LDK hatte in der bildungsfernen dörflichen Gesellschaft stets eine größere Bereitschaft zum bewaffneten Widerstand geherrscht. Die meisten Familien verfügten dort nach albanischer Tradition über Schusswaffen. Auch sie hatten sich mehrere Jahre an die pazifistische Strategie gehalten. Nach Dayton aber wandten sie sich rascher als die städtischen Eliten dem bewaffneten Widerstand zu. Entscheidende Hilfe hierbei erhielten sie von der Diaspora, die wie bereits 1981 eine radikalere Haltung befürwortete als die regionalen albanischen Eliten. Vor diesem Hintergrund entstand um die Mitte der Neunzigerjahre jene Bewegung, die in den folgenden Jahren die Macht in der kosovo-albanischen Gesellschaft weitgehend an sich ziehen sollte, die „Befreiungsarmee von Kosovo" (alb. Ushtria Çlirimtare e Kosovës, UÇK). Rugova erkannte die Gefahr einer Konkurrenz und bezeichnete die sich formierende Guerillagruppe bald als Produkt der Phantasie, bald als Mittel der Provokation der serbischen Behörden, die einen Vorwand für ein hartes Vorgehen gegen die albanische Zivilbevölkerung suchten.

Hervorgegangen war die UÇK aus den bereits erwähnten linksextremen Splittergruppen der frühen Achtzigerjahre, die mit der Ideologie Enver Hoxhas sympathisiert hatten. Eine großalbanische Tendenz war in dieser Ideologie angelegt; das kommunistische Gedankengut trat bald in den Hintergrund. Die politische Voraussetzung für den bewaffneten Kampf bildete der Staatszusammenbruch in Albanien (Anfang 1997), bei dem rund eine Million Waffen aus den Beständen der albanischen Armee entwendet wurden, die dann in den Waffenhandel und damit auch teilweise in die Hände der UÇK gelangten. In dem Chaos wurde die Regierung des albanischen Ministerpräsidenten Sali Berisha gestürzt, der enge Beziehungen zu Ibrahim Rugova unterhalten und dessen Politik unterstützt hatte. Rugova verlor damit einen wichtigen Rückhalt in jenem Augenblick, als die UÇK ihn herausforderte. Dazu konnte die UÇK nach der Öffnung der albanischen Grenze (Sturz des kommunistischen Regimes 1991) im Gegensatz zu den Rebellen von 1918–1924 sowie 1945 das albanische Territorium als geschützten Raum und Rückzugsgebiet benützen. Alte Familienbeziehungen über die Grenzen hinweg wurden wiederbelebt. Arme und nur über schlechte Pisten erreichbare nordostalbanische Städtchen wie Kukës, Tropoja und Bajram Curri dienten als Umschlagsplätze für die Versorgung mit Waffen, fungierten zugleich aber als Drehscheiben für verschiedene Formen des Schmuggels, aus dessen Gewinnen der Kampf teilweise finanziert wurde. Tropoja war die Heimatregion Sali Berishas, der aber 1997 die Kontrolle selbst in seinen alten politischen Hochburgen verloren hatte und deshalb die Rugova-Gegner im Kosovo nicht mehr in Schach halten konnte.

Nachdem im Februar und April 1996 erste Verlautbarungen der UÇK veröffentlicht worden waren, erfolgten besonders in der zweiten Hälfte des Jahres 1997 Angriffe auf albanische Mitglieder von Miloševićs „Sozialistischer Partei Serbiens" (der Nachfolgepartei des „Bunds der Kommunisten Serbiens") sowie auf serbische Polizisten. Am 28. November 1997 traten erstmals zwei vermummte Kämpfer öffentlich bei der Beerdigung eines Lehrers im Dorf Llausha auf, das zu einem Zentrum der Bewegung werden sollte. Besonderen Rückhalt genoss die UÇK in der traditionellen Aufstandsregion Drenica sowie in der Dukagjinebene.

Bis in den Herbst 1998 kämpfte die UÇK nicht als organisierte und zentral geführte Armee; vielmehr folgte sie alten balkanischen Traditionen des Guerillakampfes, vergleichbar etwa den Kaçaken in den frühen Zwanzigerjahren. Daneben handelte es sich oft um Dorfwehren, die von Männern einzelner Großfamilien gestellt wurden. Für den Winter 1997/98 wird die Zahl der Guerillakämpfer auf rund 2000 geschätzt. Sie nützten Klima und Gelände aus: Im Winter sind wegen der oft nicht oder schlecht asphaltierten Straßen zahlreiche Orte nur schwer erreichbar. Gepanzerte Polizei- und Armeefahrzeuge können diese Straßen nur mühsam benützen. Die serbischen Behörden kontrollierten die asphaltierten Verkehrsverbindungen, während die Guerilla ihren Nachschub über alte Saumpfade durch das zerklüftete Grenzgebiet von Albanien in den Kosovo brachte; Maultiere dienten dabei als Transportmittel. Der Krieg wurde teilweise mit vormodernen Methoden geführt. Einige der schwersten Gefechte wurden 1998 bei dem Versuch der serbischen Sicherheitskräfte ausgetragen, diese Pfade zu schließen. Der Krieg folgte zunächst auch dem traditionellen klimabedingten Feldzugskalender: Wie in osmanischer Zeit lagen die Sicherheitskräfte während der kalten Jahreszeit in den Ortschaften in ihren Quartieren. Die Guerilla erwies sich, unterstützt von der dörflichen Bevölkerung, als mobiler, wenn sie auch waffentechnisch in dieser Phase weit unterlegen war.

Sie konzentrierte sich in der frühen Etappe des Aufstands darauf, Straßenverbindungen zeitweise, vor allem nachts, zu unterbrechen und Angriffe auf Sicherheitsbehörden durchzuführen. Die harte Reaktion der serbischen Polizei traf überwiegend die Zivilbevölkerung und führte, dem Muster anderer Guerillakriege folgend, dem Untergrund neue Kämpfer zu. Gegen Ende Winter 1998 entschloss sich die serbische Regierung, die UÇK durch eine großangelegte Offensive auszuschalten. Sie stützte sich dabei auf rund 30.000 Mann der Armee und der Sonderpolizei und einige hundert Paramilitärs; Unterstützung erhielt sie von der mehrheitlich bewaffneten serbischen Zivilbevölkerung. Die Lage glich den beiden früheren albanischen Aufständen im 20. Jahrhundert – ein Krieg zwischen Dörfern und ein Kampf zwischen Guerillaverbänden und einer regulären Armee entwickelten sich parallel. Im März 1998 eroberten serbische Einheiten die „befreite Region Drenica"; beim Sturm auf das Bauernhaus der Familie Jashari in Prekaz (Adem Jashari gehörte zu den Gründern der UÇK) wurden 54 Menschen, die meisten davon Nichtkombattante, erschossen. Die harte Repression rief eine erhebliche Solidarisierung auch der städtischen albanischen Bevölkerung mit dem Aufstand, besonders aber mit der Region Drenica hervor. Adem Jashari wurde fortan als Märtyrer angesehen; der Aufstand hatte damit eine Symbolfigur erhalten.

In der Folge änderte die UÇK ihre Taktik und begann, ohne Rücksicht auf die Zivilbevölkerung die serbischen Sicherheitsbehörden herauszufordern. Damit wollte sie internationale Aufmerksamkeit erregen und ein Eingreifen der westlichen Großmächte erzwingen. Die serbische Reaktion war hart: Dörfer wurden mit Artillerie beschossen, Junik am 5. Juni 1998 von der Luftwaffe bombardiert. Serbische Truppen legten an der albanischen Grenze über 130 km einen Minengürtel an und versuchten, eine 10 km breite Sicherheitszone zu schaffen; wegen der teilweise schlechten Ausrüstung, Mannschaftsmangels und des schwierigen Geländes ließ sich dies aber nicht durchführen. Im Juni 1998 eröffnete die UÇK ihrerseits eine Offensive; dabei kam es zu örtlichen Vertreibungen von Serben im zentralen Kosovo. In Gjakova, Malisheva und Drenica fühlte sich die Guerilla so sicher, dass sie geordnete Verwaltungs-strukturen aufbaute. Diese aber wurden zwischen Mitte Juli und Mitte August von regulären serbischen Einheiten zerstört; im Herbst 1998 war die UÇK weitgehend besiegt; ihre Kämpfer setzten sich nach Albanien ab. Der Ansehensverlust der Guerilla bei der Bevölkerung war erheblich; denn diese war der serbischen Repression schutzlos ausgeliefert: rund 2000 Menschen waren getötet worden, 5000 verwundet, zeitweise flohen rund 400.000 Menschen im Kosovo, rund 40.000 Häuser waren zerstört worden; albanische Schätzungen (LDK) gehen davon aus, dass 95 % der Opfer Zivilisten waren. LDK-Vertreter kritisierten die Vorgehensweise der UÇK.

Der LDK war das Heft des Handels ganz entglitten, Rugova erwies sich als marginalisiert. Er hatte wesentlich an Ansehen verloren, als er sich geweigert hatte, an die Spitze der Studenten zu treten, die gegen die serbische Politik demonstrieren wollten (Herbst 1997). Der LDK-Premierminister im Exil, Bujar Bukoshi, versuchte, mit den Geldmitteln der Diaspora eine eigene Armee, die „Bewaffneten Kräfte der Republik Kosovo" (alb. Forcat e Armatosura të Republikës së Kosovës; FARK) aufzubauen; deren Anführer wurden aber im Herbst 1998 offenbar von der UÇK in Albanien ermordet. Der Konflikt zwischen der UÇK und der LDK eskalierte weiter; im April 1999 drohte der UÇK-Führer Hashim Thaçi den „Verrätern" Bukoshi und Rugova mit harter Bestrafung. Die alte urban-intellektuelle und die neue dörfliche Elite eröff-neten ihren Konflikt, der die weitere Entwicklung der kosovo-albanischen Gesellschaft kennzeichnen sollte, noch während der Kampfhandlungen.

Im Winter 1998/99 errichtete die UÇK neue Kommandostrukturen. Sie hatte mehrere ehemalige albanische Berufsoffiziere der Jugoslawischen Volks-armee rekrutiert, darunter den späteren Ministerpräsidenten Agim Çeku, zu-vor Generalleutnant in der kroatischen Armee. Ein Teil der Guerillakämpfer wurde in straff befehligte Verbände umgeformt, ein anderer Teil folgte weiterhin örtlichen oder regionalen Kommandeuren. Um eine gut ausgebildete Kerngruppe lagerten sich die Dorfwehren. Außerdem gelangte die UÇK in den Besitz moderner Waffen wie Scharfschützengewehre und Stingerraketen. Anfang 1999 beherrschte die UÇK die Dörfer abseits der asphaltierten Straßen, die serbischen Sicherheitskräfte die größeren Ortschaften und Hauptverkehrsverbindungen.

Die Diaspora trug entscheidend zur Finanzierung und zum Transport von Waffen, Kriegsgerät und humanitärer Hilfe bei. Über dubiosere Geldquellen für den Aufbau der Untergrundarmee liegen nur wenige gesicherte Angaben vor; etliche Informationen stammen aus russischen Quellen. Daher haben die gleichen Vorbehalte zu gelten, wie sie zu Beginn des Abschnitts über „Organisierte Kriminalität" formuliert wurden. Neutrale Beobachter gehen davon aus, dass die UÇK zumindest teilweise aus Geldern der kosovo-albanischen Organisierten Kriminalität finanziert wurde und dass die Grenzen zwischen dieser und politischen Aktivisten bisweilen fließend waren. Zu Beginn des Jahres 1999 zeichnete sich ab, dass eine weitere Eskalation des bewaffneten Konflikts bevorstand.

Die Internationalisierung des Konflikts und das Eingreifen der NATO

Als Serbien zu Beginn des Jahres 1999 mit einer flächendeckenden Vertreibung der Kosovo-Albaner begann, hatten die Großmächte sich beinahe schon ein Jahrzehnt bemüht, den Zerfall Jugoslawiens zu bewältigen. Behindert wurde die westliche Diplomatie vor allem durch ein geringes Maß an Abstimmung, insbesondere zwischen den Staaten der Europäischen Gemeinschaft bzw. Europäischen Union. Noch 1991/92 handelten die Regierungen Frankreichs und Großbritanniens in pro-serbischer Absicht, wobei die Allianzen der beiden Weltkriege und ein traditionell positives Serbenbild erhebliche Bedeutung besaßen – während umgekehrt Völker wie Kroaten, Bosnjaken und Albaner, die im Zweiten Weltkrieg in der britischen und französischen Wahrnehmung auf deutscher Seite gestanden hatten und deren Anliegen in den Neunzigerjahren von der deutschen und österreichischen Diplomatie unterstützt wurden, kritisch betrachtet wurden. Insbesondere die konservative britische Regierung unter John Major förderte bis zu ihrer Abwahl 1997 serbische Interessen auf dem Balkan. Erst der Wahlsieg der Labourregierung 1997 erbrachte eine grundlegende Änderung der britischen Politik: Großbritannien übernahm in der Folge eine Führungsrolle bei der Eindämmung von Miloševićs Kriegspolitik. Auch in Frankreich vollzog sich bis in den Frühling 1998 ein Sinneswandel in diese Richtung. Freilich waren es die Vereinigten Staaten, die – nach anfänglicher Präferenz für einen Erhalt Jugoslawiens – schon seit 1994 die eigentliche Verantwortung auf dem Balkan übernommen hatten; ihr militärisches Eingreifen hatte den serbischen Vormarsch in Bosnien-Herzegowina zum Stehen gebracht und den Sieg der kroatischen Armee über serbische Verbände besonders in der Krajina („Operation Oluja [Blitz]") (Sommer 1995) ermöglicht.

Die Kosovo-Frage wurde von den Großmächten bis 1997 nur sporadisch behandelt; sowohl im Rahmen der EU, der NATO, der Vereinten Nationen und der „Organisation für Sicherheit und Zusammenarbeit in Europa" (OSZE) wurde das Thema zwar – in wechselnder Intensität – laufend diskutiert, aber zunächst ohne praktische Konsequenzen. Ibrahim Rugova pflegte zwar intensive Beziehungen zu westlichen Staaten, erhielt aber außer rhetorischer Unterstützung für seine pazifistische Strategie keine konkreten Zusagen. Erst der Aufstand der UÇK führte hier einen Sinneswandel herbei. Damit war es einmal mehr Gewalt – und nicht etwa der friedliche Widerstand –, die die Aufmerksamkeit der Großmächte auf die Kosovo-Problematik lenkte. Schon damals zeichnete sich – wenigstens in Ansätzen – ein Interessenkonflikt ab, der nach dem Amtsantritt Vladimir Putins als russischer Präsident (2000) an Schärfe gewann. Russland – und auch China – unterstützten Serbien gegen die Politik der meisten westlichen Staaten. Unter der Präsidentschaft von Boris Jelzin zeigten sich jedoch noch Teile der russischen Diplomatie – freilich unter heftiger Kritik der russischen öffentlichen Meinung – zu einer partiellen Zusammenarbeit mit den interventionswilligen westlichen Staaten bereit.

Während die Vereinigten Staaten nicht mehr willens waren, weitere von Serbien betriebene Vertreibungen und Übergriffe gegen die Zivilbevölkerung auf dem Boden des früheren Jugoslawien hinzunehmen, versuchten Russland und China – beide unter anderem auch mit Blick auf eigene Minderheitenprobleme und Separatismen – ein internationales Eingreifen im Kosovo zu verhindern, auf jeden Fall aber die serbische Souveränität über Kosovo zu bewahren. Großbritannien und seit Frühling 1998 auch Frankreich unterstützten die amerikanische Haltung, Deutschland und Italien hingegen wollten einen bewaffneten Konflikt vermeiden. In Deutschland erfolgte dies vor dem Hintergrund der kriegerischen Vergangenheit im Zweiten Weltkrieg, in Italien wohl auch mit Blick auf italienische Investitionen in Serbien; in beiden Ländern trat ein unterschiedlich akzentuierter Antiamerikanismus hinzu. Italien fürchtete wie Deutschland neue Flüchtlingswellen aus dem Balkan; es hatte 1997 in einer großangelegten Unternehmung („Operation Alba") den Zusammenbruch des albanischen Staates auffangen helfen, der durch die Implosion der sogenannten „Pyramidenspiele" ausgelöst worden war.

Von den kleineren Staaten kam dem einzigen südosteuropäischen EU- und NATO-Mitglied Griechenland eine besondere Rolle zu: Aus historischen, religiösen, wirtschaftlichen und geostrategischen Gründen unterstützte Griechenland Serbien mitunter in offener, zumeist aber verdeckter Weise. Griechische Unternehmen verfolgten erhebliche wirtschaftliche Interessen in Serbien; es wurde zudem vermutet, dass S. Milošević persönlich enge Geschäftsbeziehungen zu griechischen Banken pflegte. Griechenland hegte zudem die Befürchtung, dass sich als Folge einer internationalen Intervention im Kosovo ein großalbanischer Staat bilden könnte. Die starke albanische Einwanderung in Griechenland, Streitigkeiten um die griechische Minderheit in Südalbanien, Restitutionsforderungen von im Zweiten Weltkrieg aus dem griechischen Epirus vertriebenen muslimischen Albanern (Çamen aus der Landschaft Çamëria/griech. Tsamuriá), die teilweise mit dem faschistischen Italien zusammengearbeitet hatten, komplizierten das Verhältnis Griechenlands zu seinem nordwestlichen Nachbarvolk zusätzlich. Schließlich gestalteten sich die griechischen Beziehungen zu seinem zweiten nördlichen Nachbarstaat Makedonien wegen des Streits um dessen Staatsnamen außerordentlich schwierig. Griechenland unterstützte daher die serbische Bekämpfung der UÇK und nützte dabei auch seinen erheblichen Einfluss besonders auf Politiker der sozialistischen Partei in Albanien, die oft enge wirtschaftliche Kontakte zu Griechenland unterhielten.

Vor diesem hier nur in Grundzügen skizzierten schwierigen politischen Umfeld hatten jene westliche Staaten zu agieren, die dem immer härteren serbischen Vorgehen im Kosovo Einhalt gebieten wollten. Am Ende des ersten Kriegsjahres hatten die Vereinigten Staaten einen Waffenstillstand im Kosovo vermittelt (13. Oktober 1998). Auf die serbische Offensive im Januar 1999, bei der es zu international stark beachteten Kriegsverbrechen kam (Massaker von Reçak/serb. Račak, am 25. Januar 1999), antwortete die internationale Diplomatie mit verstärkter Tätigkeit. Nachdem Gespräche des NATO-Generalsekretärs Javier Solana in Belgrad ergebnislos geblieben waren (31. Januar 1999), beriefen die Großmächte (als „Kontaktgruppe" zusammengeschlossen) am 6. Februar 1999 eine Konferenz in das französische Rambouillet ein, zu der eine serbische Regierungsdelegation und eine kosovo-albanische Abordnung, bestehend aus Vertretern der UÇK und der LDK, geladen wurden. Die Vereinigten Staaten, Großbritannien und Frankreich hielten das Heft in der Hand, während Russland, das seit Kurzem rot-grün regierte und daher von seinen Verbündeten mit Misstrauen bedachte Deutschland, Italien und die EU keine größere Rolle spielten. Die drei Großmächte schlugen folgende Lösung der Krise vor: Abzug aller serbischer Sicherheitskräfte; Stationierung einer NATO-geführten Friedenstruppe; Aufbau demokratischer Institutionen; endgültige Entscheidung über den verfassungsrechtlichen Status des

Kosovo nach drei Jahren. Erst unter großem – vor allem amerikanischem – Druck stimmte die kosovo-albanische Delegation (Hashim Thaçi, Rexhep Qosja, Ibrahim Rugova), die einen eventuellen weiteren Verbleib des Kosovo bei (Rest-)Jugoslawien ausschloss, zu (Adem Demaçi verweigerte die Unterschrift); die serbische Delegation lehnte ab. Während der Verhandlungen steigerte Serbien den Vertreibungsdruck auf die albanische Bevölkerung. Slobodan Milošević, der seit Jahren westliche Politiker und Diplomaten mit Geringschätzung behandelt hatte und deren tatsächlich oft leer gebliebenen Drohgesten kaum Bedeutung beimaß, äußerte, er werde die Frage der Kosovo-Albaner auf seine Weise lösen. In der ganzen Jugoslawienkrise war Serbien im Gegensatz zu anderen Konfliktparteien (Kroatien, Bosnien-Herzegowina und besonders den Kosovo-Albanern) dadurch begünstigt gewesen, dass die jugoslawische Diplomatie traditionell serbisch beherrscht war und diese Diplomaten wesentlich bessere Kenntnisse über den Westen besaßen als ihre rasch wechselnden, oft erheblich weniger sachkundigen westlichen Verhandlungspartner über südosteuropäische Politik.

Die serbische Armee, die Sonderpolizei und Paramilitärs gingen im ersten Halbjahr 1999 mit größter Brutalität gegen die albanische Bevölkerung des Kosovo vor: rund 90 % der Kosovo-Albaner flohen aus ihren Häusern oder wurden aus ihnen vertrieben; die „ethnische Säuberung" drängte rund 850.000 Menschen über die Grenzen in die mit der Zahl der Flüchtlinge überforderten Nachbarstaaten Albanien und Makedonien; rund 40 % der Häuser im Kosovo wurden zerstört oder schwer beschädigt; rund 4300 Albaner wurden ermordet und in Massengräbern beerdigt; rund 3500 Personen wurden verschleppt bzw. galten nach Kriegsende als vermisst. Systematisch wurden für die albanische Kultur wertvolle Denkmäler und Gegenstände zerstört. Gezielt wurden muslimische Gotteshäuser angegriffen und muslimische Geistliche ermordet. Von diesem Grauen gelangten nur wenige Bilder in die westlichen Fernsehkanäle, die in medial geprägten Demokratien bedeutsam sind.

Während Serbien kurz davorstand, sein Ziel – Kosovo ohne die Kosovo-Albaner – zu verwirklichen, behinderten Russland und China im Sicherheitsrat der Vereinten Nationen den Versuch der drei westlichen Großmächte, die Legitimierung für ein militärisches Eingreifen zu erhalten. Angesichts der Massenvertreibungen entschloss sich die NATO, auch ohne ein ausdrückliches Mandat der Vereinten Nationen einzugreifen. Am 24. März 1999 begann sie mit Luftschlägen gegen Serbien, die bis zum 10. Juni 1999 fortgeführt wurden; insgesamt wurden rund 10.500 Kampfeinsätze gegen Ziele im Kosovo und in Kernserbien geflogen. Bald aber zeigte sich das Dilemma, vor dem kriegführende Demokratien stehen: Die Medien drängten auf rasche Erfolge; als diese sich nicht gleich einstellten, wuchs die Kritik. Zudem verfolgte Serbien eine Strategie der Medienkriegsführung, die in vielen westlichen Staaten Anklang fand: Unbewaffnete Zivilisten versuchten, durch Menschenketten NATO-Angriffe auf Belgrader Brücken zu verhindern. In Deutschland mag dies viele Menschen an Mahnwachen gegen Ausländerfeindlichkeit erinnert haben. Die albanischen Flüchtlinge und Gewaltopfer hingegen verfügten nicht über eine Bildsprache, die westliche Medienkonsumenten derart ansprach. In mehreren Ländern bewirkten ideologische Sympathien mit der sozialistischen Regierungspartei in Belgrad und ein ausgeprägter Antiamerikanismus, dass die serbische Selbstdarstellung, Opfer einer Aggression zu sein, verfing. Die albanischen Opfer hingegen traten in der Wahrnehmung in den Hintergrund. Wie schon 1913/14 scheuten die westlichen Großmächte vor dem Einsatz von Bodentruppen zurück. Da strategische Diskussionen in Demokratien auch öffentlich geführt werden, konnte sich die serbische Regierung einen Eindruck von den Schwächen der NATO-Länder verschaffen. Rückhalt fand Serbien bei Russland, dessen stellvertretender Verteidigungsminister am 31. März 1999 erklärte: *„Am 24. März dieses Jahr hat die NATO ihr wahres Gesicht und ihre eigentlichen Absichten enthüllt... Es sind die USA und die NATO mit ihren ganzen 15 Prozent der Weltbevölkerung, die ihren Willen der ganzen Weltgemeinschaft aufzwingen und sich das Recht anmaßen wollen, im Namen der Menschheit zu sprechen"*[48].

Die deutsche EU-Ratspräsidentschaft wählte schließlich die G-8 (die führenden westlichen Industrienationen und Russland) als Instrument, um die schwierige Lage zu lösen. Am 14. April 1999 stellte sie einen von Außenminister Joseph Fischer ausgearbeiteten Plan vor, der folgende Punkte beinhaltete: ein Ende der Gewalt, den Rückzug aller serbischen Streitkräfte, die Entsendung einer internationalen Friedenstruppe und die Wiederherstellung der im Putsch von 1989 aufgehobenen Autonomie. Russland setzte durch, dass die

---

48 K. Segbers – Chr. Zürcher, Russland und der Kosovo-Konflikt, in: Clewing – Reuter, 381–393, 384.

serbische Souveränität über den Kosovo beibehalten wurde. Am 3. Juni 1999 nahm das serbische Parlament diesen Plan an. Am 10. Juni verabschiedete der VN-Sicherheitsrat die Resolution 1244, die die Punkte des Fischerplans im Wesentlichen bestätigte. Einerseits wurde die territoriale Unversehrtheit Jugoslawiens bekräftigt, andererseits eine „substantielle Autonomie" des Kosovo gefordert. Damit war zwar ein Kompromiss gefunden, dem auch Russland und China zustimmten, doch wurde die Möglichkeit einer Lösung der Kosovofrage vergeben.

Dritter Hauptteil

Kosovo als internationales Protektorat (1999–2008)

Erneute Flucht und Vertreibung

Während der Luftangriffe der NATO hatten UÇK-Kämpfer im Norden des Kosovo Teile der albanischen Zivilbevölkerung vor der Vertreibung geschützt und im Westen der Region kleinere Aktionen durchgeführt, die mit NATO-Verbänden koordiniert waren. Nach dem Abzug der serbischen Armee und Sicherheitsbehörden, denen zahlreiche Zivilisten gefolgt waren, rückten UÇK-Kämpfer rasch, in der Regel vor den Truppen der Vereinten Nationen (Kosovo Forces; KFOR), in den zentralen Kosovo ein. Sie begannen nun ihrerseits, mit einer flächendeckenden Vertreibung von Serben und Roma; Letztere wurden der Zusammenarbeit mit den serbischen Behörden verdächtigt. Wieder einmal zeigte sich die kosovo-albanische Seite als Nachahmerin serbischer Politik: Bei ihrem Abzug hatten serbische Truppen und Paramilitärs im Kosovo ganze Städte (Peja, Gjakova) verwüstet, sie hatten gebrandschatzt und gemordet, möglichst viele Güter nach Serbien abtransportiert; was nicht mitgenommen werden konnte, wurde zerstört oder unbrauchbar gemacht. Mit den UÇK-Kämpfern strömten auch die Flüchtlinge zurück. In diesem Klima der Gewalt erfolgten zahlreiche Racheakte gegen Serben, Roma und auch Albaner. Wie schon im Falle der von Serben verübten Verbrechen trafen auch die Gewalttaten von Albanern viele unschuldige und wehrlose Zivilisten. Mehrere hundert Serben wurden ermordet, 1200 galten als vermisst, rund 100.000 Menschen, vor allem Serben und Roma, wurden aus ihrer Heimat vertrieben; zahlreiche Kirchen und serbische Kulturdenkmäler wurden verwüstet. In dem Grauen des ersten Halbjahres 1999 erreichte die seit 1912 immer wieder in Bewegung gesetzte Gewaltspirale ihren Höhepunkt.

Das Ausmaß der Gewalt geriet im westlichen Ausland bald in Vergessenheit. Die Betroffenen erinnern nur in eng begrenzten Ausschnitten daran: Nicht die leidenden Zivilisten stehen im Mittelpunkt der albanischen und der serbischen Erinnerungskultur, sondern „Märtyrer", d. h. Männer, die im Kampf gefallen waren. Für sie wurden von beiden Konfliktparteien Denkmäler errichtet. Nur wer als Mann mit der Waffe in der Hand umgekommen war, gilt der Erinnerung würdig. Die seelischen Wunden der großen Bevölkerungsmehrheit wurden (und werden immer noch) verdrängt und verschwiegen.

Durch die Gewaltpolitik Slobodan Miloševićs war die gesamte Bevölkerung in Bewegung gezwungen worden, zuerst beinahe alle Albaner, dann etwa die Hälfte der Serben. Die Vertreibung und Flucht der meisten Serben aus dem Kosovo setzte den seit 1912 andauernden serbischen Versuchen ein Ende, die demographischen Verhältnisse im Kosovo zu ihren Gunsten zu verändern. Die Kosovo-Serben, die Milošević an die Macht gebracht hatten, zahlten einen ungeheuren Preis für die bewusste Radikalisierung der politischen Lage in Kosovo und ganz Serbien. Milošević hatte Kosovo „ethnisch säubern" wollen – dies ist eingetreten, doch nicht im Sinne seiner Politik. Durch die Flucht und Massenvertreibung von Serben wurde der ethnische Homogenisierungsprozess im Kosovo zum Abschluss gebracht: Albaner stellten über 90 % der Bevölkerung.

Die im Kosovo verbliebene serbische Bevölkerung lebt derzeit zum einen kompakt im äußersten Norden der Region, die durch den Fluss Ibar vom albanischen Teil des Kosovo getrennt ist. Die Stadt Mitrovica ist seit 1999 faktisch in einen serbischen Nord- und einen albanischen Südbezirk geteilt. Südlich des Ibar bestehen mehrere kleinere serbische Siedlungsinseln bei Priština (Čaglavica), im Südosten (Kamenica, Novo brdo), im Süden (Štrpce) sowie bei und in den Klöstern, in die sich zahlreiche Menschen geflüchtet hatten (etwa Gračanica). Durch die Vertreibung von Serben und Roma und die Ermordung politischer Gegner hatte die UÇK schon vor dem Einmarsch der KFOR die Macht an sich gerissen. Die LDK, deren militärische Führer ausgeschaltet worden waren, besaß kaum Einfluss: ihr Führer Ibrahim Rugova war zweimal bei Verhandlungen mit Slobodan Milošević in zweifelhafter Situation vom serbischen Staatsfernsehen gefilmt worden. Viele Kosovo-Albaner verloren das Vertrauen zu einem Präsidenten, der zeitgleich zum Höhepunkt der Vertreibungen mit der serbischen Regierung verhandelte. Die Distanz zwischen LDK und der UÇK, die sich nach dem Ende der Kampf-handlungen in eine politische Kraft umwandelte, wuchs weiter. Am 2. April 1999 hatte der UÇK-Führer Hashim Thaçi eine Provisorische Regierung ge-bildet. Doch nicht die beiden größten albanischen politischen Formationen, sondern die Großmächte, gestützt auf die VN-Resolution 1244, übernahmen im Kosovo die Macht.

Das Herrschaftssystem der UNMIK

Von 1999 bis 2008 unterstand das Kosovo der Zivilverwaltung der „United Nations Mission in Kosovo" (UNMIK). Zusammen mit der KFOR als bewaffnetem Arm der Großmächte sollte die UNMIK drei wesentliche Ziele verfolgen: die Errichtung einer Übergangsverwaltung nach dem Abzug der serbischen Behörden; den Aufbau einer kosovarischen Verwaltung; und schließlich die Ausarbeitung einer endgültigen völkerrechtlichen Klärung des Status des Kosovo. Geleitet wurde die UNMIK von einem Sonderbeauftragten, den der Generalsekretär der Vereinten Nationen ernannte. Die UNMIK zog alle wesentlichen ausführenden, gesetzgebenden und rechtsprecherischen Kompetenzen an sich. Man hat daher von einer Form von Neoabsolutismus (A. Schwarz) gesprochen. Kosovo wurde zur Schutzherrschaft der Vereinten Nationen, genauer jener Großmächte, die im Rahmen der KFOR die Region in Militärbezirke unterteilt hatten: die Vereinigten Staaten, Großbritannien, Frankreich, Deutschland und Italien. Die Vereinigten Staaten errichteten mit „Camp Bondsteel" bei Ferizaj ihr wichtigstes Militärlager auf dem Balkan. Im Rahmen der UNMIK beteiligten sich hingegen zahlreiche Mitgliedstaaten der Vereinten Nationen. Hinzu kamen Entwicklungshilfevertreter einzelner Länder sowie zahlreiche Nichtregierungsorganisationen. Noch nie war ein derart zahlenstarker Verwaltungsapparat auf den Kosovo gestülpt worden. Und den sogenannten „internationals" (die Bewohner des Kosovo galten in diesem Jargon als „locals") erging es kaum anders als all den staatlichen Verwaltungen in früheren Jahrhunderten, mit dem Unterschied, dass sowohl die drei Imperien wie auch Serbien über wesentlich bessere Kenntnisse bzw. gründlichere Erfahrungen im Umgang mit dem Kosovo verfügt hatten als die zehntausenden Mitarbeiter der genannten Organisationen.

Wie im bosnisch-herzegowinischen Protektorat der Vereinten Nationen tat sich bald ein kultureller Graben zwischen den Angehörigen der internationalen Behörden und der regionalen Gesellschaft auf. Viele Kosovo-Albaner lehnten die UNMIK bald als „koloniale Herrschaft" ab.

Wesentlich geschwächt wurde die VN-Verwaltung von Beginn an durch eine sehr hohe Personalfluktuation und kurze Amtszeiten – was sich allein schon an den äußerst knappen Herrschaftsperioden der Sonderbeauftragten

„Nieder mit der UNMIK und der politischen Klasse" – Graffiti in Prishtina

ablesen lässt. Die häufig in einem sechsmonatigen Rhythmus wechselnden Vertreter der VN hatten kaum Zeit, sich in ihre Dossiers einzuarbeiten; hatten sie erst einmal Sachkenntnis erworben, verließen sie den Kosovo schon wieder. Sachkompetenz und Wissen wurden auch nicht oder nur in mangelhafter Weise an die Amtsnachfolger weitergegeben. Was einst die serbische Regierung schon ausgenützt hatte – eigene personelle Stabilität und hohe Kompetenz gegenüber stets wechselnden und weniger sachkundigen westlichen Verhandlungspartnern –, ist auch im Kosovo zu beobachten.

Große Summen wurden in die Förderung des interethnischen Dialogs investiert, ohne dass greifbare Ergebnisse erzielt worden wären. Negativ fällt auch die Bilanz der Wirtschaftsverwaltung aus: In neun Jahren ist es der UNMIK nicht gelungen, die Kraftwerke Kosovo A und B vollständig in Betrieb zu nehmen; im Gegenteil, der rohstoffreiche Kosovo leidet seit Jahren unter Strommangel und kann seine Funktion als Energieexporteur in einer ausgesprochen energiearmen Region nicht erfüllen. Vielmehr wurden rund 400 Millionen Euro für die Reparatur eines Elektrizitätswerks verschwendet, dessen Leitung einem deutschen Hochstapler übergeben worden war. Die Energiekrise rührt auch daher, dass im Kosovo beinahe niemand Stromrechnungen bezahlt.

Zunehmend musste sich die UNMIK mit Korruptionsvorwürfen auseinandersetzen; ebenso mit dem Vorwurf, dass – wie gezeigt vornehmlich zu Beginn der internationalen Verwaltung – ihre Präsenz die von Kosovo-Albanern kontrollierte Prostitution förderte. Die Polizei erwies sich kaum in der Lage, besonders die Organisierte Kriminalität zu bekämpfen. Vielmehr musste ihr Chef im

Jahre 2006 nach Morddrohungen den Kosovo verlassen. Die internationale und die regionale (d. h. de facto kosovo-albanische) Justiz arbeiten ungenügend zusammen. Der Schutz von Zeugen, insbesondere bei Kriegsverbrecherprozessen, wurde nicht gewährleistet. Als positive Ergebnisse des VN-Verwaltung sind zu nennen: die Beschäftigung vieler kosovarischer Arbeitskräfte in der öffentlichen Verwaltung (zeitweise bis zu 30 % der arbeitsfähigen albanischen Bevölkerung) – freilich produzierte dies eine Scheinkonjunktur, da all die Angestellten, Übersetzer und Fahrer in einem Dienstleistungssektor arbeiten, der bei der Reduzierung der internationalen Präsenz zusammenbrechen wird. Auch ist es mit Ausnahme der Serbenpogrome von März 2004 zu keinen größeren Unruhen gekommen. Die regionale Polizeitruppe (mit 15 % Beamten aus ethnischen Minderheiten) konnte die normale (nicht die Organisierte) Kriminalität verringern.

Eine Bewertung der VN-Verwaltung kann angesichts der Forschungslage nicht definitiv sein. Als problematisch erweist sich auch, dass die Berichterstattung der internationalen Behörden die Resultate oft positiver darstellen, als sie tatsächlich sind. Hier erweisen sich wirtschaftliche Interessen beteiligter Institutionen nicht als förderlich für die Effizienz und Nachhaltigkeit der tatsächlichen Arbeit in der Region. Eine große Zahl von freischaffenden „Beratern", oft ehemalige UNMIK- und Hilfsorganisationsmitarbeiter, verschlang erhebliche Mittel, ohne greifbare Ergebnisse vorweisen zu können. Die Wochenzeitung „Die Zeit" schrieb im Jahre 2003: *„Zehn bis zwanzig Prozent (…) [der „Berater"] sind Abenteurer und Kriminelle"*[49].

Von den Problemen des Kosovo – Wirtschaftskrise, Energiemangel, Arbeitslosigkeit, ethnische Spannungen, Rechtsstaatlichkeit – hat die UNMIK unter diesen Umständen keines wirklich einer endgültigen Lösung zuzuführen vermocht. Die UNMIK scheiterte an den soziokulturellen Strukturen des Kosovo, an den unklaren rechtlichen und politischen Vorgaben aus New York und ihren eigenen organisatorischen Schwächen. Nach einem Bericht der „Zeit" (8.2.2008) wurden im Kosovo fünfundzwanzigmal mehr Geld und fünfzigmal mehr Soldaten pro Einwohner eingesetzt als in Afghanistan. Der finanzielle Aufwand der Geberländer und die erzielten Ergebnisse stehen in einem Missverhältnis.

---

49   Nobert Mappes – Niediek – B. Cufaj, Ende einer unmöglichen Mission. *Die Zeit* 29/2003 (www.zeit.de/text/2003/29/Kosovo-Haupttext, gelesen am 8.2. 2008).

Die UÇK als politische und militärische Kraft

Die Festigung der UÇK als *politische* Kraft seit Dayton ist wesentlich das Ergebnis westlicher, besonders amerikanischer Diplomatie, die einen Verhandlungspartner suchte und diesen letztlich aufbaute. Dadurch wurden die gemäßigten Vertreter der alten kosovo-albanischen Eliten, zusammengeschlossen in der LDK, geschwächt – und gleichzeitig von Beginn an die Stabilität der VN-Verwaltung gefährdet. VN-Beamte verhalfen der Guerilla zu politischem Ansehen, fügten aber damit der kosovo-albanischen Zivilgesellschaft erheblichen Schaden zu. Wie in Bosnien-Herzegowina setzten die Vereinten Nationen auf etablierte Kräfte als Verhandlungspartner und übersahen dabei, dass dadurch alte Konflikte nur fortgesetzt wurden. Der Aufbau einer neuen unbelasteten Elite wurde kaum versucht. Das missglückte bosnische Modell wurde vielmehr auf Kosovo übertragen – und scheiterte auch dort.

Die Kosovo-Albaner begrüßten besonders die NATO-Truppen der KFOR zunächst als Befreier. Doch wie bereits 1941 wurden diese unbequem, nachdem die Kosovo-Albaner ihr Ziel, die Verdrängung der Serben, erreicht hatten. Zudem verfolgte die KFOR politische Ziele, die stark an die spätosmanische Zeit erinnerten, ohne dass ihr und den westlichen Politikern und Diplomaten dies bewusst gewesen wäre. Gemäß der VN-Resolution 1244 hatte nicht nur Serbien seine Truppen abzuziehen, sondern auch die albanische Seite die Waffen abzugeben. Angesichts der kulturellen Bedeutung des Waffenbesitzes bei albanischen Männern und des Versagens von VN-Schutztruppen in Bosnien, vor allem aber um ihre Macht nicht zu verlieren, zeigten die UÇK-Kämpfer hierzu zunächst keine Bereitschaft. Es entstanden so kurze Zeit nach dem Einmarsch der KFOR erste Spannungen zwischen der UÇK und den Vertretern der Vereinten Nationen.

Die UÇK behauptete in ihrer Selbstdarstellung, die NATO sei ihre Luftwaffe gewesen und sie, nicht die NATO, hätte den Sieg gegen Serbien errungen. So unrichtig diese Behauptung auch ist – die UÇK wäre in einem Krieg gegen die serbische Armee wie schon 1998 besiegt worden –, stützte die UÇK ihren Machtanspruch doch auf den Mythos ihres militärischen Erfolgs. In der Folge nahm die Verehrung von UÇK-„Märtyrern" eine beinahe religiöse

Dimension an (s.u. S. 359–361). Mit dem Mythos vom Sieg im Felde positionierte sich die Guerilla nicht nur in der kosovo-albanischen Gesellschaft, sondern auch gegenüber der KFOR: Eine offene Herausforderung stand so schon am Beginn der Schutzherrschaft der Vereinten Nationen.

Zwar wurde eine Entwaffnung durchgeführt, doch erfolgte sie erst nach starkem Druck und dazu alles andere als umfassend. Die UÇK behielt viele Waffen in Erwartung möglicher weiterer Konflikte. Ihre Hauptabsicht bestand darin, sich als politische Hegemonialmacht in der kosovo-albanischen Gesellschaft durchzusetzen. Und dies betrieb sie mit großer Härte gegen echte und vermeintliche Opponenten. Sie stützte sich dabei auf die Veteranenverbände, die nach der Auflösung der Kampfeinheiten gegründet worden waren, sowie auch auf ihren Einfluss in den „Kosovo-Verteidigungstruppen" (alb. Trupat Mbrojtëse të Kosovës), die aus 5000 ehemaligen UÇK-Kämpfern (davon 2000 in Reserve) unter dem Befehl von Agim Çeku gebildet worden waren und de facto den Kern einer künftigen kleinen kosovo-albanischen Armee darstellten, obwohl sie offiziell nur zum Katastrophenschutz hätten eingesetzt werden sollen. Nach der weitgehend verhinderten Entwaffnung hatte die UÇK damit ein zweites Mal die Vorgaben der Vereinten Nationen unterlaufen. Ihr nächstes Ziel auf dem Wege der Machtergreifung musste es sein, auch die zivilen Verwaltungsstrukturen, die von der UNMIK aufgebaut wurden, unter ihre Kontrolle zu bringen.

Tatsächlich war vorgesehen, dass die UNMIK in einem stufenweisen Prozess Verwaltungsbefugnisse an die regionale kosovarische Verwaltung übergeben sollte. Dieser Prozess begann mit den Gemeindewahlen im Jahre 2000 und endete mit den Parlamentswahlen vom 17. November 2002. Seit 2001 verfügt der Kosovo über ein eigenes Parlament, einen eigenen Präsidenten, eine Regierung mit Ministerien. Wie im Protektorat der Vereinten Nationen in Bosnien-Herzegowina besitzt der VN-Sonderbeauftragte ein Vetorecht gegen Beschlüsse des Parlaments und der Regierung. Bei den Gemeindewahlen erlitten aber die aus der UÇK hervorgegangenen Parteien der Guerillaführer Hashim Thaçi (Partia Demokratike e Kosovës/Demokratische Partei von Kosovo) und Ramush Haradinaj (Aleanca për Ardhmërinë e Kosovës/Allianz für die Zukunft des Kosovo) eine herbe Wahlniederlage gegen die LDK Ibrahim Rugovas, die 58 % der Stimmen errang (Oktober 2000). Es war dies ein Protest der Bevölkerung gegen die Willkürherrschaft und die Übergriffe

der UÇK-Vertreter, die ihr Ansehen in Teilen der kosovo-albanischen Gesellschaft verloren hatten. Doch ging in der Folge auch der Einfluss der LDK
langsam zurück; bei den Parlamentswahlen im Dezember 2001 erreichte sie
noch 45,6 % (Thaçi: 25,7 %; Haradinaj: 7,8 %). Sie musste daher bei der Regierungsbildung im Jahre 2002 mit beiden UÇK-Führern und zwei kleineren
Parteien koalieren. Immerhin wurde ihr Führer Ibrahim Rugova im März
2002 zum Präsidenten gewählt. Im nächsten Wahlgang, im Oktober 2004,
hielt die LDK ihren Anteil von 45,4 %, war aber wieder genötigt, mit einer
UÇK-Nachfolgegruppe zusammenzugehen und sogar hinzunehmen, dass deren Anführer, Ramush Haradinaj, Ministerpräsident wurde; Haradinaj stellte
sich nach erheblichem Druck im März 2005 dem Internationalen Kriegsverbrechertribunal im Haag, konnte aber bald wieder in den Kosovo zurückkehren. Im Januar 2006 starb die LDK-Symbolgestalt Ibrahim Rugova. Nach
seinem Tod hatte der nach Haradinajs politischer Ausschaltung einzige wichtigere UÇK-Führer, Hashim Thaçi, die Gelegenheit, wieder an die Macht zu
gelangen. Begünstigt von Korruption und Inkompetenz der LDK-geführten
Regierung, wurde seine Partei im November 2007 erstmals die stärkste Kraft
im Kosovo. Die Ex-Guerilla übernahm wieder die Macht.

Was hier in knappen Worten ausgeführt wird, bedeutet eine tiefgreifende
Verschiebung der Kräfteverhältnisse in der kosovo-albanischen Gesellschaft:
die alten urbanen gebildeten Eliten, die in jugoslawischer Zeit aufgestiegen
waren und die Strategie des friedlichen Widerstands vertreten hatten, wurden
von jungen, meist schlecht gebildeten, aber kampferprobten und oft auch
gewaltbereiten Männern aus ländlichen Gegenden (bzw. aus bildungsfernen
Schichten der Diaspora) ersetzt.

Ein derartiger Prozess hat auch in anderen kriegserschütterten Teilen des
früheren Jugoslawien stattgefunden, besonders in Bosnien-Herzegowina und
Serbien: In den Konflikten im Zuge des Zerfalls Jugoslawiens wurde auch ein
Krieg des Dorfes gegen die Stadt, der Landschaft gegen urbane Gesellschaften
und Lebensformen geführt; der Prozess der Rurbanisierung kam zu einem
häufig gewaltsamen Abschluss. Nach Serbien strömten gewaltaffine serbische Flüchtlinge aus ländlichen Regionen Kroatiens, Bosniens und des Kosovo und veränderten das soziale Klima in Städten wie Belgrad grundlegend.
Dasselbe geschah im Kosovo, wo Prishtina eine eigentliche demographische
Explosion erlebte: Die Landflucht ließ nicht nur die städtische Bevölkerung

anwachsen, sie führte zu einem Zusammenprall sozialer Welten innerhalb derselben Sprachgemeinschaft; und die gewaltbereitere Gruppe, die Zuwanderer aus der dörflichen Gesellschaft, gewann.

Die Verlierer dieser gesellschaftlichen Verschiebung sind die städtische Bevölkerung, gebildete Schichten und besonders die Frauen. Denn die ländlichen UÇK-Kämpfer verdrängten vieles von dem, was an Frauenemanzipation in jugoslawischer Zeit erreicht worden war. Wie in anderen Teilen des früheren Jugoslawien hatte der Krieg eine Repatriarchalisierung auch in den Städten hervorgerufen; dies stellt einen der empfindlichsten Rückschläge in der Modernisierung der kosovo-albanischen Gesellschaft dar.

Der Export von kosovo-albanischem Extremismus

Der Aufstand im Preševotal

Der Einmarsch der KFOR vermochte zwar die Lage im Kosovo äußerlich zu beruhigen, einen Gewinn an Stabilität in der Region bewirkte er aber vorerst nicht. Kosovo-albanische Extremisten fühlten sich vielmehr ermuntert, nach dem Abzug der Serben die scheinbare Gezeitenwende zugunsten des albanischen Elements auf dem Balkan auszunützen und den Konflikt in jene drei südserbischen Gemeinden zu tragen, die eine mehrheitliche oder immerhin starke albanische Bevölkerung aufweisen: Preševo (89 % Albaner), Medvedja (26,1 % Albaner) und Bujanovac (54,7 % Albaner), die an der wichtigen Autobahn Belgrad – Saloniki liegen. Diese Gebiete litten wie der Kosovo seit langem unter einer schweren Wirtschaftskrise; die albanische Bevölkerung lehnte zudem die serbische Verwaltung ab. Mit Kosovo bestanden zahlreiche enge Familienverbindungen (u. a. betrifft dies auch Teile der kosovo-albanischen Elite). Als sich abzeichnete, dass im Kosovo Mitrovica faktisch zwischen Albanern und Serben geteilt würde, erhoben Kosovo-Albaner die Forderung, im Austausch dafür stark albanisch besiedelte Gebiete auf serbischem Staatsgebiet dem Kosovo anzugliedern. So entstand die Vorstellung eines „Ost-Kosovo", der „befreit" werden müsse. Serbien hatte sich 1999 verpflichten müssen, an der Grenze zu Kosovo eine entmilitarisierte Zone zu schaffen. Und diesen Freiraum nützten demobilisierte UÇK-Kämpfer im Januar 2000 aus, um die „Befreiungsarmee von Preševo, Medvedja und Bujanovac" (alb. Ushtria Çlirimtare e Preshevës, Medvegjës dhe Bujanovcit") zu gründen. Nur mit Mühe gelang es den Großmächten, vor allem den Vereinigten Staaten, UÇK- Führer Hashim Thaçi zu bewegen, den Gefechten in Südserbien Einhalt zu gebieten (März 2000). Ab Herbst 2000 arbeiteten KFOR und die serbischen Sicherheitsbehörden enger zusammen. Als die albanischen Freischärler ihre Angriffe im Preševotal unter Ausnützung der entmilitarisierten Zone fortsetzten, erlaubte die NATO der serbischen Armee, in diese Zone vorzurücken; innerhalb kürzester Zeit gaben sich die albanischen Rebellen geschlagen. Die serbische Regierung versprach eine bessere Integration der albanischen Minderheit. Seither herrscht im Preševotal gespannte Ruhe. Kosovo-albanische Extremisten sehen in der Region weiterhin ein politisches Tauschobjekt für den Fall, dass sich Mitrovica-Nord dauerhaft an Serbien anschließen sollte. Wesentliche Probleme des Preševotals liegen jedoch in der desolaten Wirtschaftslage. Zeitweise bildete die Region einen Umschlagplatz des Drogenhandels. 2006 betrug die Arbeitslosigkeit 70 %[50].

Der Bürgerkrieg in Makedonien

Wesentlich größere Ausmaße erreicht der Export politischer Gewalt von Kosovo nach Makedonien. Wie mehrfach angesprochen, bestanden zwischen den Albanern in beiden Verwaltungseinheiten des ehemaligen Jugoslawien enge Beziehungen. Die Makedo-Albaner hatten stets Entwicklungen im Kosovo mitverfolgt und nachvollzogen, so besonders die Unruhen von 1968 und 1981. Wie die Kosovo-Albaner haben sie eine eigene ethnische und räumliche Identität erst in Abgrenzung zur jugoslawischen Teilrepublik Makedonien und deren Titularnation ausgebildet: Denn die albanischsprachigen Gemeinschaften zwischen dem Ochridsee, der Ebene von Polog, in und um Skopje sowie in Nordostmakedonien haben geschichtlich betrachtet wenig gemeinsam. Zwischen den „Turk-Albanern" in Skopje (wo das osmanische Erbe besonders stark nachwirkte) und den abgelegenen Bauerndörfern in den engen Siedlungskammern Westmakedoniens hatte stets der oft erwähnte tiefe Graben zwischen Stadt und Land bestanden. Zahlreiche Gebirgszüge erschwerten die Kommunikation von Südwest- nach Nordostmakedonien. Da in Makedonien keine albanische Universität existierte, hatten die Angehörigen der kleinen makedo-albanischen Elite oft in Prishtina studiert und waren dort in Kontakt mit dem aus der Volksrepublik Albanien importierten nationalistischen Gedankengut gekommen. Zudem sind zahlreiche Albaner aus dem Kosovo nach Makedonien eingewandert. Soziokulturell sind die Makedo-Albaner auch im Vergleich der albanischsprachigen Gesellschaften konservativ; der sunnitische Islam prägt auch heute noch die makedo-albanische

---

50   Southern Serbia: Kosovo's Shadow. International Crisis Group Europe Briefing No. 43. 27 June 2006, 1.

Gesellschaft deutlich stärker als die albanischen Gesellschaften in Albanien und im Kosovo.

Makedonien hatte sich 1991 als einzige Teilrepublik friedlich aus dem jugoslawischen Staatsverband gelöst. Seine kommunistische Elite war stark nach Belgrad orientiert und übertrug die serbischen Befürchtungen bezüglich des Kosovo auf die in Makedonien lebende albanische Minderheit (rund 22 % der Bevölkerung). Gegen Ende der Achtzigerjahre verschärfte die makedonische Regierung den Druck auf die Makedo-Albaner. Die Kosovokrise wirkte schon damals auf die südliche Nachbarrepublik ein. Nach dem Herrschaftswechsel im Kosovo fühlten sich extremistische albanische Gruppen in Makedonien ermutigt, dem Beispiel der UÇK zu folgen und mit Gewalt für eine verbesserte verfassungsrechtliche Stellung bzw. sogar eine Loslösung von Makedonien (zeitweise wurde von einer „Republik Ilirida" gesprochen) zu kämpfen. Wie im Preševotal nahmen demobilisierte UÇK-Kämpfer, darunter zahlreiche Makedo-Albaner, auch in Makedonien Einfluss. Die sogenannte „zweite UÇK" bildete sich im Sommer 1999 in der weitgehend gesetzlosen Hochgebirgslandschaft des Šar heraus. Dort war die Grenze zwischen Kosovo und Makedonien nicht genau festgelegt; vor allem aber wagten (und wagen) es makedonische Polizeibehörden nicht, diese albanisch besiedelte Region zu kontrollieren. Von 1993 bis 1999 waren an der West- und Nordgrenze Makedoniens Truppen der Vereinten Nationen stationiert, deren Überwachungsversuche aber eher symbolischen Charakter aufwiesen. Albanische Politiker im Talort Tetovo beherrschten den Schmuggel in den Kosovo. Im ausbrechenden Konflikt kam den Interessen der makedo-albanischen Organisierten Kriminalität erhebliche Bedeutung zu: Sie wollte verhindern, dass ein wichtiger Transportweg von KFOR und makedonischen Behörden unterbrochen wurde. Organisierte Kriminalität und albanischer politischer Extremismus sind bis heute in dieser Region nur schwer auseinanderzuhalten. Zwischen April und September 2000 errichteten UÇK-II-Anhänger in diesem rechtsfreien Raum eine eigene Herrschaft. Offenbar mit zeitweiliger Duldung durch amerikanische KFOR-Truppen eröffneten die Guerillakämpfer im Januar 2001 Feindseligkeiten gegen die makedonischen Behörden. Diese steigerten sich im März 2001, als Jugoslawien (d. h. Serbien) und Makedonien ein Abkommen zur Grenzfestlegung zwischen Kosovo und Makedonien unterschrieben, was den serbischen Anspruch auf Kosovo und dessen Hinnahme durch Ma-

kedonien belegte. Im April und Mai kam es im Šargebirge und um Kuma-
novo (Nordostmakedonien, wo eine stärkere albanische Bevölkerungsgruppe
besteht, die an die albanischen Siedlungsgebiete im Kosovo und im Preševotal angebunden ist) zu Scharmützeln, die sich im Juni 2001 bis in albanisch
bewohnte Vororte der Hauptstadt Skopje ausdehnten. Die EU, die NATO
und die Vereinigten Staaten beendeten den Bürgerkrieg im Abkommen von
Ochrid, in dem Makedonien der albanischen Minderheit weitreichende Zugeständnisse machte (13. August 2001).

Beide hier nur in groben Zügen skizzierten Konflikte belegen das destabili-
sierende Potenzial des albanischen Extremismus im Kosovo. Nur das Eingreifen der westlichen Großmächte hat letztlich einen regionalen Flächenbrand
verhindert (auch wenn die Haltung der Vereinigten Staaten in Makedonien
zeitweise nicht ganz eindeutig war). Die Stabilisierung Makedoniens zählt zu
den wichtigsten Erfolgen der europäischen Diplomatie in Südosteuropa. Die
Rebellion der Albaner hat im Vergleich zum Kosovo wenige Opfer gefordert.
Das Abkommen von Ochrid aber trägt zu einer zunehmenden ethnischen
Entflechtung (z. B. durch ethnisch getrennten Schulunterricht) bei. In Tetovo bildete sich – neben Tirana und Prishtina – ein weiteres politisches Zentrum des albanischsprachigen Südosteuropa. Die politische Orientierung der
Makedo-Albaner ist weiterhin an Prishtina und weniger an Tirana gebunden.
Hier zeigt sich die Auswirkung einer gemeinsamen Entwicklung der Albaner
im früheren Jugoslawien im Gegensatz zum albanischen Nationalstaat.

Die kosovo-serbische Parallelgesellschaft

Mit dem Abzug der serbischen Sicherheitskräfte waren die Kosovo-Serben in eine sehr schwierige Lage geraten. Wie erwähnt, flohen rund 100.000 Kosovo-Serben und nicht wenige Roma aus dem Kosovo bzw. wurden von Albanern vertrieben. Rund 1000 Serben wurden zwischen Sommer 1999 und Sommer 2001 ermordet. Es war der einrückenden KFOR nicht gelungen, die albanischen Racheaktionen zu verhindern.

Die verbliebenen Serben, rund 130.000 Menschen, zerfielen in zwei territorial getrennte Gruppen: den kompakten Siedlungsblock nördlich von Mitrovica und die serbischen Streusiedlungen im Rest des Kosovo. Im serbischen Norden des Kosovo erfolgte eine weitgehende ethnische Entflechtung; die meisten Albaner, die nördlich des Ibar lebten, mussten die Region verlassen bzw. konnten nicht dorthin zurückkehren, da hier weiterhin Serben die politische Kontrolle behielten. Ganz anders gestaltete sich die Lage der Serben in den anderen Teilen des Kosovo. Hier bestehen in der Sicherheitslage erhebliche regionale Unterschiede; zu berücksichtigen ist auch eine teilweise Entspannung nach 2004. Allen Lippenbekenntnissen kosovo-albanischer Politiker zum Trotz sind Teile der Kosovo-Serben Übergriffen bzw. Schikanen im Alltagsleben ausgesetzt. In einigen Zonen bilden serbische Dörfer abgeschlossene und von KFOR-Truppen bewachte Enklaven im albanischen Siedlungsgebiet. Auch hier setzte sich die Territorialisierung der ethnischen Gruppen fort. Die Bewegungsfreiheit der Serben ist in Teilen Kosovos stark eingeschränkt; serbische Busse wurden oft mit Steinen beworfen; serbische Denkmäler und Friedhöfe sind wiederholt geschändet worden. Starken militärischen Schutz durch KFOR-Truppen genießen die serbischen Klöster.

Angesichts dieser strukturellen Unterschiede bildete sich zunehmend eine uneinheitliche Interessenlage der Kosovo-Serben aus: Der Nordteil ist unmittelbar an das serbische Staatsgebiet angebunden und damit auch an das kompakte serbische Siedlungsgebiet auf dem Balkan. Diese Gruppe kann wesentlich offensiver gegenüber der UNMIK, der KFOR und den Kosovo-Albanern auftreten. Tatsächlich ist die VN-Verwaltung in der Region Mitrovica stark eingeschränkt. Die Serben in den Streusiedlungen sind hingegen auf eine möglichst gute Nachbarschaft mit den Kosovo-Albanern angewiesen und agieren daher vorsichtiger. Bei einer möglichen Eskalation würden die Serben in den Streusiedlungen von albanischen Übergriffen wesentlich stärker betroffen sein als die Region nördlich von Mitrovica. Weiters bestehen auch Unterschiede zwischen den Streusiedlungen: Jene im Osten verfügen über Beziehungen nach Südserbien (Region Vranje), während im Süden und Westen des Kosovo ein Gefühl der Isolation in einer albanischen Umgebung vorherrscht.

Einen Einschnitt in der Entwicklung der kosovo-serbischen Gemeinschaft bilden die antiserbischen Pogrome, die vom 17.–21. März 2004 den Kosovo erschütterten. Den Anlass bildete der angebliche Mord von Serben an drei albanischen Kindern. Innerhalb kürzester Zeit griff ein rund 50.000 Menschen umfassender kosovo-albanischer Mob serbische Siedlungen und Häuser an. 21 Menschen wurden dabei getötet, 1138 verletzt. Zahlreiche Kirchen wurden von Albanern angegriffen. Die KFOR, darunter das deutsche Kontingent in Prizren, versagte weitgehend. Was auf den ersten Blick als Zornausbruch der albanischen Bevölkerung erschien, erwies sich gutteils als geplanter Pogrom, wesentlich unterstützt von kosovo-albanischen Fernsehberichterstattern. Die Plünderer wurden mit Bussen transportiert, was eine genaue Logistik voraussetzt. Drahtzieher wurden im Milieu der kosovo-albanischen Organisierten Kriminalität und des UÇK-Umfeldes vermutet. Politik und kriminelles Milieu schienen sich zu vermengen.

Die wirtschaftliche Lage ist in beiden serbischen Siedlungsbereichen äußerst schlecht. Die serbische Bevölkerung ist im Vergleich zur albanischen deutlich überaltert. Die demographische Schere wurde nicht geschlossen, sie öffnet sich im Gegenteil immer weiter.

Am Leben erhalten wird die kosovo-serbische Gemeinschaft durch die wirtschaftliche Unterstützung aus Belgrad; der verarmte serbische Staat verwendet hierfür offenbar auch westliche Hilfsgelder, die eigentlich für Serbien bestimmt sind und nicht für das, was als serbische Parallelstrukturen im Kosovo bezeichnet werden kann. Viele Kosovo-Serben entzogen sich dem Zugriff der VN-Verwaltung bzw. benützten diese in erster Linie als Quelle eines zweiten Einkommens neben dem Salär, das sie aus Belgrad bezogen. Im August 2001 richtete die serbische Regierung ein „Koordinierungszentrum für Kosovo und Metohija" (serb. Koordinacioni Centar za Kosovo i

Metohiju) ein, das die serbischen Einflussmöglichkeiten im Kosovo bündelte. Serbien investierte 2006 zwischen 120 und 200 Millionen Euro, um ein serbisches Gesundheitswesen, Schulen und Pensionen aufrechtzuerhalten. Wie schon in jugoslawischer Zeit sind die Kosovo-Serben wirtschaftlich weitgehend vom Staat abhängig. Mit diesen Zahlungen versucht die Regierung in Belgrad, einen Teil ihres Einflusses im Kosovo zu bewahren und die Kosovo-Serben von der Abwanderung abzuhalten. Eine positive Zukunftsperspektive insbesondere für die Streusiedlungen bieten diese Maßnahmen jedoch nicht.

Bei den Kosovo-Serben bestehen zwei politische Strömungen, eine, die sich ganz an Direktiven aus Belgrad orientiert und die Zusammenarbeit mit der kosovo-albanischen Seite verweigert; und eine zweite wesentlich kleinere, die bereit ist, mit der UNMIK und den albanisch dominierten Regionalbehörden zusammenzuarbeiten. Es ist hervorzuheben, dass bereits in der zweiten Hälfte der Neunzigerjahre, besonders nach den serbischen Niederlagen in Kroatien und Bosnien (1995), sich kosovo-serbische Stimmen zu Wort gemeldet hatten, die die Instrumentalisierung der Kosovo-Frage durch Milošević kritisiert hatten und in Ansätzen eine andere als eine rein gewaltsame Lösung vorschlugen. Unterstützt wurde diese Strömung von einer Minderheit der orthodoxen Geistlichkeit. Sie vermochte sich aber nicht durchzusetzen, erst recht nicht eine Entspannung vor dem Krieg von 1999 zu erreichen. Versuche gemäßigter Serben aus den Streusiedlungen, im März 2007 ein eigenes Gremium zu bilden, das zwischen der kosovarischen Regierung in Prishtina und der Regierung in Belgrad vermitteln sollte, wurden von nationalistischen Kosovo-Serben und der serbischen Regierung zu Fall gebracht.

Von ausschlaggebender Bedeutung für die Haltung der Kosovo-Serben ist die politische Entwicklung in Serbien. Die Regierung von Slobodan Milošević war auch in den Neunzigerjahren nicht unumstritten gewesen. Die serbische Opposition, ob liberal oder nationalistisch, verfolgte das Ziel, den Diktator von der Macht zu verdrängen. In der Kosovo-Frage aber vertraten nur wenige Vertreter städtisch-liberaler Kreise eine gemäßigte Haltung. Viele Oppositionelle waren mit Milošević einig oder vertraten noch radikalere Meinungen. Der oft gegen die LDK erhobene Vorwurf, sie habe mit ihrer Weigerung, an serbischen Wahlen teilzunehmen, die serbische Opposition geschwächt, ist daher problematisch. Denn die kosovo-albanische Seite konnte von einer serbischen Regierung ohne Milošević nicht automatisch mehr Verständnis für ihre Anliegen erwarten. Auch der Sturz Miloševićs (5. Oktober 2000) führte daher keine wesentliche Änderung in der serbischen Kosovo-Politik herbei. Die serbische Gesellschaft hatte sich schon als unfähig erwiesen, ihre Verantwortung für die Kriege in Kroatien und Bosnien-Herzegowina, also gegenüber kulturell den Serben nahestehenden Völkern, anzuerkennen; im Falle der Kosovo-Albaner, gegen welche auch in der serbischen Elite tief wurzelnde Vorbehalte bestanden, rang sich die serbische Gesellschaft erst recht nicht dazu durch, den von ihr zu verantwortenden Taten ins Auge zu blicken. Die serbische Position in der Kosovo-Frage nach 1999 ist nur dann verständlich, wenn man berücksichtigt, dass die serbische Gesellschaft sich auch im Kosovo als Opfer betrachtet und jede Form von Verantwortung ablehnt. In Serbien wurde nie offen darüber diskutiert, weshalb dem serbischen Staat die Provinz verloren gegangen war. Politik und meinungsbildende Kreise argumentierten formaljuristisch, mit dem Völkerrecht und der Unverletzlichkeit von Grenzen. Die Verbrechen des serbischen Staates gegenüber seinen albanischen Bürgern im Kosovo wurden nie in umfassender Form angesprochen. Während gemäßigte Politiker wie der 2003 ermordete Ministerpräsident Zoran Đinđić die Kosovo-Frage eher mieden, benützten nationalistische (Vojislav Koštunica) bis extrem-nationalistische Kreise (Vojislav Šešelj, Tomislav Nikolić) die Problematik als Mittel der Machtgewinnung bzw. -erhaltung. Sie bestärkten die Mehrheit der serbischen Gesellschaft in der Meinung, sie sei ohne Schuld Opfer einer Aggression der NATO geworden. Die serbischen Regierungen trafen von 2001 bis 2008 umfassende Maßnahmen, um die Autorität der Vereinten Nationen im Kosovo zu untergraben. Die Mehrheit der serbischen Gesellschaft trägt diesen Kurs mit. Westliche Politiker und Medien versuchten wiederholt, im serbischen politischen Spektrum starke gemäßigte Kräfte auszumachen. Doch beruhte dies eher auf Wunschdenken denn auf politischer Realität.

Die serbischen Präsidentschaftswahlen im Februar 2008 und die Reaktion führender serbischer Politiker auf die Unabhängigkeitserklärung des Kosovo veranschaulichen die Lage: Präsident Boris Tadić gewann nur mit den Stimmen der ethnischen und religiösen Minderheiten gegen den rechtsextremen Kandidaten Tomislav Nikolić. Die regionale Verteilung der Stimmen verdeutlicht dies: das serbische Kernsiedlungsgebiet (Šumadija) entschied sich für Nikolić; Tadić hingegen fand im Südwesten (Sandžak von Novi Pazar mit einer südslawischen muslimischen Bevölkerung), in der Vojvodina (mit einer erheblichen ungarischen Bevölkerung) sowie in der Region Belgrad Unterstützung. Die Minderheiten wählten Tadić weniger aufgrund von dessen Programm, sondern um ein größeres Übel zu verhindern. Die gemäßigten Kräfte sind innerhalb der serbischen Gesellschaft in der Minderheit. Die Gruppen, die in der Kosovo-Frage von einer strikt nationalen Linie abweichen, werden massiv eingeschüchtert. Mit Duldung – wenn nicht auf Geheiß der serbischen Regierung – wurden nach der Unabhängigkeitserklärung des Kosovo Botschaften einiger Staaten (vor allem der USA) angegriffen, die Serbien aufgrund internationaler Verträge hätte beschützen müssen. Im März 2008 schürte die serbische Regierung gewaltsame Unruhen in der Region von Mitrovica. Eine nationalistische Woge erfasste die serbische Gesellschaft. So herrscht auf serbischer wie albanischer Seite keine Bereitschaft zu Kompromissen. Diese Atmosphäre prägte auch die jahrelangen ergebnislosen Bemühungen um eine Verhandlungslösung.

Wirtschaftliche und gesellschaftliche Entwicklung

Unter der VN-Herrschaft entstand durch die zahlreichen neuen Arbeitsplätze in der aufgeblähten Verwaltung eine Scheinkonjunktur. Eine tatsächliche Verbesserung der Wirtschaftslage trat nicht ein. Der lange Zeit ungeklärte völkerrechtliche Status des Kosovo und ebenfalls undefinierte Besitzverhältnisse (Land und Betriebe) hielten ausländische Investoren ab. Überweisungen aus der Diaspora bilden weiterhin die wichtigste Einnahmequelle zahlreicher Familien. Mit derzeit rund 40 € im Monat reichen etwa die durchschnittlichen Renten nicht zum Überleben. Die Arbeitslosigkeit wird unterschiedlich hoch eingeschätzt, dürfte aber rund 40 % betragen; bei den Jugendlichen erreicht sie rund 80 %.

In Kosovo selbst wird beinahe nichts hergestellt. Die Landwirtschaft ist nicht in der Lage, die regionale Nachfrage zu befriedigen. Nahrungsmittel werden aus Serbien und Makedonien eingeführt. Im Energiebereich ist Kosovo ebenfalls weitgehend von Serbien abhängig. Energieknappheit belastet die wirtschaftliche Entwicklung erheblich. Ein- und Ausfuhrhandel auf niedrigem Niveau, oft durchgeführt von Familienbetrieben, kennzeichnet das Wirtschaftsleben. Das bescheidene Staatsbudget von derzeit rund 700 Millionen Euro speist sich überwiegend aus Zolleinnahmen. Unter diesen sozialen Umständen kommt der Organisierten Kriminalität als Wirtschaftsfaktor erhebliche Bedeutung zu; ihre Gewinne werden für 2007 auf rund 550 Millionen Euro geschätzt. Das überbevölkerte Gebiet ist in den letzten Jahren von einer unkontrollierten Zersiedelung der Landschaft geprägt. Eine starke Landflucht wandelte Prishtina in eine ohne jede Raumplanung wachsende Großagglomeration um. Ebenfalls von keiner Planung eingedämmt wird die Zerstörung von Landwirtschaftsgebiet durch den Bau von Privathäusern. Für diese chaotischen Siedlungsstrukturen kann keine ausreichende Infrastruktur bereitgestellt werden. Ohnehin bestehende Probleme, z. B. der Versorgung mit sauberem Trinkwasser in einigen Regionen, werden verstärkt. Die Umwelt befindet sich in einem besorgniserregenden Zustand; verschmutzte Gewässer und Landschaften kennzeichnen insbesondere die Ebenen des Kosovo. Die Wirtschaftslage muss als desolat bezeichnet werden. Die Wirtschaft ist nicht in der Lage, das ungebremst fortschreitende Bevölkerungswachstum der albanischen Gesellschaft aufzufangen. Rund 50 % der Kosovo-Albaner sind unter 25 Jahren alt und haben nur geringe Aussicht auf einen Arbeitsplatz. Die Bildungssituation hat sich im Vergleich zu der Zeit vor 1989 verschlechtert. Zwar besitzt Kosovo die jüngste Gesellschaft Europas; seine jungen Menschen sind aber für einen europäischen Arbeitsmarkt und Wirtschaftsraum verhältnismäßig schlecht vorbereitet. Die hohe Jugendarbeitslosigkeit bildet das wichtigste gesellschaftliche Problem des Kosovo und stellt auch ein erhebliches Unruhepotenzial dar. Dies zeigt sich am Einfluss der radikal-nationalistischen albanischen Studentenbewegung „Vetëvendosja" (Selbstbestimmung), die während der Statusverhandlungen in den letzten Jahren oft massiven Druck auf die kosovo-albanische politische Elite ausgeübt hat.

In der gesellschaftlichen Entwicklung überschneiden sich konservative und progressive Elemente: Zum einen ist die geschilderte Ruralisierung und Repatriarchalisierung zu beobachten, zum anderen brach die Präsenz der VN-Verwaltung diese Strukturen auch auf, vor allem durch die hohe Zahl weiblicher Beschäftigter in der UNMIK. Die „internationals" konfrontierten die kosovarische Gesellschaft auch mit Verhaltensweisen, die in dieser tabuisiert waren (z. B. Homosexualität).

Eine tiefgreifende gesellschaftliche Veränderung rief das Internet hervor: Kosovo-Albaner nutzen das Internet sehr intensiv. Da unter der VN-Verwaltung die Reisemöglichkeiten stark eingeschränkt worden waren (sowohl für Besitzer jugoslawischer Pässe wie von UNMIK-Reisedokumenten), traten vor allem junge Menschen über das Internet mit der Außenwelt in Verbindung. Die Bedeutung des Internets für die Verbreitung nationalistischen Gedankenguts und die Schaffung eines pan-albanischen Kommunikationsraums kann kaum überschätzt werden. Erstmals war eine schnelle Verbindung zwischen den verschiedenen albanischen Gesellschaften auf dem Balkan und in der Diaspora entstanden. Die unten S. 356–365 vorgestellten Identitätskonzepte erlangten daher eine rasche und weite Verbreitung. Nach der jugoslawischen Bildungsrevolution kann die Internetrevolution als zweiter entscheidender Motor der Ethnisierung der albanischen Identität bezeichnet werden. Es wurde von Serben wie Albanern auch genutzt, um eigene Positionen nach außen hin zu verteidigen. In Internetforen und Diskussionsteilen von Zeitungen etwa liefern sich albanische und serbische Teilnehmer heftige virtuelle Auseinandersetzungen über Geschichte und Politik.

Die Frage nach zivilgesellschaftlichen Strukturen

Im 20. Jahrhundert hatte Kosovo nie ein parlamentarisch-demokratisches System gekannt. Autoritäre bzw. totalitäre Herrschaften hatten sich abgewechselt. Mehrere Phasen intensiver Gewalt hatten die Gesellschaft wiederholt im Innersten erschüttert. Freie Meinungsäußerung und Kritik hatten nur in bescheidensten Ansätzen bestanden. Die ethnonationale Versäulung der Gesellschaft in den Achtziger-, besonders aber in den Neunzigerjahren („Parallelgesellschaft") erstickte auch die letzten Ansätze abweichenden Denkens. Besonders in der kosovo-albanischen Gesellschaft galt Dissens vor dem Hintergrund der serbischen Repression als „Verrat". In der dichotomischen, vom Gewohnheitsrecht unterstützten Denkweise wurde nur zwischen „Freunden" und „Verrätern" unterschieden. Diese Verhältnisse prägen sowohl das Parteiensystem wie die Entwicklung in den Medien. Die „Parteien" verfolgen weniger Programme, sondern bilden Klientelnetzwerke um charismatische Führergestalten (Rugova, Thaçi, Haradinaj); die Namen der Parteien sagen wenig über deren eigentlichen Ziele aus: Diese sind im Wesentlichen die Machtsicherung durch einzelne, im Falle der UÇK-nahen Parteien oft großfamiliär geprägte Personenverbände. Viele Parteien verfügen über eigene Informationsdienste, die auf politische Gegner Druck ausüben. Besonders UÇK-nahe Gruppierungen gehen auch gewaltsam gegen politische Kontrahenten vor. Offene Diskussionen finden in einem solchen Klima kaum statt. Es ist schwierig, sich kritisch über UÇK-Führer zu äußern. Diese schüchtern jene Teile der Bevölkerung ein, die ihren Machtanspruch nicht guthießen. Dabei hat sich innerhalb der ehemaligen UÇK-Kämpfer eine erhebliche Distanz zwischen jenen herausgebildet, die eine – auch materiell einträgliche – politische Karriere durchlaufen haben, und jenen, die von diesen Ressourcen ausgeschlossen geblieben sind. Unter diesen Umständen können zivilgesellschaftliche Strukturen sich kaum entwickeln.

Dass die Medien überwiegend keine kritische Kontrollinstanz, sondern oft Verstärker nationalistischer Emotionen sind, zeigte die Haltung des kosovo-albanischen Staatsfernsehens RTK bei den Serbenpogromen im März 2004: Die Journalisten trugen durch eine einseitige und aufwiegelnde Berichterstattung zu einer Hetzjagd auf Serben bei (und machten damit Jahre der journalistischen Entwicklungshilfe aus dem Westen zunichte, ein weiteres

Beispiel, wie Einflüsse von außen an der kosovarischen Gesellschaft abprallen). Dies verweist auf ein Phänomen, das in der bisherigen Darstellung noch nicht erwähnt wurde: die albanischen Ressentiments gegen die „Shkja" (ein herabsetzender Begriff für Slawen, das albanische Pendant zum verächtlichen serbischen Ausdruck „Šiptari"). In Kinderbüchern werden Serben als hässliche, betrunkene Charaktere dargestellt. Der Krieg und die serbischen Gewaltexzesse haben derartige Gefühle erheblich verstärkt.

Von zivilgesellschaftlichen Strukturen ist Kosovo noch entfernt. Die ethnische Homogenisierung wird bislang von einer Vereinheitlichung der öffentlichen Meinung begleitet.

Der Umgang mit Kriegsverbrechen in der kosovo-albanischen Gesellschaft

Die Kosovo-Albaner sehen sich als Opfer der serbischen Politik im 20. Jahrhundert. Diese Auffassung verstellt den Blick darauf, dass auch Kosovo-Albaner zur Eskalation des Konflikts beigetragen und dabei bisweilen ebenfalls schwere Kriegsverbrechen begangen haben. Der Märtyrerkult um die UÇK und der große politische Einfluss der ehemaligen Guerilla erweisen sich zudem als erhebliche Hindernisse für die Arbeit des internationalen Kriegsverbrechertribunals im Haag. Der Versuch der VN-Behörden, die Angeklagten zu verhaften und an das Gericht zu überstellen, hat zu erheblichen Spannungen im Kosovo geführt. In ihrem Widerstand, Männer, die als „Helden" angesehen werden, der internationalen Justiz zu überstellen, unterscheidet sich die kosovo-albanische Gesellschaft kaum von der serbischen, in der die bosnischen Kriegsverbrecher Ratko Mladić und Radovan Karadžić – mit mutmaßlicher Beihilfe staatlicher Behörden – vor dem Zugriff des Haager Tribunals geschützt wurden bzw. werden. In beiden Gesellschaften findet eine umfassende Aufarbeitung des Konflikts nicht statt. Die erhebliche Einschüchterung bzw. Ermordung von Zeugen trug dazu bei, dass im April 2008 führende UÇK-Vertreter vom Internationalen Gerichtshof im Haag freigesprochen wurden.

Kosovo-albanische Identitätsfragen zwischen national(istisch)em Laizismus, katholischer Tradition und islamischer Deutung

Der Krieg von 1998/99 hatte die albanische Mehrheitsbevölkerung im Kosovo zutiefst erschüttert. Nachdem eigene Verwaltungsstrukturen unter Aufsicht der Vereinten Nationen eingerichtet worden waren, stellte sich auch die Frage nach der kulturellen Orientierung des Kosovo, nach seiner Stellung in Europa. Da Serbien keinen Einfluss mehr auf die Identität der Kosovo-Albaner auszuüben vermochte, zerbrach der intellektuelle Burgfriede der späten Achtziger- und Neunzigerjahre und verschiedene kulturelle Strömungen traten wieder an die Oberfläche. Verschiedene Phänomene sind dabei zu beobachten: die symbolische Inbesitznahme des Kosovo durch die Zerstörung serbischer Kulturdenkmäler bzw. Zeichen serbischer Vorherrschaft; die Errichtung albanischer Denkmäler sowohl in den Städten wie auch in großem Stile auf den Dörfern; die Schaffung einer eigenen kosovo-albanischen Erinnerungskultur; die Darstellung des Kosovo nach außen, d. h. besonders gegenüber der westlichen Welt.

Umdeutung der serbischen Kulturelemente

Im Sommer 1999 hatten Albaner im Kosovo mehrere hundert orthodoxe Kirchen und andere Monumente zerstört. 372 besonders denkmalgeschützte Bauten wurden vernichtet, darunter 49 aus dem Mittelalter. Symbole wie ein Standbild des Serbenzaren Stefan Dušan wurden gesprengt. Nicht beseitigt werden konnte das von internationalen (zumeist aus slawischen Nationen stammenden) KFOR-Truppen bewachte Schlachtdenkmal Gazimestan auf dem Amselfeld.

Die wichtigsten orthodoxen Kunstschätze des Mittelalters, insbesondere die Kirchen und Klöster wurden nur durch das Eingreifen internationaler Truppen vor der Zerstörung bewahrt. Während der antiserbischen Pogrome (17.–21. März 2004) griff ein albanischer Mob wieder serbische Kirchen an und ver-

Schlachtdenkmal Gazimestan bei Prishtina

wüstete das seit 1998 wieder von serbischen Mönchen bewohnte Erzengelskloster in Prizren. Die Zerstörung serbischen Kulturguts ist vor dem Hintergrund der systematischen Vernichtung albanisch-muslimischer Denkmäler in den Jahren 1998 und 1999 zu sehen. Es ist festzuhalten, dass in der osmanischen Zeit Übergriffe gegen sakrale Bauten selten waren, und dass die Vernichtungspolitik Miloševićs und seine Propaganda gegen den Islam jene Schwelle der Achtung muslimischer Albaner gegenüber christlichen Monumenten beseitigt hatte, die in Jahrhunderten gewachsen war. Dies erklärt, entschuldigt aber nicht die schweren Ausschreitungen.

Albanische Publizisten und Wissenschaftler unternehmen derzeit erhebliche Anstrengungen, die orthodoxen Kirchen als albanisches Kulturgut umzudeuten. Sie verweisen dabei auf den verhältnismäßig kurzen Zeitraum der serbischen Herrschaft im Mittelalter und behaupten, dass alle architektonischen Denkmäler des 14. Jahrhunderts von katholischen Albanern erbaut und danach von Serben nur leicht verändert worden seien. Die orthodoxe serbische Kultur wird als Tünche auf „eigentlich" albanischem Denkmalsbestand gewertet. Diese Umdeutung, die wissenschaftlich nicht haltbar ist, wird auch von staatlichen Stellen im Kosovo gefördert. Denn Kosovo wird am Schutz der wertvollen Kirchen und Klöster gemessen werden. Da sie unter den Augen der Weltöffentlichkeit nicht ohne schwerwiegende Folgen für die Kosovo-Albaner zerstört werden können, soll der politische Gegner gleichsam geistig enteignet werden. Eine ähnliche Strategie verfolgt die eingangs erwähnte Albanisierung von Ortsnamen. Diese schreitet nur langsam voran, da der Bestand illyrischer Toponyme nicht ausreicht, um die flächendeckend vorherrschenden slawischen Ortsnamen zu ersetzen. Derartige Bestrebungen stehen im Widerspruch zu dem von der kosovo-albanischen Elite stets betonten Bekenntnis zu einem multiethnischen Kosovo. Vielmehr wird auch in der Geschichte ein ethnisch homogenes Land konstruiert. Die Spuren des anderen werden physisch beseitigt oder angeeignet. Auch hier diente Serbien dem albanischen Nationalismus als Modell.

Import einer traditionell-nationalen Denkmalskultur: Skanderbeg

An die Stelle der serbischen wurde eine albanische Denkmalskultur gesetzt. Diese kann in zwei Hauptrichtungen gegliedert werden: Zum einen griff sie traditionelle Symbole der albanischen nationalen Identität auf. Im Jahre 2001 wurde unter großer öffentlicher Anteilnahme im Zentrum Prishtinas ein Standbild des albanischen Nationalhelden Skanderbeg eingeweiht. Dies stellte ein eindeutiges Bekenntnis zu einer gesamtalbanischen Geschichtskultur dar: Denn der Skanderbegkult war (mit Hilfe der österreichisch-ungarischen Diplomatie) gegen Ende des 19. Jahrhunderts in Kernalbanien entwickelt worden. Die Verehrung des Helden eines gegen die Osmanen gerichteten christlichen Aufstands wäre bei den sultansloyalen albanischen Muslimen im Kosovo um 1900 kaum auf Verständnis gestoßen. Der Skanderbegkult wurde durch die großalbanische Propaganda Mussolini-Italiens in den Kosovo eingeführt. In der Nachkriegszeit stieg Skanderbeg zu einer national integrativen Gestalt auch im Kosovo auf, wo die religiöse Komponente der historischen Figur bewusst nicht berücksichtigt wurde. Die Feier des 500. Todestages Skanderbegs in Prishtina im Jahre 1968 hatte einen wichtigen Schritt der kulturpolitischen Emanzipation der Kosovo-Albaner bedeutet. Wie abhängig die Kosovo-Albaner von Inhalt und Form der kernalbanischen Skanderbegdeutung waren (und teilweise noch sind), zeigt das Standbild auf: Es ist dem Monument im albanischen Kruja exakt nachgebildet. Eine eigene Formensprache hat Kosovo nicht entwickelt bzw. entwickeln wollen. Dafür begannen Journalisten und Historiker, Skanderbeg einer spezifisch kosovo-albanischen Tradition einzuverleiben; er sei im Kosovo geboren und Prizren habe ihm als Hauptstadt gedient; überhaupt habe Kosovo einen Teil von Skanderbegs albanischem Nationalstaat gebildet. Diese Behauptungen sind zwar aus der Luft gegriffen, belegen aber, dass sich Kosovo zunehmend als Mittelpunkt der albanischsprachigen Welt in Südosteuropa betrachtet und der Republik Albanien die Deutungshoheit über den Nationalhelden streitig macht: Der größte Albaner muss ein Kosovo-Albaner gewesen sein.

Die Deutungsmacht des Dorfes: der Kult um Adem Jashari

Kann der Skanderbegkult gleichsam als Projekt der alten Eliten verstanden werden, so ist die Verehrung, die dem UÇK-Mitbegründer Adem Jashari entgegengebracht wird, ein „von unten", von vor allem ländlichen und kleinbäuerlichen Schichten getragener Kult, der sich in seinem hegemonialen Deutungsanspruch über die Ereignisse im Krieg auch gegen die städtische Elite um die LDK richtete. Nach 1999 setzte sich der Jashari-Kult als vorherrschende Erinnerungskultur im Kosovo durch. Für viele Kosovo-Albaner stellt der Widerstand der Familie Jashari gegen serbische Sonderpolizeieinheiten im März 1998 im Dorf Prekaz/Drenica ein Beispiel der Selbstaufopferung und der kompromisslosen Opposition dar. Nach Jahren der Demütigung durch serbische Behörden hätte der Tod von über 50 Angehörigen der erweiterten Familie nach dreitägigem Gefecht (5.–7. März 1998) die Würde der Albaner gegenüber dem serbischen Repressionsapparat wiederhergestellt – etwas, was den pazifistisch eingestellten Eliten der LDK nicht gelungen sei. Prekaz wurde zu Beginn des 21. Jahrhunderts zu einem eigentlichen Pilgerort, einem nationalen Heiligtum auch in panalbanischem Sinne, wie der Besuch des Schriftstellers Ismail Kadare verdeutlichte. Das von Geschützeinschlägen zerstörte Haus (in traditioneller Sprache als „kulla", eigentlich „befestigter Wohnturm", bezeichnet) wurde zu einem Schrein (A. Di Lellio – S. Schwandner-Sievers). Adem Jashari wird als „legendärer Kommandant" verehrt. Zahlreiche Bücher wurden über seinen Kampf veröffentlicht, und insbesondere im Lied wird er mit Heroen der albanischen, besonders der kosovo-albanischen Geschichte (z. B. A. Bejta) verglichen. Wie bedeutend die Liedkultur in der kosovo-albanischen Gesellschaft ist, belegen Erzählungen, wonach das Oberhaupt der Jashari-Familie, Shaban, Gjergj Fishtas „Laute des Hochlands" (15.613 Verse) auswendig rezitiert und Adem Jashari selbst seit seiner Jugend patriotische Lieder, zum Teil aus populären Filmen wie „Liri a vdekje" („Freiheit oder Tod", 1979) entnommen, gesungen hätte. Gefeiert

Adem Jashari. Gemälde in der Gedenk-   Denkmal für einen UÇK-Kämpfer in
stätte Prekaz   Prizren

wird in dieser Erinnerungskultur auch die Landschaft Drenica, als Kerngebiet
des nie gebrochenen albanisch-nationalen Geistes. Es ist dies auch Ausdruck
des Machtanspruchs des Dorfes über die Stadt, der bewaffneten männlichen
Dorfbevölkerung, der traditionellen komplexen Familie (die Mitglieder der
Jashari-Familie, auch die Frauen, werden in den Kult aufgenommen) gegenüber urbanen Gesellschaftsstrukturen. Ehemalige UÇK-Kämpfer, der einflussreiche Veteranenverband, Politiker, Journalisten und Lehrer vom Land
trugen den Jashari-Kult in die Städte: Die stark umkämpften Landschaften
Drenica, Llap und die Dukagjinebene zogen die Deutungshoheit über Geschichte, Gegenwart und auch Zukunft des Kosovo symbolisch an sich. Am
28. November 2004 wurde in Skënderaj bei Prekaz ein Jashari-Standbild eingeweiht; nach dem Vorbild des Mahnmals für die amerikanischen Vietnam-
gefallenen in Washington wurde ebenfalls bei Skënderaj ein UÇK-Mahnmal
errichtet. Jasharis Bild wurde in Amtsstuben aufgehängt und eine riesige Darstellung im Zentrum Prishtinas angebracht. Angesichts der politischen Vorherrschaft der UÇK wurde keine Kritik laut. Anthropologische Forschungen
aber zeigen, dass zumindest im privaten Raum städtische Intellektuelle und

besonders Frauen Kritik am Verhalten Jasharis und an dem neuen Kult üben. Gebildete sehen in ihm einen „Dörfler" (alb. katundar); es wird darauf hingewiesen, dass Jashari beinahe seine ganze Familie, darunter Alte und kleine Kinder, mit in seinen Untergang gerissen habe.

Adem Jashari gilt als Märtyrer, der sich für sein Volk geopfert und damit ein Beispiel gegeben habe. Die Vorstellung von „Märtyrern der Nation" (alb. dëshmor i kombit), die ebenfalls zumeist aus dem ländlichen Milieu stammen und in der UÇK gekämpft haben, kennzeichnet die vielen Denkmäler in Städten und Dörfern.

Mit der Errichtung derartiger Monumente wird die lokale Erinnerung wach gehalten, aber auch eine mächtige Gegenkultur zu der bis dahin von städtischen Eliten getragenen Deutung über (kosovo-)albanische Geschichte entwickelt. Die gesellschaftlichen Bruchlinien im Nachkriegskosovo treten in der Erinnerungskultur deutlich zutage.

Mutter Theresa und die katholische Tradition

Weder der Skanderbeg- noch der Jashari-Kult sind geeignet, in der nichtalbanischen Welt verstanden zu werden. Um Kosovo in der „mentalen Landkarte" einer globalisierten Weltöffentlichkeit zu verorten, erschienen weder ein mittelalterlicher noch ein zeitgenössischer Rebellenführer hilfreich, zumal Letzterer einen Habitus verkörperte, der im postmodernen Europa und Nordamerika bestenfalls auf Unverständnis, wenn nicht gar (wegen der Opferung seiner Familie) auf Ablehnung stieße. Die albanische Geschichte weist nur wenige überregional bedeutsame Symbolfiguren auf, und diese sind außerhalb des albanischen Südosteuropa unbekannt. Um eine moderne, weltoffene Gesellschaft darzustellen, eignet sich die berühmteste Albanerin, Mutter Theresa, in besonderer Weise: Aus einer katholischen Familie im makedonischen Skopje stammend, hatte sie durch ihre karitative Arbeit weltweites Ansehen erlangt. Dass sie dabei nicht aus national-albanischen Motiven, sondern als gläubige Christin handelte, wird in der panalbanischen Verehrung dieser bedeutenden Frau kaum hervorgehoben. Die Verehrung von Mutter Theresa verbreitete sich in den Neunzigerjahren in der ganzen albanischen Welt, stark gefördert von den Eliten. In Tirana wurde der Flughafen nach ihr benannt; im Kosovo unterstützte Präsident Ibrahim Rugova die Verbreitung ihres Bildes, das in Amtsstuben aufgehängt wurde. Mutter Theresa und Adem Jashari bilden die extremen Pole bei der kosovo-albanischen Identitätssuche. Der Kult um die katholische Ordensgründerin wies eine weitere Dimension auf. Er knüpfte an die Vorstellung an, die Kosovo-Albaner seien vor der slawischen Landnahme katholisch und daher „westlich" gewesen. Es wurde ein Gegensatz zwischen „eigentlich" katholischen Albanern – ungeachtet ihrer ganz überwiegenden Zugehörigkeit zum Islam – und orthodoxen und daher „östlichen" Serben vorgestellt, der die Integration der Albaner in westliche Strukturen (EU, NATO u. a.) in Abgrenzung zu den Serben erleichtern sollte. In der Krise der Neunzigerjahre kam wiederholt das Gerücht auf, ein Übertritt der muslimischen Albaner zum Katholizismus würde deren Bild und damit auch deren politische Stellung in den Augen des Westens grundlegend verändern. Die Betonung des christlichen Erbes schlug sich auch im Plan einer katholischen Kathedrale in Prishtina nieder, die derzeit im Bau ist. Dagegen und überhaupt gegen die christliche Interpretation meldeten sich aber Stimmen aus dem zwar nicht dominanten, aber deutlich vernehmbaren konservativ-muslimischen Lager. Und damit ist die besonders in den Jahren 2006 und 2007 sehr heftig geführte Debatte um die kulturelle Identität der Albaner berührt.

Kosovo und die islamische Welt

Der Kosovo-Konflikt wurde nicht als Krieg der Religionen, sondern als Auseinandersetzung zwischen ethnischen Gruppen ausgetragen. Serbische ethnische Identität und die Zugehörigkeit zum orthodoxen Glauben stellen in der serbischen Eigen-, aber auch der Fremdwahrnehmung eine Einheit dar. Für die mehrheitlich muslimischen Albaner gilt diese Verbindung von ethnischer und religiöser Identität jedoch nicht in dieser ausgeprägten Weise. Die serbische Kriegspropaganda in Bosnien und im Kosovo hatte die „islamische Gefahr" so lange beschworen, bis tatsächlich islamistische Kämpfer in Bosnien erschienen und sich dort festsetzten, zum dauerhaften Schaden der einheimischen Muslime. Im Kosovo stellen Muslime über 95 % der albanischsprachigen Bevölkerung, doch kam dem Islam auf albanischer

Seite kaum politische Bedeutung zu. Freilich versuchten islamische Staaten, die Notlage der Kosovo-Albaner auszunützen und Einfluss zu erwerben. Die Türkei tat dies zunächst in Anknüpfung an das osmanische Erbe, die türkische Minderheit oder etwa das Grabmal Murads I., das von der türkischen Regierung aufwendig renoviert worden ist. War diese Einflussnahme zunächst von der laizistisch-nationalistischen Tendenz des Kemalismus geprägt, muss sich weisen, ob der erhebliche Machtzuwachs des politischen Islamismus in der Türkei auch in der türkischen Kosovopolitik zu Akzentverschiebungen führt.

Wie in Bosnien setzte auch im Kosovo Saudi-Arabien reiche Mittel ein, um neue Moscheen zu errichten; diese folgen nicht regionalen Baustilen, sondern versuchen, die wahabitische Richtung des Islam (die in Saudi-Arabien Staatsreligion ist) symbolisch gegen gemäßigte Islamtraditionen im Kosovo durchzusetzen. Organisationen wie das „Saudi Joint Committee for the Relief of Kosovo" zählen zum Instrumentarium der politischen und religiösen Intervention. Die wirtschaftliche Not, die hohe Jugendarbeitslosigkeit und die damit verbundene Perspektivlosigkeit schaffen Voraussetzungen, die finanzstarke Islamisten ausnützen können. Bislang ist die Mehrheit der Jugendlichen an westlichen Lebensmodellen orientiert. Doch darf die von saudi-arabischen (und auch iranischen) Organisationen ausgehende Gefahr nicht unterschätzt werden. Die Entwicklung radikal-islamischer Strömungen in Bosnien sollte nachdenklich stimmen. Das Versagen der UNMIK-Wirtschaftspolitik hat dem Fußfassen radikal-islamischer Organisationen in ökonomisch schwachen Schichten der muslimischen albanischen Bevölkerung Vorschub geleistet. Die Ergebnisse der islamistischen Einflussnahme sind derzeit wenig sichtbar, da sich internationale Beobachter selten in den ärmeren Quartieren der Städte aufhalten. Das genaue Ausmaß der islamistischen Tendenzen ist daher nur schwer abschätzbar. Im Februar 2007 unterzeichnete die kosovo-albanische Handelskammer mit ihrer Partnervereinigung im saudi-arabischen Dschidda ein Abkommen, das von der kosovo-albanischen Seite mit der Hoffnung auf verstärkte saudische Investitionen getätigt wurde.

Es ist aber zu unterstreichen, dass in der kosovo-albanischen Elite – besonders der LDK – Vorbehalte gegen eine derartige „Orientalisierung" der kosovo-albanischen Gesellschaft bestehen und ein Bewusstsein vorhanden ist, dass Kosovo eine europäisch-laizistische Orientierung einzuschlagen habe.

Zugleich muss auch in Betracht gezogen werden, dass serbische Politiker die Unabhängigkeit des Kosovo mit der Schaffung eines islamistischen Staates auf dem Balkan in Verbindung bringen und daher die Diskussion um die Stellung des Islam im Kosovo mit entsprechender Vorsicht zu führen ist. Kosovo-albanische Politiker verwahren sich gegen die Einordnung des Kosovo als islamischer Staat und verweisen auf die engen Beziehungen zu den Vereinigten Staaten.

Orient oder Okzident? Die erste panalbanische Debatte um nationale Identität und kulturelle Orientierung

Welche Bedeutung der Islam für die Identität in Teilen des intellektuellen Spektrums im Kosovo besitzt, erwies in den Jahren 2006 und 2007 die erste pan-albanische kulturelle Debatte, die von dem bekannten albanischen Schriftsteller Ismail Kadare ausgelöst worden war, der dezidiert die westlichen und christlichen Wurzeln einer heute mehrheitlich muslimischen Gesellschaft hervorgehoben hatte.

Gegen diese Ausführungen erhob den schärfsten Einspruch Rexhep Qosja, Literaturhistoriker und Akademiemitglied in Prishtina. Er vertrat die These einer kulturellen Brückenfunktion der mehrheitlich muslimischen Albaner, bewertete den Islam positiver und warf Kadare „Islamophobie" und sogar „Rassismus" vor. Für Qosja steht die ethnonationale Identität über religiösen Identitäten; Religion ist für ihn im Wesentlichen Privatsache, aber kein bestimmender Faktor der kulturellen Entwicklung dessen, was er als ethnische und sprachliche Gemeinschaft betrachtet. Dennoch sieht er im Islam ein wesentliches Element der albanischen Kultur. Die Bruchlinien in der von diesen beiden Intellektuellen ausgelösten Diskussion sind vielfältig, sie verlaufen zwischen Teilregionen (Kosovo und Albanien), aber auch innerhalb derselben, zwischen Protagonisten mit unterschiedlichem religiösem (muslimischem, katholischem und orthodoxem) und ideologischem (kommunistischem bzw. antikommunistischem) Hintergrund, aber feste religiöse Lager sind nicht zu erkennen. Ein Beispiel soll diese inneralbanischen Mentalitätsunterschiede veranschaulichen: Als der Architekt Maks Velo, Mitglied des albanischen Helsinki-Komitees, 1991 zum ersten Mal den Kosovo bereiste und

mit einer Delegation in das Haus R. Qosjas eingeladen wurde, musste er die
Schuhe ausziehen, eine orientalische Sitte, die den gebildeten Dissidenten aus
dem säkularisierten Albanien Enver Hoxhas zutiefst irritierte: Qosja, ein Intellektueller, so meint Velo, habe sein Haus wie eine Moschee ausgestattet,
statt einen säkularen Gelehrten der gesellschaftlichen Elite traf Velo auf das,
was ihm orientalisch und rückständig vorkam, den Orient innerhalb der eigenen imaginierten Sprachnation. Velo griff Qosjas Betonung islamischer Identität heftig an[51]. Es herrschen so alles andere als klare Abgrenzungen – was
aber auf den ersten Blick so verwirrend erscheint, erweist sich in historischer
Perspektive als Charakteristikum der albanischsprachigen Gesellschaften auf
dem Balkan.

---

51 Maks Velo, Qoseizmi, ose teoria e urrejtjës [Der Qosja-ismus oder die Theorie
    des Hasses]. *Shekulli* 20.6. 2006.

Gescheiterte Verhandlungen und die Unabhängigkeitserklärung des Kosovo

Die VN-Resolution 1244 bildete sowohl die Grundlage für die internationale Verwaltung des Kosovo wie für die Verhandlungen über den endgültigen völkerrechtlichen Status der Region. Diese Verhandlungen zogen sich in verschiedenen Konstellationen – unter der Führung der Vereinten Nationen, schließlich (2007) der sog. „Trojka" der Kosovo-Kontaktgruppe (EU, Vereinigte Staaten, Russland) – seit 2005 ohne greifbares Ergebnis hin, bis sie zu Beginn des Jahres 2008 endgültig einen toten Punkt erreichten. In ihren zahlreichen Wendungen können sie an dieser Stelle nicht in Einzelheiten dargestellt werden, zumal sich an der grundsätzlichen Haltung der Verhandlungsparteien und der Großmächte nur wenig änderte. Führende westliche Staaten unterstützten eine bedingte – unter internationaler Aufsicht stehende – Unabhängigkeit des Kosovo, dessen Gebiet nicht geteilt werden dürfte. Serbien bestand auf seiner in der Resolution 1244 festgehaltenen territorialen Unversehrtheit; seine Autonomieangebote an die Kosovo-Albaner aber blieben vage und wirkten wenig glaubwürdig, zumal in Serbien keine Aufarbeitung der Kriegsverbrechen stattgefunden hatte und sich weite Kreise der serbischen Gesellschaft in der Kosovofrage als Opfer von Albanern und der westlichen Welt betrachteten. Serbien argumentierte weitgehend mit völkerrechtlichen Erwägungen, die aber kaum von inhaltlichen Angeboten an die Kosovo-Albaner begleitet waren. Die serbische Politik handelte, also ob es den von der Belgrader Regierung begonnenen Krieg und die Vertreibung der Kosovo-Albaner nicht gegeben hätte.

Auch auf kosovo-albanischer Seite bestand keine Kompromissbereitschaft; jahrelang beharrte die albanische Elite derart nachdrücklich auf der vollständigen Unabhängigkeit von Serbien, dass ihr kaum Verhandlungsspielraum verblieb. Da beide Seiten in der Sache kaum nachzugeben bereit waren, schlugen die Vermittlungsversuche der Vereinten Nationen, zuletzt in dem umfangreichen Vermittlungsvorschlag des Sonderbeauftragten Martti Ahtisaari (März 2007), fehl, der eine international beaufsichtigte Unabhängigkeit unter Zugestehung weitgehender Minderheitenrechte an die serbische Bevölkerung vorsah. Während die kosovo-albanische Seite diesen Plan annahm – dies geschah mit Blick auf die Zugeständnisse an die serbische Minderheit eher widerwillig –, lehnte ihn die serbische Regierung ab. Der VN-Sicherheitsrat konnte sich nicht auf eine einheitliche Haltung festlegen. Serbien, unterstützt von Russland, wünschte weitere Verhandlungen. Da aber zu Beginn des Jahres 2008 deutlich wurde, dass diese wegen der starren Positionen beider Seiten kaum Ergebnisse zeitigen würden, wuchs in Teilen der westlichen Staatengemeinschaft die Zustimmung zu einer einseitigen Unabhängigkeitserklärung des Kosovo, die am 17. Februar 2008 erfolgte. Auch jene Staaten, die Kosovo in den darauf folgenden Wochen anerkannten, vollzogen diesen Schritt in dem Bewusstsein, dass dies nicht die beste, sondern die offenbar einzig gangbare Möglichkeit darstellte. Ob sich die Befürchtung der Gegner einer einseitigen Unabhängigkeitserklärung, die auf den Präzedenzcharakter für andere separatistische Bewegungen verweisen, bewahrheiten wird, bleibt abzuwarten. In den Wochen nach der Unabhängigkeit des Kosovo wurde die dort verwirklichte Lösung als Beispiel für Konflikte vom Baskenland bis nach Tibet angesprochen. Jene Staaten, die Kosovo anerkannt haben, reagierten vor allem auf einen realpolitischen Zustand: Der albanische Druck auf die UNMIK hatte stark zugenommen, und es wurden albanische Aufstände wie im Jahre 2004 befürchtet, die die internationale Verwaltung in erhebliche Bedrängnis gebracht und neue Flüchtlingsströme nach Mittel- und Nordeuropa ausgelöst hätten, welche die betroffenen Staaten auf jeden Fall vermeiden wollten. Auch schwang die – wohl wenig begründete – Hoffnung mit, kosovo-albanische Flüchtlinge könnten nach einer Stabilisierung der Lage in ihre Heimat zurückkehren. Es wurde zudem argumentiert, dass gegen den Willen von über 90 % der Bevölkerung der Kosovo nicht verwaltet werden könne. Wie gering das Vertrauen der Großmächte in die kosovo-albanische Elite ist, zeigt die Tatsache, dass an die Stelle der VN-Verwaltung eine europäische Mission (EULEX) treten wird, deren Leiter faktisch wie ein Vizekönig auftreten kann. Wie in Bosnien-Herzegowina entsteht so ein EU-Protektorat, dessen einheimische Eliten nur geringe Verantwortung zu übernehmen haben werden. Ob die schwerwiegenden wirtschaftlichen und gesellschaftlichen Probleme des Kosovo von der EU besser gelöst werden als mit den umfangreichen Geldtransfers unter der VN-Verwaltung, wird sich weisen müssen. Mit der Mission im Kosovo übernimmt die EU de facto auch einen wichtigen Teil der Außenbeziehungen des neuen Staates gegenüber Serbien. Die Mission im Kosovo stellt für die EU auch eines ihrer wichtigsten außenpolitischen Vorhaben überhaupt dar, das ihre Fähigkeit zu tatkräftigem Handeln auf der Ebene der Weltpolitik unter Beweis stellen soll. Die serbische Regierung betrachtet die Unabhängigkeitserklärung für nichtig und Kosovo weiterhin als Bestandteil des serbischen Staates. Zwar ist es nicht zu einer erneuten Fluchtbewegung von Serben aus dem Kosovo gekommen, doch wurde deutlich, dass die serbische Elite, so instabil die innenpolitische Lage in Serbien auch ist, auf eine Teilung des Kosovo hinarbeitet. Diesem Ziel dienten die offenbar geschürten Unruhen im serbischen Teil Mitrovicas im März 2008.

Die Unabhängigkeit des Kosovo und die Furcht vor „Groß-Albanien"

Spätestens seit dem Beginn der bewaffneten Phase des Kosovokonflikts (1997/98) wurde auf internationaler Ebene die Bedrohung durch einen möglichen „großalbanischen" Staat kontrovers diskutiert. Auch hier gelten die bereits in anderem Zusammenhang (S. 291–292) erwähnten Vorbehalte: Die serbische, aber auch die russische und teilweise auch die griechische Politik beschworen diese Gefahr, um ihre Interessen in der Kosovofrage durchzusetzen. Kosovo-albanische Politiker bestreiten bis in die Gegenwart jegliche Tendenz in Richtung eines Zusammenschlusses eines unabhängigen Kosovo mit Albanien und werden dabei durch Stellungnahmen von Politikern aus Albanien unterstützt. Die meisten westlichen Beobachter halten mit Blick auf diese Äußerungen „Groß-Albanien" nicht für eine tatsächliche Möglichkeit der politischen Entwicklung. Der Historiker hat keine Mutmaßungen über die Zukunft anzustellen; er kann nur Erscheinungen der Vergangenheit konstatieren und bewerten. Aus der Darstellung in diesem Buch sollte deutlich geworden sein, dass die albanische Bevölkerung Südosteuropas keinen homogenen Block darstellt, sondern in mehrere regionale Teilgesellschaften zerfällt (in Albanien, im Kosovo und in Makedonien sowie kleine Gruppen in Montenegro und Serbien), deren Unterschiede sich durch die Medienrevolution des Internet und den Mobilisierungseffekt des Kosovokonflikts in den letzten Jahren jedoch verringert haben. Noch nie gab es ein derart starkes, auf breite Bevölkerungsschichten wirkendes politisiertes panalbanisches Gefühl. Andererseits sind Mentalitätsunterschiede zwischen einigen der genannten Teilgesellschaften nicht geschwunden: In Albanien bestehen Vorbehalte gegenüber Kosovo-Albanern, die als arrogant und rückständig betrachtet werden. Als bedeutsamer dürfte sich die politische Konkurrenz zwischen den Eliten in Tirana und Prishtina auswirken. Zwar sind zahlreiche Karten eines Groß-Albanien auf dem Internet im Umlauf, doch hat bislang m. W. noch niemand einen Entwurf vorgelegt, wie dieser Staat aufgebaut sein würde und wo sein politisches Zentrum zu liegen käme. Hatten bis in die Neunzigerjahre die meisten Kosovo-Albaner Albanien als Mutterland angesehen, so führte die

Öffnung der albanischen Grenzen zu einer erheblichen Ernüchterung: Albanien war deutlich ärmer als Kosovo, dessen albanische Bevölkerung Zugang zu westlichen Devisen hatte; der albanische Staatszusammenbruch 1997 und die vorsichtige Außenpolitik Albaniens in den Neunzigerjahren veränderten das Bild des „Mutterlands" weiter. Die meisten Kosovo-Albaner betrachten sich daher heute Albanien gegenüber zumindest als gleichwertig, wenn nicht überlegen. Engere Beziehungen bestehen demgegenüber zwischen den Albanern im früheren Jugoslawien, die nach 1918 und besonders nach 1945 eine von Albanien deutlich verschiedene Entwicklung durchlaufen haben. Allen panalbanischen Gefühlen zum Trotz sind so in den letzten Jahren erhebliche Machtverschiebungen innerhalb der albanischen Gesellschaften auf dem Balkan eingetreten. Es ist daher schwer abzuschätzen, ob Kosovo nach der Unabhängigkeit eine eigene Identität entwickeln wird oder sich in der Tradition des 20. Jahrhunderts ganz am westlichen Nachbarn orientiert. Schenkt man den Bekundungen kosovo-albanischer Politiker Glauben, wird im Kosovo eine multiethnische Gesellschaft entstehen. Freilich ist in dieser Frage – wie auch derjenigen eines möglichen Groß-Albanien – zu berücksichtigen, dass südosteuropäische Politiker in der Regel auf zwei meist sehr verschiedenen Ebenen argumentieren. Da sie von westlicher Wirtschaftshilfe und politischer Unterstützung abhängig sind, übernehmen sie gezwungenermaßen die politischen Vorgaben der Geberländer (wie Demokratie, Multiethnizität, pluralistische Gesellschaft, Marktwirtschaft); diese Bekenntnisse werden in der Regel in englischer Sprache abgegeben. An ihre eigenen Gesellschaften richten dieselben Politiker oft andere Botschaften, die aber stets in der den meisten westlichen Beobachtern verschlossenen Landessprache vorgetragen werden. Mit entsprechender Vorsicht sind daher entsprechende Äußerungen zu bewerten; zu übernehmen sind sie erst nach sorgfältiger Prüfung der tatsächlichen Sachlage. Auch mit einem Blick nach Bosnien-Herzegowina muss die besonders von amerikanischen und westeuropäischen Politikern gewünschte „multiethnische Gesellschaft" eher als Wunschvorstellung denn als erreichbares Ziel bezeichnet werden. Kosovo-albanische Politiker betrachten Kosovo als albanischen Staat, dessen internationale Anerkennung jedoch von einem Bekenntnis zur Multiethnizität abhängig ist. Bei einem Blick auf die derzeitigen ethnischen Verhältnisse kann Kosovo als zweiter albanischer Staat bezeichnet werden.

In der Frage eines möglichen „Groß-Albanien" sind offizielle Kundgebungen und weniger deutlich geäußerte Meinungen auseinanderzuhalten. Jede offen formulierte Unterstützung dieses Vorhabens durch albanische Politiker hätte die Unabhängigkeitserklärung des Kosovo zum Scheitern gebracht. Am 17. Februar 2008 zogen jedoch feiernde Menschen durch die Straßen Prishtinas mit Schildern, die verkündeten: „Ohne die Çamëria [heutiges Westgriechenland] und Kosovo gibt es kein Albanien". Durch ihre Haltung in der praktischen Politik nahmen kosovo-albanische Politiker in den letzten Jahren erheblichen Einfluss auf die Lage in Makedonien und im Preševotal, das wiederholt als mögliches territoriales Tauschobjekt („Ostkosovo") bei einem Verlust des serbisch besiedelten Nordkosovo ins Spiel gebracht wurde. So stellen das von den westlichen Großmächten gewünschte multiethnische Kosovo, ein zweiter albanischer Staat mit regionaler Eigenidentität oder ein Zusammenschluss mit der Republik Albanien die wesentlichen Möglichkeiten der weiteren Entwicklung dar.

Eine Stabilisierung der Lage auf einer rein regionalen Ebene erscheint derzeit kaum möglich; vielmehr dürfte nur die Einbindung von Nachbarstaaten wie Makedonien in die NATO ein Ausgreifen des radikalen albanischen Nationalismus von Kosovo aus dauerhaft unterbinden. Führende westliche Politiker vertreten daher eine rasche Aufnahme Albaniens sowie aller Nachfolgestaaten des früheren Jugoslawiens sowohl in die NATO wie die Europäische Union. Ob eine schnelle Aufnahme dieser Staaten Konflikte und Großstaatsträume beilegen oder ob dieser Schritt nicht einfach zu einem Import dieser Spannungen in die euro-atlantischen Strukturen führen wird, ist umstritten; die Antwort wird auch von der inneren Verfasstheit der Europäischen Union abhängen. Es scheint, als habe die Unabhängigkeit die Kosovo-Frage nicht gelöst, sondern lediglich ein neues Kapitel in einer bald einhundertjährigen Auseinandersetzung aufgeschlagen.

Bibliographie

Die untenstehenden Hinweise sollen dem Leser die weiterführende Lektüre erleichtern. Sie sind nicht als Forschungsbibliographie gedacht; eine solche bieten die Werke von Malcolm (Kosovo) und Clewing-Reuter sowie die meisten unter 1. bis 3.1. aufgelisteten Darstellungen. Die Hinweise bieten unter 1. und 2. Werke, welche die konkurrierenden Sichtweisen von Serben und Albanern zugänglich machen; sie sind zumeist von den Akademien der Wissenschaften in Belgrad bzw. Tirana herausgegeben; eine derart umfassende Stellungnahme der Akademie in Prishtina liegt nicht vor. Unter 3.2. finden sich wichtigere Titel der Spezialliteratur; wo diese gewisse Einseitigkeiten aufweist, ist dies zur Information des Lesers vermerkt. Im Sinne einer Einführung wurden Arbeiten in Westsprachen bevorzugt aufgenommen. Vollständigkeit ist nicht angestrebt.

1. Serbische Perspektive:

- D. Bataković, Kosovo i Metohija u srpsko-arbanaškim odnosima [Kosovo und Metohija in den serbisch-albanischen Beziehungen]. 2. Auflage. Belgrad 2006
- D. Bogdanović, Knjiga o Kosovu [Das Buch über Kosovo]. Belgrad 1985
- M. Garašanin (Hrsg.), Iliri i Albanci (französischer Paralleltitel: Les Illyriens et les Albanais). Belgrad 1988 [wichtige Beiträge von V. Popović zur Spätantike; B. Ferjančić zu den byzantinischen Quellen über die Albaner im Mittelalter (grundlegend) und von S. Ćirković über die serbischen Quellen zu den mittelalterlichen Albanern (ebenfalls grundlegend)]
- St. Karamata – Č. Ocić (Hrsg.), Srbi na Kosovu i u Metohiji (engl. Paralleltitel : Serbs in Kosovo and Metohija). Belgrad 2006
- A. Mitrović (Hrsg.), Srbi i Albanci u XX veku [Serben und Albaner im 20. Jahrhundert]. Belgrad 1991
- R. Samardžić (Hrsg.), Kosovo und Metochien in der serbischen Geschichte. Lausanne 1989 (in weiten Teilen in emotionaler Sprache gehalten; die Aufsätze von S. Ćirković zum Mittelalter und von O. Zirojević zu den ersten Jahrhunderten der osmanischen Herrschaft bilden sprachlich wie methodisch eine Ausnahme und sind mit Gewinn zu verwenden)

- Kosovo i Metohija: prošlost, sadašnjost, budućnost. Belgrad 2007; engl. Parallelausgabe: Kosovo i Metohija: Past, Present, Future. Belgrad 2007 (herausgegeben von der Serbischen Akademie der Wissenschaften)

2. Albanische Perspektive

- A. Pipa – S. Repishti (Hrsg.), Studies on Kosova. New York 1984
- The Truth on Kosova (herausgegeben vom Institut für Geschichte der albanischen Akademie der Wissenschaften). Tirana 1993

3. Sekundärliteratur

3.1. Überblicksdarstellungen (Standardwerke)
- P. Bartl, Albanien. Regensburg 1995
- B. Chiari – A. Kesselring (Hrsg.), Wegweiser zur Geschichte Kosovo. 3. Auflage. Paderborn u. a. 2008
- K. Clewing – J. Reuter (Hrsg.), Der Kosovo – Konflikt. Ursachen, Verlauf, Akteure. München 2000
- N. Malcolm, Kosovo. A Short History. New York 1998
- W. Petritsch – K. Kaser – R. Pichler, Kosovo/Kosova: Mythen – Daten – Fakten. Klagenfurt 1999
- W. Petritsch – R. Pichler, Kosovo – Kosova. Der lange Weg zum Frieden. Klagenfurt 2004
- H. Sundhaussen, Geschichte Serbiens 19.–21. Jahrhundert. Wien – Köln 2007

3.2. Spezialuntersuchungen
- F. Adanır, Heiduckentum und osmanische Herrschaft: sozialgeschichtliche Aspekte der Diskussion um das frühneuzeitliche Räuberwesen in Südosteuropa. *Südost-Forschungen* 46 (1982) 43–116
- Das Albanerproblem in Jugoslawien. *Wissenschaftlicher Dienst Südosteuropa.* 18/1-2 (1969) 1–9
- P. Bartl, Die albanischen Muslime zur Zeit der nationalen Unabhängigkeitsbewegung (1878–1912). München 1968
- P. Bartl, Quellen und Materialien zur albanischen Geschichte im 17. und 18. Jahrhundert. Bd. 2. München 1978

- P. Bartl, Die Këlmendi: zur Geschichte eines nordalbanischen Bergstammes. *Shêjzat (Le Pleiadi)* (1977), 123–138
- P. Bartl, Kosova and Macedonia as Reflected in Ecclesiastical Reports. In: A. Pipa – S. Repishti (Hrsg.), Studies on Kosova. New York 1984, 23–39
- P. Bartl, Die Liga von Prizren im Lichte vatikanischer Akten (Archiv der Propagandakongregation). *Südostforschungen* 47 (1988), 145–186
- F. Baxhaku, Die Bevölkerungsstruktur der ethnischen Grenzzone von Albanern, Serben und makedonischen Slawen (zweite Hälfte des 19. bis Anfang des 20. Jahrhunderts). *Österreichische Osthefte* 36 (1994), 245–264
- F. Baxhaku – K. Kaser, Die Stammesgesellschaften Nordalbaniens. Berichte und Forschungen österreichischer Konsuln und Gelehrter (1861–1917). Wien – Köln – Weimar 1996
- A. H. Benna, Studien zum Kultusprotektorat Österreich-Ungarns in Albanien im Zeitalter des Imperialismus (1888–1918). *Mitteilungen des Österreichischen Staatsarchivs* 7 (1954), 13–46
- F. Bieber (Hrsg.), Understanding the War in Kosovo. London 2003
- F. Bieber, Nationalismus in Serbien vom Tode Titos bis zum Ende der Ära Milošević. Wien 2005
- R. Biermann, Lehrjahre im Kosovo. Das Scheitern der internationalen Krisenprävention vor Kriegsausbruch. Paderborn – München – Wien – Zürich 2006 (grundlegend für die Diplomatiegeschichte vor allem von 1992 bis 1998)
- I. Blumi, Rethinking the Late Ottoman Empire. A Comparative Social and Political History of Albania and Yemen 1878–1918. Istanbul 2003
- K. Boeckh, Von den Balkankriegen zum Ersten Weltkrieg. München 1996
- B. I. Bojović, Le passé des territoires: Kosovo-Metohija (XIe–XVIIe siècle). *Balkan Studies* 38 (1997), 31–61
- X. Bougarel – N. Clayer (Hrsg.), Le nouvel Islam balkanique. Paris 2001
- M. Braun, Kosovo. Die Schlacht auf dem Amselfelde in geschichtlicher und epischer Überlieferung. Leipzig 1937
- S. Brestovci, Marrëdhëniet shqiptare-serbo-malazeze (1830–1878) [Albanisch-serbisch-montenegrinische Beziehungen 1830–1878]. Prishtina 1983
- U. Brunnbauer, Die vergessenen Albaner Serbiens. Zur Lage der ethnischen Albaner in Südserbien außerhalb des Kosovo. *Südosteuropa* 48/7–8 (1999), 373–388
- M. J. Calic, Sozialgeschichte Serbiens 1815–1941. München 1994

- Z. Cana, Lëvizja kombëtare shqiptare në Kosovë 1908–1912 [Die albanische Nationalbewegung im Kosovo 1908–1912]. Tirana 1982
- Z. Cana, Politika e Serbisë kundrejt çështjes shqiptare 1909–1913. [Die Politik Serbiens gegenüber der albanischen Frage]. Prishtinë 2006
- N. Clayer, L'Albanie, pays des derviches. Berlin 1990
- N. Clayer, Mystiques, État et Société. Les Halvétis dans l'aire balkanique de la fin du XVe siècle à nos jours. Leiden 1994
- N. Clayer, The Issue of „the Conversion to Islam" in the Restructuring of Albanian Politics and Identitiy, in: dies., Religion et nation chez les Albanais, XIXe–XXe siècles. Istanbul o.J. (2002), 359–380
- N. Clayer, Le Kosovo: berceau du nationalisme albanais au XIXe siécle?, in: dies., Religion et nation chez les Albanais, XIXe- XXe siècles. Istanbul o.J. (2002), 197–220
- N. Clayer, Aux origines du nationalisme albanais. La naissance d'une nation majoritairement musulmane en Europe. Paris 2007 (Standardwerk, grundlegend zum Verständnis des westlichen Balkans)
- K. Clewing, Mythen und Fakten zur Ethnostruktur in Kosovo. Ein geschichtlicher Überblick, in: Clewing – Reuter, Der Kosovo-Konflikt, 17–63
- K. Clewing, Der Kosovo-Konflikt als Territorial- und Herrschaftskonflikt, 1878–2002. Chronologie und Beteiligte, in: H. Beyer-Thoma – O. Griese – Z. K. Lengyel (Hrsg.), Münchener Forschungen zur Geschichte Ost- und Südosteuropas. München 2002 (Münchner Kontaktstudium Geschichte, 5), 182-214
- K. Clewing – E. Pezo, Jovan Cvijić als Historiker und Nationsbildner. Zu Ertrag und Grenzen seines anthropogeographischen Ansatzes zur Migrationsgeschichte, in: H. Ch. Maner – M. Krzoska (Hrsg.), Beruf und Berufung. Geschichtswissenschaft und Nationsbildung in Ostmittel- und Südosteuropa im 19. und 20. Jahrhundert. Münster u. a. 2005, 265–297.
- K. Clewing, An den Grenzen der Geschichtswissenschaft: Albaner, Thraker und Illyrer, in: M. Genesin – J. Matzinger (Hrsg.), Albanologische und balkanologische Studien. Festschrift für Wilfried Fiedler. Hamburg 2005, 215–225
- K. Clewing, Religion und Nation bei den Albanern. Von Anspruch und Wirkungsmacht eines Religionen übergreifenden Nationenkonzepts, in: A. Mosser (Hrsg.), Politische Kultur in Südosteuropa. Frankfurt a. M. u. a. 2006, 147–181

- F. Curta, Southeastern Europe in the Middle Ages 500–1250. Cambridge 2006
- J. Dahinden, Prishtina – Schlieren. Albanische Migrationsnetzwerke im transnationalen Raum. Zürich 2005
- R. Dankoff – R. Elsie, Evliya Çelebi in Albania and Adjacent Areas (Kosovo, Montenegro, Ohrid). Leiden – Boston – Köln 2000
- B. Demiraj, „Der Slawe", *shqau*, im Albanischen. Eine ethnolinguistische Fallstudie zu Herkunft und Aussagekraft einer Fremdbezeichnung. *Südost-Forschungen* 65/66 (2006/2007), 406–421
- G. Duijzings, Die Erschaffung von Ägyptern in Kosovo und Makedonien, in: U. Brunnbauer (Hrsg.), Umstrittene Identitäten. Ethnizität und Nationalität in Südosteuropa. Frankfurt a. M. – Berlin – Bern u. a. 2002, 123–148
- G. Duijzings – D. Janjic – S. Maliqi, Kosovo – Kosova: Confrontation or Coexistence. Nimwegen 1996
- G. Duijzings, Religion and the Politics of Identity in Kosovo. London 2000
- B. A. Ellis, Shadow Genealogies. Memory and Identity Among Urban Muslims in Macedonia. New York 2003
- R. Elsie (Hrsg.), In the Heart of the Powder Keg. New York 1997
- R. Elsie, Der Kanun. Das albanische Gewohnheitsrecht nach dem sogenannten Kanun des Lekë Dukagjin. Peć 2001
- R. Elsie, Handbuch zur albanischen Volkskultur. Wiesbaden 2002
- R. Elsie, Historical Dictionary of Kosova. Lanham u. a. 2004
- Th. E. Emmert, Serbian Golgotha Kosovo, 1389. Boulder 1990
- B. J. Fischer, King Zog and the Struggle for Stability in Albania. New York 1984
- B. J. Fischer, Albania at War 1939–1945. West Lafayette/Indiana 1999
- E. A. Frantz, Loyalitätsoptionen und Identitätsmuster von Albanern in Kosovo in spätosmanischer Zeit (1870–1913). Zur Bedeutung von Religion und Familie, in: E. Brix – A. Suppan – E. Vyslonzil (Hrsg.), Südosteuropa. Traditionen als Macht. Wien 2006, 73–86
- E. A. Frantz, Inter-confessional Relations and Ethnicity in Late Ottoman Kosovo (1870–1913), in: Voisinages fragiles. Les relations interconfessionelles dans le Sud-Est européen et la Mediterranée orientale 1854–1923: contraintes locales et enjeux internationaux. Athen 2008 (im Druck)
- E. A. Frantz, Catholic Albanian Warriors for the Sultan in Late Ottoman Ko-

sovo: The Fandi as a Socioprofessional Group and their Identities, in: N. Clayer – H. Grandits – R. Pichler (Hrsg.), Social Integration and National Turn
in the Late and Post-Ottoman Balkan Societies (1839–1914). Graz 2008 (im
Druck)

- N. L. Gaćeša, Agrarna reforma i kolonizacija u Jugoslaviji 1945–1948 [Agrar-
  reform und Kolonisierung in Jugoslawien 1945–1948]. Novi Sad 1984
- H. Günther, Die Verstädterung in Jugoslawien. Darstellung und Probleme.
  Wiesbaden 1966
- R. Hibbert, Albania´s National Liberation Struggle: The Bitter Victory. London – New York 1991
- W. Höpken, Archaische Gewalt oder Vorboten des „totalen Krieges"? Die Bal-
  kankriege 1912/13 in der europäischen Kriegsgeschichte des 20. Jahrhunderts,
  in: U. Brunnbauer – A. Helmedach – St. Troebst (Hrsg.), Schnittstellen. Gesellschaft, Nation und Konflikt in Südosteuropa. München 2007, 245–260
- E. Hoxhaj, Die frühchristliche dardanische Stadt Ulpiana und ihr Verhältnis
  zu Rom. *Südost-Forschungen* 59/60 (2000/2001), 1–13
- E. Hoxhaj, Das Memorandum der Serbischen Akademie und die Funktion
  politischer Mythologie im kosovarischen Konflikt. *Südosteuropa* 51/10–12
  (2002), 494–526
- H. Islami, Studime demografike. 100 vjet të zhvillimit demografik të Kosovës
  [Studien zur Demographie. 100 Jahre demographischer Entwicklung des Ko-
  sovo]. Prishtinë 2005 (albanische Sichtweise)
- R. Ismajli, Gjuhë standarde dhe histori identitetesh [Standardsprache und
  Identitätsgeschichte]. Tiranë 2005
- V. Jovanović, Jugoslovenska država i Južna Srbija 1918–1929i. [Der jugoslawi-
  sche Staat und Südserbien 1918–1929]. Belgrad 2002
- H. Kaleshi, Das türkische Vordringen auf dem Balkan und die Islamisierung
  – Faktoren für die Erhaltung der ethnischen und nationalen Existenz des albanischen Volkes, in: Südosteuropa unter dem Halbmond. München 1975,
  125–138
- H. Kaleshi – H. J. Kornrumpf, Das Wilajet Prizren. Beitrag zur Geschichte
  der türkischen Staatsreform auf dem Balkan im 19. Jahrhundert. *Südost-Forschungen* 26 (1967), 176–238
- K. Kaser, Hirten, Kämpfer, Stammeshelden. Ursprünge und Gegenwart der
  balkanischen Patriarchalität. Wien – Köln – Weimar 1992

- K. Kaser, Haradinaj contra Musaj. Gewalt und Ehre in Balkano-Anatolien: ein historisch-anthropologischer Essay, in: U. Brunnbauer – A. Helmedach – St. Troebst (Hrsg.), Schnittstellen. Gesellschaft, Nation und Konflikt in Südosteuropa. München 2007, 335–349
- K. Kaser – S. Gruber – R. Pichler (Hrsg.), Historische Anthropologie im südöstlichen Europa. Wien – Köln – Weimar 2003
- S. Keçmezi-Basha, Lëvizja ilegale patriotike shqiptare në Kosovë 1945–1947 [Die illegale albanische patriotische Bewegung im Kosovo 1945–1947]. Shkodër 1999
- S. Kojçini-Ukaj, Zhvillimi i arsimit në Kosovë 1945–1952 [Die Entwicklung des Bildungswesens im Kosovo 1945–1952]. Prishtinë 2006
- Konferencë e Bujanit [Die Konferenz von Bujan]. Tirana 1999
- H.-J. Kornrumpf, Territoriale Verwaltungseinheiten und Kadiamtsbezirke in der europäischen Türkei (ohne Bosnien und Ungarn). Ein Versuch. Stutensee-Fr. 1995.
- H.-J. Kornrumpf, Beiträge zur osmanischen Geschichte und Territorialverwaltung. Istanbul 2001
- Kosovo nekad i danas – Kosova dikur dhe sot [Kosovo einst und jetzt]. Belgrad 1973
- D. Kostovicova, „Shkolla shqipe" and Nationhood. Albanians in Pursuit of Education in the Native Language in Interwar (1918–1941) and Post-Autonomy Kosovo, in: Schwandner-Sievers – Fischer 157–171
- D. Kostovicova, Kosovo. The Politics of Identity and Space. London – New York 2005
- D. Kovačević, Priština u srednjem veku [Priština im Mittelalter]. Istorijski časopis 22 (1975), 45–75
- A. Di Lellio – S. Schwandner- Sievers, The Legendary Commander: the Construction of an Albanian Master-narrative in Post-war Kosovo. Nations and Nationalism 12/3 (2006), 513–529
- A. Di Lellio – S. Schwandner-Sievers, Sacred Journey to a Nation: Site Sacralisation and „Political Reproduction" of a New Shrine to the Kosovo Nation. Journeys : The international journal of travel and travel writing , 7/1 (2006), 27–49
- H. G. Majer, Albaner und Bosnier in der osmanischen Armee. Ein Faktor der Reichsintegration im 17. und 18. Jahrhundert, in: K. D. Grothusen (Hrsg.),

Jugoslawien. Integrationsprobleme in Geschichte und Gegenwart. Göttingen
1984, 105–117

- N. Malcolm, The Këlmendi: Notes on the Early History of a Catholic Albanian Clan. *Südost-Forschungen* 59/60 (2000/2001), 149–163
- N. Malcolm, The „Great Migration" of the Serbs from Kosovo (1690): History, Myth and Ideology, in: O. J. Schmitt (Hrsg.), Die Albaner auf dem west-
lichen Balkan. Stand und Perspektiven der Forschung (im Druck)
- N. Mappes – Niediek, Balkan-Mafia. Staaten in der Hand des Verbrechens.
Eine Gefahr für Europa. 2. Auflage. Berlin 2003
- O. Marquet, Pjetër Bogdani, Letra dhe dokumente nga Arkivi i Kongregatës
„de Propaganda fide" si dhe nga Arkivat Sekrete të Vatikanit [Peter Bogdani.
Briefe und Dokumente aus dem Archiv der Kongregation „de Propaganda
fide" und aus dem Vatikanischen Geheimarchiv]. Shkodër 1997
- R. Mihaljčić, The Battle of Kosovo in History and in Popular tradition. Bel-
grad 1989
- Đ. Mikić, Društvene i ekonomske prilike kosovskih Srba u XIX i počctkom
XX veka [Gesellschaftliche und wirtschaftliche Verhältnisse bei den Kosovo-
Serben im 19. und zu Beginn des 20. Jahrhunderts]. Belgrad 1988
- D. Müller, Staatsbürger auf Widerruf. Juden und Muslime als Alteritätspartner
im rumänischen und serbischen Nationscode. Wiesbaden 2005
- St. Müller, Zur Situation der Roma in Kosovo. *Südosteuropa* 1999, 506–519
- H. Neuwirth, Qendresë dhe bashkëpunim në Shqipëri (1939–1944) [Wider-
stand und Kollaboration in Albanien (1939–1944)]. Tirana 2006
- K. Nuro – N. Buto, Hasan Prishtina. Dokumente. Tirana 1982
- M. Palairet, Trepča, 1965–2000. Lessons Learned and Analysis Unit of
the EU Pillar of UNMIK in Kosovo (http://www.esiweb.org/index.
php?lang=en&id=49; gelesen am 19.2. 2008)
- B. Peruničić, Pisma srpskih konzula iz Prištine 1890–1900 [Briefe serbischer
Konsuln aus Priština]. Belgrad 1985
- L. Përzhita u. a., Harta arkeologjike e Kosovës [Archäologische Karte von Ko-
sovo]. Bd. 1. Prishtina 2007
- R. Petrović – M. Blagojević, The Migration of Serbs and Montenegrins from
Kosovo and Metohija. Results of the survey conducted in 1985–1986. Belgrad
1992 (spiegelt serbische Regierungspolitik der Zeit wider)

- V. P. Petrović, Pre-Roman and Roman Dardania: Historical and Geographical Considerations. *Balcanica* 37 (2006), 7–23
- J. Pettifer – M. Vickers, The Albanian Question. Reshaping the Balkans. London – New York 2007
- E. Pichl, Kosovo – Kriegsrecht, Faustrecht und UN-Recht. Rechtliche Aspekte des Wiederaufbaus. *Südosteuropa* 1999, 646–673
- A. Popovic, A propos des Bektachis au Kosovo-Métohija. *Les Annales de l'autre Islam* 7 (2000), 91–98
- T. Popović, Die Mythologisierung des Alltags. Kollektive Erinnerungen, Geschichtsbilder und Vergangenheitskultur in Serbien und Montenegro seit Mitte der 1980er Jahre. Zürich 2003
- K. Prifti, Lidhja shqiptare e Prizrenit në dokumentet osmane 1878–1881 [Die albanische Liga von Prizren in osmanischen Dokumenten 1878–1881]. Tirana 1978
- K. Prifti, Le mouvement national albanais de 1896 à 1900. La Ligue de Pejë. Tirana 1989
- S. Pulaha, Popullsia shqiptare e Kosovës gjatë shek. 15–16 [Die albanische Bevölkerung des Kosovo im 15.–16. Jhd.]. Tirana 1984
- S. Pulaha – K. Prifti, La Ligue albanaise de Prizren 1878–1881. Documents I. Tirana 1988
- M. Rakić, Konzulska pisma 1905–1911 [Briefe eines Konsuln 1905–1911]. Hrsg. A. Mitrović. Belgrad 1985
- S. P. Ramet, The Three Yugoslavias. State-Building and Legitimation, 1918–2005. Washington – Bloomington – Indianapolis 2006
- M. Reinkowski, Kryptochristen und Kryptojuden im Islam. *Saeculum* 54/1 (2003), 13–37
- M. Reinkowski, Gewohnheitsrecht im multinationalen Staat: Die Osmanen und der albanische Kanun, in: M. Kemper – M. Reinkowski (Hrsg.), Rechtspluralismus in der islamischen Welt. Berlin 2005, 121–142
- M. Reinkowski, Die Dinge der Ordnung. Eine vergleichende Untersuchung über die osmanische Reformpolitik im 19. Jahrhundert. München 2005
- J. Reuter, Die Albaner in Jugoslawien. München 1982
- J. Reuter, Bildungspolitik im Kosovo. *Südosteuropa* 1983/1, 8–16
- J. Reuter, Die aktuelle Lage im Kosovo. *Südosteuropa* 1983/ 11–12, 629–637
- J. Reuter, Politik und Wirtschaft in Kosovo. *Südosteuropa* 1985/1, 10–23

- J. Reuter, Unruheherd Kosovo. Resultat einer gescheiterten Politik. *Südosteuropa* 1986/11–12, 631–644
- J. Reuter, Das Kosovo-Problem im Kontext der jugoslawisch-albanischen Beziehungen. *Südosteuropa* 1987/11–12, 718–727
- J. Reuter, Die albanische Intelligenz in Kosovo. *Südosteuropa* 1990/5, 309–317
- J. Rexhepagiq [Redžepagić], Dervishet dhe Teqetë në Kosovë, në Sanxhak dhe në rajonet tjera përreth [Derwische und Tekke im Kosovo, im Sandžak und anderen umliegenden Gebieten]. Peja 2003
- M. Roux, Les Albanais en Yougoslavie. Minorité nationale, territoire et développement. Paris 1992
- G. Rrapi, Die albanische Großfamilie im Kosovo. Wien – Köln – Weimar 2003
- L. Rushiti, Ndarja territoriale dhe rregullimi administrativ i Kosovës 1878–1941 [Territoriale Aufteilung und Verwaltungsregulierung des Kosovo 1878–1941]. Prishtinë 2004
- F. Schmidt, Die „Albanische Frage" im Spiegel der regional – albanischen Diskussion. *Südosteuropa* 2000/7-8, 375–400
- O. J. Schmitt, „Flucht aus dem Orient"? Kulturelle Orientierung und Identität im albanischsprachigen Balkan, in: F. Görner (Hrsg.), Stabilität in Südosteuropa – eine Herausforderung für die Informationsvermittlung. Berlin 2008, 12–27
- O. J. Schmitt (Hrsg.), Die Albaner auf dem westlichen Balkan. Stand und Perspektiven der Forschung (im Druck)
- S. Schwandner-Sievers, Stolz und Schmerz: Albanische Sinnstiftungen durch Erinnerung an Krieg und Sozialismus im Kosovo vor dem endgültigen Status, in: U. Brunnbauer – A. Helmedach – St. Troebst (Hrsg.), Schnittstellen. Gesellschaft, Nation und Konflikt in Südosteuropa. München 2007, 561–572
- S. Schwandner-Sievers – B. J. Fischer (Hrsg.), Albanian Identities. London 2002
- S. Schwandner–Sievers – I. Ströhle, Der Nachhall des Sozialismus in der albanischen Erinnerungskultur im Nachkriegskosovo, in: U. Brunnbauer – St. Troebst (Hrsg.), Zwischen Amnesie und Nostalgie. Die Erinnerung an den Kommunismus in Südosteuropa. Köln – Weimar – Wien 2007, 217–235
- A. Schwarz, Rückkehr des Absolutismus? – Machtstrukturen in UNMIK's (sic) Kosovo. *Südosteuropa* 2002/10-12, 527–542

- D. Shala, Rezistenca e popullit shqiptar në Kosovë në periudhën e sundimit turk në dritën e këngëve tona popullore historike [Der Widerstand des albanischen Volkes im Kosovo in der Periode der türkischen Herrschaft im Lichte unserer historischen Volkslieder]. *Kosova – Kosova* (Enti i historisë së Kosovës – Zavod za istoriju Kosova) 5 (1976), 233–287
- S. Skendi, Crypto-Christianity in the Balkan Area under the Ottomans. *Slavic Review* 26 (1967), 227–246
- G. Stadtmüller, Forschungen zur albanischen Frühgeschichte. 2. Auflage. Wiesbaden 1966
- L. Steindorff, Zar Stefan Dušan von Serbien, in: M. Löwener (Hrsg.), Die „Blüte" der Staaten des östlichen Europa im 14. Jahrhundert. Wiesbaden 2004, 183–203
- P. Stephenson, Byzantium's Balkan Frontier. A Political Study of the Northern Balkans, 900–1204. Cambridge 2000
- V. Stojančević (Hrsg.), Srbija i oslobođenje srpskog naroda u Turskoj 1804–1912 (engl. Paralleltitel: Serbia and the Liberation of Serbian People in Turkey 1804–1912). Belgrad 2003
- G. Subotić, Spätbyzantinische Kunst. Geheiligtes Land von Kosovo. Zürich – Düsseldorf 1998
- H. Sundhaussen, Kosovo: „Himmlisches Reich" und irdischer Kriegsschauplatz. Kontroversen über Recht, Unrecht und Gerechtigkeit. *Südosteuropa* 1999/5-6, 237–257
- H. Sundhaussen, Die Wiederentdeckung des Raums: Über Nutzen und Nachteil von Geschichtsregionen, in: K. Clewing – O. J. Schmitt (Hrsg.), Südosteuropa. Von vormoderner Vielfalt und nationalstaatlicher Vereinheitlichung. München 2005, 13–33
- A. Suppan, Schwarzes Loch oder Pulverfass? Der (westliche) Balkan 2004/2005, in: K. Clewing – O. J. Schmitt (Hrsg.), Südosteuropa. Von vormoderner Vielfalt und nationalstaatlicher Vereinheitlichung. München 2005, 477–511
- M. Tërnava, Popullsia e Prishtinës në gjysmën e dytë të shekullit XVI [Die Bevölkerung von Prishtina in der zweiten Hälfte des 16. Jahrhunderts], in: Onomastika e Kosovës. Prishtinë 1979, 104–136
- M. Tërnava, Migrimet e popullsisë në territorin e sotëm të Kosovës gjatë shekujve XIV–XVI [Wanderungsbewegungen der Bevölkerung im heutigen Ge-

biet des Kosovo im 14.–16. Jahrhundert]. *Kosova – Kosova* (Enti i historisë së Kosovës – Zavod za istoriju Kosova) 5 (1976), 289–325

- B. Tönnes, Sonderfall Albanien. Enver Hoxhas „eigener Weg" und die historischen Ursprünge seiner Ideologie. München 1980
- S. Troebst, Conflict in Kosovo: Failure of Prevention? An Analytical Documentation, 1992-1998. Flensburg 1998
- S. Troebst, Das makedonische Jahrhundert. Von den Anfängen der national-revolutionären Bewegung bis zum Abkommen von Ochrid 1893–2001. München 2007
- S. Uka, Dëbimi i Shqiptarëve nga sanxhaku i Nishit dhe vendosja e tyre në Kosovë [Die Vertreibung der Albaner aus dem Sancak Niš und ihre Ansiedlung im Kosovo]. 2. Aufl. Prishtina 1994
- A. Urošević, Janjevo: antropogeografska ispitivanja. *Glasnik skopskog naučnog društva* 14 (1935), 187–200
- A. Urošević, Toponimi Kosova = Les toponymes de Kosovo. Belgrad 1975
- M. Ursinus, Regionale Reformen im Osmanischen Reich am Vorabend der Tanzimat. Reformen der rumelischen Provinzialgouverneure im Gerichtssprengel von Manastir (Bitola) zur Zeit der Herrschaft Sultan Mahmuds II. (1808–39). Berlin 1982
- M. Ursinus, Die osmanischen Balkanprovinzen 1830–1840: Steuerreform als Modernisierungsinstrument. *Südost-Forschungen* 55 (1996), 129–160

Abbildungsverzeichnis

Sollten heute noch Rechteinhaber der Bilder aus den beiden Bänden „Kosovo. Sozialiststchen (!) Autonomen Provinz Kosovo" sowie „Kosovo nekad i danas" existieren, bitten wir sie, sich an den Verlag zu wenden.

Verzeichnis der Orte und Personen

Holm Sundhaussen
Geschichte Serbiens
19.–21. Jahrhundert

2007. 170 x 240 mm.

514 S. 67 s/w-Abb., 5 Karten,

5 Tabellen. Gb.

ISBN 978-3-205-77660-4

Das Buch behandelt die zweihundert Jahre seit dem ersten serbischen Aufstand gegen die osmanische Herrschaft 1804 bis zum Beginn der Nach-Milošević-Ära. Erstmals werden Politik- und Ereignisgeschichte mit Gesellschafts-, Kultur- und Wirtschaftsgeschichte zu einer Symbiose verbunden. Und erstmals in einer Gesamtdarstellung der neueren Geschichte Serbiens wird kulturwissenschaftlichen Fragestellungen und Ansätzen breiter Raum gewidmet.

Serbien, dem eine zentrale Bedeutung für die Stabilisierung des Balkanraumes im 21. Jahrhundert zukommt und wahrscheinlich eine der größten zukünftigen Herausforderungen an die Europäische Union darstellt, hat der Berliner Osteuropaexperte Holm Sundhaussen eine erste umfassende Geschichte gewidmet. 200 Jahre serbische Geschichte werden darin aufgerollt und die Zerreißprobe zwischen Tradition und Moderne in der Nach-Milošević-Ära verständlich gemacht.

Der Autor:

Holm Sundhaussen, geb. 1942, ist nach dem Studium in München und der Habilitation in Göttingen seit 1988 Professor für Südosteuropäische Geschichte am Osteuropa-Institut der Freien Universität Berlin und seit 1998 Ko-Direktor des Berliner Kollegs für vergleichende Geschichte Europas.

Wiesingerstrasse 1, 1010 Wien, Telefon (01)330 24 27-0, Fax (01)330 24 32

Zur Kunde Südosteuropas
Albanologische Studien
Herausgegeben von Karl Kaser
und Helmut Eberhart

Shkurti, Spiro
**Der Mythos vom
Wandervolk der
Albaner**
Landwirtschaft in den
albanischen Gebieten
(13. bis 17. Jahrhundert)

Bd. 1
1997.
304 Seiten, zahlr. Tab. Br.
ISBN 978-3-205-98622-5

Anita Niegelhell/
Ponisch, Gabriele
**Wir sind immer im
Feuer**
Berichte ehemaliger
politischer Gefangener
im kommunistischen
Albanien

Bd. 2
2001.
296 Seiten, 1 Kte. Br.
ISBN 978-3-205-99290-5

Karl Kaser/Robert
Pichler/Stephanie
Schwandner-Sievers
(Hrsg.)
**Die weite Welt und
das Dorf**
Albanische Emigration
am Ende des 20. Jahr-
hunderts

Bd. 3
2002. 296 Seiten, 4 Graf.,
33 schw.-w. Abb., 1 Kte.
Br.
ISBN 978-3-205-99413-8

WIESINGERSTRASSE 1, 1010 WIEN, TELEFON (01) 330 24 27-0, FAX 330 24 32

Zur Kunde Südosteuropas

Hg. v. Horst Haselsteiner. Bd.II/20 hrsg. v. H. Haselsteiner u.
Karl Kaser. Ab Bd. II/21 Hrsg.: K. Kaser.
Reihe I: Infos im Inst. f . Gesch., Univ. Graz.

Eine Auswahl:

Bd. II/29: Wolfgang Benedek, Otto König, Christian Promitzer (Hg.)
Menschenrechte in Bosnien und Herzegowina
Wissenschaft und Praxis
1999. 142 x 205 mm. 356 S. Br.
ISBN 978-3-205-98993-6

Bd. II/30: Karl Kaser
Macht und Erbe
Männerherrschaft, Besitz und Familie im östlichen Europa
(1500–1900)
2000. 142 x 205 mm. 343 S., 7 Ktn. Br.
ISBN 978-3-205-98990-5

Bd. II/31: Ulf Brunnbauer, Karl Kaser (Hg.)
Vom Nutzen der Verwandten
Soziale Netzwerke in Bulgarien (19. und 20. Jahrhundert)
2001. 142 x 205 mm. 409 S., 1 Kte, Br.
ISBN 978-3-205-99306-3

Bd. II/32: Hannes Grandits
Familie und sozialer Wandel im ländlichen Kroatien
(18.–20. Jahrhundert)
2002. 142 x 205 mm. 504 S., zahlr. Abb. u. Tab. Br.
ISBN 978-3-205-99486-2

Bd. II/34: Ulf Brunnbauer
Gebirgsgesellschaften auf dem Balkan
Wirtschaft und Familienstrukturen im Rhodopengebirge
(19./20. Jahrhundert)
2004. 142 x 205 mm. 510 S., 69 Tab., 17 Graf. u. 4 Ktn. Br.
ISBN 978-3-205-77146-3

Bd. II/35: Ulf Brunnbauer
„Die sozialistische Lebensweise"
Ideologie, Gesellschaft, Familie und Politik in Bulgarien (1944–1989)
2007. 142 x 205 mm. 768 S., 21 s/w-Abb., 62 Tab. u. 2 Graf. Br.
ISBN 978-3-205-77577-5

WIESINGERSTRASSE 1, 1010 WIEN, TELEFON (01)330 24 27-0, FAX (01)330 24 32

Hannes Grandits

Herrschaft und Loyalität in der spätosmanischen Gesellschaft

Das Beispiel der multikonfessionellen Herzegowina

(Zur Kunde Südosteuropas,
Bd. II/37)

2008. 14,2 x 20,5 cm. IXI, 789 S.

24 s/w-Abb. 3 Karten. Br.

ISBN 978-3-205-77802-8

Am Beispiel einer der vielen multikonfessionellen, multiethnischen Regionen des spätosmanischen Südosteuropa, jener der Herzegowina, zeigt dieses Buch, wie sich das gesellschaftliche Zusammenleben der Menschen verschiedener sozialer und konfessioneller Zugehörigkeiten in dieser Zeit gestalten konnte und wie es von dem auf die Agenda gesetzten „Aufbruch in die Moderne" betroffen wurde. Mit besonderem Interesse wird dabei auf alltägliche Macht- und Loyalitätsbeziehungen geblickt. Letztlich wird dabei auch der Frage nachgegangen, wieso in den 1870er Jahren im sogenannten Herzegowinischen Aufstand diese Region in eine gewaltüberschattete Anarchie schlittern konnte.

BÖHLAU WEIMAR KÖLN WIEN

WIESINGERSTRASSE 1, 1010 WIEN, TELEFON (01) 330 24 27-0, FAX 330 24 27 32

Natasa Miskovic

**Basare
und Boulevards:
Belgrad
im 19. Jahrhundert**

(Zur Kunde Südost-
europas, Band II/29)

2008. 147 x 210 mm.

424 S. 30 s/w-Abb. Br.

ISBN 978-3-205-77566-9

Vorliegende Stadtgeschichte stellt den Wandel Belgrads von
einer osmanischen Garnisonsstadt zur europaorientierten Bal-
kanmetropole vor. Spannend zu lesen, geht sie methodisch
neue Wege. Auf einer Zeitreise lässt sie anhand ausgewählter
Ereignisse historische Akteurinnen und Akteure zu Wort kommen. Sie berichtet aus dem Tagebuch einer jungen Aristokra-
tin, beobachtet einen Bauern vor Gericht, begleitet den Poli-
zeiminister auf seinem Gang durch die bombardierte Altstadt,
richtet mit der jüdischen Gemeinde eine Petition an den Fürsten, und verfolgt den Briefwechsel einer Politikergattin.
Diese erste deutschsprachige Geschichte Belgrads richtet sich
an ein Fachpublikum und an interessierte Laien.

NATASA MISKOVIC
tätig am Historischen Seminar der Universität Zürich, Abtei-
lung für Osteuropäische Geschichte und Lehrbeauftragte am
Historischen Seminar der Universität Basel.

WIESINGERSTRASSE 1, A-1010 WIEN, TELEFON (+43 1) 3302427, FAX 3302432

Barbara N. Wiesinger

Partisaninnen
Widerstand in Jugoslawien
(1941–1945)

(L'Homme Schriften, Band 17)

2008. 17 x 24 cm.

173 S. 13 SW-Abb. Br.

ISBN 978-3-205-77736-6

Der Band bietet eine umfassende, facettenreiche Darstellung der bislang kaum erforschten Geschichte jugoslawischer Partisaninnen im Zweiten Weltkrieg. Im Mittelpunkt stehen die konkreten Kriegserfahrungen von Frauen: Warum entschlossen sie sich zum Widerstand? In welchen Bereichen waren sie aktiv? Wie gestaltete sich ihr Alltag als Sanitäterinnen und Kämpferinnen der „Volksbefreiungsarmee"? Wie gingen sie mit Hunger, Entbehrungen und der allgegenwärtigen Gewalt um? Welches Verhältnis hatten sie zu KameradInnen und Vorgesetzten? Die aus Dokumenten der Widerstandsbewegung gewonnenen Erkenntnisse werden konsequent mit Einblicken in die in Memoiren und biographischen Interviews geschilderten individuellen Erfahrungen und Erinnerungen ehemaliger Partisaninnen verknüpft. Analysiert wurden außerdem die Repräsentationen weiblichen Widerstands in der Propaganda der Kriegszeit sowie in der sozialistischen Erinnerungskultur: Wie wurden Sanitäterinnen und Kämpferinnen dargestellt? Was erfahren wir daraus über die Geschlechterpolitik der Widerstandsbewegung bzw. der Partei? Welchen Platz hatte weiblicher Widerstand in der sozialistischen Historiographie?

WIESINGERSTRASSE 1, 1010 WIEN, TELEFON (01) 330 24 27-0, FAX 330 24 32